D0467638

Günter Grass   Beim Häuten der Zwiebel

WITHDRAWN
UTSA Libraries

WITHDRAWN
UTSA Libraries

Günter Grass

Beim Häuten der Zwiebel

Steidl

Library
University of Texas
at San Antonio

Erste Auflage September 2006
© Steidl Verlag, Göttingen 2006
Alle Rechte vorbehalten
Lektorat: Helmut Frielinghaus
Buchgestaltung: Günter Grass, Gerhard Steidl, Claas Möller
Gesamtherstellung: Steidl, Göttingen
www.steidl.de
Printed in Germany
ISBN 3-86521-330-8
ISBN 13 978-3-86521-330-3

Library
University of Texas
at San Antonio

Allen gewidmet, von denen ich lernte

Die Häute unter der Haut

Ob heute oder vor Jahren, lockend bleibt die Versuchung, sich in dritter Person zu verkappen: Als er annähernd zwölf zählte, doch immer noch liebend gern auf Mutters Schoß saß, begann und endete etwas. Aber läßt sich, was anfing, was auslief, so genau auf den Punkt bringen? Was mich betrifft, schon.

Auf engem Raum wurde meine Kindheit beendet, als dort, wo ich aufwuchs, an verschiedenen Stellen zeitgleich der Krieg ausbrach. Er begann unüberhörbar mit den Breitseiten eines Linienschiffes und dem Anflug von Sturzkampfflugzeugen über dem Hafenvorort Neufahrwasser, dem als polnischer Militärstützpunkt die Westerplatte gegenüberlag, zudem entfernter mit den gezielten Schüssen zweier Panzerspähwagen beim Kampf um die Polnische Post in der Danziger Altstadt und nahebei verkündet aus unserem Radio, dem Volksempfänger, der im Wohnzimmer auf dem Büfett seinen Platz hatte: mit ehernen Worten wurde in einer Parterrewohnung, die Teil eines dreistöckigen Mietshauses im Langfuhrer Labesweg war, das Ende meiner Kinderjahre ausgerufen.

Sogar die Uhrzeit wollte unvergeßlich sein. Ab dann herrschte auf dem Flugplatz des Freistaates, nahe der Schokoladenfabrik Baltic, nicht nur ziviler Betrieb. Aus den Dachluken des Mietshauses gesehen, stieg überm Freihafen schwärzlich Rauch auf, der sich unter fortgesetzten Angriffen und bei leichtem Wind aus Nordwest erneuerte.

Aber sobald ich mich an den fernen Geschützdonner der *Schleswig-Holstein,* die eigentlich als Veteran der Skagerrakschlacht ausgedient hatte und nur noch als Schulschiff für Kadetten taugte, sowie an die abgestuften Geräusche von Flugzeugen erinnern will, die Stukas genannt wurden, weil sie hoch überm Kampfgebiet seitlich abkippten und im Sturzflug mit endlich ausgeklinkten Bomben ihr Ziel fanden, rundet sich die Frage: Warum überhaupt soll Kindheit und deren so unverrückbar datiertes Ende erinnert werden, wenn alles, was mir ab den ersten und seit den zweiten Zähnen widerfuhr, längst samt Schulbeginn, Murmelspiel und verschorften Knien, den frühesten Beichtgeheimnissen und der späteren Glaubenspein zu Zettelkram wurde, der seitdem einer Person anhängt, die, kaum zu Papier gebracht, nicht wachsen wollte, Glas in jeder Gebrauchsform zersang, zwei hölzerne Stöcke zur Hand hatte und sich dank ihrer Blechtrommel einen Namen machte, der fortan zitierbar zwischen Buchdeckeln existierte und in weißnichtwieviel Sprachen unsterblich sein will?

Weil dies und auch das nachgetragen werden muß. Weil vorlaut auffallend etwas fehlen könnte. Weil wer wann in den Brunnen gefallen ist: meine erst danach überdeckelten Löcher, mein nicht zu bremsendes Wachstum, mein Sprachverkehr mit verlorenen Gegenständen. Und auch dieser Grund sei genannt: weil ich das letzte Wort haben will.

Die Erinnerung liebt das Versteckspiel der Kinder. Sie verkriecht sich. Zum Schönreden neigt sie und schmückt gerne, oft ohne Not. Sie widerspricht dem Gedächtnis, das sich pedantisch gibt und zänkisch rechthaben will.

Wenn ihr mit Fragen zugesetzt wird, gleicht die Erinnerung einer Zwiebel, die gehäutet sein möchte, damit freigelegt werden kann, was Buchstab nach Buchstab ablesbar steht: selten eindeutig, oft in Spiegelschrift oder sonstwie verrätselt.

Unter der ersten, noch trocken knisternden Haut findet sich die nächste, die, kaum gelöst, feucht eine dritte freigibt, unter der die vierte, fünfte warten und flüstern. Und jede weitere schwitzt zu lang gemiedene Wörter aus, auch schnörkelige Zeichen, als habe sich ein Geheimniskrämer von jung an, als die Zwiebel noch keimte, verschlüsseln wollen.

Schon wird Ehrgeiz geweckt: dieses Gekrakel soll entziffert, jener Code geknackt werden. Schon ist widerlegt, was jeweils auf Wahrheit bestehen will, denn oft gibt die Lüge oder deren kleine Schwester, die Schummelei, den haltbarsten Teil der Erinnerung ab; niedergeschrieben klingt sie glaubhaft und prahlt mit Einzelheiten, die als fotogenau zu gelten haben: Das unter der Julihitze flimmernde Teerpappendach des Schuppens auf dem Hinterhof unseres Mietshauses roch bei Windstille nach Malzbonbon...

Der abwaschbare Kragen meiner Volksschullehrerin, des Fräulein Spollenhauer, war aus Celluloid und schloß so eng, daß ihr Hals Falten warf...

Die Propellerschleifen der Mädchen sonntags auf dem Zoppoter Seesteg, wenn die Kapelle der Schutzpolizei muntere Weisen spielte...

Mein erster Steinpilz...

Als wir Schüler hitzefrei hatten...

Als meine Mandeln schon wieder entzündet waren...

Als ich Fragen verschluckte...

Die Zwiebel hat viele Häute. Es gibt sie in Mehrzahl. Kaum gehäutet, erneuert sie sich. Gehackt treibt sie Tränen. Erst beim Häuten spricht sie wahr. Was vor und nach dem Ende meiner Kindheit geschah, klopft mit Tatsachen an und verlief schlimmer als gewollt, will mal so, mal so erzählt werden und verführt zu Lügengeschichten.

Als bei anhaltend schönem Spätsommerwetter in Danzig und Umgebung der Krieg ausbrach, sammelte ich – kaum hatten die polnischen Verteidiger der Westerplatte nach vier Tagen Widerstand kapituliert – im Hafenvorort Neufahrwasser, der mit der Straßenbahn über Saspe, Brösen in kurzer Zeit erreicht werden konnte, eine Handvoll Bomben- und Granatsplitter, die jener Junge, der anscheinend ich war, während einer Zeitspanne, in deren Verlauf der Krieg nur aus Sondermeldungen im Radio zu bestehen schien, gegen Briefmarken, farbige Zigarettenbilder, zerlesene wie druckfrische Bücher, darunter Sven Hedins Reise durch die Wüste Gobi, weißnichtwasnoch eintauschte.

Wer sich ungenau erinnert, kommt manchmal dennoch der Wahrheit um Streichholzlänge näher, und sei es auf krummen Wegen.

Zumeist sind es Gegenstände, an denen sich meine Erinnerung reibt, das Knie wundstößt oder die mich Ekel nachschmecken lassen: Der Kachelofen... Die Teppichklopfstangen auf den Hinterhöfen... Das Klo in der Zwischenetage... Der Koffer auf dem Dachboden... Ein Stück Bernstein, taubeneigroß...

Wem sich ertastbar die Haarspange der Mutter oder Vaters unter der Sommerhitze an vier Zipfeln geknotetes Taschentuch oder der besondere Tauschwert verschieden gezackter Granat- und Bombensplitter erhalten hat, dem fallen – und sei es als unterhaltsame Ausrede – Geschichten ein, in denen es tatsächlicher als im Leben zugeht.

Die Bilder, die ich als Kind und dann als Jugendlicher zu sammeln nicht faul war, gab es gegen Gutscheine, die in Päckchen steckten, aus denen meine Mutter nach Geschäftsschluß ihre Zigaretten klopfte. »Stäbchen« nannte sie die Teilhaber ihres mäßigen Lasters, das sie allabendlich bei einem Glas Cointreau zelebrierte. Bei Laune gelang es ihr, Rauchringe schweben zu lassen.

Die mir begehrenswerten Bilder gaben farbig die Meisterwerke der europäischen Malerei wieder. So lernte ich früh die Namen der Künstler Giorgione, Mantegna, Botticelli, Ghirlandaio und Caravaggio falsch auszusprechen. Das nackte Rückenfleisch einer liegenden Frau, der ein geflügelter Knabe den Spiegel hält, war mir seit Kinderjahren mit dem Namen des Malers Velázquez verkuppelt. Unter Jan van Eycks »Singenden Engeln« prägte sich vor allen anderen das Profil des hintersten Engels ein; gern hätte ich Haare gelockt wie er oder Albrecht Dürer gehabt. Dessen Selbstbildnis, das in Madrid im Prado hängt, konnte befragt werden: Warum hat sich der Meister mit Handschuhen gemalt? Wieso sind seine seltsame Mütze und der rechte untere Pluderärmel so auffallend gestreift? Was macht ihn so selbstsicher? Und warum steht sein Alter – erst sechsundzwanzig zählt er – unterm gemalten Fensterbord geschrieben?

Heute weiß ich, daß ein Zigaretten-Bilderdienst in Hamburg-Bahrenfeld diese allerschönsten Reproduktionen gegen Gutscheine geliefert hat und – auf Bestellung – quadratische Alben. Seit mir alle drei dank meines Lübecker Galeristen, der in der Königstraße ein Antiquariat unterhält, wieder zur Hand sind, ist sicher, daß die im Jahr achtunddreißig erschienene Auflage des Renaissance-Bandes bis zum vierhundertfünfzigtausendsten Exemplar gedruckt worden ist.

Während ich Blatt nach Blatt wende, sehe ich mich beim Einkleben der Bilder am Wohnzimmertisch. Diesmal sind es spätgotische, unter ihnen die Versuchung des heiligen Antonius von Hieronymus Bosch: er zwischen vermenschtem Getier. Fast feierlich geht es dabei zu, sobald aus der gelben Uhu-Tube der Klebstoff quillt...

Damals mögen viele Sammler, weil heillos auf Kunst versessen, übermäßig geraucht haben. Ich jedoch wurde zum Nutznießer all jener Raucher, denen die Gutscheine nichts wert waren. Immer mehr Bilder machten gesammelt, getauscht und eingeklebt meinen Besitz aus, mit dem ich kindlich, später einfühlsam umging: so erlaubte Parmigianinos hoch aufgeschossene Madonna, deren auf langem Hals knospender Kopf die im Hintergrund himmelwärts strebende Säule überragt, dem Zwölfjährigen, sich als Engel innigst an ihrem rechten Knie zu reiben.

Ich lebte in Bildern. Und weil der Sohn so beharrlich auf Vollständigkeit aus war, hat die Mutter nicht nur den Ertrag ihres eher bemessenen Konsums – sie rauchte andächtig Orient-Zigaretten mit Goldmundstück –, sondern auch Gutscheine beigesteuert, die der eine oder andere Kunde, der ihr geneigt und dem die Kunst schnuppe war, über die Ladentheke geschoben hat. Manchmal brachte der Vater, wenn er als Kolonialwarenhändler, wie es hieß, geschäftlich unterwegs war, dem Sohn die begehrten Gutscheine mit. Auch rauchten die Gesellen meines Großvaters, des Tischlermeisters, fleißig zu meinen Gunsten. Die Alben voll leerer Felder zwischen gelehrt erklärenden Texten mögen Weihnachts- oder Geburtstagsgeschenke gewesen sein.

Schließlich waren es alle drei, die ich wie einen Schatz hütete: Das blaue Album, in dem die Malerei der Gotik und Frührenaissance klebte; das rote, das mir die Malerei der Renaissance vor Augen führte; das goldgelbe, in dem die Bilder des Barock nicht vollzählig versammelt waren. Zu meinem Kummer klebte nichts, wo Rubens und van Dyck Platz forderten. Es fehlte an Nachschub. Nach Kriegsbeginn verebbte der Gutscheinsegen. Aus zivilen Rauchern wurden Soldaten, die weit weg von zu Hause ihre Juno oder R6 pafften. Einer meiner zuverlässigsten Lieferanten, ein Kutscher der Aktien-Bierbrauerei, fiel beim Kampf um die Festung Modlin.

Auch kamen andere Serien in Umlauf: Tiere, Blumen, Glanzbilder deutscher Geschichte und die geschminkten Gesichter beliebter Filmschauspieler.

Zudem wurden seit Beginn des Krieges jedem Haushalt Lebensmittelkarten zugeteilt, und auf besonderen Abschnitten war der Genuß von Tabakwaren rationiert. Da ich mir aber meine kunsthistorische Bildung mit Hilfe der Zigarettenfirma Reemtsma bereits in Vorkriegszeiten angesammelt hatte, betraf mich der verordnete Mangel nicht allzu sehr. Etliche Lücken waren nachträglich zu schließen. So gelang es mir, Raffaels Dresdner Madonna, die ich doppelt besaß, gegen Caravaggios Amor zu tauschen; ein Handel, der sich erst nachwirkend auszahlte.

Schon als zehnjähriger Knabe konnte ich auf ersten Blick Hans Baldung, den man Grien nannte, von Matthias Grünewald, Frans Hals von Rembrandt und Filippo Lippi von Cimabue unterscheiden.

Wer malte die Madonna im Rosenhag? Und wer jene mit blauem Tuch, Apfel und Kind?

Auf Wunsch abgefragt von der Mutter, die die Bildtitel und Namen der Künstler mit zwei Fingern verdeckte, kamen des Sohnes Antworten treffsicher.

Bei diesem häuslichen Ratespiel, aber auch in der Schule war ich in Kunst eine Eins, hing aber von der Sexta an hoffnungslos durch, sobald Mathematik, Chemie, Physik auf dem Stundenplan standen. Fix im Kopfrechnen, gingen auf dem Papier meine Gleichungen mit zwei Unbekannten nur selten auf. Bis in die Quinta stützten mich Einser- und Zweiernoten in den Fächern Deutsch, Englisch, Geschichte und Erdkunde. Zwar konnten wiederholt belobigtes Zeichnen und Tuschen aus bloßer Einbildung oder nach der Natur dem Schüler behilflich werden, als aber ab der Quarta in den Zeugnissen Latein benotet wurde, blieb ich kleben und mußte ein Jahr lang mit anderen Sitzenbleibern alles noch einmal durchkauen. Das bekümmerte die Eltern, weniger mich, standen mir doch von früh an ins Blaue führende Fluchtwege offen.

Heute sind die Enkelkinder mit dem Eingeständnis des Großvaters, er sei ein teils fauler, teils ehrgeiziger, doch unterm Strich schlechter Schüler gewesen, nur halbwegs zu trösten, wenn sie unter miesen Zeugnissen oder hilflos hampelnden Lehrern leiden. Sie stöhnen, als müßten sie pädagogisch gewichtete Wackersteine schleppen, als verlaufe ihre Schulzeit in einer Strafkolonie, als schikaniere Lernzwang ihren süßesten Schlummer; doch meinen Schlaf haben Pausenhofängste nie als Albträume beschweren können.

Als ich ein Kind war, noch keine rote Gymnasiastenmütze trug und noch keine Zigarettenbildchen sammelte, klekkerte ich, sobald wieder einmal der Sommer versprach, endlos zu sein, an einem der Strände entlang der Danziger Bucht aus nassem Seesand verschieden hohe Türme und Mauern zu einer Burg, bewohnt von Figuren, die phantastischer Natur waren. Immer wieder untergrub die See den gekleckerten Bau. Was hoch getürmt stand, stürzte lautlos in sich zusammen. Und aufs neue lief mir nasser Sand durch die Finger.

»Kleckerburg« heißt ein langes Gedicht, das ich Mitte der sechziger Jahre, also zu einer Zeit schrieb, in der der vierzigjährige Vater dreier Söhne und einer Tochter bereits bürgerlich gefestigt zu sein schien; wie der Held seines ersten Romans hatte sich dessen Autor einen Namen gemacht, indem er sein gedoppeltes Ich in Bücher sperrte und derart gebändigt zu Markte trug.

Das Gedicht handelt von meinem Herkommen und vom Geräusch der Ostsee: »In Kleckerburg gebürtig, westlich von«, und stellt Fragen: »Geboren wann und wo, warum?« Eine den Verlust und das Gedächtnis als Fundbüro beschwörende Suada in Halbsätzen: »Die Möwen sind nicht Möwen, sondern«.

Am Ende des Gedichtes, das mit dem Heiligen Geist und Hitlers Bild mein Umfeld absteckt und mit Bombensplittern und Mündungsfeuer den Kriegsbeginn in Erinnerung ruft, versanden die Jahre der Kindheit. Nur die Ostsee sagt weiterhin auf Deutsch, auf Polnisch: »Blubb, pifff, pschsch…«

Der Krieg zählte wenige Tage, als ein Cousin meiner Mutter, Onkel Franz, der als Briefträger zu den Verteidigern der Polnischen Post am Heveliusplatz gehörte, bald nach Ende des kurzen Kampfes wie fast alle Überlebenden auf deutschen Befehl standrechtlich erschossen wurde. Der Feldrichter, der die Todesurteile begründete, aussprach und unterschrieb, durfte noch lange nach Kriegsende unbeschadet in Schleswig-Holstein als Richter urteilen und Urteile unterschreiben. Das war so üblich zu Kanzler Adenauers nicht enden wollender Zeit.

Später habe ich den Kampf um die Polnische Post mit verwandeltem Personal einer erzählenden Schreibweise angepaßt und dabei ein Kartenhaus wortreich einstürzen lassen; meiner Familie jedoch fehlten die Worte, denn vom plötzlich abwesenden Onkel, der jenseits oder trotz aller Politik beliebt war und oft mit seinen Kindern Irmgard, Gregor, Magda und dem kleinen Kasimir auf Sonntagsbesuch zu Kaffee und Kuchen oder zum Nachmittagsskat mit den Eltern kam, war nicht mehr die Rede. Sein Name blieb ausgespart, als hätte es ihn nie gegeben, als sei alles, was ihn und seine Familie betraf, unaussprechlich.

Der von Mutters Seite her kaschubische Teil der Verwandtschaft und deren stubenwarmes Gebrabbel schien – von wem? – verschluckt zu sein.

Und auch ich habe, wenngleich mit Beginn des Krieges meine Kindheit beendet war, keine sich wiederholenden Fragen gestellt.

Oder wagte ich nicht zu fragen, weil kein Kind mehr?

Stellen, wie im Märchen, nur Kinder die richtigen Fragen?

Kann es sein, daß mich Angst vor einer alles auf den Kopf stellenden Antwort stumm gemacht hat?

Das ist die winzigtuende Schande, zu finden auf der sechsten oder siebten Haut jener ordinären, stets griffbereit liegenden Zwiebel, die der Erinnerung auf die Sprünge hilft. Also schreibe ich über die Schande und die ihr nachhinkende Scham. Selten genutzte Wörter, gesetzt im Nachholverfahren, derweil mein mal nachsichtiger, dann wieder strenger Blick auf einen Jungen gerichtet bleibt, der kniefreie Hosen trägt, allem, was sich verborgen hält, hinterdreinschnüffelt und dennoch versäumt hat, »warum« zu sagen.

Und während der Zwölfjährige noch peinlich befragt und dabei gewiß von mir überfordert wird, wäge ich in immer schneller schwindender Gegenwart jeden Treppenschritt, atme hörbar, höre mich husten und lebe so heiter es geht auf den Tod hin.

Der erschossene Onkel, Franz Krause, hinterließ Frau und vier Kinder, die etwas älter, gleichen Alters, zwei oder drei Jahre jünger als ich waren. Mit ihnen durfte nicht mehr gespielt werden. Sie mußten die altstädtische Dienstwohnung auf dem Brabank räumen und aufs Land ziehen, wo die Mutter zwischen Zuckau und Ramkau eine Instkate und einen Acker besaß. Dort, in der gehügelten Kaschubei, hausen des Briefträgers Kinder noch heute, geplagt von üblichen Altersgebrechen. Sie erinnern sich ganz anders. Ihnen fehlte der Vater, während mir meiner in enger Wohnung zu nahgerückt stand.

Der Angestellte der Polnischen Post war ein ängstlich besorgter Familienmensch, nicht geschaffen, als Held zu sterben, dessen Name späterhin als Franciszek Krauze auf einer Gedenktafel aus Bronze zu lesen steht und so verewigt sein soll.

Als mir im März achtundfünfzig nach einiger Mühe ein Visum für Polen ausgestellt wurde und ich von Paris über

Warschau anreiste, um in der aus Trümmern wachsenden Stadt Gdańsk nach Spuren der vormaligen Stadt Danzig zu suchen, fuhr ich, nachdem hinter restlichen Ruinenfassaden und entlang dem Brösener Strand, später am Lesetisch der Stadtbibliothek wie im Umfeld der heilgebliebenen Pestalozzi-Schule und zuletzt in den Wohnküchen zweier überlebender Postangestellter genügend viel Erzählstoff zu finden und zu hören gewesen war, aufs Land zu den übriggebliebenen Verwandten. Dort wurde ich in der Tür einer Bauernkate von der Mutter des erschossenen Briefträgers, meiner Großtante Anna, mit dem unumstößlichen Satz begrüßt: »Na, Ginterchen, bist aber groß jeworden.«

Vorher hatte ich ihr Mißtrauen besänftigen müssen und auf Verlangen meinen Paß vorgezeigt, so ausländisch fremd standen wir uns gegenüber. Doch dann führte sie mich auf ihren Kartoffelacker, den heute die betonierten Start- und Landepisten des Flughafens von Gdańsk verdecken.

Im Sommer des nächsten Jahres, als sich der Krieg schon zum Weltkrieg ausgewachsen hatte, weshalb wir Oberschüler während der Ferien am Ostseestrand nicht nur lokale Kleinstereignisse wiederkäuten, sondern auch großräumig über Grenzen hinweg schwadronierten, ging es zwischen uns immer und nur um die Besetzung Norwegens durch unsere Wehrmacht, obgleich bis in den Juni hinein lauthals Sondermeldungen den Verlauf des nachfolgenden Frankreichfeldzuges als Blitzkrieg bis zur Kapitulation des Erbfeindes gefeiert hatten: Rotterdam, Antwerpen, Dünkirchen, Paris, die Atlantikküste... So verlief unser durch Landnahme erweiterter Geografieunterricht: Schlag auf Schlag, Sieg nach Sieg.

Doch uns waren vor oder nach dem Baden weiterhin nur die »Helden von Narvik« bewundernswert. Wir lagen im Sand, sonnten uns im Familienbad, wären aber sehnlichst gerne in dem umkämpften Fjord »hoch oben im Norden« dabeigewesen. Dort hätten wir uns mit Ruhm bekleckern mögen, so feriensatt wir nach Niveacreme rochen.

Im Verlauf der immerwährenden Heldenanbetung ging es um unsere Kriegsmarine und um die Schlappe der Engländer, dann wieder um uns, von denen einige, so auch ich, hofften, in drei vier Jahren, wenn nur der Krieg lange genug dauere, zur Marine zu kommen, nach Wunsch als U-Bootmatrosen. In Badehosen wetteiferten wir beim Aufzählen militärischer Großtaten, begannen mit Weddigens U9-Erfolgen im Ersten Weltkrieg, kamen auf Kapitänleutnant Prien, der die *Royal Oak* versenkt hatte, und schmückten uns bald wieder mit dem bei Narvik »heiß erkämpften« Sieg.

Da sagte einer der Jungs, der Wolfgang Heinrichs hieß, gern und anerkannt gut Balladen und auf Verlangen sogar Opernarien sang, dessen linke Hand aber verkrüppelt war, so daß er als »marineuntauglich« unseres Mitleids sicher sein konnte, unüberhörbar plötzlich: »Ihr spinnt ja alle!«

Dann zählte mein Schulfreund – denn das war er – mit Hilfe der Finger seiner heilen Hand jeden unserer Zerstörer auf, die im Kampf um Narvik versenkt oder schwer beschädigt worden waren. Er ging nahezu fachmännisch ins Detail, sagte, eines der Tausendachthunderttonnenschiffe – er nannte dessen Namen – hätte auf Grund gesetzt werden müssen. Die Finger der einen Hand reichten nicht aus.

Jede Einzelheit, selbst die Bewaffnung und Geschwindigkeit des englischen Schlachtschiffes *Warspite* in Knoten, war ihm geläufig; wie ja auch wir als Kinder einer Hafenstadt alle Merkmale unserer sowie der feindlichen Kriegsschiffe herunterbeten konnten: die Tonnage, Kopfzahl der Besatzung, die Anzahl und das Kaliber der Schiffsgeschütze, die Zahl der Torpedorohre, das Jahr des Stapellaufs. Dennoch wunderten wir uns über seine Kenntnisse des Kampfgeschehens um Narvik, die weit über das hinausgingen, was uns von den tagtäglichen, im Radio verkündeten Wehrmachtsberichten hängengeblieben war.

»Ihr habt ja keinen Schimmer von dem, was wirklich da oben im Norden los war. Schwere Verluste! Verdammt schwere Verluste!«

Das wurde, bei aller Verblüffung, hingenommen, denn Fragen, woher er, Wolfgang Heinrichs, sein fabelhaftes Wissen habe, stellten wir nicht, stellte ich nicht.

Fünfzig Jahre später, als das, was sich gegenwärtig und notdürftig als »Deutsche Einheit« zu behaupten hat, Spuren zu hinterlassen begann, besuchten wir Hiddensee, meiner Ute autofreie Heimatinsel. Der Küste des angeschlossenen Ostens vorgelagert, liegt sie lieblich hingestreckt zwischen See und Bodden und ist weniger durch Sturmfluten, doch zunehmend vom flächendeckenden Tourismus gefährdet.

Nach längerer Wanderung über Heidewege suchten wir in Neuendorf Martin Gruhn, einen Jugendfreund meiner Frau, auf, der sich nach seiner mit dem Ruderboot in Richtung Schweden gewagten Flucht aus der Deutschen Demokratischen Republik und der nach Jahren beschlossenen Rückkehr in den Arbeiter- und Bauernstaat dort zur

Ruhe gesetzt hatte. Man sah ihm seine Abenteuer nicht an, so häuslich wirkte er, so seßhaft.

Bei Kaffee und Kuchen plauderten wir über dieses und jenes: seine Karriere als Manager im Westen, die vielen Reisen für Krupp nach Indien, Australien, sonstwohin. Er erzählte vom gescheiterten Versuch, über Joint Ventures ins ostwestliche Geschäft zu kommen, und von seinem letztlich gebliebenen Vergnügen bei der Reusenfischerei in den heimischen Gewässern.

Dann kam der offenkundig zufriedene Rückkehrer plötzlich auf einen Bekannten zu sprechen: der wohne in Vitte – einem der drei Dörfer der Insel – und behaupte »steif und fest«, mit mir in Danzig die Schulbank gedrückt zu haben. Heinrichs heiße der, ja, Wolfgang mit Vornamen.

Als ich weitere Fragen stellte, wurde mir die verkrüppelte Hand, auch daß er gut singen könne – »Immer noch, aber selten inzwischen« – bestätigt.

Danach ging es zwischen Ute und ihm nur noch um einheimische Inselgeschichten, in denen sich Lebende und Tote auf Plattdeutsch verplauderten. Martin Gruhn, der, wie als Junge gewünscht, die Welt gesehen hatte, wies mit kleinem Stolz auf Masken, bunte Teppiche, geschnitzte Fetische an den Wänden. Wir tranken einen letzten Schnaps.

Nach dem Rückweg durch die Heide suchten Ute und ich in Vitte das Haus hinter der Düne, in dem Heinrichs mit seiner Frau wohnte. Es öffnete ein hochgewachsen massiger, schwer atmender Mann, kenntlich für mich nur durch die verkrüppelte Hand. Nach kurzem Zögern umarmten sich die Schulfreunde und waren ein wenig gerührt.

Dann saßen wir in der Veranda, gaben uns willentlich munter und aßen später zu viert Fisch in einem der Gasthöfe: kroß gebratene Flundern. Singen wie früher, etwa den Erlkönig, wollte er nicht. Doch dauerte es nicht lange, bis wir auf das über Jahrzehnte hinweg fragwürdig gebliebene Strandgerede des Sommers vierzig kamen.

Verspätet wollte ich hören: »Woher wußtest du mehr als wir, die, wie du gesagt hast, keinen blassen Schimmer hatten? Wie bist du auf die genaue Zahl der bei Narvik versenkten und schwer beschädigten Zerstörer gekommen? Und auf all das andere, was du sonst noch gewußt hast? Zum Beispiel, daß eine veraltete Küstenbatterie der Norweger den Schweren Kreuzer *Blücher* nach ein paar Volltreffern und – gleichfalls von Land aus – mit zwei Torpedos im Oslo-Fjord versenkt hatte?«

In Heinrichs' verhängtem Gesicht hielt sich, während er sprach, die Andeutung eines Lächelns. Prügel habe er von seinem Vater bezogen, als er zu Hause unsere ahnungslose Blödheit verspottet habe. Naja, seine Angeberei hätte Folgen haben können. Denunzianten habe es ja genug gegeben, auch unter Schülern. Der Vater sei als allabendlicher Hörer des britischen Feindsenders zu Kenntnissen gekommen, die er dem Sohn, bei gestrengem Gebot zur Verschwiegenheit, anvertraut habe.

»Stimmt!« sagte er, sein Vater sei ein richtiger, kein nachträglich selbsternannter Antifaschist gewesen. Er sagte das, als müßte der Sohn sich als nachträglich Selbsternannter abwerten.

Und dann hörte ich eine Leidensgeschichte, die an mir, dem Schulfreund, wie mit abgewürgtem Klageton vorbeigegangen war, weil ich nicht gefragt, wieder einmal keine Fragen gestellt hatte, auch nicht, als Wolfgang Heinrichs verschwand, plötzlich von der Schule, dem altehrwürdigen Conradinum, weg war.

Bald nach den Sommerferien oder während uns noch restlicher Seesand aus den Haaren rieselte, fehlte der Freund oder fehlte nicht, weil niemand willens war, den beiseitegesprochenen Befund »spurlos verschwunden« zu widerlegen, und weil ich abermals das Wort »warum« verschluckt, nicht ausgesprochen hatte.

Jetzt erst hörte ich: Heinrichs' Vater, der während der Freistaatzeit Mitglied der USPD, dann sozialdemokratischer Abgeordneter gewesen war und im Senat der Stadt gegen die damaligen Parteigrößen Rauschning und Greiser, die Kumpanei und das spätere Regierungsbündnis zwischen Deutschnationalen und Nazis opponiert hatte, stand unter Beobachtung und wurde im Frühherbst vierzig von der Gestapo verhaftet. Er kam in ein Konzentrationslager, das bald nach dem Anschluß Danzigs an das Großdeutsche Reich nahe dem Frischen Haff errichtet und nach einem benachbarten Fischerdorf benannt wurde: vom Werderbahnhof der Stadt war Stutthof mit der Kleinbahn und ab Schiewenhorst mit der Fähre über die Weichsel in zwei drei Stunden zu erreichen.

Bald nach der Verhaftung des Vaters entschloß sich die Mutter zum Selbstmord. Worauf Wolfgang und seine Schwester zur Großmutter aufs Land geschickt wurden, weit genug entfernt, um von ihren Mitschülern vergessen zu werden. Der Vater jedoch kam nach der KZ-Haft in ein Strafbataillon, das während des Rußlandfeldzuges im Frontbereich Minen zu räumen hatte. »Himmelfahrtskommando« hieß dieser Einsatz mit hoher Verlustquote, der ihm jedoch Gelegenheit bot, zu den Russen überzulaufen.

Als im März fünfundvierzig die Zweite sowjetische Armee den ausgebrannten Trümmerhaufen Danzig besetzte, kam mit den Siegern der Vater meines Schulfreundes zurück. Er suchte und fand seine Kinder, worauf er mit ihnen bald nach Kriegsende in einem gesicherten, weil mit deutschen Antifaschisten belegten Transport Polen verließ und die Hafenstadt Stralsund in der sowjetisch besetzten Zone als zukünftigen Sitz der restlichen Familie wählte.

Man setzte ihn als Landtagsdirektor ein. Und da seine politische Überzeugung trotz doktrinärer Lagerschulung keinen Schaden genommen hatte, gründete er sogleich einen sozialdemokratischen Ortsverein, der Zulauf fand, geriet aber nach der Zwangsvereinigung von KPD und SPD zur Sozialistischen Einheitspartei in Schwierigkeiten. Er wehrte sich gegen die von oben verordnete Gleichschaltung. Man schikanierte ihn, drohte mit Haft, wobei der Name des abermals mit Häftlingen belegten Konzentrationslagers Buchenwald angedeutet wurde.

Wenige Jahre später starb Vater Heinrichs verbittert, weil von seinen Genossen ins Abseits gedrängt. Der Sohn jedoch studierte nach Beendigung seiner Schulzeit in Rostock gemeinsam mit seinem Schulfreund Martin Gruhn und zeichnete sich bald als Wissenschaftler im ökonomischen Bereich aus. Während Gruhn nach der Flucht mit dem Ruderboot zuerst in Lund und später bei Karl Schiller in Hamburg sein Ökonomiestudium fortsetzte, machte Heinrichs im Dienst der alleinherrschenden Partei Karriere und überstand dabei jeden Kurswechsel, selbst den von Ulbricht zu Honecker. Alternd kam er sogar zu Ehren und befand sich als Direktor des Instituts für Wirtschaftswissenschaft bei der Akademie der Wissenschaften in so ranghoher Position, daß – kaum fiel die Mauer und gab es die Diktatur des Arbeiter- und Bauernstaates nicht mehr – die westdeutschen Sieger der Geschichte meinten, ihn sofort, wie es hieß, »evaluieren«, das bedeutete, zu einem Nichts machen zu müssen.

So erging es vielen, denen man eine falsche Biografie nachsagte; die mit der richtigen wußten schon immer, was falsch zu sein hatte.

Als wir den Freund in Vitte besuchten, war er bereits schwer krank. Seine Frau deutete an, daß es Grund gebe, sich Sorgen zu machen, ihr Mann klage über Enge in der Brust und Atemnot. Dennoch versuche er sich gelegentlich in Stralsund als Steuerberater und lerne dabei, Lükken im System zu finden.

Wolfgang Heinrichs, ein an den deutschen Verhältnissen Gescheiterter, der wenige Monate nach unserem Besuch an einer Lungenembolie starb, ist mir als Schulfreund im Umfeld meiner jungen Jahre – er sang während einer Abiturfeier »Die Uhr« von Carl Loewe und wußte in Sachen Kriegsmarine mehr als seine Mitschüler – verhaftet geblieben, weil ich mich begnügt hatte, nichts oder nur Falsches zu wissen, weil ich mich kindlich dummgestellt, sein Verschwinden stumm hingenommen und so abermals das Wort »warum« vermieden hatte, so daß mir mein Schweigen nun, beim Häuten der Zwiebel, in den Ohren dröhnt.

Zugegeben: ein Schmerz von nur minderer Pein. Doch Klagen wie, ach hätte ich doch einen standhaften Vater wie Wolfgang Heinrichs gehabt und nicht einen, der bereits sechsunddreißig, als im Freistaat Danzig der Zwang noch mäßig war, in die Partei eintrat, sind billig und haben als Echo allenfalls jenes Gelächter zur Folge, das der Spötter in mir freigibt, sobald vergleichbare Ausreden laut werden: Hätten wir damals... Wären wir damals...

Aber ich habe nicht, bin nicht. Der Onkel war weg, der Schulfreund blieb weg. Doch überdeutlich ist jener Junge, dem ich auf der Spur zu bleiben habe, dort aufzufinden, wo Ungeheuerliches geschah: knapp ein Jahr vor Kriegsbeginn. Gewalt, hell ausgeleuchtet bei Tageslicht.

Als bald nach meinem elften Geburtstag in Danzig und anderswo die Synagogen brannten und Schaufenster in Scherben fielen, war ich zwar untätig, doch als neugieriger Zuschauer dabei, als am Michaelisweg, nicht weit von meiner Schule, dem Conradinum, entfernt, die kleine Langfuhrer Synagoge von einer Horde SA-Männer geplündert, verwüstet, angekokelt wurde. Doch der Zeuge des übermäßig lautstarken Handlungsablaufs, dem die städtische Polizei, vielleicht weil das Feuer keinen Zunder fand, nur zusah, mag allenfalls erstaunt gewesen sein.

Mehr nicht. So beflissen ich im Laub meiner Erinnerungen stochere, nichts findet sich, das mir günstig wäre. Offenbar haben keine Zweifel meine Kinderjahre getrübt. Vielmehr machte ich, leicht zu gewinnen, bei allem mit, was der Alltag, der sich aufgeregt aufregend als »Neue Zeit« ausgab, zu bieten hatte.

Das war viel und verlockend: Im Radio und im Kino siegte Max Schmeling. Vor dem Kaufhaus Sternfeld wurde in Büchsen Kleingeld fürs Winterhilfswerk gesammelt – »Keiner soll hungern, keiner soll frieren!« Deutsche Rennfahrer – Bernd Rosemeyer – waren in ihren Silberpfeilen die schnellsten. Die Luftschiffe *Graf Zeppelin* und *Hindenburg* konnten bestaunt werden, wie sie hochglänzend über der Stadt zum Postkartenmotiv wurden. In der Wochenschau half unsere »Legion Condor« mit allerneuesten Waffen, Spanien von der Roten Gefahr zu befreien. Auf dem Pausenhof spielten wir »Alcázar«. Und wenige Monate zuvor begeisterten uns die Olympischen Spiele mit ihrem Medaillensegen. Später hieß unser Wunderläufer Rudolf Harbig. Und in der Wochenschau strahlte das Deutsche Reich im gebündelten Scheinwerferlicht.

Noch während der letzten Jahre der Freistaatzeit – ich zählte zehn – wurde der Junge meines Namens durchaus freiwillig Mitglied des Jungvolks, einer Aufbauorganisation der Hitlerjugend. »Pimpfe« nannte man uns oder auch »Wölflinge«. Auf den Weihnachtstisch wünschte ich mir die Uniform samt Käppi, Halstuch, Koppel und Schulterriemen.

Zwar kann ich mich nicht erinnern, besonders begeistert gewesen zu sein, mich als Wimpelträger auf Tribünen gedrängt, jemals den Rang eines schnürengeschmückten Jungzugführers angestrebt zu haben, aber mitgemacht habe ich fraglos selbst dann, wenn mich die ewige Singerei und das dumpfe Getrommel anödeten.

Nicht nur die Uniform lockte. Der wunschgemäßen Devise »Jugend muß von Jugend geführt werden!« entsprach das Angebot: Zeltlager und Geländespiele in Strandwäldern, Lagerfeuer zwischen zur Thingstätte gewuchteten Findlingen im Hügelland südlich der Stadt, Sonnenwend- und Morgenfeiern unterm Sternenhimmel und auf Waldlichtungen, die sich gen Osten öffneten. Wir sangen, als hätte Gesang das Reich größer und größer machen können.

Mein Fähnleinführer, ein Arbeiterjunge aus der Siedlung Neuschottland, war keine zwei Jahre älter als ich: ein

Pfundskerl, der Witz hatte und auf den Händen laufen konnte. Ich bewunderte ihn, lachte, wenn er lachte, lief ihm hinterdrein, folgsam.

All das lockte mich aus dem kleinbürgerlichen Mief familiärer Zwänge, weg vom Vater, dem Kundengeschwätz vor der Ladentheke, der Enge der Zweizimmerwohnung, in der mir nur die flache Nische unterm Bord des rechten Wohnzimmerfensters zustand und genug sein mußte.

Auf ihren Zwischenbrettern stapelten sich Bücher und meine Klebealben für Zigarettenbilder. Dort hatten Plastilin-Knetmasse für erste Figuren, der Pelikan-Zeichenblock, der Malkasten mit zwölf Deckfarben, die eher nebensächlich gesammelten Briefmarken, ein Haufen Krimskrams und meine geheimen Schreibhefte ihren Platz.

Nur wenig Gegenständliches sehe ich im Rückblick so deutlich wie die Nische unterm Fensterbord, die für Jahre meine Zuflucht sein sollte; der Schwester Waltraut, drei Jahre jünger als ich, stand die linke Nische zu.

Denn so viel kann einschränkend gesagt werden: Ich war nicht nur Pimpf des Jungvolks in Uniform, der sich bemühte, im Gleichschritt zu marschieren und dabei »Unsere Fahne flattert uns voran« zu singen, sondern auch ein Stubenhocker, der mit den Schätzen seiner Nische haushielt. Selbst in Reih und Glied blieb ich Einzelgänger, der aber nicht sonderlich auffiel; ein Mitläufer, dessen Gedanken immer woanders streunten.

Zudem hatte mich der Wechsel von der Volksschule zur Oberschule zum Conradiner gemacht. Ich durfte, wie es hieß, aufs Gymnasium gehen, trug die traditionell rote Gymnasiastenmütze, geschmückt mit dem goldenen C, und meinte Grund zu haben, hochnäsig stolz zu sein, weil Schüler einer namhaften Lehranstalt, der die Eltern mühsam abgespartes Schulgeld in Raten zahlen mußten, weißnichtwieviel; eine monatliche Belastung, die dem Sohn nur angedeutet wurde.

Der Kolonialwarenladen, der sich dem schlauchengen Flur zur Wohnungstür hin seitlich anschloß und den allein meine Mutter unter dem Namen Helene Graß geschäftstüchtig führte – der Vater Wilhelm, Willy gerufen, dekorierte das Schaufenster, kümmerte sich um Einkäufe bei Grossisten und beschriftete Preisschilder –, ging mäßig bis schlecht. Zur Guldenzeit verunsicherten Zollbeschränkungen den Handel. An jeder Straßenecke Konkurrenz. Um den zusätzlichen Verkauf von Milch, Sahne, Butter und Frischkäse genehmigt zu bekommen, mußte die Hälfte der Küche zur Straßenseite hin geopfert werden, so daß nur eine fensterlose Kammer für den Gasherd und den Eisschrank übrigblieb. Immer mehr Kunden zog die Ladenkette »Kaisers Kaffee-Geschäft« ab. Nur wenn alle Rechnungen pünktlich bezahlt waren, lieferten die Handelsvertreter. Zuviel Pumpkundschaft. Besonders die Frauen der Zoll-, Post-, Polizeibeamten liebten es, ihre Einkäufe anschreiben zu lassen. Sie jammerten, knapsten, verlangten Rabatt. Die Eltern bestätigten sich jeweils am Sonnabend nach Ladenschluß: »Wir sind schon wieder mal knapp bei Kasse.«

Deshalb hätte einsehbar sein müssen, daß mir die Mutter kein wöchentliches Taschengeld abzweigen konnte. Als aber mein Klagen kein Ende nahm – in meiner Klasse klimperten alle Mitschüler mit mehr oder weniger reichlich Kleingeld –, schob sie mir ein vom Gebrauch abgegriffenes Oktavheft zu, in dem die Schulden aller Kunden gereiht standen, die, wie sie sagte, »auf Pump« lebten. Ich sehe das Heft vor mir, schlage es auf.

In säuberlicher Schrift stehen Namen, Adressen sowie kürzlich geminderte, immer wieder gesteigerte Summen von Guldenbeträgen, auf den Pfennig genau. Die Bilanz einer Geschäftsfrau, die Grund hat, sich Sorgen um ihren Laden zu machen; wohl auch der Spiegel der allgemeinen Wirtschaftslage bei zunehmender Arbeitslosigkeit.

»Am Montag kommen die Firmenvertreter und wollen Bares sehen«, hieß ihre stehende Rede. Nie aber hat die Mutter das monatlich fällige Schulgeld dem Sohn und später der Tochter als etwas vorgehalten, dem sich die Kinder pflichtschuldig hätten fügen müssen. Nie hieß es: Ich opfer mich für euch auf. Tut was dafür!

Sie, die für behutsame und allerlei Spätfolgen bedenkende Pädagogik zu wenig Zeit hatte – kam es zum Gezänk zwischen der Schwester und mir, das sich allzu kreischig zutrug, rief sie den Kunden zu, »Momentchen mal«, eilte aus dem Laden herbei, fragte nie »wer hat mit wem Streit angefangen«, sondern ohrfeigte wortlos beide Kinder, um alsbald wieder freundlich die Kundschaft zu bedienen –, sie, die liebevoll zärtliche, warmherzige, leicht zu Tränen gerührte, sie, die sich gerne, wenn sie nur Zeit fand, in Träumereien verlor und alles, was sie als schön ansah, »echt romantisch« nannte, sie, die besorgteste aller Mütter, schob ihrem Sohn eines Tages das Oktavheft zu und bot an, mir fünf Prozent der eingetriebenen Schulden in Gulden und Pfennigen auszuzahlen, wenn ich bereit sei, bewaffnet nur mit fixem Mundwerk – das hatte ich! – und der Kladde voller gereihter Zahlen jeweils am Nachmittag oder wann immer ich jenseits meines, aus ihrer

Sicht, albernen Jungvolkdienstes Zeit fände, die säumigen Kunden aufzusuchen, auf daß sie sich dringlich gefordert sähen, ihre Schulden, wenn nicht zu begleichen, dann doch in Raten abzustottern.

Dann riet sie mir noch, den Abend eines bestimmten Wochentages besonders eifrig zu nutzen: »Freitags wird gelöhnt, da mußte hin und abkassieren.«

So wurde ich mit zehn oder elf, als Sextaner oder Quintaner, zum gewieften und unterm Strich erfolgreichen Schuldeneintreiber. Mit einem Apfel oder billigen Bonbons war ich nicht abzuspeisen. Worte fielen mir ein, das Herz der Schuldner zu erweichen. Selbst fromme, mit Öl gesalbte Ausreden verfehlten mein Ohr. Drohungen hielt ich stand. Wer die Wohnungstür zuschlagen wollte, dem stand mein Fuß dazwischen. Am Freitag trat ich mit Hinweis auf ausgezahlten Wochenlohn besonders fordernd auf. Sogar der Sonntag war mir nicht heilig. Und während der kleinen und großen Ferien war ich ganztags tätig.

Bald rechnete ich Summen ab, die die Mutter dazu bewogen, aus nunmehr pädagogischen Gründen des Sohnes übermäßigen Zugewinn von fünf auf drei Prozent zu schmälern. Das nahm ich maulend hin. Sie aber sagte: »Damit du mir ja nicht übermütig wirst.«

Am Ende war ich dennoch besser bei Kasse als viele meiner Mitschüler, die im Uphagen- oder Steffensweg in Doppeldachvillen mit Säulenportal, Balkonterrasse und Dienstboteneingang wohnten und deren Väter Rechtsanwälte, Ärzte, Getreidehändler, sogar Fabrikanten und Schiffseigner waren. Mein Reingewinn häufte sich in einer leeren Tabakdose, verborgen in der Fensternische. Ich kaufte mir Zeichenblöcke auf Vorrat und Bücher, mehrere Bände »Brehms Tierleben«. Dem süchtigen

Kinogänger war fortan der Besuch selbst der entlegensten Filmpaläste in der Altstadt, sogar das »Roxi« am Olivaer Schloßgarten erschwinglich, samt Straßenbahnfahrten hin und zurück. Kein Programmwechsel entging ihm.

Damals, zur Freistaatzeit, lief noch »Fox Tönende Wochenschau« vor dem Kultur- und dem Spielfilm. Mich fesselte Harry Piel. Ich lachte über Dick und Doof. Charlie Chaplin sah ich als Goldsucher einen Schuh samt Senkel essen. Den amerikanischen Kinderstar Shirley Temple fand ich blöd und nur mäßig niedlich. Mein Geld reichte, um einen Stummfilm mit Buster Keaton, dessen Komik traurig und dessen Trauer mich lachen machte, mehrmals zu sehen.

War es im Februar zu ihrem Geburtstag oder zum Muttertag? Jedenfalls glaubte ich noch vor Beginn des Zweiten Weltkrieges in der Lage zu sein, meiner Mutter etwas besonderes, einen Importartikel schenken zu können. Lange stand ich abwägend vor Schaufenstern, genoß die Qual der Wahl, schwankte zwischen der ovalen Kristallschale im Kaufhaus Sternfeld und einem elektrischen Bügeleisen.

Schließlich war es das formschöne Siemens-Produkt, dessen enormen Preis die Mutter streng erfragt, der Verwandtschaft jedoch wie eine der sieben Todsünden verschwiegen hat; und auch der Vater, der sich sicher war, auf den tüchtigen Sohn stolz sein zu müssen, durfte die Quelle meines plötzlichen Reichtums nicht preisgeben. Nach Gebrauch verschwand das Bügeleisen sogleich im Büfett.

Die Praxis des Schuldeneintreibens brachte mir noch anderen Zugewinn, der sich allerdings erst nach Jahrzehnten in dinglicher Prosa ausgezahlt hat.

Ich kam treppauf, treppab in Mietshäuser, in denen es von Stockwerk zu Stockwerk anders roch. Der Geruch, den garender Weißkohl freigibt, wurde vom Gestank kochender Wäsche übertönt. Ein Stockwerk höher roch es vordringlich nach Katzen oder Kinderwindeln. Hinter jeder Wohnungstür miefte es besonders. Säuerlich oder brenzlig, weil die Hausfrau gerade ihre Locken mit Brennscheren gedreht hatte. Der Duft älterer Damen: Mottenkugeln und Uralt Lavendel. Der Schnapsatem des verwitweten Rentners.

Ich lernte, indem ich roch, hörte, sah und zu spüren bekam: die Armut und Kümmernis vielköpfiger Arbeiterfamilien, den Hochmut und die Wut gestelzt hochdeutsch schimpfender Verwaltungsbeamter, die aus Prinzip zahlungsunfähig waren, das Bedürfnis vereinsamter Frauen nach ein wenig Geplauder am Küchentisch, bedrohliches Schweigen und den zählebigen Streit zwischen Nachbarn.

Das alles sammelte sich inwendig als Sparguthaben an: nüchtern und im Suff prügelnde Väter, in höchster Tonlage keifende Mütter, verstummte oder stotternde Kinder, Keuch- und Dauerhusten, Seufzer und Flüche, Tränen verschiedener Größe, der Haß auf Menschen und die Liebe zu Hunden und Kanarienvögeln, die Endlosgeschichte vom verlorenen Sohn, Proletarier- und Kleinbürgergeschichten, jene auf Plattdeutsch mit polnischen Flüchen durchsetzt, diese in amtlicher Sprache, abgehackt und auf Klafterlänge verkürzt, solche, deren Triebwerk die Treulosigkeit war, und andere, die ich erst später als Geschichten begriff, die vom starken Willen des Geistes und vom hinfällig schwachen Fleisch handelten.

Das und noch viel mehr – nicht nur die Prügel, die mir beim Schuldeneintreiben ausgezahlt wurden – hat sich bei mir angereichert, vorrätig für Zeiten, in denen dem professionellen Erzähler der Stoff knapp wurde, ihm Wörter fehlten. Ich mußte nur die Zeit rückläufig werden lassen, Gerüche schnuppern, Gestank sortieren, wieder treppauf, treppab steigen, die Klingel drücken oder anklopfen, besonders häufig am Freitagabend.

Es mag sogar sein, daß mich der frühe Umgang mit der freistaatlichen Guldenwährung bis hin zu Pfennigbeträgen, dann, ab neununddreißig und Kriegsbeginn, das Abkassieren der Reichsmark – die begehrten silbernen Fünfmarkstücke – so nachhaltig in harter Praxis gefirmt hat, daß es mir skrupellos leicht fiel, während der Nachkriegszeit als Schwarzhändler mit Mangelware wie Feuersteinen und Rasierklingen, dann späterhin als Autor beim Aushandeln von Verträgen mit schwerhörigen Verlegern fordernd hartnäckig zu bleiben.

Mithin weiß ich Gründe genug, meiner Mutter dankbar zu sein, weil sie mich früh gelehrt hat, sachlich mit Geld umzugehen, und sei es beim Eintreiben von Schulden. Wenn also in der Reihung eines wortwörtlichen Selbstporträts, das mir die Söhne Franz und Raoul abnötigten, als ich zu Beginn der siebziger Jahre das »Tagebuch einer Schnecke« schrieb, lapidar gesagt wird: »Ich bin ganz gut schlecht erzogen worden«, ist damit auch meine Praxis als Schuldeneintreiber gemeint.

Ich vergaß, beiläufig die häufigen Mandelentzündungen zu erwähnen, die mich vor und nach dem Ende der Kindheit zwar für Tage von der Schule befreit, aber auch meinen aufs Geld versessenen Kundendienst behindert haben. Dem halbwegs Genesenen brachte die Mutter Eigelb in einem Glas, verrührt mit Zucker, ans Bett.

Was sich verkapselt hat

Ein Wort ruft das andere. Schulden und Schuld. Zwei Wörter, so nah beieinander, so fest im Nährboden der deutschen Sprache verwurzelt, doch ist dem erstgenannten mit Abzahlung – und sei es in Raten, wie es die Pumpkundschaft meiner Mutter tat – abmildernd beizukommen; die nachweisbare wie die verdeckte oder nur zu vermutende Schuld jedoch bleibt. Immerfort tickt sie und ist selbst auf Reisen ins Nirgendwo als Platzhalter schon da. Sie sagt ihr Sprüchlein auf, fürchtet keine Wiederholungen, läßt sich gnädig auf Zeit vergessen und überwintert in Träumen. Sie bleibt als Bodensatz, ist als Fleck nicht zu tilgen, als Pfütze nicht aufzulecken. Sie hat von früh auf gelernt, gebeichtet in einer Ohrmuschel Zuflucht zu suchen, sich als verjährt oder längst vergeben kleiner als klein, zu einem Nichts zu machen, und steht dann doch, sobald die Zwiebel Pelle nach Pelle geschrumpft ist, dauerhaft den jüngsten Häuten eingeschrieben: mal in Großbuchstaben, mal als Nebensatz oder Fußnote, mal deutlich lesbar, dann wieder in Hieroglyphen, die, wenn überhaupt, nur mühsam zu entziffern sind. Mir gilt leserlich die knappe Inschrift: Ich schwieg.

Weil aber so viele geschwiegen haben, bleibt die Versuchung groß, ganz und gar vom eigenen Versagen abzusehen, ersatzweise die allgemeine Schuld einzuklagen oder nur uneigentlich in dritter Person von sich zu sprechen: Er war, sah, hat, sagte, er schwieg… Und zwar in sich hinein, wo viel Platz ist für Versteckspiele.

Sobald ich mir den Jungen von einst, der ich als Dreizehnjähriger gewesen bin, herbeizitiere, ihn streng ins Verhör
nehme und die Verlockung spüre, ihn zu richten, womöglich wie einen Fremden, dessen Nöte mich kaltlassen,
abzuurteilen, sehe ich einen mittelgroßen Bengel in kurzen Hosen und Kniestrümpfen, der ständig grimassiert.
Er weicht mir aus, will nicht beurteilt, verurteilt werden.
Er flüchtet auf Mutters Schoß. Er ruft: »Ich war doch ein
Kind nur, nur ein Kind…«

Ich versuche, ihn zu beruhigen, und bitte ihn, mir beim
Häuten der Zwiebel zu helfen, aber er verweigert Aus-
künfte, will sich nicht als mein frühes Selbstbild ausbeuten
lassen. Er spricht mir das Recht ab, ihn, wie er sagt, »fer-
tigzumachen«, und zwar »von oben herab«.

Jetzt verkneift er die Augen zu Sehschlitzen, preßt und
verzieht die Lippen, bringt den Mund in unruhige Schief-
lage und arbeitet an seiner Grimasse, während er zugleich
über Büchern hockt, weg ist, nicht einzuholen.

Ich sehe ihn lesen. Das, nur das tut er mit Ausdauer.
Dabei stöpselt er beide Ohren mit den Zeigefingern, um
in enger Wohnung gegen den fröhlichen Lärm der Schwester abgeschirmt zu sein. Jetzt trällert sie, kommt näher. Er
muß aufpassen, denn gern schlägt sie ihm das Buch zu,
will mit ihm spielen, immer nur spielen, ist ein Wirbel-
wind. Nur auf Distanz ist ihm seine Schwester lieb.

Bücher waren ihm von früh an die fehlende Latte im
Zaun, seine Schlupflöcher in andere Welten. Doch sehe
ich ihn auch Grimassen schneiden, wenn er nichts tut, nur
zwischen den Möbeln des Wohnzimmers rumsteht und
dabei so abwesend zu sein scheint, daß die Mutter ihn
anrufen muß: »Wo biste nu schon wieder? Was denkste
dir jetzt wieder aus?«

Aber wo war ich, wenn ich Anwesenheit nur vortäuschte? Welch entlegene Räume bezog der grimassierende Junge, ohne das Wohn- oder Klassenzimmer zu verlassen? In welche Richtung spulte er seinen Faden?

In der Regel war ich zeitabwärts unterwegs, unstillbar hungrig nach den bluttriefenden Innereien der Geschichte und vernarrt ins stockfinstre Mittelalter oder in die barocke Zeitweil eines dreißig Jahre währenden Krieges.

So vergingen dem Jungen, der unter meinem Namen anzurufen ist, die Tage wunschgemäß als Folge von Auftritten in wechselnden Kostümen. Schon immer wollte ich weranders und woanders, jener »Baldanders« sein, der mir wenige Jahre später, als ich mich in der Volksausgabe des »Simplicissimus« verlor, gegen Schluß des Buches begegnete: eine unheimliche und doch anziehende Gestalt, die erlaubte, aus den Pluderhosen des Musketiers in die zottelige Kutte eines Eremiten zu schlüpfen.

Zwar war mir die Gegenwart mit ihren Führerreden, Blitzkriegen, U-Boothelden und hochdekorierten Fliegerassen samt militärischen Einzelheiten abfragbar deutlich – meine Geografiekenntnisse wurden bis in die Berge Montenegros, bis hin zu griechischen Inselgruppen und ab Sommer einundvierzig durch den vorrückenden Frontverlauf bis Smolensk, Kiew, zum Ladogasee hin erweitert –, aber zugleich bewegte ich mich im Heerwurm der Kreuzfahrer in Richtung Jerusalem, war Knappe des Kaisers Barbarossa, schlug auf Pruzzenjagd als Ordensritter um mich, wurde vom Papst exkommuniziert, gehörte Konradins Gefolge an und ging klaglos mit dem letzten Staufer unter.

Blind für alltäglich werdendes Unrecht im nahen Umfeld der Stadt – zwischen Weichsel und Haff, nur zwei Dörfer vom Nickelswalder Landschulheim des Conradinums entfernt, wuchs und wuchs das Konzentrationslager Stutthof –, empörten mich einzig die Verbrechen pfäffischer Herrschaft und die Folterpraxis der Inquisition. Wenn mir einerseits Zangen, glühende Eisen und Daumenschrauben handlich waren, sah ich mich andererseits als Rächer verbrannter Hexen und Ketzer. Mein Haß galt Gregor dem Neunten und weiteren Päpsten. Im westpreußischen Hinterland wurden polnische Bauern mit Frau und Kindern von ihren Höfen vertrieben; ich blieb Vasall des zweiten Friedrich, der in Apulien ihm getreue Sarazenen ansiedelte und mit seinen Falken arabisch sprach.

Im Rückblick sieht es so aus, als sei es dem grimassierenden Gymnasiasten gelungen, seinen aus Büchern gefütterten Sinn für Gerechtigkeit in mittelalterliche Rückzugsgebiete zu verlagern. Wohl deshalb konnte sich mein erster, vom Umfang her weitläufig geplanter Schreibversuch fern der Deportation restlicher Danziger Juden aus dem Ghetto Mausegasse in das Konzentrationslager Theresienstadt und abseits aller Kesselschlachten des Sommers einundvierzig abspielen; mitten im dreizehnten Jahrhundert sollte ein Handlungsgespinst geknüpft werden, das kaum entlegener hätte ausgedacht werden können.

Es ist die Zeitung für Schüler »Hilf mit!« gewesen, in der ein Wettbewerb angezeigt stand. Preise für erzählende Prosa, geschrieben von jugendlicher Hand, wurden versprochen.

Also begann der grimassierende Junge oder mein behauptetes, doch immer wieder im fiktionalen Gestrüpp verschwindendes Ich, in ein bis dahin unbeflecktes Diarium nicht etwa eine knappe Geschichte, nein, auf Anhieb und ungehemmt flüssig einen Roman zu schreiben, der – das ist sicher – unter dem Titel »Die Kaschuben« stand. Die waren mir immerhin verwandt.

Während meiner Kindheit fuhren wir oft über die Freistadtgrenze in Richtung Kokoschken, Zuckau und besuchten meine Großtante Anna, die samt vielköpfiger
Familie auf engem Raum unter niedriger Decke hauste.
Käsekuchen, Sülze, Senfgurken und Pilze, Honig, Backpflaumen und Hühnerklein – Magen, Herz, Leber –,
Süßes und Saures, aber auch Schnaps, gebrannt aus Kartoffeln, kamen dort gleichzeitig auf den Tisch; und zugleich wurde gelacht und geweint.

Im Winter holte uns Onkel Joseph, der älteste Sohn der
Großtante, mit Pferd und Schlitten ab. Das war lustig. Bei
Goldkrug gings über die Freistaatgrenze. Onkel Joseph
begrüßte die Zollbeamten auf deutsch, auf polnisch und
wurde von den jeweils anders Uniformierten dennoch beschimpft. Das war weniger lustig. Kurz vorm Kriegsbeginn
soll er die polnische Fahne und die mit dem Hakenkreuz
aus dem Schrank geholt und gerufen haben: »Wenn Krieg
jeht los, staig ich auf Baum und guck, wer kommt zuerst.
Und denn hiß ich Fahne, die da oder die…«

Und selbst später noch, als genug Zeit vergangen war,
sahen wir die Mutter und die Geschwister des erschossenen
Onkel Franz, wenn auch nur heimlich nach Ladenschluß.
Dabei erwies sich der in Zeiten der Kriegswirtschaft nütz-
liche Naturalienhandel als hilfreich: Suppenhühner und
Landeier wurden gegen Rosinen, Backpulver, Nähgarn
und Petroleum getauscht. In unserem Laden stand neben
dem Faß voller Salzheringe ein mannshoher Petroleum-
tank mit Zapfhahn, dessen Geruch die Zeit überdauert
hat. Und als Bild sind mir die Auftritte der Großtante
Anna geblieben, wenn sie ihre Tauschware, eine gerupfte
Gans, die sie unter den Röcken verborgen hatte, mit
einem Griff vorzog und auf die Ladentheke warf: »Mecht
ne Zehnpfundje sain…«

So waren mir auch die Sprachgewohnheiten der Kaschuben vertraut. Wann immer sie ihr altslawisches Gemaule verschluckten und ihre Kümmernisse und Wünsche auf Plattdeutsch ausbreiteten, ließen sie die Artikel weg und sagten, um sicherzugehen, lieber zwei- als einmal nein. Ihr verlangsamtes Reden glich abgestandener Dickmilch, auf die sie geriebenes Schwarzbrot, gemischt mit Zucker, streuten.

Das Restvolk der Kaschuben siedelte seßhaft seit Urgedenken im hügeligen Hinterland der Stadt Danzig und galt unter wechselnder Herrschaft als nie polnisch, nie deutsch genug. Als mit dem letzten Krieg wieder einmal die Deutschen über sie kamen, wurden viele Kaschuben laut Erlaß als »Volksgruppe drei« eingestuft. Das geschah unter Druck der Behörden und mit Aussicht auf Bewährung, damit aus ihnen vollwertige Reichsdeutsche wurden; die jungen Frauen abrufbar für den Arbeitsdienst, die jungen Männer wie Onkel Jan, der nun Hannes hieß, für den Kriegsdienst.

Von diesen Nöten Bericht zu geben, wäre naheliegend gewesen. Weshalb ich aber die Handlung meines Erstlings, der von Mord und Totschlag bestimmt war, in die Zeit des Interregnums, »die kaiserlose, die schreckliche Zeit« des dreizehnten Jahrhunderts, verlegt habe, ist nur mit meiner Neigung zur Flucht in möglichst unwegsames Geschichtsgelände zu erklären. So kam denn auch nicht der Versuch einer altslawischen Sittengeschichte zu Papier, vielmehr handelte mein Erstling von Femegerichten und Rechtlosigkeit, die nach dem Untergang des Stauferreiches einen Erzählstoff hergaben, in dem es sattsam gewalttätig zuging.

Davon ist kein Wort geblieben. Nicht die Ahnung von blutrünstigen, weil der Blutrache dienlichen Szenen will dämmern. Kein Ritter-, Bauern-, Bettlername hat sich mir überliefert. Nichts, keines Pfaffen Schuldspruch, keiner Hexe Schrei haftet. Und doch müssen Ströme Blut geflossen, ein Dutzend und mehr Scheiterhaufen geschichtet und mit der Pechfackel in Brand gesteckt worden sein, denn gegen Ende des ersten Kapitels waren alle Helden tot: geköpft, erdrosselt, gepfählt, verkohlt oder gevierteilt. Mehr noch: niemand war da, die toten Helden zu rächen.

Auf solch schriftlich beackertem Leichenfeld fand meine Erprobung in erzählender Prosa ihr vorzeitiges Ende. Gäbe es das Diarium noch, wäre es allenfalls für Fragment-Fetischisten von Interesse.

Die Erwürgten, Geköpften, Verbrannten und Gevierteilten, alle den Krähen zum Fraß im Eichengeäst baumelnden Leichen fortan als Geister auftreten, in weiteren Kapiteln agieren und restliches Fußvolk erschrecken zu lassen, ist mir nicht in den Sinn gekommen – noch nie mochte ich Gespenstergeschichten. Doch kann es sein, daß mich der unökonomische Umgang mit fiktivem Personal als frühe Erfahrung einer Schreibhemmung dazu gebracht hat, späterhin, als nunmehr sorgfältig kalkulierender Autor, schonender mit den Helden meiner Romane umzugehen.

Oskar Matzerath überlebte als Medienmogul. Mit ihm seine Babka, die hundertsieben Jahre alt wurde und für die er, um ihren Geburtstag zu feiern, im zeitverschränkten Verlauf des Romans »Die Rättin« sogar – und trotz der Drangsal heftiger Prostatabeschwerden – die Strapazen einer Reise in die Kaschubei auf sich nahm.

Und weil der frühe Tod Tulla Pokriefkes nur vermutet werden konnte – tatsächlich wurde die Siebzehnjährige hochschwanger von Bord des sinkenden Flüchtlingsschiffes *Wilhelm Gustloff* gerettet –, stand sie, als endlich die Novelle »Im Krebsgang« reif zur Niederschrift war, als siebzigjährige Überlebende auf Abruf bereit. Sie ist die Großmutter eines rechtsradikalen Jungen, der im Internet seinen »Blutzeugen« feiert.

Gleiches gilt für meinen Liebling Jenny Brunies, die, wenngleich arg beschädigt und für immer erkältet, die »Hundejahre« überstehen durfte; wie ja auch ich geschont wurde, um mich auf anderem Feld mal um mal neu zu erfinden.

Jedenfalls konnte sich der maßlose Junge, der als Entwurf meiner selbst weiterhin zu entdecken ist, nicht am Wettbewerb der Zeitung für Schüler »Hilf mit!« beteiligen. Oder günstiger gesehen: so wurde mir die womöglich erfolgreiche Teilnahme an einem NS-Wettbewerb für Großdeutschlands schreibende Jugend erspart. Denn ausgezeichnet mit dem zweiten oder dritten Preis – vom ersten nicht zu reden –, wäre der verfrühte Beginn meiner Schriftstellerkarriere als angebräunt zu bewerten gewesen: mit Quellenangabe dem allzeit hungrigen Feuilleton ein gefundenes Fressen. Man hätte mich als Jungnazi einstufen, so vorbelastet zum Mitläufer erklären, mich unwiderruflich abstempeln können. An Richtern hätte es nicht gefehlt.

Aber das Belasten, Einstufen und Abstempeln kann ich selber besorgen. Ich war ja als Hitlerjunge ein Jungnazi. Gläubig bis zum Schluß. Nicht gerade fanatisch vorneweg, aber mit reflexhaft unverrücktem Blick auf die Fahne, von der es hieß, sie sei »mehr als der Tod«, blieb ich in Reih und Glied, geübt im Gleichschritt. Kein Zweifel kränkte den Glauben, nichts Subversives, etwa die heimliche Weitergabe von Flugblättern, kann mich entlasten. Kein Göringwitz machte mich verdächtig. Vielmehr sah ich das Vaterland bedroht, weil von Feinden umringt.

Seitdem mich Greuelberichte über den »Bromberger Blutsonntag« entsetzt hatten, die gleich nach Kriegsbeginn Seiten im »Danziger Vorposten« füllten und alle Polen zu Meuchelmördern machten, schien mir jede deutsche Tat als Vergeltung rechtens zu sein. Meine Kritik richtete sich allenfalls gegen lokale Parteibonzen, sogenannte Goldfasane, die sich feige vorm Dienst an der Front drückten, uns nach Aufmärschen vor Tribünen mit öden Reden langweilten und dabei ständig den heiligen Namen des Führers mißbrauchten, an den wir glaubten, nein, an den ich aus ungetrübter Fraglosigkeit so lange glaubte, bis alles, wie es das Lied vorausgewußt hatte, in Scherben fiel.

So sehe ich mich im Rückspiegel. Das läßt sich nicht wegwischen, steht nicht auf einer Schiefertafel, neben der griffbereit der Schwamm liegt. Das bleibt. Noch immer, wenn auch lückenhaft mittlerweile, sitzen die Lieder fest: »Vorwärts, vorwärts schmettern die hellen Fanfaren, vorwärts, vorwärts, Jugend kennt keine Gefahren…«

Um den Jungen und also mich zu entlasten, kann nicht einmal gesagt werden: Man hat uns verführt! Nein, wir haben uns, ich habe mich verführen lassen.

Aber, könnte die Zwiebel lispeln, indem sie auf achter Haut Blindstellen nachweist, du bist doch fein raus, warst nur ein dummer Junge, hast nichts Schlimmes getan, hast niemanden, keinen Nachbarn denunziert, der zynische Witze über Göring, den dicken Reichsmarschall, riskiert hat, und hast keinen Fronturlauber verpfiffen, der sich rühmte, Gelegenheiten für ritterkreuzreife Heldentaten schlau gemieden zu haben. Nein, nicht du hast jenen Studienrat angezeigt, der im Geschichtsunterricht in Nebensätzen den Endsieg zu bezweifeln gewagt, das deutsche Volk »eine Hammelherde« genannt hatte und zudem ein übler Pauker war, von allen Schülern gehaßt.

Das wird stimmen: Jemanden zu verpfeifen, beim Blockwart, bei der NS-Kreisleitung, beim Hausmeister dieser oder jener Schule anzuschwärzen, war nicht meine Sache. Als aber ein Lateinlehrer, der, weil nebenbei Priester, als Monsignore angesprochen werden wollte, nicht mehr Vokabeln streng abfragte, weg, plötzlich verschwunden war, habe ich wieder einmal keine Fragen gestellt, wenngleich, kaum war er weg, der Ortsname Stutthof abschreckend in aller Munde war.

Bald vierzehn zählte ich, als Sondermeldungen aus unserem Volksempfänger, angekündigt durch Blech und Pauken, von siegreichen Kesselschlachten auf Rußlands Steppe Bericht gaben. Während Tag nach Tag Liszts »Les Préludes« mißbraucht wurde, geschah etwas, das meine Geografiekenntnisse erweiterte, doch in Latein blieb ich mangelhaft.

Nach abermaligem Schulwechsel sehe ich mich als Schüler in Sankt Johann, einem altstädtischen Gymnasium in der Fleischergasse, nahe dem Stadtmuseum und der Trinitatiskirche. Diese Lehranstalt erwies sich als gotisch unterkellert, lockte mit Kriechgängen bis in die »Hundejahre« hinein. Deshalb fiel es mir später leicht, mein Romanpersonal, die befreundeten und zugleich verfeindeten Schüler Eddie Amsel und Walter Matern, dort einzuschulen, auf daß sie vom Umkleideraum der Turnhalle aus in die franziskanischen Kriechgänge fanden...

Und als mein Lateinlehrer Monsignore Stachnik nach einigen Monaten zurückkam und weiterhin auf Sankt Johann unterrichtete, habe ich wiederum keine dringlichen Fragen gestellt, obgleich mir der Ruf anhing, nicht nur ein aufsässiger, sondern auch ein vorlauter Schüler zu sein.

Naja, er hätte ohnehin nicht antworten dürfen. War überall so nach der Entlassung aus KZ-Haft. Fragen hätten Stachnik, der äußerlich unverändert schien, nur zusätzlich in Schwierigkeiten gebracht.

Dennoch muß mich mein Schweigen ausreichend belastet haben, sonst wäre ich kaum genötigt gewesen, jenem Lateinlehrer und einstigen Vorsitzenden der freistaatlichen Zentrumspartei, dem unermüdlichen Fürsprecher der seligen Dorothea von Montau, in meinem aus Prinzip rückbezüglichen Roman »Der Butt« ein unüberlesbares Denkmal zu setzen.

Er und die gotische Einsiedlerin. Sein Bemühen um ihre Seligsprechung. Ins Schwärmen geriet Monsignore, sobald ihre Magerkur zum von uns angestoßenen Thema wurde. Leicht fiel es, ihn aus dem Zuchtgehege lateinischer Satzkonstruktionen zu locken; man mußte nur nach ihr, der ihm heiligen Dorothea fragen.

Was ihr die Ehe mit dem Schwertfeger versalzen habe.

Welche Wunder ihr zuzusprechen seien.

Warum sie sich im Dom zu Marienwerder lebendig habe einmauern lassen.

Ob sie, bald abgemagert, dennoch schön von Gestalt geblieben sei.

All das und seinen stets geschlossenen Halskragen rief ich in Erinnerung, um eines Lateinlehrers zu gedenken.

Allerdings konnte das späte Loblied Monsignore Stachnik nur teilweise gefallen. Aus allzu gegensätzlicher Perspektive werteten wir das Leben und den Hungertod der bußfertigen Dorothea von Montau. Und als ich um die Mitte der siebziger Jahre mit meiner Frau im Münsterland unterwegs war, um für die Erzählung »Das Treffen in Telgte« lokale Einzelheiten aus barocker Zeitweil zu recherchieren, besuchten wir ihn, der in einem Nonnenkloster seinen Alterssitz gefunden hatte: in geräumiger und komfortabel möblierter Zelle, die zum Gespräch einlud. In dessen Verlauf vermied ich jeden Konflikt auf katholisch bestelltem Acker. Ein wenig erstaunt, weil protestantischer Herkunft, war Ute über des alten Herrn geruhsamen Alltag inmitten klösterlich lebender Frauen, die uns in ihrer alles verhängenden Tracht nur beim Empfang zu Gesicht kamen.

Kokett, wie er sich als Lateinlehrer nie gegeben hatte, nannte sich Monsignore »Hahn im Korb«. Rundlicher, als ihn meine Erinnerung aufbewahrte, saß er mir gegenüber: die Klosterküche bekam ihm.

Wir plauderten nur wenig über die endlich Seliggesprochene. Auf politischem Feld vertrat er noch immer die Position der Zentrumspartei, die er allerdings bei den gegenwärtigen Christdemokraten nur unzureichend aufgehoben sah. Er lobte Pfarrer Wiehnke, meinen Beichtvater in der Herz-Jesu-Kirche, weil sich dieser Priester »überaus wagemutig« um die katholischen Arbeiter seiner Gemeinde gekümmert habe. Er erinnerte sich an diesen und jenen Lehrer auf Sankt Johann, so an den Schuldirektor, dessen zwei Söhne beim Untergang des Schlachtschiffes *Bismarck* den Tod, wie er sagte, »gefunden« hatten.

Doch hielt er nur widerstrebend Rückschau: »Schwierige Zeit, damals…« – »Neinnein, niemand hat mich denunziert…«

Daß ich ein schlechter Lateinschüler gewesen war, schien ihm gnädig entfallen zu sein.

Wir sprachen über Danzig, als die Stadt noch mit allen Türmen und Giebeln wie auf Postkarten aussah. Meinen Kurzbericht von wiederholten Reisen nach Gdańsk hörte er mit Gefallen – »Sankt Trinitatis soll ja so schön wie einst wiederaufgebaut sein…« –, doch als ich mein Schweigen in Schülerzeiten, die unverjährte Schuld anklingen ließ, winkte Monsignore Stachnik lächelnd ab. Ich glaubte ein »Ego te absolvo« zu hören.

Von einer mäßig frommen Mutter nur selten zum Kirchgang ermahnt, wuchs ich dennoch frühgeprägt katholisch auf: kreuzschlagend zwischen Beichtstuhl, Haupt- und Marienaltar. Monstranz und Tabernakel waren Wörter, die ich mir ihres Wohlklangs wegen gern aufsagte. Aber an was glaubte ich, bevor ich nur noch an den Führer glaubte?

Der Heilige Geist schien mir faßlicher zu sein als Gottvater nebst Sohn. Figurenreiche Altäre, dunkelnde Bilder und der weihrauchgeschwängerte Spuk der Langfuhrer Herz-Jesu-Kirche nährten meinen Glauben, der weniger christlich, eher heidnischer Natur war. Fleischlich nah kam mir die Jungfrau Maria: als Baldanders war ich der Erzengel, der sie erkannte.

Außerdem machten mich jene Wahrheiten satt, die in Büchern ihr vieldeutiges Eigenleben führten und in deren Treibbeeten meine Lügengeschichten keimten. Was aber las der Vierzehnjährige?

Gewiß keine frommen Traktate, auch keine Propagandaschriften, die Blut und Boden in Stabreime zwängten. Weder Tom-Mix-Hefte, noch waren mir Band nach Band

Karl Mays Romane spannend: Lesefutter, das meinen Mitschülern nie ausging. Vorerst las ich alles, was – welch Glück! – im Bücherschrank meiner Mutter greifbar war.

Als mir vor gut einem Jahr in Ungarns Hauptstadt ein Preis in Gestalt einer monströsen, weil bleigrau eingefaßten Kaminuhr überreicht wurde, die aussah, als solle mir zukünftig nur noch »bleierne Zeit« angesagt werden, fragte ich Imre Barna, den Lektor meines ungarischen Verlages, nach dem Namen eines Autors, dessen Roman mich in jungen Jahren verwirrt hatte: »Versuchung in Budapest«.

Wenig später wurde mir der umfängliche Schmöker aus antiquarischen Beständen geliefert. Verfaßt hat ihn Franz Körmendi, ein mittlerweile vergessener Schriftsteller. Im Jahr dreiunddreißig beim Propyläen Verlag in Berlin verlegt, handelt sein Buch fünfhundert Seiten lang von halt- und glücksuchenden Männern, die sich nach Ende des Ersten Weltkrieges in Kaffeehäusern langweilen, unterschwellig von proletarischer Revolution und Gegenrevolte und nebenbei von anarchistischen Bombenlegern. Doch hauptsächlich geht es um einen Entwurzelten, der arm, aber strebsam die Stadt beiderseits der Donau verläßt, die Welt sieht und mit reicher Frau heimkehrt, um dort, in Budapest, einer trügerisch diffusen Liebe zu verfallen.

Dieser Roman liest sich immer noch druckfrisch und gehörte zum Bücherbestand meiner Mutter, einer Ansammlung kunterbunt gemischter Literatur, die der Sohn bald ausgelesen hatte und deren Titel vorerst noch ungenannt bleiben sollen, weil ich mich nun, hungrig nach weiterem Lesestoff, nahe der Oberschule Sankt Petri an einem Lesetisch der Stadtbibliothek sehe.

Die Petrischule ist meine Zwischenstation, in die ich durch Beschluß einer Lehrerkonferenz versetzt wurde, nachdem ich das Langfuhrer Conradinum hatte verlassen müssen: einem prügelnden Turnlehrer gegenüber, der uns Schüler an Reck und Barren quälte, war ich – so lasen es die vom Sohn enttäuschten Eltern –, »aufsässig und unverschämt frech« geworden.

Doch was heißt, »ich sehe mich in der Stadtbibliothek«? Allenfalls gelingt es mir, mit Hilfe der wenigen Fotos, die meine Mutter nach Kriegsende in den Westen gerettet hatte, ein weiteres Selbstbild des Heranwachsenden zu entwerfen. Noch sind keine Pickel abzählbar, die ich später mit Pitralon und Mandelkleie vergeblich bekämpfte, doch mindert die vorstehende Unterlippe – meine angeborene Progenie – den kindlichen Ausdruck. Ernst bis verdüstert gleiche ich einem früh pubertierenden Schüler, dem Aufsässigkeit gegenüber Paukern zuzumuten ist: wenn man ihn reizt, könnte er handgreiflich werden.

Und so kam es denn auch dazu, daß ein feister Musiklehrer, dessen mit Fistelstimme gesungenes »Heideröschen« wir mit jazzartigen Geräuschen und Zuckbewegungen begleitet hatten, mich, nur mich rügte und zu schütteln wagte, worauf ich ihn mit meiner Linken an der Krawatte packte und so lange würgte, bis der Schlips, der kriegsbedingt aus Papier war, unterm Knoten abriß, worauf wieder einmal hinlänglich Grund bestand, mich umzuschulen, pädagogisch vorsorglich, wie es den Tatbestand verschleiernd hieß: von der Petrischule auf die Oberschule Sankt Johann. Kein Wunder, wenn ich mich abschottete, unzugänglich selbst für die Mutter wurde.

Und dergestalt finster abfotografiert sehe ich mich auf dem Weg zu jener dank hanseatischem Bürgersinn angereicherten Bibliothek, von der anzunehmen gewesen wäre, daß sie, als die Stadt kurz vor Kriegsende in Flammen stand, mit ihr verglüht sei. Doch als ich im Frühjahr achtundfünfzig die nunmehr polnische Stadt Gdańsk besuchte, um nach Danziger Spuren zu fahnden, also über Verlust Buch zu führen, fand ich die Stadtbibliothek unzerstört und in ihrem Inneren so überliefert holzgetäfelt und altertümlich, daß es mir leichtfiel, mich, den Heranwachsenden in knielangen Hosen, als Nutznießer der Buchbestände an einem der Lesetische zu entdecken: Stimmt, keine Pickel, aber die Haare fallen ihm in die Stirn. Vorgeschoben das Kinn, die Unterlippe. Schon buckelt sich der Nasenrücken. Er grimassiert noch immer, nicht nur beim Lesen.

Schicht auf Schicht lagert die Zeit. Was sie bedeckt, ist allenfalls durch Ritzen zu erkennen. Und durch solch einen Zeitspalt, der mit Anstrengung zu erweitern ist, sehe ich mich und ihn zugleich.

Ich bereits angejahrt, er unverschämt jung; er liest sich Zukunft an, mich holt Vergangenheit ein; meine Kümmernisse sind nicht seine; was ihm nicht schändlich sein will, ihn also nicht als Schande drückt, muß ich, der ihm mehr als verwandt ist, nun abarbeiten. Zwischen beiden liegt Blatt auf Blatt verbrauchte Zeit.

Während der dreißigjährige Vater jüngst geborener Zwillingssöhne, der seine ausladende Unterlippe neuerlich mit Hilfe eines Schnauzbartes auszugleichen versucht, sich auf Suche nach lokalen Einzelheiten für ein anhaltend gefräßiges Manuskript befindet, läßt sich sein verjüngtes Ich von nichts, auch nicht von ihm, dem Herrn im Cordanzug, ablenken.

Mein Blick jedoch schweift. Während der aus Beständen des Archivs herbeigeschaffte Zeitungsjahrgang neununddreißig durchblättert wird, nehme ich nur flüchtig wahr, was sich im »Danziger Vorposten« ab Beginn des Krieges an Alltäglichkeiten niedergeschlagen hat. Zwar kritzelt das angejahrte Ich in seine Kladde, welche Filme während der ersten Septemberwoche in Langfuhr und in den altstädtischen Kinos liefen, zum Beispiel im »Odeon« am Dominikswall »Wasser für Canitoga« mit Hans Albers, zugleich aber fängt sein abschweifender Blick jenen vierzehnjährigen Jungen ein, der drei Lesetische entrückt sitzt und sich in einer reich bebilderten »Knackfuß-Künstler-Monographie« verliert.

Neben ihm liegen weitere Bände gestapelt. Offenbar ist er dabei, seine mit Hilfe gesammelter Zigarettenbilder fundierten Kunstkenntnisse zu erweitern. Ohne aufzublicken legt er den Max Klinger gewidmeten Band beiseite, um sogleich einen anderen aufzuschlagen.

Während der erwachsene Sammler von Einzelheiten eher beiläufig Marktpreise und Börsennotierungen aus dem Handelsteil des »Vorposten« abschreibt – Bembergseide unverändert, Getreidehandel mit steigender Tendenz –, und bevor ihn zum wiederholten Mal mehrspaltige Greuelberichte erschrecken, in denen das »von polnischen Unmenschen« verübte Gemetzel vom dritten September, der »Bromberger Blutsonntag«, Seite nach Seite ausgeschlachtet wird, sieht er sich selbst, nein, dem Jungen zu, der anhand der Knackfuß-Bände zuerst Klingers Vielseitigkeit, den Maler, Bildhauer, den Zeichner bewundert, sich jetzt aber, nachdem ihn in einem weiteren Band Caravaggios wüster Lebenslauf fasziniert hat, als Schüler in Anselm Feuerbachs Atelier wünscht. Zur Zeit gilt seine Vorliebe den Deutschrömern. Künstler und berühmt will er werden, unbedingt.

Dem gereiften Zeitreisenden aus Paris, der zwar Künstler, aber noch nicht berühmt ist, kommt sein jugendliches Gegenüber wie abgetaucht vor. Selbst wenn er ihn anriefe, immer wieder, fände er kein Gehör.

Diese Begegnung mit mir ist übertragbar. So aus der Welt gefallen, sehe ich mich auch andernorts, etwa im Jäschkentaler Wald oder auf den Stufen des gußeisernen Gutenbergdenkmals. Vor Saisonbeginn nahm ich entliehene Bücher an den Ostseestrand mit, las, gekauert in einen der leeren Strandkörbe. Aber mein Lieblingsleseplatz war der Dachboden des Mietshauses, wo mir ein Lukenfenster Licht gab. Und in der Enge der Zweizimmerwohnung finde ich mich vorm Bücherschrank meiner Mutter; er ist mir deutlicher vor Augen als das restliche Mobiliar des Wohnzimmers.

Ein stirnhohes Schränkchen nur. Blaue Scheibengardinen schützten die Buchrücken vor zuviel Licht. Eierstäbe schmückten als Zierleisten. Ganz aus Nußbaum, soll es das Gesellenstück eines Lehrlings gewesen sein, der in der Tischlerei meines Großvaters väterlicherseits an der Hobelbank stand und seine Lehrzeit kurz vor der Heirat meiner Eltern mit einem Möbel beendet hatte, das zum Hochzeitsgeschenk taugte.

Seitdem stand das Schränkchen rechts vom Wohnzimmerfenster, gleich neben der Nische, die mir gehörte. Unterm Bord des linken Wohnzimmerfensters, das dem Klavier und den aufgeschlagenen Noten Seitenlicht gab, hausten das Poesiealbum und die Puppen und Streicheltiere meiner Schwester, die weder grimassierte noch las, doch, weil heiteren Gemüts, Papas Liebling war und so gut wie keinen Ärger machte.

Meine Mutter spielte nach Geschäftsschluß nicht nur langsam dahintropfende Klavierstücke, sondern wird auch Mitglied einer Buchgemeinschaft – weißnichtwelcher – gewesen sein. Irgendwann hörte ihre Mitgliedschaft auf, denn bald nach Kriegsbeginn kamen keine neuen Bände mehr, die den Bücherbestand hätten bereichern können.

Im Schränkchen standen Dostojewskis »Dämonen« neben Wilhelm Raabes »Chronik der Sperlingsgasse«, Schillers »Gesammelte Gedichte« neben Selma Lagerlöfs »Gösta Berling«. Irgendwas von Sudermann stand Rücken an Rücken mit Hamsuns »Hunger«, Kellers »Grüner Heinrich« neben eines anderen Keller »Ferien vom Ich«. Und Falladas »Kleiner Mann – was nun?« war zwischen Raabes »Hungerpastor« und Storms »Schimmelreiter« zu finden. Wahrscheinlich lehnte sich an Dahns »Ein Kampf um Rom« jener illustrierte Band mit dem Titel »Rasputin und die Frauen«, den ich späterhin als Kontrastlektüre zu Goethes »Wahlverwandtschaften« jemandem angedichtet habe, der aus ganz anders geschichteten Gründen in Bücher vernarrt war, um sich anhand solch explosiver Mixtur das kleine und das große ABC beizubringen.

Das alles und noch mehr war mir Lesefutter. Gehörten »Onkel Toms Hütte« oder »Das Bildnis des Dorian Gray« zum Bücherschatz hinter Scheibengardinen? Was war von Dickens, was von Mark Twain greifbar?

Ich bin mir sicher, daß meine Mutter, die bei zunehmenden Geschäftssorgen wenig Zeit zum Lesen fand, wie ihr Sohn nicht wußte, daß einer der Titel im Schränkchen zu den verbotenen Büchern gehörte: Vicki Baums »Stud. chem. Helene Willfüer«. In diesem Roman, der bereits vor dreiunddreißig einen Skandal ausgelöst hatte, geht es um eine so strebsame wie mittellose Studentin sowie um Liebe und Todessehnsucht im unheimlich idyllischen Treiben eines Universitätsstädtchens, aber auch, weil die Studentin schwanger wird, um Kurpfuscher und Engelmacher, also um – laut Paragraph – strafbare Abtreibung.

Es ist anzunehmen, daß meine Mutter den Weg der tapferen Chemiestudentin als Leserin nicht durchlitten hat, denn als ihr vierzehnjähriger Sohn am Wohnzimmertisch hockte und durch nichts vom Unglück und späteren Mutterglück der jungen Frau abzulenken war, ließ sie mich, ohne Anstoß zu nehmen, »auf und davon« sein.

Im Verlauf der Zeit habe ich mehr von Vicki Baum gelesen, zum Beispiel ihren verfilmten Roman »Menschen im Hotel«. Und als ich Anfang der achtziger Jahre mit der Niederschrift der Reiseerzählung »Kopfgeburten oder Die Deutschen sterben aus« die Enthaltsamkeit kinderloser Selbstverwirklicher und deren bis heutzutage zelebrierten Egokult, somit die Vergreisung der bundesrepublikanischen Bevölkerung und als deren Folgen die Dauerkrise im Rentensystem und die Ödnis anhaltend gepflegter Zweisamkeit vorwegnahm, half mir ihre exotische Geschichte »Liebe und Tod auf Bali« beim Auspinseln melodramatischer Hintergrundbilder. Doch so selbstvergessen wie zu meiner Frühzeit bin ich nie wieder Vicki Baums angeblich nur unterhaltsamer Erzählkunst verfallen gewesen.

Sobald das Abendbrot auf den Tisch sollte, rief der Vater: »Vom Lesen ist noch keiner satt geworden.«

Die Mutter sah mich gern »schmökern«. Da die bei Kunden und Handelsvertretern beliebte Geschäftsfrau bei aller Neigung zu träumerischen Wehmutsgesten von heiterer und mitunter spottlustiger Natur war, auch gern einen kleinen Spaß trieb, den sie »Schabernack« nannte, bereitete es ihr Vergnügen, dem einen oder anderen Besucher, so einer Freundin aus gemeinsamer Lehrzeit bei »Kaisers Kaffee«, die Abwesenheit des an bedruckte Seiten verlorenen Sohnes zu beweisen, indem sie ein Marmeladenbrot, in das ich während anhaltender Lektüre ab und zu biß, gegen ein Stück Palmoliveseife austauschte.

Mit verschränkten Armen und lächelnd, weil erfolgssicher, hat sie das Ergebnis der Tauschaktion abgewartet. Das erheiterte sie, wenn der Sohn in Seife biß und erst nach dem Abgrasen einer dreiviertel Buchseite merkte, was er dem gleichfalls belustigten Besuch demonstriert hatte. Seitdem ist der Geschmack dieses Markenartikels meinem Gaumen bekannt.

Der Junge mit der vorstehenden Unterlippe wird noch oft in Seife gebissen haben, denn in meiner Erinnerung, die sich leichthin in Variationen verliert, werden mal Wurst-, dann wieder Käsebrote, auch ein Stück Rosinenkuchen zum Tauschobjekt. Und was die Unterlippe betrifft, wurde deren Vorwitz hilfreich, sobald ich die mir ins Blickfeld fallenden Haare wegblies. Das geschah beim Lesen fortwährend. Manchmal hat die Mutter den zu weichen Haarfall des Sohnes mit einer Klammer, die sie aus ihrer sorgfältig ondulierten Frisur zog, befestigt. Ich duldete das.

Ihr Einundalles. So viele Sorgen ich ihr bereitet habe – das Sitzenbleiben in der Quarta, der wiederholt durch Aufsässigkeit provozierte Schulwechsel –, sie bewahrte sich ihren durch nichts abzunutzenden Stolz auf das lesende und figurenkritzelnde Söhnchen, das nur durch Anruf aus rückläufigen Traumwelten zu locken war, um ihr dann – auf beiderseitigen Wunsch – als Schoßkind zu gefallen.

Meine Aufschneidereien, die litaneihaft so begannen, »Wenn ich mal reich und berühmt bin, werde ich mit dir…«, fanden ihr Ohr. Nichts schien meiner Mutter lieber zu sein, als von mir mit großräumigen Versprechungen – »…und dann reisen wir beide von Rom nach Neapel…« – abgefüttert zu werden. Sie, die heißinnig das Schöne, auch alles Schöntraurige liebte und bürgerlich elegant gekleidet oft allein und manchmal mit ihrem Mann als Anhängsel ins Stadttheater ging, nannte mich, sobald es mir wieder einmal gefiel, weltumsegelnd das Blaue vom Himmel herabzulügen, ihren »kleinen Peer Gynt«. Diese dem großsprecherischen Muttersöhnchen zuteil werdende Affenliebe hatte Gründe, die vermutlich in den Verlusten ihrer Jugendjahre zu finden sind.

Wenn die Familie meines Vaters um nur eine Häuserecke, in der Elsenstraße, wo die Kreissäge der großväterlichen Tischlerei von früh bis spät den Ton angab, erfahrbar nah gewesen ist und ich dem anhaltenden Familienstreit, der nur von kurzlebigen Verbrüderungen unterbrochen wurde, kaum ausweichen konnte – immer wieder hieß es: »Mit denen kein Wort mehr« und »Die kommen uns nicht mehr in die Wohnung« –, sind mir die Großeltern mütterlicherseits und die drei Brüder sowie die einzige Schwester meiner Mutter nur aus Erzählungen und wenigen Relikten deutlich geworden. Von der Schwester abgesehen, die Elisabeth hieß, aber Betty gerufen wurde und »ins Reich« geheiratet hatte, stand meine Mutter allein da.

Gewiß, es gab kaschubische Verwandtschaft, aber die lebte auf dem Land, war nicht richtig deutsch, zählte nicht mehr, seitdem es Gründe gab, sie zu verschweigen. Ihre

Eltern, die sich bereits als Stadtkaschuben den bürgerlichen Verhältnissen angepaßt hatten, starben früh: der Vater fiel bald nach Beginn des Ersten Weltkriegs bei Tannenberg. Nachdem zwei ihrer Söhne in Frankreich gefallen waren und der letzte Sohn, gleichfalls als Soldat, von der Grippe hinweggerafft worden war, starb auch die Mutter, wollte nicht länger leben.

Arthur wurde nur dreiundzwanzig. Paul fiel mit einundzwanzig. Der Grippetod holte Alfons kurz vor Kriegsende, als er neunzehn zählte. Aber meine Mutter, die geborene Helene Knoff, sprach von ihren Brüdern, als lebten sie noch.

Als ich eines undatierten Tages – war ich schon vierzehn oder noch zwölf Jahre alt? – auf dem Dachboden des Mietshauses im Labesweg, in dem wir als eine von neunzehn Mietparteien wohnten, meinen geheimen Leseplatz, den durchgesessenen Sessel unterhalb der aufklappbaren Luke, aufsuchte und dabei in einem der Lattenverschläge, der uns zwischen den Verschlägen der anderen Hausbewohner als Abstellraum eingeräumt war, auf einen mit Bindfaden verschnürten Koffer stieß, machte ich oder der Junge, in dem sich von früh an Erzählmasse staute, eine wegweisende Entdeckung. Unter Gerümpel und zwischen ausrangierten Möbeln wartete ein besonderer Koffer auf mich; so jedenfalls deutete ich den Fund.

Lag er unter verschlissenen Matratzen?

Tippelte auf dem Leder gurrend eine Taube, die sich durch die Dachluke verflogen hatte?

Hinterließ sie, von mir aufgescheucht, frischen Taubenmist?

Wurde der verknotete Bindfaden sofort aufgedröselt?

Griff ich zum Taschenmesser?

Hielt mich Scheu zurück?

Trug ich den eher kleinen Koffer treppab und überließ ihn brav der Mutter?

Weitere Möglichkeiten bieten sich an, sind austauschbar: aufgrund amtlich erlassener Luftschutzbestimmungen mußte Mitte zweiundvierzig der Dachboden geräumt werden. Dabei fand sich der Koffer und wurde von ihr oder mir, von wem auch immer geöffnet. In ihm lagerte der spärliche Nachlaß der beiden im Ersten Weltkrieg gefallenen Brüder und des einen Bruders, den die Freund und Feind gleichermaßen heimsuchende Grippeepidemie hinweggerafft hatte.

Was mir oft genug erzählt und von der Mutter unter Tränen als nicht zu verschmerzender Verlust beschworen worden war, konnte vom Inhalt des Koffers bestätigt werden: alle drei durften nicht ausleben, was sie aus Neigung und ausgestattet mit verschiedenem Talent begonnen hatten.

Jeweils mit einem Seidenband gebunden, sprach ihr zu drei Häufchen geschichteter Nachlaß deutlich: der mittlere Bruder, Paul, wollte Maler werden und hatte sich an Kulissen für Theaterinszenierungen erprobt. Im Koffer fand ich kolorierte Bühnenbilder und Kostümentwürfe für die Oper »Freischütz« oder für den »Fliegenden Holländer«. Es kann aber auch »Lohengrin« gewesen sein, denn Skizzen eines Schwans als bühnentaugliches Vehikel sind mir vor Augen und bestehen darauf, als Buntstiftzeichnungen zum Nachlaß meines nahe der Somme gefallenen Onkels Paul zu gehören. Kein Orden lag zwischen den Blättern.

Der jüngste Bruder, Alfons, der an der Spanischen Grippe starb, hatte bereits seine Kochlehre hinter sich und wollte mit exquisiten Menüfolgen im Kopf in einer europäischen Hauptstadt – Brüssel, Wien oder Berlin – bis zum Rang des Küchenchefs in einem Grandhotel aufsteigen. Das stand in Briefen, die er von der Nordseeinsel Sylt, seinem ersten und letzten Arbeitsplatz, als einer der Köche im Kurhaus geschrieben hatte; dem Datum nach kurz bevor er zum Militärdienst einberufen und im Frühjahr achtzehn auf einen Truppenübungsplatz abkommandiert wurde.

In seinen an die Schwester Helene gerichteten Briefen schwadronierte er munter drauflos. In Kurhausgeschichten deutete er Liebesabenteuer mit adligen Damen an und ging dann ins Detail seiner erlernten Kochkunst: er pries in Senfsoße gedünsteten Kabeljau, Steinbeißerfilet auf Fenchel, mit Dill abgeschmeckte Aalsuppe und weitere Fischgerichte, die ich später, im Gedenken an Onkel Alfons, ihm nachgekocht habe.

Der älteste Bruder, Arthur, den die Mutter ihren Lieblingsbruder nannte, sah sich, bevor er zwei Jahre später an einem Bauchschuß krepierte, bereits als Dichter, lorbeerbekränzt.

Schon während der Lehrzeit in einer Filiale der Reichsbank nahe dem Hohen Tor – einem Gebäude, das den letzten Krieg überdauerte und heutzutage mit dem Prunk der Gründerzeit einer polnischen Bank dient – hatte eine Danziger Lokalzeitung hin und wieder mehrstrophige und gefällig gereimte Lyrik unter seinem Namen veröffentlicht: ein gutes Dutzend Frühlings- und Herbstgedichte, eines auf Allerseelen, eines zum Weihnachtsfest, die ich nun, als Zeitungsausschnitte gesammelt, in jenem Koffer fand, der mir wegweisend geworden ist – so wertete in späteren Jahren die Mutter den Fund.

Und da auch ihr Sohn versucht war, diesen Hinweis wichtig zu nehmen, hat er Mitte der sechziger Jahre, als ihm nach überlanger Fron unterm Joch lastender Romanmanuskripte mehrere Kurzgeschichten von der Hand gingen, diese mit dem Namen des Lieblingsbruders seiner Mutter getarnt und in einer Broschurreihe des Berliner Literarischen Colloquiums als Arthur Knoff veröffentlicht; ein Vergnügen, das ich mir bereitete, teils um die Geschichten vor der Häme launischer Kritik zu schützen, teils weil so dem kurzen Leben des Arthur Knoff ein wenig Nachruhm zu sichern war.

Seine Erstveröffentlichung – wenn von den Gedichten seiner Frühzeit, die sich in Nähe zu Eichendorffs Versen verfärbt hatten, abgesehen wird – fand ein wohlwollendes Echo. Kritiker glaubten, dem entdeckten Talent trotz erkennbarer Anlehnung an einen bekannten Autor Zukunft gutschreiben zu können. Zwar meinte eine italienische Verlegerin, vorerst sei an die Übersetzung der Kurzgeschichten nicht zu denken, doch hoffe sie, von dem bis dahin Unbekannten demnächst Größeres erwarten zu können, etwa ein Familienepos. Sein Erzähltalent, so hieß es, weise eindeutig in Richtung Roman.

Die Geschichten des Arthur Knoff waren zwei Jahrzehnte lang im Handel und hielten sich unter Pseudonym, bis Klaus Roehler, ein im nüchternen Zustand eher betulicher Lektor im Luchterhand-Verlag, meinen dichtenden Onkel im Suff entschleiert hat.

Der Dachboden und dessen Lattenverschläge voller Gerümpel und Spinnweben. Später fand Oskar Matzerath, bevor ihn die Nachbarskinder bis nach oben hinauf verfolgten und peinigten, gleich mir dort Zuflucht. Er übte von dort aus den fernwirkenden Gesang; mir aber wurde der überlebende Koffer wichtig.

Ich sehe die Sonnenflecken auf abgewetztem Leder. Nein, keine gurrende Taube gab Hinweise. Einzig mir kam das Vorrecht zu, ihn nahe meinem geheimen Leseplatz zu entdecken, zu öffnen. Ungeduldig, mit meinem Taschenmesser, das drei Klingen hatte. Geruch schlug mir entgegen, als hätte sich eine Gruft aufgetan. Staub wölkte, tanzte im Licht. Was ich fand, wurde zum Fingerzeig und schickte den Finder lebenslang auf Reise; erst jetzt beginnt er zu ermüden, nur noch Rückblicke halten ihn wach.

Immer wieder zog es mich in dieses Versteck. Die aufklappbare Dachluke gab den Blick frei über Hinterhöfe, Kastanienbäume, das Teerpappendach der Bonbonfabrik, auf Kleinstgärten, halbverdeckte Schuppen, Teppichklopfstangen, Kaninchenställe, bis hin zu den Häusern der Luisen-, Hertha-, Marienstraße, die das geräumige Geviert umgrenzten. Ich aber sah weiter. Vom Ort der Begegnung mit dem Maler, dem Poeten, dem Koch, die meine Mutter stets mit Adjektiven bedachte – Paul, meist düster, Arthur, oft verträumt, Alfons, immer lustig –, folgte ich einer Fluglinie ins Irgendwo, wie ich jetzt im Rückflug gezielt dort zu landen versuche, wo kein Rest, kein durchgesessener Sessel, nichts greifbar Handfestes auf mich wartet.

Ach, fände sich doch, wenn nicht ein Koffer, dann zumindest ein Pappkarton, gefüllt mit allerfrühestem Geschreibsel. Aber keine Halbzeile ist von ersten Gedichten, keine Seite vom einzigen Kapitel des Kaschubenromans geblieben. Nicht eine der kraus phantastischen oder akribisch ins vermooste Backsteindetail kriechenden Zeichnungen und Aquarelle liegt vor. Weder gereimte Verse in Sütterlinschrift noch schwarz auf weiß schraffierte Blätter fanden sich im Flüchtlingsgepäck der Eltern. Kein Schulheft voller Aufsätze, die, trotz ärgerlicher Rechtschreibefehler, als »gut« und »sehr gut« benotet wurden. Nichts zeugt von meinen Anfängen.

Oder sollte ich mir einreden: Wie gut, daß als Überbleibsel kein einziger Schnipsel geblieben ist!?

Wie peinlich wäre es, wenn sich unter den Ergüssen des pubertierenden Knaben Gereimtes fände, das, auf den 20. April datiert und beeinflußt vom hymnisch expressiven Stil der HJ-Barden Menzel, Baumann, von Schirach, noch immer den durch nichts zu kränkenden Glauben an den Führer feierte. Reimpaare wie »Ehre gebäre«, »Blut und Glut«, »Fanfaren und Gefahren« müßten mir nachträglich schrecklich sein. Oder wenn sich im Fragment des Erstlingsromans rassistischer Unsinn auf Kosten der armen Kaschuben niedergeschlagen hätte: Ein langschädliger Ordensritter köpft slawische Rundschädel im Dutzend. Und weitere Produkte des eingeimpften Wahns.

Allenfalls bin ich mir sicher, daß sich in einem Stoß Zeichnungen, wäre er, wenn nicht auf dem Dachboden, dann im Keller des Mietshauses gefunden worden, kein Blatt hätte finden lassen, dem als versuchtes Porträt Ähnlichkeit mit hochdekorierten Kriegshelden nachzusagen gewesen wäre, etwa mit Kapitänleutnant Prien oder dem Jagdflieger Galland, wenngleich mir beide vorbildlich waren.

Was wäre wenn? So unnütz wie zählebig sind Spekulationen, die sich vom Inhalt verlorengegangener Koffer nähren.

Was könnte in einem Persilkarton, in dem die Mutter kurz vor der Zwangsaussiedlung die Utensilien ihres Sohnes verpackt und den sie in der Eile des Aufbruchs vergessen hatte, verräterisch vor sich hin flüstern?

Was noch wäre geeignet, mich, bedürftig nach einem Feigenblatt, bloßzustellen?

Da mir, dem Kind einer Familie, die nach Kriegsende vertrieben wurde, im Vergleich mit Schriftstellern meiner Generation, die seßhaft am Bodensee, in Nürnberg oder im norddeutschen Flachland aufgewachsen, also im Vollbesitz ihrer Schulzeugnisse und Frühprodukte sind, kein Nachlaß aus Jugendjahren zur Hand ist, kann nur die fragwürdigste aller Zeuginnen, die Dame Erinnerung, angerufen werden, eine launische, oft unter Migräne leidende Erscheinung, der zudem der Ruf anhängt, je nach Marktlage käuflich zu sein.

Also sind Hilfsmittel gefragt, die auf andere Weise vieldeutig sind. Etwa der Griff nach Gegenständen, die, rund oder eckig, im Fach überm Stehpult auf Nutzung warten. Fundsachen, die, wenn sie intensiv genug beschworen werden, zu raunen beginnen.

Nein, keine Münzen oder Tonscherben. Honiggelbe Stücke sind es, die Durchblick bieten. Solche, denen herbstliches Rot oder Gelb Farbe gibt. Stücke von der Größe einer Kirsche oder dieses, groß wie ein Entenei.

Das Gold meiner baltischen Pfütze: Bernstein, gefunden an Ostseestränden oder bei jenem Händler vor gut einem Jahr gekauft, der in einer litauischen Stadt, die einst Memel hieß, seinen Verkaufsstand unter offenem Himmel hatte. Allerlei Touristenware in geschliffener oder polierter Form: Ketten, Armbänder, Briefbeschwerer, Kästchen mit Deckel, aber auch roher oder nur teilweise geglätteter Bernstein gehörten zu seinem Angebot.

Wir waren mit Jürgen und Maria Manthey von der Kurischen Nehrung mit der Fähre gekommen. Eigentlich hatten wir nur das Denkmal der Anke von Tharau besuchen und des Dichters Simon Dach gedenken wollen. Ein windiger Tag unter eiligen Wolken, an dem ich auswählte, zögerte, endlich zugriff.

Alle Stücke, die ich fand oder kaufte, beherbergen Einschlüsse. In diesem versteinerten Tropfen geben sich Tannennadeln, in diesem Fundstück moosähnliche Flechten zu erkennen. In dem hier überdauert eine Mücke. Abzählbar alle Beinchen, das Flügelpaar, als wolle sie sirrend abheben.

Sobald ich das enteneigroße Stück gegen Licht halte, zeigt sich die erstarrte und schollig verkeilte Masse allseits von winzigen Insekten bewohnt. Was sich verkapselt hat. Hier ein Wurm? Dort der zum Stillstand gebrachte Tausendfüßler? Nur nach längerem Hinsehen gibt Bernstein Geheimnisse preis, die sich gesichert glaubten.

Wann immer mein anderes Hilfsmittel, die imaginierte Zwiebel, nichts ausplaudern will oder ihre Nachrichten mit kaum zu entschlüsselnden Lineaturen auf feuchter Haut verrätselt, greife ich ins Fach überm Stehpult meiner Behlendorfer Werkstatt und wähle unter den dort lagernden Stücken, gleich ob gekauft oder gefunden.

Hier, dieses honiggelbe Stück, das durchsichtig und nur zum krustigen Rand hin milchig eingetrübt ist. Wenn ich es lange genug gegen Licht halte, das ständige Ticktack in meinem Kopf abstelle und auch sonst durch nichts, keinen tagespolitischen oder sonstwie gegenwärtigen Einspruch abzulenken, also ganz und gar bei mir bin, erkenne ich anstelle des eingeschlossenen Insekts, das soeben noch eine Zecke sein wollte, mich in ganzer Figur: vierzehnjährig und nackt. Mein Penis, der im Ruhestand noch knabenhaft ist, vergleichbar dem des Amor, den ein genialer, doch auch der Mordtat fähiger Künstler für eines meiner Zigarettenbilder gemalt hat, will als erwachsen gelten, sobald er sich aus bloßem Mutwillen oder nach kurzem Gefummel versteift und die Eichel freigibt.

Der Pimmel des Liebesgottes Amor, geschaffen von Caravaggios Hand, sieht niedlich aus – ein lustiges Zipfelchen – und tut unschuldig, wenngleich der geflügelte Bengel grad feixend aus einem Bett steigt, in dem er sich als Anstifter oder Beihelfer zu bewähren hatte; mein Pimmel jedoch, der sich im verschlafenen Zustand harmlos stellt, ist gänzlich humorlos der Sünde verfallen. Immer hellwach, will er standhaft männlich eindringen, wo auch immer eindringen, und sei es in eines der Astlöcher, die in den hölzernen Kabinen der Brösener Badeanstalt zu finden sind.

Und noch mehr gibt der Bernstein, wenn man ihn lange genug befragt, zu erkennen: das Glied, das mir oder dem im Harz verschlossenen Selbstbild als Pimmel anhängt, ist ohne Verstand und hat vor, lebenslang ohne Verstand zu bleiben. Noch ist es durch althergebracht biblischen Gebrauch alltäglich und für kurze Zeit zu beschwichtigen, aber schon ist ihm die Hand nicht genug. Zielstrebig wünscht sich sein Kopf – auch Eichel genannt – andere Kurzweil und schnellfertige Erlösung. Bei aller erwiesenen Dummheit: Not macht ihn erfinderisch. Nicht frei von Ehrgeiz und sportlichen Ambitionen ist er. Ein Wiederholungstäter, den keine Strafe abschrecken kann.

Solange ich katholisch gläubig war – der Übergang zum Unglauben war fließend –, bewährte sich mein Penis als nicht abzunutzender Beichtgegenstand. Zu ihm fielen mir die allergewagtesten Sünden ein. Unzucht mit Engeln. Sogar ein jungfräuliches Schaf wurde ihm zugänglich. Seine Taten und Untaten setzten selbst meinen altgedienten

Beichtvater Pfarrer Wiehnke, dessen Ohr nichts Menschliches fremd sein mochte, in Erstaunen. Mir aber half die Beichte, mich von alldem zu entlasten, was dem eigenwilligen Anhängsel als Lustgewinn zuzusprechen und anzudichten war: die allwöchentliche Erleichterung.

Später jedoch, als sich der Vierzehnjährige im Zustand absoluter Gottlosigkeit sah, bereitete ihm sein mit ihm älter gewordenes Glied mehr Sorgen als die militärische Lage an der Ostfront, wo der bis dahin unaufhaltsame Vormarsch unserer Panzerarmeen kurz vor Moskau zuerst im Schlamm, dann in Schnee und Eis zum Stillstand kam. »Väterchen Frost« rettete Rußland.

Und was half mir in meiner Not?

Inzwischen hatte das Ziel aller Wünsche einen Namen. Ich erlebte die Pein erster Liebe, die durch keinen späteren Anfall von Wahn überboten werden konnte. Zahnweh ist nichts dagegen, wenngleich auch diese Marter von an- und abschwellendem, sich ziehendem, hinziehendem Schmerz begleitet wird.

Da der Beginn meiner ersten Liebe weder genau zu datieren ist noch zu Handlungen führte, deren Ablauf bis zum Moment körperlicher Berührung oder gar eindringlicher Besitznahme schilderbar wäre, bleiben nur Wörter, denen Gestammel zu inbrünstigem oder verschwiemeltem Ausdruck verhilft und die schon seit Goethes »Werther« in Briefen und als Bettgeflüster in Gebrauch sind. Oder ich fasse mich kurz.

Das Mädchen, auf das meine Begierde wie ein scharfer Hund abgerichtet war, begegnete mir auf dem Schulweg. Mittlerweile wurde der Altbau des Conradinums nicht nur von Schülern, sondern auch von den ausquartierten

Schülerinnen der Gudrunschule genutzt, die einst Helene-Lange-Schule hieß.

Vor- und nachmittags belegte Schichtunterricht die Klassenräume. Auf dem Uphagenweg herrschte Gegenverkehr. Sie kam, ich ging. Oder ich hatte fünf Schulstunden hinter mir, sie mußte gleich viele noch absitzen. Wenn sie einem Pulk Mädchen beigemischt war, ging ich, der notorische Einzelgänger, allein zu Fuß. Mitten durch den kichernden Pulk ging ich mit meiner Schultasche, ohne mehr als einen Blick zu riskieren.

Weder schön noch häßlich war sie, nur eine schwarzhaarige Schülerin mit ziemlich langen Zöpfen. Dunkel gerahmt, kam mir ihr Gesicht klein vor, auf Punktkommastrich verkürzt. Der Mund schmallippig, verkniffen. Die Augenbrauen über der Nasenwurzel zusammengewachsen.

Ich kannte hübschere Mädchen. Mit einer Cousine hatte ich mich sogar im Holzschuppen meines Großvaters abtastend befaßt. Ein anderes Mädchen hieß Dorchen, kam aus Bartenstein in Ostpreußen, sprach auch so und blieb einen Sommer lang.

Nein, meine Liebe mit den schwarzen Zöpfen nenne ich nicht beim Namen. Vielleicht lebt sie noch irgendwo, hat, wie ich, überlebt und will als Greisin nicht von einem alten Mann und dessen im Ungefähr stochernden Erinnerungen belästigt werden, der ihr schon während der Schulzeit peinlich aufgefallen war und sie schließlich böse gekränkt hat.

Namenlos soll meine erste Liebe bleiben, es sei denn, der Griff nach dem Bernstein stellt sie als verkapselte Mücke oder Spinne bloß, die ich laut anrufe, verfluche, beschwöre...

Ich ließ nicht locker, eine Eigenschaft, die sich verfestigt hat und bis heutzutage auf diesem und jenem Feld Ausdauer zu beweisen sucht. Da wir Schüler mehr oder weniger genau wußten, wo in unserem Klassenraum vor- oder nachmittags die Mädchen der Gudrunschule saßen, habe ich Briefe hinterlassen, wo sie, das nicht auffüllbare Loch meiner Wünsche, ihren vermuteten Platz hatte. Kassiber, unter den Klappdeckel der Schulbank geklebt. Albernes Zeug, das manchmal albern beantwortet wurde. Nein, Verse waren nicht Teilstücke meiner Schülerpost. Nicht einmal sicher ist, ob ihre, ob meine Zettel namentlich unterschrieben waren.

Das zog sich hin, bis ich die Schule wechseln mußte und Tag nach Tag mit der Straßenbahn, Linie fünf, von Langfuhr nach Danzig und nach der Schule von der Altstadt zurück in den Vorort fuhr. Die engen Gassen, der getürmte Backstein, das hinter schiefem Gemäuer und gegiebelten Fassaden zu erahnende Mittelalter, all das, was Geschichte versteinert zu bieten hatte, wirkte, wenn nicht beschwichtigend, dann doch ablenkend, zumal mir an der Petrioberschule eine kriegsdienstverpflichtete Zeichenlehrerin, die mit Vornamen Lilli hieß, wichtiger wurde, als ich im Winter zweiundvierzig, dreiundvierzig vor und nach Stalingrad begreifen konnte.

Erst als nach abermaligem Schulwechsel die Schüler meines Jahrgangs als Luftwaffenhelfer einberufen wurden und fortan eine schicke Uniform trugen, erhielt ich aus der Hand meiner ersten Liebe einen Brief als Feldpostbrief, zugestellt der Batterie Kaiserhafen, wo man mich als K sechs ausgebildet hat.

Weiß nicht mehr, was in Schönschrift geschrieben stand, doch war der frisch uniformierte Kanonier arrogant genug, eilfertig einige Rechtschreibefehler zu korrigieren und den nach Lehrerart mit roter Tinte benoteten Brief mit einem Begleitschreiben, womöglich poetischen Inhalts, zurückzuschicken.

Danach schwieg sich meine erste Liebe aus. Mit fünfzehn selber und noch lange danach fehlerhaft, ja bis heutzutage unsicher in Sachen Rechtschreibung, hatte ich etwas zerstört, das andeutungsweise faßbar zu werden begann und mehr versprach, als meinem nach Caravaggios Maß stets bereiten Glied genug sein konnte.

Leere danach. Genüßlich gepflegte Vereinsamung. Übrig blieb die mal verschlafene, dann wieder hellwache Begierde. Sie überdauerte meine Zeit als Luftwaffenhelfer, die sich, was das Barackenleben im öden Hafengelände weg von zu Hause betraf, im Roman »Hundejahre« niedergeschlagen hat: mit ganz anderen Geschichten und im Schülerjargon ganz anderer Jungs, die aber, wie damals ich, heilfroh waren, daß für ihresgleichen nicht nur der immer blöder werdende HJ-Dienst, sondern auch die Schule aus war.

Zwar spielt sich im Romangeflecht beiläufig auch Liebe als überschüssiger Wahnwitz ab, dennoch soll hier beteuert werden, daß jenes spillerige Mädchen namens Tulla Pokriefke, das während der Besuchszeit am Wochenende die Batterie Kaiserhafen und deren Mannschaft heimsuchte, nichts mit meiner ersten Liebe gemein hat.

Der Bernstein gibt vor, mehr zu erinnern, als uns lieb sein kann. Er konserviert, was längst verdaut, ausgeschieden sein sollte. In ihm hält sich alles, was er im weichen, noch flüssigen Zustand zu fassen bekam. Er widerlegt Ausflüchte. Er, der nichts vergißt und zutiefst verbuddelte Geheimnisse wie Frischobst zu Markte trägt, behauptet steinfest, es sei bereits der Zwölfjährige meines Namens, damals noch fromm und, wenn nicht gott-, dann doch mariengläubig, beim Katechismusunterricht dem zöpfetragenden Mädchen lästig gefallen. Als Gleichaltrige habe uns ein Kaplan im Priesterhaus der Herz-Jesu-Kirche auf die erste Kommunion vorbereitet. Das Strafregister des Beichtspiegels – was sind läßliche Sünden, was sind schwere, was ist Todsünde – sei uns auswendig von den Lippen geperlt. An der Seite eines Bruders des Mädchens soll ich sogar aushilfsweise Meßdiener gewesen sein, mit Glöckchen und Weihrauchkessel, den Blick auf Tabernakel, Monstranz gerichtet.

Ja doch, noch heute sind mir die Stufengebete geläufig. Wie Mulligan zu Beginn des »Ulysses« flüstere ich beim Rasieren: »Introibo ad altare Dei…«.

Überdies soll ich mit dreizehn – und schon jenseits aller Wunder aus der katholischen Trickkiste – dennoch zur Kirche gegangen sein, nur um am Sonnabend nachmittags das Mädchen zu belauern: möglichst nah dem Beichtstuhl, eine Bank hinter den Zöpfen.

Sogar Beichtgeheimnisse plaudert das honiggelbe Stück petrifiziertes Harz aus: mein Mund habe dem altgedienten Priester die Zielvorstellungen jugendlicher Onanierpraxis so detailgenau ins Ohr gefädelt, daß dabei der Name des Mädchens als Hafen meiner Begierde von der Zunge gehüpft und preisgegeben worden sei. Daraufhin habe Hochwürden hinterm Beichtstuhlgitter gehüstelt.

Außerdem sei ich später, während noch das Beichtkind mit den Zöpfen seitlich des Beichtstuhls seine Sünden sortierte, raus aus der Kirchenbank und hin zum Marienaltar, um dort mit Vorsatz oder aus bloßem Mutwillen…

Nein, sage ich und lege das Stück mit der Mücke zu den anderen Stücken, die andere Einschlüsse – Fliege, Spinne, den winzigen Käfer – bewahren. Das war nicht ich. Das steht im Buch und ist nur dort wahr. Für diese Untat gibt es keine Beweise, denn noch kürzlich, als ich mich im Frühsommer des Jahres 2005 mit zehn von weither angereisten Übersetzern und meinem Lektor, Helmut Frielinghaus, in Gdańsk traf, weil man dort meinem Erstling neuerlich auf die Schliche kommen wollte, besuchten wir den einen und anderen Tatort des sprunghaft wechselvollen Romangeschehens, so auch die Herz-Jesu-Kirche, die den Krieg überstanden hat und in der, anstelle des wortgetreu überlieferten Marienaltars, die Kopie der Schwarzen Madonna von Wilna mit ihrem Strahlenkranz aus vergoldetem Blech Glanz verbreitet und fromme Polen anzieht. Gleich daneben, hinter Kerzen in einer Nische, sahen wir die Fotos des öffentlich verstorbenen Papstes und des jüngst gewählten deutscher Herkunft.

Und dort, am neugotischen Ort jugendlicher Frevelei, bat mich ein junger und hintersinnig lächelnder Priester, der auch nicht andeutungsweise Hochwürden Wiehnke glich, ihm ein Exemplar der polnischen Ausgabe des besagten Buches zu signieren, worauf der Autor, im Beisein der staunenden Übersetzer und seines Lektors, nicht zögerte, seinen Namen unter den Titel zu setzen; denn nicht ich habe dazumal am Marienaltar der Herz-Jesu-Kirche das Gießkännchen des Jesuknaben abgebrochen. Das war jemand anderen Willens. Jemand, der nie dem Bösen entsagt hat. Jemand, der nicht wachsen wollte…

Ich aber wuchs und wuchs. Schon mit sechzehn, als ich zum Arbeitsdienst kam, galt ich als ausgewachsen. Oder maß ich erst dann endgültig einen Meter und zweiundsiebzig Zentimeter, als ich Soldat wurde und nur mit Glück oder aus Zufall das Kriegsende überlebte?

Diese Frage kümmert weder Zwiebel noch Bernstein. Die wollen anderes auf den Punkt genau wissen. Was sonst noch verkapselt ist: schamvoll Verschlucktes, Heimlichkeiten in wechselnder Verkleidung. Was wie die Nissen der Läuse im Sackhaar nistet. Wortreich gemiedene Wörter. Gedankensplitter. Was wehtut. Immer noch…

Er hieß Wirtunsowasnicht

Ertappte mich beim Zurückblättern und sah zu, wie ich Seiten überschlug und dort, wo Blindstellen gähnten, Ornamente und Strichmännchen hinkritzelte. Schnell erzähltes Beiwerk, das ablenken sollte, ging von der Hand, um sogleich geschwärzt zu werden: Weg damit!

Nun fehlen die Gelenkstücke eines Vorganges, den niemand aufhielt, dessen Verlauf nicht rückgängig zu machen war und dessen Wegspur kein Radiergummi löschen kann. Und doch muß, sobald der fatale Schritt des fünfzehnjährigen Schülers in Uniform zu erinnern ist, nicht die Zwiebel gehäutet oder sonst ein greifbares Hilfsmittel befragt werden. Fest steht, ich habe mich freiwillig zum Dienst mit der Waffe gemeldet. Wann? Warum?

Da ich kein Datum weiß und weder das damals schon wechselhafte Wetter erinnern noch aufzählen kann, was gleichzeitig zwischen Eismeer und Kaukasus und an den übrigen Fronten geschah, wollen sich vorerst nur zu vermutende Umstände zu Sätzen fügen, die meinen Entschluß gefüttert, angestoßen, schließlich auf den Dienstweg gebracht haben. Denen sind keine mildernden Beiwörter erlaubt. Meine Tat läßt sich nicht zur jugendlichen Dummheit verwinzigen. Kein Zwang von oben saß mir im Nacken. Keine selbst eingeredete Schuld, etwa Zweifel an der Unfehlbarkeit des Führers, verlangte danach, durch freiwilligen Eifer abgegolten zu werden.

Es geschah während der Dienstzeit als Luftwaffenhelfer, die nicht eine freiwillige war, aber als Ende des Schulalltags wie Befreiung erlebt und bei mäßigem Drill hingenommen wurde.

Wir Jungs sahen das so. In Uniform zogen wir Blicke an. Mächtig pubertierend stärkten wir die Heimatfront. Die Batterie Kaiserhafen wurde zu unserem Zuhause. Nach Osten die Niederung bis zum Weichselarm in Sichtweite, nach Westen hin ragten Verladekräne, Getreidesilos, die fernen Türme der Stadt. Anfangs gab es noch Versuche, den Schulunterricht fortzusetzen, doch weil zu häufig von Gefechtsübungen unterbrochen, versagten sich die zumeist gebrechlichen, weil alten Lehrer den mühsamen Sandweg bis hin zu unserer Batterie.

Endlich wurden wir ernst genommen. Sechs Geschützrohre, das Kommandogerät, mußten aufs Ziel gerichtet werden. Zweckdienlich an militärischem Gerät ausgebildet, konnten wir nützlich sein und – wenn es dazu kommen sollte – Stadt und Hafen vor feindlichen Terrorangriffen schützen: bei Probealarm fand jeder in Sekundenschnelle seinen Gefechtsstand.

Zum Einsatz kamen unsere Achtkommaacht-Geschütze allerdings nur zwei- oder dreimal, als einige Feindbomber im nächtlichen Luftraum gesichtet und im Strahlenbündel der Scheinwerfer als Zielobjekte erfaßt wurden. Feierlich schön sah das aus. Doch Großangriffe, sogenannte Feuerstürme, wie sie Köln, Hamburg, Berlin, die Städte im Ruhrpott erleiden mußten und von denen nur Ungenaues zu hören war, erlebten wir nicht. Kein nennenswerter Schaden. Nahe der Schichauwerft, auf dem Fuchswall wurden zwei Häuser getroffen, wenige Tote. Aber der Abschuß eines viermotorigen Lancasterbombers machte uns stolz, auch wenn der nicht unserer Batterie, sondern der am Südrand der Stadt gelegenen Batterie Zigankenberg zugesprochen wurde. Die, wie es hieß, ziemlich verkohlten Besatzungsmitglieder sollen Kanadier gewesen sein.

In der Regel jedoch war der Dienst öde, wenn auch anders öde als der Schulbetrieb. Besonders stanken uns das nächtliche Wacheschieben und die Belehrungen in Sachen Ballistik, die sich in der muffigen Unterrichtsbaracke hinzogen. Dabei kam Langeweile auf, die zum Rückfall in schülerhaftes Verhalten einlud. Mit ausgedachten Mädchengeschichten alberten wir herum. So vergingen die Tage.

Jedes zweite Wochenende war dienstfrei. Wir durften, so hieß es, »zu Muttern« nach Hause. Und jedesmal kappte die Enge der Zweizimmerwohnung die Spitzen meiner Vorfreude auf den Besuch.

Da half kein Vanillepudding mit Mandelsplittern, dessen Zutaten der Vater, ein Familienkoch aus Neigung, den knappen Lieferungen abgezweigt und für festliche Anlässe gehortet hatte. Extra für mich übergoß er den aus der Form gestürzten Pudding mit Schokoladensoße und stellte ihn zur Begrüßung auf den extra für den Sohn gedeckten Tisch.

Doch nichts Süßes half gegen die Enge. Ich stieß mich an allem, zum Beispiel am fehlenden Bad und Klo unserer Wohnung. In der Batterie Kaiserhafen gab es immerhin den Duschraum und weitab die Mannschaftslatrine. Nebeneinander hockten wir auf dem Donnerbalken. Jeder schiß neben jedem. Das störte mich nicht.

Zu Hause aber wurde mir das Klo auf der Zwischenetage, das vier Mietparteien benutzten, mehr und mehr peinlich bis ekelhaft, weil es immer verdreckt von den Nachbarskindern oder besetzt war, wenn es nötig wurde. Eine Stinkzelle, deren Wände Finger beschmiert hatten.

Wie eine Schande verbarg ich das Außenklo vor anderen, weshalb ich keinen meiner Mitschüler, denen zu Hause die Badewanne und die exklusive Toilette selbstverständlich waren, zu mir eingeladen habe. Nur Egon Heinert, dem in der Luisenstraße gleichfalls ein Außenklo stank, kam manchmal und lieh mir Bücher.

Das Zweizimmerloch. Die Falle der Herkunft. Dort engte alles den Wochenendheimkehrer ein. Selbst die Hand der Mutter konnte die Nöte des Sohnes nicht wegstreicheln. Wenn ihm auch nicht mehr zugemutet wurde, im Elternschlafzimmer, in dem überdies die Schwester schlief, ins Bett zu kriechen, blieb er dennoch im Wohnzimmer, wo die Couch aufgebettet für die Nacht auf ihn wartete, Zeuge eines Ehelebens, das sich regelmäßig vom Sonnabend auf den Sonntag vollzog. Ich hörte oder meinte zu hören, was ich, wenn auch gedämpft nur, von Kindheit an im Ohr und somit als monströses Ritual im Kopf hatte: ankündigendes Geflüster, Schmatzlaute, das knarrende Bettgestell, die seufzende Roßhaarmatratze, Ächzen, Gestöhn, alle Geräusche, die dem Geschlechtsverkehr eigen und, im Dunkeln erlebt, besonders einprägsam sind.

Als Kind hatte ich das greifbar nahe Getümmel neugierig und über lange Zeit ahnungslos hingenommen. Nun aber wollte dem tagsüber uniformierten Luftwaffenhelfer unerträglich sein, was er im Schlafanzug hörte, wenn der Vater, sobald der Sohn auf Kurzurlaub war, über die Mutter herfiel.

Dabei ist nicht sicher, ob sie es miteinander trieben, wenn der Sohn in Hörweite wach auf der Couch lag. Vielmehr ist zu vermuten, daß die Eltern auf den Beurlaubten Rücksicht nahmen und voneinander keinen Gebrauch machten. Allein die Erwartung von Geräuschen, deren variationsarme Abfolge wie vorgeschrieben war, brachte mich um den Schlaf.

Im Dunkeln war mir überdeutlich jegliche Spielart des ehelichen Gerammels vor Augen. Und immer opferte sich in dem jederzeit abspielbaren Film die Mutter: sie gab nach, ließ zu, hielt hin bis zur Erschöpfung.

Des Muttersöhnchens Haß auf den Vater, diese unterschwellige Gemengelage, die bereits den Ablauf griechischer Tragödien bestimmt und den Seelendoktor Freud und dessen Schüler so einfühlsam und beredt gemacht hat, wird bei mir, wenn nicht Ursache, dann zusätzlicher Antrieb gewesen sein, wohin auch immer das Weite zu suchen.

Fluchtwege wurden sondiert. Alle liefen in eine Richtung. Nur weg von hier, an die Front, an eine der vielen Fronten, so schnell wie möglich.

Ich suchte Streit mit dem Vater. Der war nicht oder nur mit Hilfe massiver Vorwürfe zu stiften, weil er als friedfertiger Familienmensch schnell nachgab: immer bedürftig nach Harmonie. Ihm, dem Erzeuger, glänzte zugunsten seiner Kinder stets der Wunsch auf den Lippen: »Ihr sollt es mal besser haben…« – »Ihr werdet es bestimmt mal besser als wir haben…«

So eifrig ich ihn zum Popanz knetete, der Vater taugte nicht zum gefügigen Haßobjekt. Aus Sicht seiner hellblauen Augen werde ich ihm fremd, wie entsprungen dem Kuckucksei vorgekommen sein. Meine kleine Schwester hing an ihm zärtlich, vielleicht die Härte des Bruders ein wenig mildernd.

Und die Mutter? Oft saß sie am Klavier, ohne zu spielen. Sie war ermüdet vom Geschäft mit immer knapperem Warenangebot. Oder sie litt wie der Vater und die Schwester unter dem Kurzaufenthalt des Sohnes und Bruders, der vorgab, besonders leidensfähig zu sein.

Und doch können die mir unerträglich gewordene Zweizimmerwohnung und das Vierfamilienklo auf der Zwischenetage nicht als einzig ursächlicher Anlaß dafür herhalten, daß ich mich eines unbestimmten Tages freiwillig gemeldet habe. Meine Schulfreunde wuchsen in Fünfzimmerwohnungen mit Badezimmer und Toilette auf, in denen es Toilettenpapier von der Rolle weg gab und nicht wie bei uns zu Quadraten gerissene Zeitung. Einige wohnten sogar in protzigen Villen am Uphagenweg und längs der Hindenburgallee, hatten eigene Zimmer und wünschten sich trotzdem, weit weg und draußen an der Front zu sein. Wie ich wollten sie sich möglichst furchtlos in Gefahr erleben, Schiff nach Schiff versenken, reihenweise feindliche Panzer knacken oder in den neuesten Messerschmitt-Maschinen des Feindes Terrorbomber vom Himmel holen.

Doch nach Stalingrad war die Frontlage überall rückläufig. Wer ihr, wie mein Onkel Friedel, mit buntköpfigen Stecknadeln auf extra vergrößerten und auf Pappe geklebten Landkarten folgte, hatte Mühe, im Osten wie in Nordafrika auf dem laufenden zu bleiben. Allenfalls konnte das verbündete Japan Erfolge bei Seeschlachten und vom Vormarsch in Burma melden. Und unsere U-Boote fütterten ab und an Sondermeldungen mit der Anzahl versenkter Schiffe des Feindes bei genauer Angabe der summierten Bruttoregistertonnen. Im Atlantik und nahe dem Eismeer griffen sie in Rudeln Geleitzüge an.

Keine Wochenschau, die mir nicht die erfolgreiche Heimkehr der Boote ins Bild gesetzt hätte. Und da es dem Kurzurlauber, der nach dem Kinobesuch noch lange schlaflos auf der Couch im Wohnzimmer lag, mühelos gelang, sich in eines der Siebenhundertfünfzigtonnenboote zu versetzen, konnte ich mich als Maat bei schwerer See auf Turmwache sehen: gekleidet in Ölzeug, gischtumsprüht, das Fernglas auf den tanzenden Horizont gerichtet.

In vorauseilendem Eifer wünschte sich der zukünftige Kriegsfreiwillige siegreiche Feindfahrten und nach überstandenen Gefahren – der Feind sparte nicht an Wasserbomben – die Rückkehr zu einem der U-Bootbunker an Frankreichs Atlantikküste. Der Mannschaft eingereiht, steht er neben dem bärtigen Kaleu unter Wimpeln, die jeweils versenkte Schiffe signalisieren. Begrüßt wird der verloren geglaubte Haufen so bildgenau von der flotten Marschmusik einer Marinekapelle, wie der Kinogänger mal um mal die glückliche Heimkehr seiner Helden gesehen hatte; von all den Booten, die samt Mannschaft irgendwo abgesoffen waren, fehlten bewegte Bilder.

Nein, keine Zeitung hat mich so heldengläubig gemacht – die Eltern waren nicht auf den strammen »Vorposten«, sondern auf die sachlich betulichen »Neuesten Nachrichten« abonniert –, vielmehr ist es die Wochenschau gewesen, die mich mit schwarzweiß geschönten Wahrheiten bediente, an die ich zweifelsfrei glaubte.

Vorm Kultur- und Hauptfilm lief sie. In den Langfuhrer Kunstlichtspielen oder im Altstädtischen Ufa-Palast in der Elisabethkirchengasse sah ich Deutschland umringt von Feinden, nunmehr im Abwehrkampf, der heldenhaft auf Rußlands endloser Steppe, im heißen Sand der Libyschen

Wüste, am schützenden Atlantikwall und mit U-Booten auf allen Weltmeeren geführt wurde, zudem an der Heimatfront, wo Frauen Granaten drehten und Männer Panzer montierten. Ein Bollwerk gegen die rote Flut. Ein Volk im Schicksalskampf. Die Festung Europa, wie sie der Macht des angloamerikanischen Imperialismus standhielt; bestimmt verlustreich, denn in den »Danziger Neuesten Nachrichten« nahmen von Tag zu Tag Anzeigen zu, die schwarzumrandet und geschmückt mit dem Balkenkreuz vom Soldatentod für Führer, Volk und Vaterland Zeugnis gaben.

Gingen meine Wünsche etwa in diese Richtung? War der Wirrnis meiner Tagträume ein wenig Todessehnsucht beigemengt? Wollte ich meinen Namen dergestalt schwarzumrandet verewigt sehen? Wohl kaum. Zwar werde ich selbstsüchtig einsam, aber nicht altersbedingt lebensmüde gewesen sein. Also nur dumm?

Nichts gibt Auskunft darüber, was in einem fünfzehnjährigen Jungen vorgeht, der aus freien Stücken unbedingt dorthin will, wo gekämpft wird und – was er ahnen könnte, sogar aus Büchern weiß – der Tod seine Abstriche macht. Vermutungen lösen einander ab: Ist es der Andrang überbordender Gefühlsströme gewesen, die Lust, eigenmächtig zu handeln, der Wille, übereilt erwachsen, ein Mann unter Männern zu sein?

Wahrscheinlich war es dem Luftwaffenhelfer möglich, den fälligen Wochenendurlaub gegen einen dienstfreien Mittwoch oder Donnerstag zu tauschen. Soviel ist sicher: nach längerem Fußmarsch nahm ich die Straßenbahn von Heubude zum Hauptbahnhof, von dort den Zug über Langfuhr, Zoppot nach Gotenhafen, einer Stadt, die während meiner Kindheit Gdingen und auf polnisch Gdynia geheißen hatte. Zu schnell gewachsen, hing ihr keine Geschichte an. Neubauten mit flachen Dächern zogen sich bis zum Hafen hin, dessen Kaianlagen und Molen die offene See begrenzten. Dort wurden Marinerekruten zu U-Bootfahrern gedrillt. Das geschah auch anderswo, in Pillau, weit weg. Gotenhafen bot sich erreichbar nah an.

Eine knappe Stunde Fahrt brachte mich ans Ziel meiner auf blankes Heldentum getrimmten Wünsche. War es im März oder unter Aprilwetter? Wahrscheinlich regnete es. Der Hafen im Dunst. Dort lag am Oxhöft-Kai festgemacht das ehemalige KdF-Schiff *Wilhelm Gustloff* vor Anker und wurde von einer U-Boot-Lehrdivision als schwimmende Kaserne benutzt. Genau wußte ich das nicht. Der Kriegshafen und die Werft galten als Sperrgebiet.

Sechzig Jahre später, als ich, um ein Menschenleben verzögert, endlich die Novelle »Im Krebsgang« schreiben konnte, die von jenem Motorschiff namens *Wilhelm Gustloff*, ihrem umjubelten Stapellauf, den beliebten Kreuzfahrten in Friedenszeiten und ihrer im Krieg beschlossenen Umrüstung zum verankerten Kasernenschiff, vom abermaligen Auslaufen und ihrer menschlichen Fracht – tausend Rekruten und vieltausend Flüchtlinge –, schließlich von ihrem Untergang am 30. Januar 1945 auf Höhe der Stolpebank handelt, wußte ich jede Einzelheit der Katastrophe: die Temperatur, zwanzig Grad unter null, die Zahl der Torpedos, drei…

Indem ich vom zeitlich verschränkten Verlauf des Geschehens berichtete, doch unter der Hand eine Novelle schrieb, sah ich mich als einen der U-Boot-Rekruten an Bord der sinkenden *Gustloff*. So war zu erahnen, was die

Siebzehnjährigen vor ihrem frühen Tod in der eisigen Ostsee unter Matrosenmützen im Kopf gehabt haben mögen: schnelles Glück verheißende Mädchen und zukünftige Heldentaten, wobei sie – mir auch darin gleich – an ein Wunder, den Endsieg glaubten.

Ich fand die Meldestelle in einem Flachbau aus polnischer Zeit, in dem hinter beschilderten Türen andere Vorgänge verwaltet, organisiert, weitergeleitet und in Aktenordnern gesammelt wurden. Nach der Voranmeldung hieß es warten bis zum Aufruf. Zwei, drei ältere Jungs, mit denen nicht viel zu reden war, kamen vor mir dran.

Als eigentlich zu jung wollten mich ein Stabsfeldwebel und ein Obermaat abwimmeln: Mein Jahrgang sei noch nicht reif. Der werde bestimmt noch aufgerufen. Zur Übereile bestehe kein Grund.

Sie rauchten und tranken Milchkaffee aus bauchigen Tassen. Einer der aus meiner Sicht älteren Herren – war es der Stabsfeldwebel? – spitzte, während ich redete, mehrere Bleistifte auf Vorrat. Oder habe ich ähnlich pedantische Vorsorge in einem Film – weißnichtinwelchem – gesehen?

Hat der Luftwaffenhelfer in Uniform oder in Zivil, womöglich in kurzen Hosen und Kniestrümpfen, aus gehörigem Abstand zum Tisch stramm Haltung angenommen – »Melde mich freiwillig zum Dienst bei der U-Bootwaffe!« –, zackig wie geübt?

Wurde er aufgefordert, Platz zu nehmen?

Kam er sich mutig und jetzt schon andeutungsweise wie ein Held vor?

Nur ein verwischtes Bild, dem kein Gedanke abzulesen ist, gibt Antwort.

Jedenfalls muß ich beharrlich geblieben sein, selbst als gesagt wurde, zur Zeit bestehe an freiwilligen U-Boot-Rekruten kein Bedarf: Annahmestopp.

Dann hieß es, der Krieg werde bekanntlich nicht nur unter Wasser geführt, man wolle mich deshalb vormerken und die Meldung an andere Dienststellen weiterleiten. Für planmäßig neuaufgestellte Panzerdivisionen gebe es, sobald der Jahrgang siebenundzwanzig dran sei, bestimmt Möglichkeiten. »Nur keine Ungeduld, Jungchen, euch holt man noch früh genug…«

War der Kriegsfreiwillige sogleich flexibel: »Wenn nicht zu den U-Booten, dann von mir aus zur Panzerwaffe…«

Hat er Fragen nach allerneuesten Kettenfahrzeugen gestellt? »Käme ich dann im Tiger zum Einsatz?«

Wieder wird es die Wochenschau gewesen sein, die den Kinogänger vormilitärisch geschult hatte: Rommels Panzer im Wüstensand.

Womöglich habe ich mit meinen aus dem »Weyer« und aus »Köhlers Flottenkalender« geklaubten Schülerkenntnissen geprahlt.

Sogar die Einzelheiten japanischer Schlachtschiffe, Flugzeugträger und Kreuzer sowie deren Erfolge im Pazifik waren mir geläufig, etwa die Eroberung Singapurs, der Kampf um die Philippinen und – was mir in Zahl und Wort bis heutzutage anhängt – die Bewaffnung und Geschwindigkeit in Knoten der schweren Kreuzer *Hurutaka* und *Kako*. Mit Vorliebe hortet die Erinnerung Schrott, also Gegenstände, die versprechen, selbst im abgewrackten Zustand dauerhaft zu sein.

Irgendwann hatten der onkelhafte Feldwebel und der ziemlich barsche Obermaat genug gehört. Indem sie deutlich das Vorstellungsgespräch abbrachen, wurde versichert, man wolle meine Bewerbung befürworten. Naja, vorher komme ja noch der Arbeitsdienst auf mich zu. Der werde sogar Kriegsfreiwilligen nicht erspart. Zackzack!

Da lerne man fleißig Spatengriffe kloppen. »Die ziehen euch da die Hammelbeine lang…«

Während ich mir den Jungen von einst herbeibefehle, auf daß er mit nackten Knien über geringelten Strümpfen und in Schnürschuhen strammsteht, die er zuvor wie zum Appell geputzt hat, und dabei bemüht bleibe, Bilder aus zweiter Hand – Filmszenen, Angelesenes – zu meiden, ist mir, als hörte ich die beiden älteren oder mir damals alt vorkommenden Herren in Uniform lachen, spöttisch bis mitleidig, als wüßten sie, was dem Jungen in kurzen Hosen bevorstand. Des Feldwebels linker Jackenärmel war leer.

Dann verging Zeit. Wir gewöhnten uns an das Barackenleben in Doppelstockbetten. Ein Sommer ohne Ostsee und Badesaison zog sich hin. Die Redewendungen eines Unteroffiziers, der vorgab, Philosophie studiert zu haben, fädelten sich unserem Schülerjargon ein: »Ihr seinsvergessenen Hunde!« beschimpfte er uns. »Euch wird man das bißchen Eigentlichkeit noch austreiben müssen.« Unser Anblick brachte ihn dazu, vor sich »die Geworfenheit eines Scheißhaufens« zu sehen. Doch sonst war er harmlos. Kein Schleifer. Einer, der sich gern reden hörte, wovon er später, bis in die Materniaden der »Hundejahre« hinein, Gebrauch machte.

Vom Hafengelände her, wo neben Fabrikanlagen undefinierbares Zeug weißlich gehäuft lag und Krähen anzog, überfiel uns bei Nordwestwind übler Gestank. Und was ich noch sah und roch. Und was sonst noch Spätfolgen hatte. Wir aßen weißnichtmehrwas.

Gegen Ende August bezogen ukrainische Hilfswillige, Hiwis genannt, eine neuaufgestellte Baracke. Sie waren nicht viel älter als wir und sollten die Geschützmannschaften der Batterie bei anfallenden Nebentätigkeiten wie Küchendienst und Erdarbeiten entlasten. Am Abend saßen sie vor den Geräteschuppen still für sich.

Doch zwischen den Gefechtsübungen und dem Ballistikunterricht jagten wir mit ihnen gemeinsam im Waschraum und hinter der Küchenbaracke sowie in den Unterständen der Achtkommaacht-Geschütze langschwänzige Ratten. Einer von uns – oder war es ein Hiwi? – fing sie mit bloßer Hand. Nach Vorweis von mehr als zehn abgehackten Schwänzen wurden wir unterschiedlich entlohnt: die Luftwaffenhelfer mit Dropsrollen von fruchtigem Geschmack, die altgedienten Flaksoldaten mit Zigaretten und die Hiwis mit Machorka, einem Tabak, den die Russen bevorzugten.

Doch so erfolgreich wir Beute machten und die Plage eindämmten, einen Sieg über die Ratten konnte die Batterie Kaiserhafen weder laut feiern noch still als Erfolg buchen; wohl deshalb sind mir Jahrzehnte später diese nicht auszurottenden Nagetiere auf Länge eines Romans gesprächig geworden. Sie träumten mir einzeln und als Rattenvölker. Sie verlachten mich, weil ich immer noch hoffte… Sie wußten es besser und gruben sich rechtzeitig ein… Einzig sie waren begabt, das Menschengeschlecht und dessen Hickhack zu überleben…

Kurz nach meinem sechzehnten Geburtstag wurde ich mit einem Teil der Kaiserhafen-Mannschaft in die Strandbatterie Brösen-Glettkau verlegt, die zum Schutz des nahen Flughafens gegen Tieffliegerangriffe zusätzlich mit Vierlingsflak bestückt war. Dort gab es mehr Kaninchen als langschwänzige Beute.

Während Freistunden werde ich mich in die Mulden der Stranddünen verdrückt und windgeschützt Herbstgedichte in ein Diarium gekritzelt haben. Überreife Hagebutten, tagtägliche Langeweile, Muscheln und Weltschmerz, der windgebeugte Strandhafer und ein angeschwemmter Gummistiefel gaben was her. Bei Küstennebel zahlte sich behaupteter Liebeskummer in Versen aus. Und nach Stürmen konnte dem Seetang klitzekleiner und mit Glück haselnußgroßer Bernstein abgesammelt werden. Einmal fand ich ein walnußgroßes Stück, in dem so etwas wie ein Tausendfüßler die Hethiter, Ägypter und Griechen, das Römische Reich und wassonstnoch überdauert hatte. Doch Kleckerburgen aus nassem Sand habe ich nicht mehr getürmt.

Zu Hause ging alles seinen kriegsbewirtschafteten Gang. Am Wochenende hielt sich der Streit mit dem Vater über die Dauer der Kurzurlaubstage in Grenzen: vermutlich gefiel ich mir in der Mißachtung seiner Person, weil es ihn gab, weil er zwischen den Möbeln des Wohnzimmers im Anzug mit Krawatte und in Filzpantoffeln stand oder saß, weil er, die ewige Steingutschüssel vor der ewigen Küchenschürze, unentwegt Kuchenteig rührte, weil er es war, der sorgfältig alte Zeitungen zu Klopapier riß, und weil er, »uk geschrieben«, nicht an die Front mußte und mir deshalb unausweichlich war. Aber mit einer Armbanduhr Marke Kienzle beschenkte der Vater mich zum Geburtstag.

Die Mutter spielte kaum noch Klavier. Ihr Seufzen zur allgemeinen Lage mündete in den Satz: »Wenn das man gutgeht.«

Einmal hörte ich sie sagen: »Schade, daß der Heß weg ist. Den hab ich mehr gemocht als unsren Führer…«

Auch war von ihr zu hören: »Weiß überhaupt nich, warum man so gegen die Juden ist. Früher kam zu uns ein Vertreter für Kurzwaren. Zuckermann hieß der, war aber ausgesprochen nett und hat mir immer Rabatt gegeben…«

Nach dem Abendessen belegte sie den Eßtisch mit Lebensmittelmarken aller zugeteilten Produkte. Die mußten mittels Kartoffelmehlkleister auf Zeitungsbögen geklebt werden. Dann wurden die Bögen beim Wirtschaftsamt eingereicht, damit das Geschäft entsprechend dem Markennachweis mit neuer Ware beliefert werden konnte. Wir hatten, seitdem die Kaisers-Kaffee-Filiale am Max-Halbe-Platz geschlossen worden war, mehr Zulauf an Kundschaft.

Oft half ich beim Kleben. Die »Danziger Neuesten Nachrichten« gaben mit vergangenem Tagesgeschehen die Grundlage ab. Wahrscheinlich verdeckten Mehl- und Zuckermarken den jeweiligen Bericht des Oberkommandos der Wehrmacht, in dem anstelle von Rückzug das Wort Frontbegradigung die allgemeine Lage beschwichtigte. Namen von Städten, die geräumt wurden, waren mir vom Vormarsch her noch geläufig. Die Marken für Fett und Speiseöl könnten Seiten bedeckt haben, die man mit angezeigtem Soldatentod gefüllt hatte. Die für Hülsenfrüchte machten entweder das von Woche zu Woche wechselnde Kinoprogramm oder die Seite mit Kleinanzeigen unleserlich.

Manchmal half der Vater. So, beim Kleben der Marken, kamen wir uns näher. »Lenchen« nannte er seine Frau. Sie sagte »Willy« zu ihm. Mich riefen sie »Jungchen«. »Daddau«, die Schwester, half so gut wie nie.

Während der Kleister trocknete, lieferte das Radio im sonntäglichen Wunschkonzert die dort dauerhaft angesiedelten Lieblingsmelodien der Mutter: »Ach, ich habe sie verloren…« – »Horch, wie der Tauber ruft…« – »Allein, wieder allein…« – Solveigs Lied: »Der Winter mag scheiden…« – »Glocken der Heimat…«

Auch den Winter über war die Frontlage weiterhin rückläufig. Kaum noch Sondermeldungen. Aber mehr und mehr Ausgebombte suchten in der Stadt und in ihren Vororten Zuflucht. Unter ihnen die Schwester meines Vaters, Tante Elli, mit invalidem Mann und Zwillingsmädchen, die mir beide gefielen, eines besonders. Mit wenig geretteten Habseligkeiten kamen sie von Berlin her in die vom Krieg ausgespart heile Stadt, die sich in ihrer backsteingefügten Altertümlichkeit so behäbig gab, als werde sich alles Kampfgeschehen auch weiterhin in entrückter Ferne zutragen.

Da die Filmpaläste wie in Friedenszeiten regelmäßig bespielt wurden, nutzte der Kinogänger den Wochenendurlaub. Mit einem der unentwegt berlinernden Zwillingsmädchen sah ich »Quax, der Bruchpilot« mit Heinz Rühmann und »Heimat« mit Zarah Leander. Es können auch andere Filme gewesen sein, die wir eng beieinander gesehen haben. Meine Cousine war ein Jahr älter und im Dunkeln fingerfertiger als ich.

Vermutlich ist mir im Verlauf des Winters jene Unterschrift, die mich in einer Gotenhafener Dienststube zum Kriegsfreiwilligen dieser oder jener Waffengattung gemacht hatte, zu einer Laune geworden, die verflogen war und folgenlos blieb. Der Sog nach draußen, an welche Front auch immer, flachte ab. Mein Verlangen zielte mehr oder weniger genau woanders hin. Ich las Verse von Eichendorff und Lenau, verlor mich in Kleists »Kohlhaas«, in Hölderlins »Hyperion« und schob seitlich der

Flakgeschütze gedankengeladen Wache. Mein Blick verlief sich auf der weithin vereisten Ostsee. Dort, im Nebel auf der Reede, lagen Frachtschiffe vor Anker, schwedische womöglich.

Etwa um diese Zeit, noch vor Frühlingsbeginn, kam mir mit der Feldpost jener Brief zu, den der schwarzbezopfte Gegenstand meiner ersten und in ihrer Inbrunst durch nichts zu übersteigernden Liebe mit Schülerhand geschrieben hatte und dessen Rechtschreibefehler ich meinte korrigieren zu müssen. Was in dem Brief zu lesen stand, hat sich verflüchtigt. Bevor es sich ereignen konnte, zerfiel Glück in Scherben.

Jahre nach Kriegsende habe ich in Rotkreuzlisten nach einer verschollenen Person und im Danziger Heimatblättchen der Vertriebenen, das ab und zu von Klassentreffen ehemaliger Schülerinnen der Gudrun-, vormals Helene-Lange-Schule Bericht gab, den Namen eines Mädchens gesucht, das sich in wechselnder Gestalt versteckte, mir greifbar nah, dann wieder unwirklich war und in Büchern mal so, mal so hieß.

Einmal, Mitte der sechziger Jahre, glaubte ich sie vorm Hauptportal des Kölner Doms zu sehen, mit Topfhut, verhärmt. Sie bettelte. Von mir angesprochen, brabbelte eine annähernd zahnlose Frau das dort gängige Kölsch…

Und als wir gegen Ende der neunziger Jahre wieder einmal Gdańsk besuchten und in einer Privatwohnung zwischen kleinem Publikum auf engstem Raum die gelungene Aufführung der Theaterfassung meiner Erzählung »Unkenrufe« als deutsch-polnisches Kammerspiel sahen, kamen Ute und ich nach der Vorstellung an einem Altbau im ehemaligen Brunshöferweg vorbei. »Hier wohnte sie«, sagte ich und kam mir lächerlich vor.

Was ich verloren hatte, war anfangs kaum, dann aber doch leidlich zu verschmerzen. Mir blieb ja die bevorzugte Cousine. Und dienstlich gesehen ging es uns auf langweilige Weise erträglich bis gut. Unsere Ausbilder, kriegsmüde Unteroffiziere und Obergefreite, gaben sich milde und schienen dankbar zu sein, weil sie uns, »diese Hammelherde«, weitab vom Schuß »auf Vordermann« bringen durften.

Gleichförmig schlug im Strandbereich der Batterie die Ostsee an. Übungshalber wurden Kaninchen und – was verboten war – Möwen mit Kleinkalibergewehren geschossen. Vergeblich kämpfte ich gegen Pickel an. Bei Regenwetter spielten wir während dienstfreier Stunden Dame, Mühle oder Skat.

Diese Kurzweil hätte sich den Frühling über, der nun nicht mehr vor sich hinzögerte, und bis in den Sommer hinein ereignislos hinziehen können. Da lag mir kurz nach der Musterung im Gebäude des Wehrbezirkskommandos am Wiebenwall, zu der Jahrgang nach Jahrgang alle Wehrpflichtigen mußten, die Einberufung zum Reichsarbeitsdienst als gestempeltes Papier vor.

Ich war nicht der einzige, dem sie per Einschreiben auf den Tisch kam. Wie Regelwerk lief das ab. Jahrgang siebenundzwanzig war dran. Dienstdauer drei Monate. Der Dienstantritt war auf einen der letzten April- oder ersten Maitage datiert. Mit anderen Jungs, für die sogleich nachwachsender Ersatz aus Danzigs Oberschulen kam, wurde ich als Luftwaffenhelfer abgemustert, trug wieder Kniestrümpfe zu kurzen Hosen und fand weder vorm Spiegel noch auf Besuch bei Freunden, die hübsche Schwestern hatten, Gefallen an mir.

Das alles geschah in kurzen Abständen nacheinander und auf eng abgestecktem Raum, während gleichzeitig und fernab den Toten blecherne Erkennungsmarken genommen und den noch Lebenden metallene Orden angehängt wurden.

Den Winter über bis in den Frühling hinein hatten Meldungen über Frontverkürzungen im Osten – Kiew wurde geräumt – und über Kämpfe, die sich Japaner und Amerikaner um Inseln im Pazifik lieferten, zudem Ereignisse in Südeuropa meine Geografiekenntnisse abermals erweitert: nach dem Abfall des italienischen Verbündeten, der uns als hundsgemeiner Verrat galt, und der Befreiung des Duce durch unsere Fallschirmjäger in den Abruzzenbergen – Skorzeny hieß der neueste Held – hielt der Kampf um die Trümmer des Klosters Montecassino an. Die Angloamerikaner landeten an der Küste oberhalb Roms und erweiterten einen Brückenkopf, der noch immer umkämpft war, als ich die schicke Luftwaffenhelferuniform ablegen mußte und mich bald darauf in den wenig kleidsamen Klamotten des Reichsarbeitsdienstes sah: die waren kackbraun, so daß man sagen konnte, ich und die anderen, wir sahen bekackt aus. Vor allem wirkte die Kopfbedeckung, ein hochgebeulter Filzhut mit Delle, lächerlich und wurde, als wäre er nur zum Wegwerfen geeignet, »Arsch mit Griff« genannt.

In meiner frühen Novelle »Katz und Maus«, die, kaum erschienen, als jugendgefährdend eingestuft werden sollte, dann aber als Schulstoff freigegeben wurde und seitdem der Interpretationslust mehr oder weniger lehrplangläubiger Pädagogen ausgesetzt ist, trägt Joachim Mahlke als tragikomische Figur zeitweilig diesen unansehnlichen Hut. So sah ihn der Erzähler Pilenz im Olivaer Schloßpark. Und auch die Tucheler Heide, eine Gegend, in der mein Arbeitsdienstlager aus ins Viereck gebrachten Baracken und dem Wirtschaftsbau bestand, entsprach der flachen bis leicht gehügelten Landschaft, in der sich eine Episode lang Joachim Mahlkes Werdegang zum Kriegshelden abspielt: »…schöne Wolken über Birken und Schmetterlingen, die nicht wußten, wohin. Blankdunkle und kreisrunde Teiche im Moor, aus denen man mit Handgranaten Karauschen und bemooste Karpfen fischen konnte. Natur, wo man hinschiß. Kino gab es in Tuchel…« Ergänzend sind Sandböden, Mischwald und Wacholdergebüsch erwähnenswert; ein für polnische Partisanen geeigneter Aktionsraum.

Dennoch habe ich meine Arbeitsdienstzeit in anders geschichteter Erinnerung. Sie unterscheidet sich von dem, was Pilenz aus seinem Schreibzwang dem Großen Mahlke nachsagt, nicht nur in Einzelheiten, sondern auch in ihrer mich bloßstellenden Tendenz: ich verpaßte die Gelegenheit, in erster Lektion das Zweifeln zu lernen, eine Tätigkeit, die mich viel zu spät, dann aber gründlich befähigte, jedweden Altar abzuräumen und mich jenseits vom Glauben zu entscheiden.

Das fiel nicht immer leicht, denn wiederholt wurden Hoffnungsfeuer entfacht, die dazu einluden, in ihrer Nähe das unterkühlte Gemüt zu wärmen. Mal war es das Verlangen nach dauerhaftem Frieden und Gerechtigkeit für alle, dann das Konsumglück des »American way of life«, heute soll der neue Papst Wunder wirken…

Von Beginn an durfte ich als Arbeitsdienstmann, wie es hieß, »eine ruhige Kugel schieben«, weil ich flink zeichnen, mit Farbe umgehen konnte und deshalb als privilegiert galt. Die Wände des Kantinenraums für Ausbilder und Mannschaft, der sich im gemauerten Wirtschaftsgebäude befand, sollten mit Bildern geschmückt werden, für die das Wacholdergebüsch, ein wolkenspiegelndes Wasserloch und die Birken der flachen bis hügeligen Heide anregend zu sein hatten. Gewünscht, doch nicht befohlen wurde eine planschende Nixe.

Um naturnahe Studien zu machen, wurde ich freigestellt, nahm zwar vormittags am üblichen Drill teil – Griffe kloppen, zuerst mit dem Spaten, dann mit dem Karabiner 98 –, am Nachmittag jedoch durfte ich mit dem Aquarellkasten, der Wasserflasche und dem Pelikanblock das Lager verlassen. Schöne Wolken, blankdunkle Teiche und Birken vor oder hinter mächtigem Findlingsgestein kamen farbensatt aufs Papier. Dabei fiel ein Stoß Skizzen für den später mit Leimfarben auf weiße Wände gepinselten Kantinenschmuck ab. Weil von früh an auf Bäume fixiert, könnte eine einzeln stehende Eiche mein bevorzugtes Motiv gewesen sein.

Und weil ich immer noch gerne und bis in meine alten Tage, sei es auf Reisen oder im Behlendorfer Obstgarten, nach der Natur aquarelliere, fällt es mir leicht, mich am Rand blubbernder Moorlöcher oder erhöht auf rundgebuckelten Steinen sitzen zu sehen, die nach dem Ende der letzten Eiszeit liegengeblieben waren.

Brav malte ich flache oder bis weithin gehügelte Gegend und war dabei, wenn ich mich streng befrage, nicht frei von Furcht. Hinter kugeligem Wacholdergebüsch oder verdeckt von entfernt aus der Heide ragenden Findlingen, überall hätten Partisanen mit erbeuteten Karabinern auf Lauer liegen können. Im Visier des Schützen wäre als Ziel ein Arbeitsdienstmann, der beim eifrigen Pinseln Grimassen schnitt, mit erstem Schuß zu treffen gewesen.

Bevor sie begann, hätte die Laufbahn des Kriegsfreiwilligen ihr Ende gefunden. Zudem war ich unbewaffnet.

Die griffbereit gelegten Karabiner wurden anfangs nur vormittags zum Exerzieren und fürs Schießen auf Scheiben oder Pappkameraden ausgeteilt.

So unterbelichtet und mit verwackelten Konturen ich selbst und mein Alltag als Arbeitsdienstmann ins Bild kommen, die Zuteilung der Gewehre dauert schmerzlich genau an, bis heute.

Tag für Tag lief eine Zeremonie ab, die von einem aus Prinzip ernstgesichtigen Unterfeldmeister vollzogen wurde, dem die Waffenkammer unterstand. Er teilte aus, wir griffen zu. Mann nach Mann erlebte sich bewaffnet. Offenbar sollte ein jeder Arbeitsdienstmann sich geehrt fühlen, sobald er Holz und Metall, Kolben und Lauf des Karabiners im Griff hatte.

Und es war wohl auch so, daß wir Jungs uns zu Männern aufpumpten, wenn wir stramm mit der Knarre bei Fuß standen, sie präsentierten oder geschultert trugen. Womöglich nahmen wir den Spruch »Das Gewehr ist die Braut des Soldaten« wörtlich. Wir sahen uns, wenn nicht als verheiratet, dann als verlobt mit dem Karabiner 98.

Wenn aber hier betont wiederholt »wir« gesagt wird, steht der formierten und leicht zu verkuppelnden Mehrzahl dennoch eine Ausnahme quer, die mir als Gestalt deutlicher vor Augen ist als der begünstigte Wandmaler, dessen fleißige Pinselei und alles, was sonst noch unter dem heiter bis wolkigen Himmel über der Tucheler Heide geschah.

Die Ausnahme war ein hochaufgeschossener Junge, der weizenblond, blauäugig und im Profil so langschädlig geraten war, wie ihn sonst nur Lehrtafeln für die Aufzucht der nordischen Rasse beispielhaft ins Bild brachten. Kinn, Mund, Nase, Stirn gaben, mit einer Linie gezeichnet, die

Zeugnisnote »rasserein« ab. Ein Siegfried, ähnlich dem Lichtgott Baldur. Er strahlte heller als Tageslicht. Kein Fehl haftete ihm an, nicht eine winzige Warze am Hals, an der Schläfe. Nicht daß er lispelte oder gar stotterte, sobald er auf Befehl Auskunft zu geben hatte. Niemand war ausdauernder beim Dauerlauf und mutiger beim Sprung über modrige Gräben. Kein anderer war so fix, wenn es darum ging, in Sekundenschnelle eine steile Kletterwand zu überwinden. Fünfzig Kniebeugen schaffte er, ohne zu ermatten. Bei Wettkämpfen Rekorde zu brechen, wäre ihm ein leichtes gewesen. Nichts, kein Tadel trübte sein Bild. Doch zur wirklichen Ausnahme wurde er, dessen Vor- und Nachname mir wie ausgelöscht sind, durch Verweigerung.

Er wollte nicht Gewehrgriffe kloppen. Mehr noch: er weigerte sich, Kolben und Lauf der Waffe anzufassen. Noch schlimmer: wurde ihm der Karabiner vom stets todernsten Unterfeldmeister in die Hand gedrückt, ließ er ihn fallen. Er oder seine Finger handelten strafwürdig.

Gab es ein größeres Vergehen, als schußlig oder gar vorsätzlich und befehlsverweigernd die Knarre, das Gewehr, die anverlobte Braut des Soldaten, in den Staub des Exerzierplatzes fallen zu lassen?

Mit dem Spaten, dem eigentlichen Werkzeug eines jeden Arbeitsdienstmannes, tat er alles, was befohlen wurde. Es gelang ihm, das Spatenblatt so spiegelhell zu präsentieren, daß es vor seinem nordischen Profil wie ein Sonnenschild stand. Anbetungswürdig und mustergültig war er anzuschauen. Die Wochenschau hätte ihn, soweit das Großdeutsche Reich noch bespielbare Kinos bot, wie eine überirdische Erscheinung auf Leinwände projizieren können.

Auch was den kameradschaftlichen Umgang betraf, wäre ihm ein Zeugnis mit Einsernoten zuzusprechen gewesen: Nußkuchen, von zu Hause geschickt, teilte er freiwillig aus, war immer hilfsbereit. Ein Junge von freundlich gutmütiger Art, der klaglos alles tat, was ihm abverlangt wurde. Auf Wunsch putzte er nach seinen Stiefeln auch die seiner Stubenkameraden so vorschriftsmäßig, daß sie beim Appell selbst dem strengsten Unterfeldmeister zur Augenweide wurden. Putzlappen und Bürste waren ihm handlich, nur das Gewehr faßte er nicht an, die Waffe, den Karabiner 98, an dem er wie wir alle vormilitärisch ausgebildet werden sollte.

Jegliche Art von Strafdienst wurde ihm auferlegt, man hatte Geduld, aber nichts half. Sogar das Ausschöpfen der Mannschaftslatrine mit dem Eimer an langer Stange, in dem Gewürm wimmelte, eine Strafe, die im Barras-Jargon »Honigschleudern« genannt wurde, besorgte er ohne Widerspruch stundenlang gründlich, indem er, von Fliegen umwölkt, die Scheiße unterhalb des Donnerbalkens aus der Grube holte und zum Abtransport randvoll in Kübel füllte, um bald danach, frisch geduscht und angetreten zur Gewehrübernahme, wiederum den Zugriff zu verweigern: wie in Zeitlupe sehe ich die Waffe fallen und im Staub aufschlagen.

Anfangs stellten wir Fragen, versuchten es mit Gutzureden, denn eigentlich mochten wir ihn, diesen »komischen Heini«: »Greif zu, halt einfach fest!«

Seine Antwort beschränkte sich auf wenige Wörter, die bald als geflüstertes Zitat in Umlauf kamen.

Als aber seinetwegen Strafdienst angeordnet wurde und wir alle in praller Sonne bis zum Umfallen geschliffen wurden, begann jedermann ihn zu hassen.

Auch ich versuchte mich in Wut zu bringen. Es wurde erwartet, daß wir ihn in die Mangel nahmen. Das taten wir. Wie er uns, so setzten wir ihn unter Druck.

In seiner Mannschaftsstube wurde er sogar von jenen Jungs verprügelt, denen er zuvor die Stiefel blitzblank geputzt hatte: alle gegen einen.

Durch die Bretterwand zwischen Stube und Stube, weil mir eingeprägt, höre ich sein Wimmern. Ich höre Lederkoppel klatschen. Jemand zählt laut mit.

Doch weder Prügel noch angedrohte Schikanen, nichts konnte ihn zwingen, endlich doch zuzugreifen. Als einige Jungs auf seinen Strohsack pißten, ihn so zum Bettnässer stempeln wollten, nahm er auch diese Demütigung hin und sagte bei nächster Gelegenheit sein unverändertes Sprüchlein auf.

Der unerhörte Vorgang war nicht abzustellen. Morgen für Morgen, sobald wir zum Fahnenappell angetreten waren und gleich danach der Unterfeldmeister der Waffenkammer begann, mit gleichbleibend feierlichem Ernst die Gewehre auszuteilen, ließ er das für ihn bestimmte wie die sprichwörtlich heiße Kartoffel fallen. Sogleich stand der unbelehrbare Verweigerer wieder in strammer Haltung, die Hände an der Hosennaht, den Blick auf ein fernes Ziel gerichtet.

Ich kann nicht aufzählen, wie oft er seine nun sogar die befehlende Macht irritierende Vorstellung wiederholte, versuche mich aber an Fragen zu erinnern, die ihm Vorgesetzte bis hin zum Oberfeldmeister gestellt, mit denen wir ihn bedrängt haben. »Warum machen Sie das, Arbeitsdienstmann?« – »Wieso machste das, du Idiot?«

Seine nie variierte Antwort geriet zur Redensart und ist mir für alle Zeit zitierbar geblieben: »Wir tun sowas nicht.«

Stets blieb er im Plural. Mit nicht leiser, nicht lauter, mit heller Stimme, die ziemlich weit trug, sagte er für eine Mehrzahl aus, was er zu tun verweigerte. Man hätte vermuten können, daß, wenn nicht eine Armee, dann doch in Bataillonsstärke imaginäre Verweigerer hinter ihm standen, die allzeit bereit waren, den Kurzsatz zu bilden. Vier Wörter schnurrten zusammen, wurden zu einem: Wirtunsowasnicht.

Auch nach Befragen wurde er nicht deutlicher, blieb bei dem unbestimmten »sowas« und weigerte sich, jenen Gegenstand, den er nicht in die Hand nehmen wollte, deutlich beim Namen, Gewehr, zu nennen.

Seine Haltung veränderte uns. Von Tag zu Tag bröckelte ab, was verfestigt zu sein schien. In unseren Haß mischte sich Staunen, schließlich in Fragen verkleidete Bewunderung: »Wie hält der Idiot das bloß aus?« – »Was macht ihn so stur?« – »Weshalb meldet er sich nicht krank, käsig, wie er aussieht mittlerweile?«

Wir ließen von ihm ab. Keine Prügel mehr auf den nackten Arsch. Die Aufsässigen unter uns, einige Jungs aus dem Elsaß oder aus Lothringen, die ein für jedermann unverständliches Gemaule von sich gaben, während Freistunden wie Kletten aneinanderhingen und sich bei nächstbester Gelegenheit – nach Gepäckmarsch bei Dauerregen – in merkwürdigem Hochdeutsch krank meldeten, flüsterten auf französisch, was ihnen verboten war, irgend etwas, das soviel wie »einzigartig« bedeuten konnte.

Der Verweigerer stand erhöht, gleichsam auf einem Podest. Mehr noch: aus der Sicht unserer Vorgesetzten sah es so aus, als lasse unter dem Eindruck vereinzelter Verweigerung die allgemeine Disziplin nach. Verschärfter

Dienst wurde angeordnet, als seien weiterhin alle mitschuldig, die seines Jahrgangs waren.

Und den Verweigerer brachte schließlich dann doch Arrest um den morgendlichen Auftritt. Dafür gab's eine Zelle. »Ab in den Bau!« hieß das Kommando. Doch so anhaltend er uns aus den Augen war, als Lücke blieb er deutlich.

Ab dann herrschte nur noch Zucht und Ordnung. Prompt fand das nachmittägliche Malen in freier Natur sein Ende. Die Pinsel wurden ausgewaschen. Wandbilder blieben unfertig. Leimfarbe trocknete ein. Nicht mehr privilegiert als jemand, der »eine ruhige Kugel« schieben durfte, stand mir als Drill nur noch eine Ausbildung zu, die sich auf zielgenaues Schießen, das Werfen von Handgranaten, den Angriff mit aufgepflanztem Bajonett und das Robben auf freiem Feld konzentrierte.

Nur noch manchmal war von ihm, der weiterhin unter Arrest einsaß, die Rede. Jemand – war es ein Unterfeldmeister oder einer von uns? – sagte: »Der gehört bestimmt zu den Zeugen Jehovas.« Oder wurde gesagt: »Der ist Bibelforscher, bestimmt«?

Dabei hat sich der blondblauäugige Junge mit dem rassereinen Profil nie auf die Bibel oder Jehova oder sonst eine Allmacht berufen, immer nur gesagt: »Wir tun sowas nicht.«

Eines Tages wurde sein Spind ausgeräumt: private Sachen, zu denen fromme Heftchen gehörten. Dann war er weg, abkommandiert, wie es hieß.

Wir haben nicht gefragt, wohin. Ich habe nicht gefragt. Doch allen war klar: nicht aus Gründen erwiesener Untauglichkeit wurde er entlassen, vielmehr, so flüsterten wir, »war der schon lange reif fürs KZ«.

Einige gaben sich witzig, ohne viel Gelächter zu ernten: »Son Spinner gehört ins Konzertlager!«

Jemand wußte: »Das is ne Sekte, die sowas nicht tut. Sind deshalb verboten, die Zeugen Jehovas.«

So redeten wir, wenngleich keiner genau wußte, weshalb sie unter Verbot standen, wofür sie zeugten und was sie sonst noch nicht taten. Aber sicher war allen, daß für Verweigerer solch beharrlicher Art nur eine Adresse zuständig sein konnte: Stutthof. Und da dieses Lager allen vom Hörensagen bekannt war, sah man ihn, der insgeheim nur noch »Wirtunsowasnicht« hieß, in Stutthof gut aufgehoben: »Da wird man Wirtunsowasnicht schon kleinkriegen, bestimmt!«

Lief das wie selbstverständlich ab?

Wurde ihm keine zählbare Träne nachgeweint?

Ging danach alles im gewohnten Trott weiter?

Was könnte mir durch den Kopf gegangen sein oder mich sonstwo irritiert haben, als er einerseits wie ein ansteckender Krankheitsträger in Quarantäne gebracht, also weg war, andererseits so auffällig fehlte, als müsse fortan mit einem sichtbaren Loch zur Seite exerziert, Wache geschoben, auf freiem Feld gerobbt, an langem Tisch Kartoffelsuppe gelöffelt, auf dem Latrinenbalken gehockt, Stiefel geputzt, geschlafen, feucht geträumt oder die Hand schnell zu Hilfe genommen und in den beginnenden Sommer hineingelebt werden? Der war trocken, heiß, windig. Überall lagerte Sandstaub ab, verdeckte vieles, so auch Gedanken, die mich gekratzt haben mögen.

Doch jenseits aller Nebenhandlung und auf den Punkt gebracht, sehe ich mich, wenn nicht froh, dann erleichtert, seitdem der Junge verschwunden war. Der Anflug von Zweifel an allem, was sich als Glaube felsenfest gab, flaute ab. Und die Windstille in meinem Kopf wird wohl keinem Gedanken erlaubt haben, flügge zu werden. Nur Stumpfsinn machte sich in ihm breit. Zufrieden bin ich mit mir und satt. Ein Selbstbild aus diesen Tagen gäbe mich gut ernährt wieder.

Doch später, viel später, als ich für die Novelle »Katz und Maus« eine steile und absonderliche Figur, den vaterlosen Meßdiener, Oberschüler, Meistertaucher, Ritterkreuzträger und fahnenflüchtigen Helden Joachim Mahlke, entwarf, konnte mir der Verweigerer, den wir Wirtunsowasnicht nannten, Modell stehen, wenngleich Mahlke gegen einen übergroßen Adamsapfel ankämpfen mußte, er aber makellos zu sein schien, als er mal um mal das Gewehr fallen ließ, langsam, wie in vorsätzlich gedehnter Zeit, damit es sich einprägte.

Als dann der tägliche Bericht des Oberkommandos der Wehrmacht – angeschlagen am Schwarzen Brett – die Landung des angloamerikanischen Feindes an der Atlantikküste bekanntmachte und so abermals meine Geografiekenntnisse erweiterte – nur unsere Elsässer und Lothringer konnten die Ortsnamen normannischer und bretonischer Städte und Dörfer richtig aussprechen –, überdeckte die Schlacht am Atlantikwall alles zuvor Geschehene, also auch ihn, der für die Aufzucht der nordischen Rasse vorbildlich und uns Stachel im Fleisch hätte sein können.

Dennoch hielt der verschärfte Dienst an. Nachts schreckte zweimal Partisanenalarm das Lager auf, ohne daß Schüsse fielen oder sonstwas geschah. Einzel- und Doppelposten mußten im Umkreis des Barackengevierts Wache schieben.

Sobald ich vereinzelt auf Wache stand, versuchte ich meine Angst durch Gedankenflucht zu mindern. Darin war ich geübt. Geschichte trat hinter sich und verwandelte sich schnurstracks in Legenden. Altpruzzische Gottheiten wie Perkun, Pikoll und Potrimp, die pommerellische Prinzessin Mestwina, Fürst Swantopolk, noch weiter zurück, die Goten auf Wanderschaft von der Weichselmündung zum Schwarzen Meer, jeweils zeitgemäß gerüstete Heerscharen bevölkerten meine Wachträume und halfen, die Furcht vor Partisanen kleinzuhalten.

Außerdem gehörte die Befestigung des Lagers zum Dienst. Gräben wurden ausgehoben, verminte Drahtverhaue gestellt. Eine komplizierte Alarmanlage mußte gelegt werden. Doch nichts Alarmierendes geschah, außer, daß wir ohne erkennbaren Anlaß an einem Sonntag in voller Mannschaftsstärke, etwa zweihundertfünfzig Jungs, im offenen Karree antreten mußten: nicht hellgrau in Drillich, sondern kackbraun, den »Arsch mit Griff« auf kurzgeschorenen Köpfen.

Von der Platzmitte aus, gleich neben dem Fahnenmast, sagte ein urplötzlich mit strammem Gefolge angereister RAD-Führer abgehackte Sätze auf. Von Schmach und feigem Verrat, der schmählichen Niedertracht und Tücke einer adligen Offiziersclique, vom gescheiterten, dank der Vorsehung gescheiterten Anschlag auf das Leben unseres heißgeliebten Führers und von Rache, erbarmungsloser, vom »Ausmerzen dieser Sippschaft« war die Rede. Dann nur noch von ihm, der – »ein wahres Wunder!« – überlebt hatte.

Mit nun längeren Sätzen wurde er als vom Schicksal Auserwählter gefeiert und wurden wir auf ihn eingeschworen: In dieser Stunde, von jetzt an, ab heute komme es auf uns, besonders auf uns an, denn vor allen anderen werde hier und in dieser Stunde, wie überall im Großdeutschen Reich, die nach ihm benannte Jugend aufgerufen, fortan in unverbrüchlicher Treue, und zwar bis zum Endsieg...

Ein Schauer ergriff uns. So etwas wie Frömmigkeit trieb Schweiß aus den Poren. Der Führer gerettet! Noch immer oder schon wieder war auf die Vorsehung Verlaß.

Beide Hymnen wurden gesungen. Dreimal wurde Sieg Heil gerufen. Zorn kam auf oder eher ziellose Wut auf noch namenlose Verräter.

Obgleich mir so gut wie nie, nicht in der Schule und schon gar nicht im Kolonialwarenladen meiner Mutter, Adlige begegnet waren, versuchte ich mich in befohlenem Haß auf angeblich Blaublütige zu üben, bin aber dabei mutmaßlich in Zwiespalt geraten, denn aus der Zeitweil meiner gedanklichen Rückzüge in die Dunkelkammern der deutschen Geschichte bis hin zu ihren Lichtgestalten hatte ich mir Bewunderung für alle Stauferkaiser bewahrt. Dem zweiten Friedrich hätte ich gerne fernab in Palermo als Knappe gedient. Und was die Bauernkriege betraf, war ich nicht nur Thomas Müntzers Parteigänger, sondern sah mich gleichfalls auf Seiten ritterlicher Bauernführer, die Franz von Sickingen, Georg von Frundsberg und Götz von Berlichingen hießen. Ulrich von Hutten war mein Idol, der Papst und alle Pfaffen waren meine Feinde. Und als später einige Namen der Verschwörer und der des Attentäters – von Witzleben, von Stauffenberg – in Umlauf kamen, hatte ich Mühe, den beschworenen Haß auf die »feige Adelsbrut« wie ein nachwachsendes Kraut zu pflegen.

Welche Wirrnis in Köpfen unter kurzgehaltenem Haar. Soeben noch überdeutlich, beginnt das Bild des sechzehnjährigen Arbeitsdienstmannes von den Rändern her zu verschwimmen. Nicht daß er mir fremder als mittlerweile gewohnt wird, doch hat es den Anschein, als wolle mein uniformiertes Selbst sich davonstehlen. Sogar seinen Schatten gibt es auf und will sich, beliebig deutbar, zu den Minderbelasteten zählen.

Die gab es später in Überzahl. Ihnen war außer Pflichterfüllung nichts nachzuweisen. In Chorstärke sangen sie »Kein schöner Land in dieser Zeit…« Und als Verführte und Verblendete reihten sie mildernde Umstände, stellten sich ahnungslos und sprachen einander ein Höchstmaß an Unwissenheit zu. Wie ja auch mir faule Ausreden und der Ritt auf dem Unschuldslamm behilflich werden möchten, sobald auf der Zwiebelhaut kleingeschriebene Randnotizen allzu beredsam mit Anekdoten und milieugesättigten Veräljjens von dem ablenken wollen, was vergessen sein will und dennoch querliegt.

Dann muß ich mir aus dem Fach überm Stehpult den durchsichtigsten Bernstein greifen, um herauszufinden, wie unbeschadet sich mein Glaube an den Führer trotz überprüfbarer Fassadenrisse, zunehmender Flüsterparolen und des überall, nun auch in Frankreich rückgängigen Frontverlaufs konserviert hatte.

An ihn zu glauben, strengte nicht an, fiel kinderleicht. Er blieb heil und war, was er darstellte. Sein fester, jedermann treffender Blick. Sein Feldgrau verzichtete auf jeglichen Ordensklimbim. Nur mit dem Eisernen Kreuz aus Zeiten des Ersten Weltkrieges behaftet, in schlichter Größe gemalt stand er, wohin man blickte. Seine Stimme kam wie von oben. Er überlebte jeden Anschlag. War es nicht so, daß etwas Unbegreifliches, die Vorsehung ihn schützte?

Irritierend blieb allenfalls die nicht schwinden wollende Erinnerung an jenen blondblauäugigen Jungen, der nicht müde geworden war, »wir tun sowas nicht« zu sagen. Seitdem es ihn nicht mehr gab, fehlte er fast schmerzhaft; doch vorbildlich wurde er nicht.

Bald nach dem Attentat entließ man uns. In der Kleider- und Gerätekammer gaben wir die wenig schicke Uniform und den Spaten ab, der beim feierlichen Appell zum letzten Mal spiegelhell präsentiert wurde. Danach hörten wir uns das dem Reichsarbeitsdienst eigene Lied singen: »Braun wie die Erde ist unser Kleid...«

Nun wieder in Zivil, schämte ich mich meiner nackten Knie, der immerfort rutschenden Kniestrümpfe, kam mir rückversetzt schülerhaft vor. Im sommerlichen Langfuhr erwarteten den Heimkehrer unverändert die Eltern, die ihren Sohn, so sagten sie, »ein bißchen verändert« fanden.

Die vertraut verhaßte Zweizimmerwohnung zwängte mich noch enger, obgleich es zwischen ihren Tapetenwänden stiller zuging, fast zu still: meine Schwester fehlte, ihr Lachen, der Wirbel, den ihre Sprünge zwischen Wohn- und Schlafzimmer, rund um den Eßtisch auslösten. Keine »Marjell«, die spielen, immer nur spielen wollte, schlug mir das Buch zu. Nur ihre Puppen und Streicheltiere waren unterm linken Fensterbord geblieben.

Laut Erlaß der Gauleitung hatte man alle Schulkinder aufs Land evakuiert, um sie den Terrorangriffen feindlicher Bombergeschwader zu entziehen. Mitgereiste Lehrer setzten den Unterricht für ihre Klasse und weitere Schulklassen nahe dem Fischerdorf Heisternest auf der Halbinsel Hela fort. Von dort schrieb die Schwester Postkarten, krank an Heimweh.

Die Eltern verwöhnten mich, der Vater mit Sauerbraten, die Mutter, indem sie mit stehenbleibendem Lächeln zuhörte, sobald ich mit ihr auf Reise in südliche Länder ging, dorthin, wo die Zitronen blühen; doch wollte der Sohn nicht mehr Schoßkind sein. Ängstlich wartete sie den Briefträger ab. Ihre kleine Hoffnung versteckte sich in dem Satz: »Vielleicht ist ja vorher schon Schluß irgendwie.«

Weniger als zwei Monate blieben, bis mit der Post der Einberufungsbefehl kam; eine Zeitspanne, die nur mit beliebig zu reihenden Erinnerungsschnipseln als lustlose Warterei zu belegen ist.

Welch ein Rückfall! Wie nach der Abmusterung als Arbeitsdienstmann befürchtet, werde ich das Bild eines Oberschülers während der großen Sommerferien abgegeben haben, allerdings ohne Strandbetrieb und Knutschen und Fummeln in den Dünen, versteckt hinter Hagebuttengebüsch.

Wo ich hinkam, standen Fotos mit Trauerrand auf Kommoden, war mit halber Stimme von gefallenen Männern, Söhnen und Brüdern die Rede. Die Altstadt sah schäbig aus, als erwartete sie, wenn nicht plötzlichen, dann allmählichen Verfall. Unter nächtlichem Verdunklungsgebot wurden die Gassen ihren Bewohnern unheimlich. Überall »Feind hört mit!«- und »Kohlenklau«-Plakate. Die nur dürftig mit Ladenhütern bestückten Schaufenster. Im Geschäft meiner Mutter ging ein Schlagsahneersatz namens »Sekosan« unbewirtschaftet über die Ladentheke.

Vorm Hauptbahnhof, auf der Mottlaubrücke und Speicherinsel, im Vorfeld der Schichauwerft und längs der Hindenburgallee kontrollierten die Feldgendarmerie und die Streifen-HJ zivile Personen, Fronturlauber und immer mehr streunende Mädchen, die für gewöhnliche Landser und höhere Dienstgrade mehr als ansprechbar waren. Vor Deserteuren wurde gewarnt, von einer Bande Jugendlicher Abenteuerliches gemunkelt: Einbruch im Ernährungsamt, Brandstiftung im Hafengebiet, Geheimtreffen in einer katholischen Kirche... All das, Unglaubliches sagte man jener »Stäuberbande« nach, die mir späterhin, als ich endlich Wörter auf Abruf genug hatte, einige Kapitel lang wichtig werden sollte.

Im Roman »Die Blechtrommel« heißt einer der Bandenführer »Störtebeker«. Er überlebte das Ende und mauserte sich in Nachkriegszeiten folgerichtig zum konfliktscheuen Studienrat Starusch, einer nunmehr den Verhältnissen angepaßten Existenz, die sich in einem weiteren Roman – »örtlich betäubt« – vor Schmerzen fürchtet und alles Geschehen nach dem Maßstab »einerseits – andererseits« wertet.

Ich war nur Zuhörer. Auf Besuch bei Schulfreunden, die, gleich ob freiwillig oder nicht, auf den Einberufungsbefehl warteten, als bringe er die Erlösung, kamen mit Gerüchten die Namen von Mitschülern in Umlauf, die plötzlich verschwunden, wie es hieß, »untergetaucht« waren. Ein Mitschüler, dessen Vater als höherer Polizeioffizier im Rheinland Dienstaufsicht führte, wußte etwas von einer Jugendbande zu erzählen, die unter dem Namen »Edelweißpiraten« die zerbombte Stadt Köln unsicher machte.

Mehr aus Gewohnheit denn aus Lust ging ich ins Kino, sah im Tobis-Palast in der Langgasse »Romanze in Moll« und verglich die Schauspielerin Marianne Hoppe mit den gemalten Schönheiten meiner in entschwundenen Jahren geklebten Zigarettenbilder: Damen aus Zeiten der Renaissance boten ihr klares Profil an.

Auch vertrieb ich mir mal in den Gassen der Altstadt, mal im Jäschkentaler Wald die Zeit und sammelte unbedacht Einzelheiten, die sich zur Stoffmasse häuften, später kaum abzutragen. Ich sehe mich auf den Bänken gotischer Kirchen – von Trinitatis bis Sankt Johann –, als müsse sich jeder Spitzbogen und jeglicher backsteingemauerte Pfeiler einprägen.

Außerdem blieben mir Leseplätze, bevorzugt der auf dem Dachboden, dessen Holzverschläge samt Gerümpel und dem durchgesessenen Sessel inzwischen weggeräumt waren, weil sie als Zunder für Brandbomben galten. Ein unter heilen Dachpfannen leergefegter Raum in Erwartung kommender Dinge. Deshalb standen Wassereimer in Reihe, zudem griffbereit Feuerklatschen und eine Tonne voll Löschsand.

Was aber las ich unterm Dachlukenfenster? Wahrscheinlich »Das Bildnis des Dorian Gray«, ein wiedergekäutes Lesefutter, das, in Leinen gebunden und mit Lederrücken, zum Bücherschatz meiner Mutter gehörte. Oscar Wildes üppiges Angebot an Lastern, die sündhaft einander überboten, eignete sich zur Selbstbespiegelung.

Um diese Zeit werde ich wohl auch Mereschkowskis »Leonardo da Vinci« bei irgendwem ausgeliehen und auf dem Dachboden verschlungen haben. Auf einem umgestülpten Feuerlöscheimer saß ich und las mehr, als ich halten konnte. So ging ich in Büchern auf, die dazu einluden, jeweils in anderer Gegend ein anderer zu sein: Jürg Jenatsch, August Weltumsegler, der grüne Heinrich, David Copperfield oder die drei Musketiere zugleich…

Fraglich bleibt, wann ich mir aus dem Bücherschrank eines Onkels »Im Westen nichts Neues« gezogen habe. Ist mir dieses Buch erst während meiner Wartezeit als Kriegsfreiwilliger zwischen die Finger geraten oder habe ich es zeitgleich mit Jüngers »In Stahlgewittern« gelesen? Ein Kriegstagebuch, das uns mein Deutschlehrer auf der Petrischule am Hansaplatz als vorbereitende Lektüre für künftige Fronterlebnisse verordnet hatte.

Studienrat Littschwager lobte als steifbeiniger Veteran des Ersten Weltkrieges zwar das »phantastisch Farbige« und, wie er sagte, »prall Anschauliche« meiner Aufsätze, sogar deren »äußerst gewagte Wortspiele«, bemängelte aber die »insgesamt fehlende Ernsthaftigkeit«, die, wie er meinte, den »schicksalsschweren Prüfungen des Vaterlandes« angemessen sei.

Gleich, ob als Schüler oder entlassener Arbeitsdienstmann: ich fand Erich Maria Remarques Roman im Bücherschrank des jüngsten Bruders meines Vaters. Der war als Bauleiter für das Versetzen von Barackenteilen – Wände, Fenster, Türen – zuständig, die in der Tischlerei des Großvaters bei stets laufender Kreissäge von fünf Gesellen gefertigt wurden. Deshalb hatte man Onkel Friedel nicht zum Wehrdienst eingezogen, sondern uk geschrieben. Er war oft auf Montage, weil im Werft- und Hafengelände immer mehr Baracken für Ostarbeiter entstanden und mit Stacheldraht eingezäunt wurden.

Ich nehme an, daß mein Onkel nicht gewußt hat, daß »Im Westen nichts Neues« zu den verbotenen Büchern gehörte, wie ja auch ich die Geschichte vom jämmerlichen Verrecken der jungen Freiwilligen des Ersten Weltkrieges las, ohne zu ahnen, daß dieser Roman zu den verbrannten Büchern gehört hatte. Bis heute läßt die verzögerte Wirkung früher Leseerfahrung nicht von mir ab. Wie das Paar Stiefel seine Träger wechselt... Wie einer nach dem anderen krepiert...

Immer wieder erinnern mich Autor und Buch an meinen jugendlichen Unverstand und zugleich an die ernüchternd begrenzte Wirkung der Literatur.

Als ich Mitte der sechziger Jahre mit Anna und unseren vier Kindern den Sommer über im Tessin war und dort mit der Tochter Laura auf bewaldeten Hängen Bergziegen suchte, die uns, wenn wir sie fanden, Salz aus der Hand leckten, nahm ich nach Vermittlung meiner amerikanischen Verlegerin Helen Wolff die Gelegenheit wahr, den Schriftsteller Remarque in seiner mit Antiquitäten vollgestopften Villa am Lago Maggiore zu besuchen. Ich berichtete ihm vom Wechselbad meiner konträren Lektüre: Einerseits habe mich Jüngers Feier des Krieges als Abenteuer und männliche Bewährungsprobe fasziniert; andererseits sei mir sein Urteil, der Krieg mache jeden Soldaten zum Mörder, als Schreck in die Glieder gefahren.

Der alte Herr kicherte in sich hinein und gab mein jugendliches Leseerlebnis in preußisch betontem Englisch an seine späte Liebe, den einstigen Stummfilmstar Paulette Goddard, weiter, die Charlie Chaplins soundsovielte Frau gewesen war. Dann pries er einige seiner Antiquitäten, chinesische Vasen und holzgeschnitzte Madonnen darunter. Nein, wir tranken keinen Grappa gemeinsam.

Doch später, viel später, als ich Geschichten für »Mein Jahrhundert« schrieb, lockte es mich abermals, Remarque und Jünger, die Antipoden, ins Spiel zu bringen. Sobald die Jahre des Ersten Weltkrieges Erzählstoff herzugeben hatten, setzte ich die beiden Kavaliere alter Schule im Zürcher Hotel »Storchen« an einen Tisch und stachelte sie zum Streitgespräch an, indem ich einer jungen Historikerin, die sich nach Schweizer Art neutral gab, die Gesprächsleitung übertrug. So höflich beide als Weinkenner miteinander umgingen, so schroff distanziert blieben sie, wenn es um den Sinn mörderischer Grabenkämpfe ging. Ihr Krieg hörte nicht auf. Zu versöhnen waren sie nicht. Etwas blieb ungesagt.

Und auch ich habe – mit Blick auf den Silberteller des Lago Maggiore – Erich Maria Remarque nicht gestanden, daß sich der fünfzehnjährige Schüler trotz der Lektüre seines Buches, das genügend dem Krieg geläufige Todesarten aufzählt, freiwillig zur U-Bootwaffe oder zu den Panzern gemeldet hatte. Der seines verjährten Erfolges überdrüssige Emigrant sprach ohnehin nur mit Widerwillen über den berühmten Roman, der jedes weitere Buch verschattet, das er sonst noch geschrieben hat.

Und dann lag der Einberufungsbefehl auf dem Eßzimmertisch und erschreckte Vater und Mutter. Hat sie sich sofort ans Klavier gesetzt und etwas aus dem »Rosengarten« geklimpert? Gab es erst danach Tränen?

Nein, der Film muß zurückgespult werden: wenige Tage bevor das gestempelte Papier die Eltern verstummen ließ, fuhr ich mit ihnen über Zoppot, Gotenhafen nach Putzig, um die evakuierte Schwester zu besuchen. Nach Heisternest brachte uns bei stabilem Augustwetter ein Autobus.

Das Heim befand sich in Nähe zur See. Davon zeugt ein Foto, das meine Mutter über Krieg und Vertreibung hinweg im Familienalbum gerettet hat. Auf hellem Sand, wie ihn die Halbinsel Hela strandweit bot, sitzen Bruder und Schwester nebeneinander. Kurz vor oder nach dem Bad in der Ostsee hält mein rechter Arm sie brüderlich. Geschwister, die wenig bis nichts voneinander wissen. So nah sollten wir uns lange nicht sein.

Hübsch sieht die Schwester aus, die ich seit Kinderjahren Daddau nenne. Sie lächelt. Ihr Bruder, noch halbwegs jungenhaft, wenngleich annähernd männlich proportioniert, will unbedingt ernst in die Optik der Kamerabox schauen.

Dem Vater gelang dieser friedlich wirkende Schnappschuß bei schönstem Spätsommerwetter; es war der letzte vor meiner Abreise.

Denn jetzt erst wurde, was lange zu verdrängen war, zur Tatsache, lag schwarz auf weiß vor, unterschrieben, datiert und gestempelt: die Einberufung. Doch was stand in Groß- und Kleinbuchstaben vorgedruckt?

Alle Hilfsmittel versagen. Verschwommen bleibt der Briefkopf. Als sei er nachträglich degradiert worden, ist der Dienstrang des Unterzeichnenden nicht festzustellen. Die Erinnerung, sonst eine Plaudertasche, die gerne mit Anekdoten gefällig wird, bietet ein leeres Blatt; oder bin ich es, der nicht entziffern will, was der Zwiebelhaut eingeschrieben steht?

Beschwichtigungen sind auf Abruf zitierbar: Die Einberufung und ihre Folgen, das ist doch durchgekaut alles, wörtlich in Reihe gebracht und zum Buch geworden. Über siebenhundert Seiten lang wälzen sich die »Hundejahre« dahin. Hinlänglich steht geschrieben, wie jemand, der Harry Liebenau heißt, sobald er Soldat wird Tagebuch führt und vom Truppenübungsplatz Fallingbostel aus mit Löns-Zitaten gespickte Briefe an seine Cousine Tulla schreibt, Briefe, in denen er später, wohin ihn auch immer der Marschbefehl weg von der Lüneburger Heide an die zurückweichende Ostfront schickt, ein Reimwort auf Tulla sucht und nicht findet: »Ich habe noch keinen Russen gesehen. Manchmal denke ich nicht mehr an

Tulla. Unsere Feldküche ist weg. Ich lese immer ein und dasselbe. Flüchtlinge verstopfen die Straßen und glauben an nichts mehr. Löns und Heidegger irren in vielen Dingen. In Bunzlau hingen fünf Soldaten und zwei Offiziere an sieben Bäumen. Heute früh haben wir ein Waldstück beschossen. Zwei Tage lang konnte ich nichts schreiben, weil wir Feindberührung hatten. Viele leben nicht mehr. Nach dem Krieg werde ich ein Buch schreiben...«

Ich aber, dem im September vierundvierzig gewiß kein zukünftiges Buch drangvolle Seiten versprach, der aber im Sinn hatte, gleichfalls ein Diarium mit gesammelten Augenblicken zu füllen, saß in immer noch knielangen Hosen auf der Holzbank eines Eisenbahnabteils III. Klasse.

Der Zug verließ den Danziger Hauptbahnhof, ließ Langfuhr hinter sich und rollte in Richtung Berlin. Den Pappkoffer, der extra für diese Reise gekauft worden war, hatte ich ins Gepäcknetz geschoben. Im Kopf ging es unsortiert zu: wirrer als beim üblichen Gedränge. Doch kein Gedanke gibt ein Zitat her, geflüstert oder gestammelt, nur der Einberufungsbefehl knistert in der Brusttasche meines zu engen Jacketts.

Die Mutter hatte sich geweigert, den Sohn zum Bahnhof zu begleiten. Kleiner als ich, umarmte sie mich im Wohnzimmer, war zwischen Klavier und Standuhr wie aufgelöst: »Wenn du mir bloß heil zurückkommst...«

Als Harry Liebenau sich von seiner Cousine Tulla Pokriefke verabschiedete, trug sie als Hilfsschaffnerin der Straßenbahn ein flottes Käppchen: »Paß auf, daß sie dir nicht die Nase wegschießen!«

Der Vater begleitete mich. Wortlos brachten wir die Straßenbahnfahrt hinter uns. Dann mußte er für sich eine

Bahnsteigkarte lösen. Mit seinem Velourshut sah er gepflegt mittelständisch aus. Ein Mittvierziger, dem es bis dahin gelungen war, den Krieg in Zivil zu überleben.

Unbedingt wollte er meinen Pappkoffer tragen. Er, den ich mir, solange ich wuchs, weggewünscht hatte, er, dem ich alle Schuld an der Enge der Zweizimmerwohnung und dem Klo für vier Mietparteien gab, er, den ich mit meinem HJ-Dolch hätte ermorden wollen und wiederholt in Gedanken erdolcht hatte, er, den späterhin jemand nachahmte, indem er Gefühle in Suppen zu verwandeln verstand, er, mein Vater, dem ich nie zärtlich, zu oft nur im Streit nahegekommen war, er, dieser lebenslustig unbekümmerte, leicht verführbare, immer um Haltung und, wie er sagte, »gestochen schöne Handschrift« bemühte Mann, der mich nach seinem Maßstab liebte, er, der geborene Ehegatte, den seine Frau Willy nannte, stand neben mir, als der Zug einfuhr und mächtig Dampf machte.

Ihm, nicht mir kullerten Tränen. Er umarmte mich. Nein, ich bestehe darauf, meinen Vater umarmt zu haben.

Oder kam es nur männlich zum Händeschütteln?

Waren wir sparsam bis geizig mit Worten: »Mach's gut, Junge!«? – »Bis bald, Papa«?

Nahm er den Hut ab, als der Zug aus der Halle rollte? Strich er sich verlegen das blonde Haar glatt?

Winkte er mit dem Velours? Oder gar mit dem Taschentuch, dessen vier Zipfel er im Sommer bei großer Hitze knotete und – mir lächerlich – als Kopfbedeckung trug?

Winkte ich aus offenem Abteilfenster zurück, sah ihn kleiner und kleiner werden?

Deutlich bleibt, daß im entrückten Hintergrund die Stadt mit allen Türmen vorm Abendhimmel stand. Auch will ich das Glockenspiel der nahen Katharinenkirche gehört haben: »Üb immer Treu und Redlichkeit bis an dein kühles Grab...«

Vor allen anderen Kirchen der Stadt, die im Verlauf der Nachkriegsjahre aus Trümmern Stein auf Stein wiedererstanden sind, hat mich die abseits, nahe der Mottlau stehende Johanniskirche bei jedem Besuch meiner sich bemüht wieder ähnlich werdenden Heimatstadt angezogen. Äußerlich heil geblieben, doch im Inneren ausgebrannt und verwüstet, diente der versehrte Backsteinbau während Jahrzehnten den polnischen Restauratoren als Magazin für die Wiederverwendung von im Detail heilen Bruchstücken.

Als ich im März achtundfünfzig einen restlich dagebliebenen alten Mann, der sich als »emmer noch deitsch« ausgab, nach der Kirche befragte, hörte ich, daß, während die Stadt erst unterm Bomben-, dann unterm Granathagel zerfiel und auch Sankt Johann zwischen den brennenden Häusern der Häker- und Johannisgasse, der Neunaugen- und Petersiliengasse ausbrannte, hundert und mehr Männer, Frauen und Kinder, die in der Kirche Zuflucht gesucht hatten, erstickt oder, wenn nicht von den Flammen erfaßt, dann von herabstürzendem Gemäuer, Teilstücken des Gewölbes und vom Mauerputz erschlagen, verschüttet worden seien. »Aber von sowas«, sagte der Alte, »will kainer nech mehr was heeren...«

Andererseits, hieß es auf polnisch, erst die Russen hätten, weil sich viele Frauen in die Johanniskirche flüchteten, die Kirche in Brand gesteckt. Wer es auch immer getan hat: geblieben war nur das ausgeglühte Gemäuer.

Später hat man auf den geborstenen Steinplatten der als Ruine noch standhaften Kirche und auf dem verbliebenen

Schutt die Reste der Stadt gesammelt: steinernen Giebelschmuck, Fragmente von Reliefplatten, die Brüstungen der Beischläge aus der Brotbänken-, Heiligen Geist- und Frauengasse und barocke Türlaibungen aus Granit. Was von der Fassade des Artushofes an schönem Maßwerk geblieben war und was sonst noch die Trümmerhalden der Stadt hergaben, jedes Fundstück wurde sorgfältig beschriftet, numeriert und dann erst zur späteren Verwendung gestapelt und gelagert.

Wann immer ich mich in das Innere der gotischen Hallenkirche schlich – das Portal war stets nachlässig versperrt –, fand ich im Staub und Geröll sowie zwischen den gelagerten Steinen menschliche Knochen und Knöchlein, wobei unsicher blieb, ob sie spätmittelalterlicher Herkunft waren oder mich an die Männer, Frauen und Kinder erinnern sollten, von denen es hieß, sie seien, als die Stadt und alle Kirchen brannten, in der hellauf brennenden Johanniskirche zu Tode gekommen.

Niemand wußte Genaues. Wahrscheinlich hatten Grüfte unter den geborstenen Grabplatten die Knochen freigegeben. Gebein, aus welcher Zeit auch immer, gleicht sich auf ersten Blick. In der Johanniskirche, wo einst die Zünfte der Schiffer, der Tonnen- und Kistenmacher ihre Altäre gehabt hatten, sind bis ins achtzehnte Jahrhundert wohlhabende Kaufleute und Schiffseigner unter schriftbehauenen Bodenplatten aus Sandstein und Granit zur letzten Ruhe gekommen.

Gleich, wem die Knochen und Knöchlein zugesprochen werden konnten, sie waren Teil der geborgenen Steine, gaben mit ihnen Zeugnis ab. Wohl deshalb soll, so hieß es, der wüste Kirchenraum schon in den fünfziger Jahren als Kulisse bei Dreharbeiten für polnische Filme gedient haben: das durch die hohen, nur teilweise verbretterten Fenster fallende Licht sei aus Sicht der Kameramänner und Regisseure dem Filmgeschehen günstig, weil stimmungsvoll gewesen.

Bei einem meiner letzten Besuche in Danzig fand ich die Johanniskirche verändert vor. Kein Steinlager, keine Knochen und Knöchlein mehr. Der Boden planiert, die Fenster verglast, das Backsteingemäuer saniert. Zuhörer saßen auf gereihten Stühlen bis weit in die Tiefe des Raumes, als ich aus meiner Novelle »Im Krebsgang« las.

Und während sich der Untergang des Schiffes voll menschlicher Fracht Zeile nach Zeile vollzog und ich vorlesend die Akustik der Kirche erprobte, suchte jener Teil meiner Gedanken, der mit Vorliebe rückläufig ist, jenen Jungen, der die Stadt zu einer Zeit verließ, in der sie noch heil mit allen Türmen und Giebeln stand.

Wie ich das Fürchten lernte

Ob mir während der Fahrt nach Berlin die Erinnerung an meine erste Reise in diese Richtung dämmerte, mich so zum Kind verkürzte? War es sechsunddreißig, im Jahr der Olympischen Spiele, oder im Jahr darauf?

Noch als Volksschüler brachte mich ein Transportzug der sogenannten »Kinderlandverschickung« ins Rheinland bis kurz vor die holländische Grenze. Da zur Freistaatzeit verschickt, erlebten wir Kinder eine zeitgemäße Spielart des Kasperletheaters: zuerst die Kontrolle der freistaatlichen Zollbeamten, dann zweimal den anders uniformierten polnischen Zoll, schließlich bei der Grenzstation Schneidemühl die reichsdeutsche Zollkontrolle in wiederum anderen Uniformen. Auch grüßten die Uniformierten auf unterschiedliche Weise, mit flacher Hand, mit zwei Fingern am Mützenschild und wiederum flachhändig.

Das alles ereignete sich in kurzen Abständen. Uns Kindern hingen in Klarsichthüllen Ausweispapiere um den Hals, die uns stolz machten.

Bei einem Bauern, der Milchvieh hielt, Schweine mästete und dessen Sohn Matthias in meinem Alter war, lernte ich, Spargel aus sorgfältig geglätteten Hochbeeten zu stechen und dabei so wenig wie möglich Bruch zu machen. Also muß es im Monat Mai gewesen sein. Breyel hieß das Dorf. Dort lief alles noch katholischer als in Langfuhrs Herz-Jesu-Kirche ab. Von der Bäuerin angetrieben, mußten Matthias und ich jeden Sonnabend zur Beichte. Noch glaubte ich an die Hölle und wußte Sünden genug.

Der Weg aus dem Hofgeviert zur Dorfschule hat keine Spur hinterlassen. Auch sonst hängt wenig nach. Doch sehe ich unzählige buntglänzende Fliegen an den weiß gefliesten Wänden der Bauernküche. Den fettesten unter ihnen konnte, sobald sie gefangen waren, etwas angetan werden, was ich zu Hause einem Mitschüler abgeguckt hatte, dessen Tierliebe keine Grenzen kannte: dem Fliegenleib wurden farbige Zwirnfäden draufgeklebt. Das sah hübsch aus, wenn sie mit rotem, blauem und gelbem Schweif davonflogen und über dem Küchentisch kreisten.

Im Wettstreit fingen Matthias und ich die Brummer mit der Hand von den Fliesenwänden. »Fliegen fangen ist besser als müßig gegangen«, lobte uns die Großmutter, die fest im Lehnstuhl saß und ständig ihren Rosenkranz befingerte. Draußen weitete sich flach das Land. Drei Kirchtürme weiter lag Holland...

Meine zweite Reise in Richtung Westen wäre nur aus zynischer Sicht als Kinderlandverschickung zu verstehen gewesen. Als der Zug nach nächtlicher Fahrt und wiederholtem Halt die Reichshauptstadt mit Verspätung erreichte, fuhr er so langsam, als wollte er die Reisenden, wenn nicht zum Mitschreiben, dann zum vorbeugenden Auffüllen späterer Gedächtnislücken auffordern.

Soviel blieb: beiderseits des Bahndamms brannten einzelne Häuser und Häuserblöcke. Aus den Fensterlöchern der oberen Stockwerke schlugen Flammen. Dann wieder Blicke in verdunkelte Straßenschluchten und Hinterhöfe, in denen Bäume standen. Allenfalls sah ich Menschen schattenrißhaft vereinzelt. Kein Auflauf.

Die Brände galten als Normalfall, denn Berlin befand sich im Zustand alltäglich fortschreitender Zerstörung. Nach letztem Bombenangriff war Entwarnung gegeben worden. Langsam rollte der Zug und lud, wie mit Vorsatz, auch mich zur Stadtbesichtigung ein.

Bisher hatte der Kinogänger nur in der Wochenschau kurze Einblendungen von Ruinen gesehen, die als Kulissen für Spruchbänder mit Durchhalteparolen herhalten mußten. »Wir sind nicht kleinzukriegen!« oder »Unsere Mauern brechen, unsere Herzen nicht!« und ähnliche Behauptungen standen zu lesen.

Noch kürzlich war der Reichspropagandaminister Goebbels auf der Leinwand des städtischen Tobis-Palastes als agiler Darsteller seiner selbst zu erleben gewesen, wie er vor Trümmern aufmunternd zu ausgebombten Frauen und Männern sprach, die Hand eines rußgeschwärzten Luftschutzwartes schüttelte und verlegen grinsende Kinder tätschelte.

Kurz bevor mein Einberufungsbefehl auf dem Tisch lag, besuchte ich einen Onkel mütterlicherseits, der im Tobis-Palast Kinovorführer war und dem ich seit Jahren Filmerlebnisse verdankte, die wie »Das Bad auf der Tenne« nicht »jugendfrei« waren. Sah ich damals schon durch das Guckloch neben dem Vorführgerät gleich nach der Wochenschau, in der Goebbels vor Trümmern mit Überlebenden plauderte, den Durchhaltefilm »Kolberg« mit Heinrich George in der Hauptrolle?

Später wurde von weißnichtmehrwem gemunkelt, daß einige Jungs, die während der Dreharbeiten tapfer und zeitgerecht kostümiert gegen Napoleons Übermacht zu kämpfen gehabt hätten, im folgenden Jahr, als Kolberg ohne Statisten, doch diesmal echt von Russen und Polen belagert wurde, beim Volkssturm eingesetzt worden seien. Viele mögen dabei draufgegangen sein, ohne daß man ihren Heldentod filmte.

Auf dem Bahnhof kümmerte sich niemand um die Brände in Sichtweite. Normaler Betrieb herrschte: gegenläufiges Gedränge, Geschimpfe, plötzliche Lachsalven. Urlauber mußten zurück an die Front, kamen von dort. BdM-Mädel teilten Heißgetränke aus und nahmen es kichernd hin, von Landsern befummelt zu werden.

Was roch vordringlich: der gestauchte Rauch der Dampflokomotiven unterm nur mäßig beschädigten Dach der Bahnhofshalle oder der Brandgeruch?

Ich stand vor verwirrend vielen Hinweisen auf Sammelpunkte, Melde- und Leitstellen. Zwei Feldgendarmen, kenntlich durch Metallschilder, die an Ketten vor der Brust hingen, weshalb sie vorwarnend »Kettenhunde« genannt wurden, wiesen den Weg. In der Schalterhalle des Bahnhofs – doch welcher der Berliner Bahnhöfe war es? –, wo frisch Einberufene meines Alters in Reihe standen, bekam ich nach kurzem Warten einen Marschbefehl zugeschoben, der als nächstes Reiseziel Dresden vorschrieb.

Jetzt sehe ich in der Wartereihe schwatzende Jungs. Neugierig sind wir, als habe man uns Abenteuer versprochen. Lustig geht es zu. Mich höre ich zu laut lachen, weißnichtworüber. Marschverpflegung wird ausgeteilt, Zigaretten gehörten dazu, sogar für mich, den Nichtraucher. Schnell sind meine verteilt. Einer der Jungs bietet mir als Gegenwert etwas an, das es sonst nur zu Weihnachten gibt: in Kakao gewälzte Marzipankartoffeln. So von Wirklichkeit bedrängt, glaube ich zu träumen.

Dann trieb uns Fliegeralarm in das weiträumige Kellergeschoß des Bahnhofs, das als Luftschutzraum genutzt wurde. Dort staute sich bald eine gemischte Gesellschaft: Soldaten und Zivilisten, darunter viele Kinder, auch Verwundete auf Tragbahren oder von Krücken gestützt. Und mittendrin eine Gruppe Artisten, zu denen Liliputaner gehörten: alle in Kostümen; der Fliegeralarm hatte sie direkt von der Vorstellung in den Keller gescheucht.

Während draußen die Flak ballerte und fern wie nah Bomben einschlugen, ging ihr Theater hier unten weiter: ein Gnom erstaunte uns als Jongleur, der Kegel, Bälle, farbige Ringe zugleich in der Luft hielt und wirbeln ließ. Mehrere Liliputaner führten akrobatische Kunststücke vor. Zu ihnen gehörte eine zierliche Dame, die sich anmutig zu verknoten verstand, dabei Kußhändchen verteilte und viel Beifall bekam. Geführt wurde die Gruppe, die als Fronttheater unterwegs war, von einem kleinwüchsigen Greis, der als Clown auftrat. Aus leeren bis gefüllten Gläsern, die gereiht standen, zauberten seine den Gläserrand streichelnden Finger Musik: jammervoll süß. Er lächelte geschminkt. Ein Bild, das blieb.

Bald nach der Entwarnung erreichte ich mit der Stadtbahn einen anderen Bahnhof. Wieder brannten aus Fensterhöhlen hellauf in Flammen stehende Häuserblöcke. Abermals Ruinenfassaden, ganze Straßenzeilen, die während zurückliegender Bombennächte ausgebrannt waren. Entfernt eine Fabrikhalle wie von innerer Festbeleuchtung erglüht. Im Morgengrauen stand der Zug nach Dresden abfahrbereit.

Nichts über die Fahrt dorthin. Kein Wort über den Brotbelag der Marschverpflegung und keine vorauseilenden, keine rücklings anfallenden Gedanken, die zu entziffern wären. Nur zu behaupten und deshalb zu bezweifeln bleibt, daß mir erst hier, in der vom Krieg noch unberührten Stadt, genauer, nahe der Neustadt, und zwar im Obergeschoß einer großbürgerlichen Villa, gelegen im Ortsteil Weißer Hirsch, gewiß wurde, welcher Truppe ich anzugehören hatte. Mein nächster Marschbefehl machte deutlich, wo der Rekrut meines Namens auf einem Truppenübungsplatz der Waffen-SS zum Panzerschützen ausgebildet werden sollte: irgendwo weit weg in den böhmischen Wäldern…

Zu fragen ist: Erschreckte mich, was damals im Rekrutierungsbüro unübersehbar war, wie mir noch jetzt, nach über sechzig Jahren, das doppelte S im Augenblick der Niederschrift schrecklich ist?

Der Zwiebelhaut steht nichts eingeritzt, dem ein Anzeichen für Schreck oder gar Entsetzen abzulesen wäre. Eher werde ich die Waffen-SS als Eliteeinheit gesehen haben, die jeweils dann zum Einsatz kam, wenn ein Fronteinbruch abgeriegelt, ein Kessel, wie der von Demjansk, aufgesprengt oder Charkow zurückerobert werden mußte. Die doppelte Rune am Uniformkragen war mir nicht anstößig. Dem Jungen, der sich als Mann sah, wird vor allem die Waffengattung wichtig gewesen sein: wenn nicht zu den U-Booten, von denen Sondermeldungen kaum noch Bericht gaben, dann als Panzerschütze in einer Division, die, wie man in der Leitstelle Weißer Hirsch wußte, neu aufgestellt werden sollte, und zwar unter dem Namen »Jörg von Frundsberg«.

Der war mir als Anführer des Schwäbischen Bundes aus der Zeit der Bauernkriege und als »Vater der Landsknechte« bekannt. Jemand, der für Freiheit, Befreiung stand. Auch ging von der Waffen-SS etwas Europäisches aus: in Divisionen zusammengefaßt kämpften freiwillig Franzosen, Wallonen, Flamen und Holländer, viele Norweger, Dänen, sogar neutrale Schweden an der Ostfront in einer Abwehrschlacht, die, so hieß es, das Abendland vor der bolschewistischen Flut retten werde.

Also Ausreden genug. Und doch habe ich mich über Jahrzehnte hinweg geweigert, mir das Wort und den Doppelbuchstaben einzugestehen. Was ich mit dem dummen Stolz meiner jungen Jahre hingenommen hatte, wollte ich mir nach dem Krieg aus nachwachsender Scham verschweigen. Doch die Last blieb, und niemand konnte sie erleichtern.

Zwar war während der Ausbildung zum Panzerschützen, die mich den Herbst und Winter lang abstumpfte, nichts von jenen Kriegsverbrechen zu hören, die später ans Licht kamen, aber behauptete Unwissenheit konnte meine Einsicht, einem System eingefügt gewesen zu sein, das die Vernichtung von Millionen Menschen geplant, organisiert und vollzogen hatte, nicht verschleiern. Selbst wenn mir tätige Mitschuld auszureden war, blieb ein bis heute nicht abgetragener Rest, der allzu geläufig Mitverantwortung genannt wird. Damit zu leben ist für die restlichen Jahre gewiß.

Hinter und zwischen Wäldern, auf zerwühlten Äckern. Schnee lastete auf Bäumen, Barackendächern. In weiter Ferne der zwiebelförmige Turmhelm einer Kirche. Kein tschechisches Wort war auf dem namenlosen Truppenübungsplatz zu hören, nur deutsche Kommandosprache, die bei Frost besonders weit trug.

Unsere Ausbildung an veraltetem Gerät – Panzer III und Panzer IV, die während der ersten Kriegsjahre eingesetzt worden waren – vollzog sich als zermürbende Schinderei. Ich glaubte, das müsse so sein, doch kühlte der Hitzevorrat anfänglicher Begeisterung mehr und mehr ab. Wir Rekruten meines Alters und langgediente Soldaten, die von der Luftwaffe als sogenannte »Hermann-Göring-Spende« zur Waffen-SS abkommandiert waren, wurden von früh bis spät geschliffen und sollten, wie es ankündigend hieß, »zur Sau gemacht werden«.

Es ging zu wie in Büchern, die ich gelesen hatte, aber die Namen selbst der übelsten Schleifer zu verdrängen, geschah vorsätzlich. Zu lernen waren dabei hintersinnige Tricks und stumme Anpassung. Einmal gelang es mir, durch vorgetäuschte Gelbsucht – ich schluckte erhitztes Öl aus Sardinendosen – und dann mit Hilfe der im Ausbildungslager verbreiteten Furunkulose dem Drill zu entkommen, doch die stets überfüllte Krankenbaracke bot nur zeitweilig Zuflucht. Danach ging die Schinderei weiter.

Unsere Ausbilder, die ihrem Alter nach als jung gelten konnten, sich aber nach ein, zwei Jahren Fronteinsatz zu früh gealterten Zynikern versteinert hatten, wollten nun, im Rang von Unterscharführern und ausgezeichnet mit Nahkampfspangen und dem »Gefrierfleischorden«, ihre Erfahrungen, gesammelt am Kuban-Brückenkopf und bei der Panzerschlacht von Kursk, auf uns übertragen. Das taten sie mal mit verbissenem Ernst, mal mit erbarmungslosem Witz und manchmal nur nach Laune. Laut oder leise deckten sie uns mit überliefertem Jargon ein, wobei sie sich beim Austüfteln von Schikanen überboten, von denen einige neu, andere aus militärischen Urzeiten gebräuchlich waren.

Viel ist davon nicht hängengeblieben. Nur eine ihrer Methoden, den Rekruten kleinzukriegen, hat sich in der Erinnerung als eher lachhafte Schnurre festgesetzt, wenngleich ich mir nicht sicher bin, ob die Reaktion des Schikanierten nur rachsüchtiger Wunsch gewesen ist oder ob sich meine Rachetat tatsächlich und überdies wie eine erzählbare Geschichte zugetragen hat; jedenfalls fehlt ihr nicht die Pointe.

Am frühen Morgen sehe ich mich durch ein verschneites, doch immer noch nachtdunkles Waldstück tappen, linksrechts mit Blechkannen behängt. Auf dem Hinweg komme ich im Laufschritt, zurück nur langsam voran. Im Wald verborgen, aber durch erleuchtete Fenster angedeutet, liegt ein schloßähnlicher Gutshof, in dem – so wird vermutet – höhere Dienststellen einquartiert sind. Einmal glaube ich von dorther Musik gehört zu haben. Heute bin ich mir manchmal sicher, es habe ein Streichquartett etwas von Haydn oder Mozart geübt, doch das hat mit meiner Geschichte, die in aller Stille verlief, nichts zu tun.

Seit Tagen wird mir befohlen, für das Frühstücksgesöff der Unterscharführer, des Hauptscharführers zu sorgen, indem ich extra für sie in zwei Kannen Kaffee hole, der heiß zu sein hat und – immer wieder aufgewärmt – tagsüber vorrätig sein soll. Den Kaffee gibt es jenseits des Waldes in der Küchenbaracke. Auch wir, die Rekruten, bekommen von dort ein aufgebrühtes Malz- oder Gerstegetränk geliefert, dem triebhemmend, so wird gemunkelt, Soda beigemischt ist. Doch was ich dem halben Dutzend bevorzugter Unterscharführer und dem Hauptscharführer möglichst heiß abzuliefern habe, ist wohl durch richtige Bohnen zu Geschmack gekommen. Immerhin riecht es aus den Kannen wie echter Kaffee.

Der Weg hin und zurück halbiert meine Frühstückszeit und die wenigen Minuten, die bleiben, um das vom Vortag noch schlammverkrustete Drillichzeug auszuklopfen und zu bürsten, so daß ich wiederholt beim Morgenappell

auffalle und strafexerzieren muß: Dauerlauf mit Marschgepäck und vorgeschnallter Gasmaske auf einem gehügelten Acker rauf runter, Lehm unter den Stiefelsohlen, der
kleben bleibt; eine Schinderei, die den maskierten Rekruten lebenslänglich mit Haß versorgt.

Wie anzunehmen ist, werde ich mir meine Rache heu-
lend unter den beschlagenen Rundgläsern der Gasmaske
ausgedacht haben, wiederholt bis in jede Einzelheit.

Auf dem Rückweg von der Küchenbaracke mache
ich halt, bin von schneetragenden Tannen verdeckt. Zwar
sehe ich entfernt den Gutshof blinken, aber der Gutshof
sieht mich nicht. Still ist es. Nur mein Atem gibt Laut.

Jetzt gieße ich vom Inhalt der Kannen zwei Fingerbreit
Kaffee in den Schnee, stelle die Kannen ab und pisse, um
den Inhalt aufzufüllen, so lange in die eine, die andere
Kanne, bis es genug ist. Den überschüssigen Rest zwischen Bäume, auf daß sich der Schnee, was nur zu ahnen
ist, gelblich färbt.

Nun schneit es sogar und verdeckt meine Spuren. Heiß
ist mir in der Kälte. Ich werde von etwas überschwemmt,
das dem Glücksgefühl nahe ist.

Inneres Geflüster: Jadoch, sie werden das Zeug in sich
hineinsaufen, wenn auch mit Würfelzucker gesüßt, den sie
werweißwoher auf Vorrat haben. Jetzt gleich, zum Frühstück schon, dann mittags und aufgewärmt am Abend
noch, wenn sie leergebrüllt sind, greifen sie nach den Kaf-
feepötten. Mit vorauseilendem Blick sehe ich ihnen zu,
den Unterscharführern, dem Hauptscharführer, zähle
mit, Schluck nach Schluck.

Und sie haben, was ich annähernd heiß ablieferte, Pott
nach Pott gesoffen. Auf Wunsch und tatsächlich. Wer will
das bezweifeln. Es ist sogar anzunehmen, daß meine wie-

derholte Ohnmachtsgeste, die allmorgendliche Rachetat, mir geholfen hat, den Drill und selbst die übelsten Schikanen bei inwendigem Grinsen zu überstehen; in der uns benachbarten Kompanie hat sich ein Rekrut mit dem Gurt seiner Gasmaskenbüchse kurz vorm Strafdienst erhängt.

Sonst habe ich alles, was mir befohlen wurde, ohne Hintersinn ausgeführt, zum Beispiel das Robben unter der Wanne der Übungspanzer. »Bodenfreiheit messen!« hieß das Kommando.

Was einen Mann aus mir machen sollte: Kurzausbildung an schwerem Gerät. Schießen auf bewegliche Ziele. Nachtmärsche mit Sturmgepäck. Kniebeugen mit vorgehaltenem Karabiner. Zwischendurch gab's als Belohnung Entlausung in einer eigens für diesen Zweck aufgestellten Hygienebaracke. Danach durften wir in Gruppenstärke nackt duschen und hinterher im Lagerkino über Hans Moser und Heinz Rühmann lachen.

Immer unregelmäßiger kam Post. Nachmittags wurden wir mit Theorie vollgestopft. In der Unterrichtsbaracke ging es um den für Panzer gebräuchlichen Maybach-Motor. Kein technisches Detail ist geblieben. Bis heute kann und will ich nicht Auto fahren. Und auch vom Morsealphabet, das uns am Funkgerät eingetrichtert wurde, wollte nichts haften.

Einmal wöchentlich langweilten wir uns während einer Unterrichtsstunde, in der es um Lebensraum und Weltanschauung ging: Blut und Boden... Davon blieb Wortmüll, der, zählebig, noch heute im Internet abzurufen ist.

Deutlicher, weil erzählbar, ist mir ein Ereignis abseits der alltäglichen Schinderei. Einige Rekruten und auch ich wurden nacheinander in jenen schloßähnlichen Gutshof befohlen, der mir seit meinen Morgengängen rätselhaft war. Überall, in der Eingangshalle, in der ein Klavier stand, die gewundene Treppe hinauf und an den Wänden eines saalgroßen Raumes, hingen Hirschgeweihe und üppig gerahmte Gemälde, auf denen Jagdszenen vor sich hin dunkelten. Wenig Möbel, nur ein Schreibtisch, der auf bauchig gewölbten Beinen stand. Hinter ihm gab sich ein Obersturmführer freundlich, der Studienrat hätte sein können.

Er sagte, ich solle »bequem stehen«, und wollte meine Berufswünsche für die Zeit nach dem Endsieg hören. Ein netter Onkel sprach zu mir, der sich besorgt um die Zukunft des Neffen zeigte.

Ich verschwieg, daß ich sicher war, Künstler werden zu wollen, und gab eher vage das Studium der Kunstgeschichte als Ziel an, worauf mir fördernde Unterstützung in Aussicht gestellt wurde, wenn ich bereit und befähigt sei, so etwas wie eine Junkerschule für Führungskräfte zu besuchen.

Dort, sagte er, bilde man jetzt schon völkisch bewußte Männer für Aufgaben aus, an denen es nach dem Endsieg nicht fehlen werde: auf dem Gebiet der Raumplanung, bei der notwendigen Umsiedlung von fremdvölkischer Population, als Führungskraft in der Wirtschaft, beim Wiederaufbau der Städte, im fiskalischen Sektor, vielleicht sogar im gewünschten Bereich der Kunst... Dann befragte er mich nach bereits vorhandenen Kenntnissen.

Der nette Onkel hinterm Schreibtisch, der eine randlose Brille trug und dessen Dienstrang mir nunmehr fraglich ist – war er Obersturmführer? – schien wirklich an meinem, wie er es nannte, »Werdegang« interessiert zu sein. Also spulte ich ab, was sich dank meiner Zigarettenbilder und Knackfuß-Künstler-Monographien zum Knäuel verwickelt hatte. Ich redete pausenlos und wahrscheinlich großspurig über Dürers Selbstbildnisse, den Isenheimer Altar und Tintorettos »Wunder des heiligen Markus«, indem ich des Apostels Sturzflug von oben herab als Beispiel kühner Perspektive lobte.

Als nach kreuzqueren Sprüngen durch die in drei Bänden kurzgefaßte Bilderwelt mein angesammeltes Wissen erschöpft war und nur noch Caravaggio als mordendes Genie kühne Behauptungen hergab, feierte der künftige Absolvent einer Junkerschule allzu breit das Leben Anselm Feuerbachs und allgemein die Deutschrömer, schließlich den Maler Lovis Corinth, den Lilli Kröhnert, seine Zeichenlehrerin an der Petri-Oberschule, genial genannt hatte. Deshalb stellte er dessen Werk über alles, was jemals als gegenwärtige Malerei im »Haus der deutschen Kunst« ausgestellt worden war.

Unter Kopfschütteln wurde ich von dem netten Onkel mit knapper Handgeste entlassen: offenbar untauglich für eine Laufbahn als Führungskraft nach dem Endsieg, denn keine Junkerschule entzog mich dem Drill.

Zu meinem siebzehnten Geburtstag kam Post, wenn auch verspätet: ein Päckchen mit Wollsocken und zerkrümeltem Kuchen, beigelegt eine Doppelseite voller ahnungsloser Besorgnisse in des Vaters gestochen schöner Handschrift. Danach nur noch Briefe und nach Weihnachten nichts mehr.

Das Schwarze Brett machte uns glauben, die Ardennenoffensive verlaufe siegreich und bringe endlich die Wende, doch bald war dem Heeresbericht abzulesen, daß der Russe in Ostpreußen eingedrungen sei. Berichte über Vergewaltigungen und Mord, verübt an deutschen Frauen im

Raum Gumbinnen, besetzten meine Wachträume während des Theorieunterrichts.

Tagsüber sahen wir am frostklaren Himmel feindliche Bomberflotten. Unbehindert nahmen sie als gebündelte Kondensstreifen ihren Weg, wohin? Eigentlich sah das schön aus. Doch wo blieben unsere Jagdflieger?

Sonst noch war von V1- und V2-Raketen sowie von demnächst zu erwartenden Wunderwaffen die Rede. Gegen Ende Februar, als bereits Gerüchte über den Dresdner Feuersturm in Umlauf kamen, wurden wir bei Vollmond und in klirrender Kälte vereidigt. Ein Chor sang das Schwurlied der Waffen-SS »Wenn alle untreu werden, so bleiben wir doch treu...«

Bald danach wurde ich zum Zeugen eines Vorgangs, in dem verzögert, dann beschleunigt, schließlich überstürzt der Untergang des Großdeutschen Reiches als organisiertes Chaos wahrzunehmen gewesen wäre.

Aber nahm ich wahr, was aufs Ende hinauslief?

Erkannte ich, was mit uns, was mit mir geschah?

Ließ in dem ständigen Hin und Her mein tagsüber emsiges Bedürfnis nach einem Kellenschlag Suppe und dem Kanten Kommißbrot, das sich mit Ängsten unterschiedlicher Größe paarte, so etwas wie Einsicht in die allgemeine Lage zu?

Wurde dem Siebzehnjährigen der Anfang vom Ende, was später »der Zusammenbruch« genannt wurde, in seinem Gefälle und Ausmaß bewußt?

Als sich mein erster Versuch, die Wirrnis im Kopf eines jungen Soldaten, dessen zu geräumiger Stahlhelm ständig rutschte, zu sortieren und auf blankweißes Papier zu bringen, Anfang der sechziger Jahre in dem Roman »Hundejahre« niederschlug, mischte und verzahnte sich auf den Tagebuchseiten des Panzergrenadiers Harry Liebenau das Kriegsgeschehen als beständiger Rückzug mit den inständigen Beschwörungen seiner Cousine Tulla, die er aufgrund von Gerüchten auf dem gesunkenen Flüchtlingsschiff *Wilhelm Gustloff* vermutete: ertrunken in eisiger Ostsee.

Auch ich schrieb Tagebuchähnliches in ein Diarium, das schließlich mit anderem Marschgepäck und meinem Wintermantel entweder bei Weißwasser oder nahe Cottbus verlorenging. Doch indem ich diesen Verlust abbuche, ist mir, als wäre auch ich mir wiederholt verlorengegangen.

Denn was kritzelte ich während kurzer oder gedehnter Pausen auf liniertes Papier?

Welche Gedankenfluchten entzogen mich dem, was tatsächlich geschah oder in Langeweile zerbröselte, die aufkam, sobald wir auf den ewigen Nachzügler, die Feldküche oder auf Befehle warteten, die uns in diese, in jene Richtung schickten?

Hat vorfrühlingshaftes Wetter meinem Diarium zu gereimten Versen verholfen?

Gefiel ich mir in Endzeitstimmung?

Auch wenn kein abstruser Gedanke ins Reine zu schreiben, kein Märzgedicht zu entziffern ist, kein wünschenswerter Zweifel aus dem verlorengegangenen Tagebuch zu Papier kommen will, bleibt doch die Frage: Was tat der ausgebildete Rekrut?

Saß er, wenn nicht als Richt-, dann als Ladeschütze in einem Panzer?

Kam er, wie an Pappkameraden geübt, nun auf bewegliche Ziele zum Schuß?

Wo war ich wann welcher Kampfgruppe zugeordnet?

Es will mir vorerst nicht gelingen, den Angehörigen der eher imaginären Division Jörg von Frundsberg dingfest zu machen. Aus dem Ausbildungslager inmitten der böhmischen Wälder wurden einzelne Gruppen in weit entlegene Standorte von Marschkompanien verlegt. Eine Gruppe zog in Richtung Wien ab, eine andere sollte beim Kampf um Stettin eingesetzt werden. Uns brachte ein Güterzug nachts über Tetschen-Bodenbach nach Dresden, dann weiter in östliche Richtung, wo in Niederschlesien die Front zu vermuten war.

Von Dresden sind mir nur der Brandgeruch und ein Blick durch die spaltbreit geöffnete Schiebetür des Güterwaggons geblieben: zwischen Gleisen und vor ausgeglühten Fassaden hoben sich als gestapelte Haufen verkohlte Bündel ab. Einige im Waggon vermuteten geschrumpfte Leichen. Andere wollten weißnichtwas sehen. Wir stritten darüber und zerredeten unser Entsetzen; wie ja noch heute, was in Dresden geschah, unter Gerede begraben liegt.

Anscheinend waren wir in der Wirklichkeit angekommen, um sie sogleich wieder zu verlassen oder gegen etwas einzutauschen, das von anderer Wirklichkeit sein wollte. Immer wieder in gegenläufige Fahrtrichtungen rangiert, fand unser Haufen endlich die uns zugewiesene Marschkompanie, deren noch unvollständige Mannschaft in einer geräumten Schule Quartier gefunden hatte. Die im Freien gestapelten Schulbänke wurden von einem Küchenkommando zu Brennholz zersägt. Auf dem Pausenhof standen für uns Baracken bereit, damit mein seit den Luftwaffenhelfertagen anhaltendes Barackenleben nicht vorschnell endete.

Dort sollte auf militärisches Gerät, die zugesagten Panzer vom Typ Tiger gewartet werden. Das Warten zog sich in die Länge, war aber bei regelmäßiger Verpflegung und unter schlapper Dienstaufsicht erträglich. Sogar für Kinobesuche fand sich Zeit. Sah ich abermals jenen Film »Wir machen Musik« mit der unverdrossen pfeifenden Ilse Werner, der mir bereits zu Schülerzeiten Ersatz für verbotenen Jazz gewesen war? Oder sah ich jetzt erst den Durchhaltefilm »Kolberg«?

Doch wie lange wartete der gemischte Haufen, zu dem Wehrmachtsangehörige und von aufgegebenen Flugplätzen abgezogenes Bodenpersonal gehörten, mehr auf nachgeschickte Feldpost, die aber ausblieb, als auf versprochene Panzer?

Diese Zeitspanne kommt mir als nicht datierbar und wie ein aus verschiedenen Handlungsabläufen gestückelter Film vor, der mal in Zeitlupe, dann überschnell abläuft, mal rück-, mal vorwärtsgespult, immer wieder reißt, um mit anderem Personal in einem ganz anderen Film von anders gearteten Zufällen zu handeln.

Allenfalls ist mir als Person in festen Umrissen ein Unteroffizier vor Augen, der nach dem Essenfassen zwischen uns am langen Holztisch sitzt: das übliche Frontschwein. Als er plötzlich dringend aufs Klo muß, stellt er seinen noch vollen Teller unter Bewachung, indem er der rechten Augenhöhle mit geübtem Zweifingergriff eine gläserne Kugel entnimmt und diese hellblau auf einen handtellergroßen Fleischlappen legt, der jedem von uns gleichgroß mit Pellkartoffeln, Kohl und brauner Tunke als Mittagsfraß zugeteilt worden ist. Eine Redensart variierend ruft er »Glasauge, sei wachsam!« Worauf alle am Tisch den Blick nicht abwenden können, bis der vorsorgliche Scheißer vom Klo zurück ist.

Woran sich die Erinnerung klammert: ein Stilleben, das nur zweckdienlich, nicht Kunst sein wollte. Übrigens waren viele Landser von ausgeheilten Verwundungen gezeichnet oder vom Lazarett direkt der Marschkompanie zugeteilt worden; gegen Schluß galt jeder als wehrtauglich.

Irgendwann standen zwar keine Königstiger, doch drei oder vier Jagdpanther unter Tarnnetzen: Sturmgeschütze ohne drehbaren Turm, die zu bedienen unser Haufen unzureichend ausgebildet war. Dennoch mußten wir die Baracken räumen, saßen nun den Panzern als Begleitmannschaft auf, herkömmlich mit Karabinern, einige mit Sturmgewehren bewaffnet.

Angeblich lag die Front vor Sagan, einer schlesischen Kleinstadt, die zwar zurückerobert worden war, doch weiterhin umkämpft blieb. Von dort sollte, so hieß es, ein Angriff Breslau, die abgeschnittene Festungsstadt, entlasten. Aber wir kamen nur bis Weißwasser, wo jede Zuordnung und mit ihr das Marschgepäck samt Tagebuch und draufgeschnalltem Wintermantel verlorenging...

Ab dann reißt der Film. Sooft ich ihn flicke und wieder anlaufen lasse, bietet er Bildsalat. Irgendwo kann ich meine vergammelten Fußlappen wegwerfen und durch wollene Strümpfe ersetzen, die wir in einer geräumten Heeres-Kleiderkammer finden, auch Unterhemden und Zeltplanen gegen Regen liegen in Stapeln dort. Bei einem Halt in einer Flußniederung berühre ich blühende Weidenkätzchen.

Rief ein Kuckuck verfrüht? Zählte ich seine Rufe?

Und dann sehe ich die ersten Toten. Junge und alte Soldaten in Uniformen der Wehrmacht. An noch kahlen Chausseebäumen und Linden auf Marktplätzen hängen sie. Mit Pappschildern vor der Brust sind die Erhängten als »wehrkraftzersetzende Feiglinge« ausgewiesen. Ein Junge meines Alters, der zudem wie ich links gescheitelt ist, hängt neben einem betagten Offizier unbestimmten Ranges, den das Feldgericht vor dem Erhängen degradiert hat. Ein Leichenspalier, an dem wir mit alles übertönendem Panzerkettengeräusch vorbeirattern. Keine Gedanken, nur Bilder bleiben.

Seitab sehe ich Bauern, die ihren Acker bestellen, Furche nach Furche, als kümmere sie nichts. Einer pflügt mit vorgespannter Kuh. Krähen hinter dem Pflug.

Dann wieder sehe ich Flüchtlingstrecks, die die Straße verstopfen: Pferdegespanne, zwischen denen alte Frauen und Halbwüchsige überladene Handwagen ziehen und schieben. Auf Koffern und verschnürten Bündeln hocken Kinder, die ihre Puppen retten wollen. Ein Alter zieht einen Handkarren, in dem zwei Lämmer den Krieg überleben möchten. Der Bildersammler sieht mehr, als er fassen kann.

Während einer Pause, schon wieder auf dem Rückzug, bin ich einem Mädchen hinterdrein, das – hier bin ich sicher – Susanne heißt und mit seiner Großmutter aus Breslau geflüchtet ist. Jetzt streichelt das Mädchen mein Haar. Mir wird Händchenhalten erlaubt, mehr nicht. Das ereignet sich aufregend im heilen Stall eines zerschossenen Bauernhauses. Ein Kalb schaut zu. Ach, hätte diese Geschichte doch eine Pointe, für die es lohnte, den Langweiler Wahrheit zu opfern.

Aber nur das hätte ich ins Tagebuch schreiben können: »Susanne trägt eine Kette aus kirschroten Holzperlen...« Oder trug solch eine Kette ein ganz anderes Mädchen, das langgezopft schwarzhaarig, nicht semmelblond war und dessen Namen ich nicht nennen will?

Von dem, was außerhalb meines Blickfeldes geschah, zeigt der immer wieder gestückelte Film nichts. Zwar ist, weil Nachrichten als Gerüchte in Umlauf sind, zu hören, daß meine Heimatstadt mittlerweile von den Russen erobert wurde, ich weiß aber nicht, daß die Danziger Innenstadt ein noch lange qualmender Trümmerhaufen ist, in dem die Ruinen der ausgebrannten Backsteinkirchen jetzt schon auf Fotografen warten, deren Auftrag es ist, vor dem geplanten Wiederaufbau alle Schäden, jeden Kirchturmstumpf, jeden Fassadenrest zu dokumentieren, damit Schulklassen später erkennen...

In Gedanken jedoch konnte das unverrückte Stadtbild noch immer besichtigt, durften die Türme von links nach rechts abgezählt werden. Es fehlte kein Giebelschmuck. Schulwege hin und zurück. Auch zwang ich mich, die Mutter hinter der Ladentheke, den Vater in der Küche zu sehen. Oder quälte mich die Befürchtung, es könnten die Eltern mit der Schwester und zu wenig Gepäck zuletzt doch noch Platz auf der *Gustloff* gefunden haben?

Ab dann will aus der beliebigen Bilderfolge, bei deren Produktion der Zufall Regie geführt hat, unbedingt die Sequenz meiner ersten Feindberührung abgespult werden, und zwar ohne Orts- und Zeitangabe und ohne daß ich den Feind in den Blick bekomme.

Nur zu vermuten bleibt: es wird gegen Mitte April gewesen sein, als die sowjetischen Armeen nach längerem Artilleriebeschuß die deutschen Linien längs Oder und Neiße und in unserem Frontabschnitt zwischen Forst und Muskau durchbrachen, um Rache für ihr verwüstetes Land und Millionen Tote zu nehmen, und um zu siegen, nur noch zu siegen.

Ich sehe unsere Jagdpanther, einige Schützenpanzer, mehrere Lastkraftwagen, die Feldküche und einen zusammengewürfelten Haufen Infanteristen und Panzerschützen in einem Jungwald Stellung beziehen, sei es zum Gegenangriff, sei es, um einen Abwehrriegel zu bilden.

Knospende Bäume, Birken darunter. Die Sonne wärmt. Vogelgezwitscher. Schläfriges Abwarten. Jemand, nicht älter als ich, spielt Mundharmonika. Ein Landser schlägt Schaum, rasiert sich. Und dann, urplötzlich – oder war das Verstummen der Vögel vorwarnend laut genug? –, kommt die Stalinorgel über uns.

Wenig Zeit bleibt, zu begreifen, warum sie redensartlich so heißt. Ihr Geheul, Fauchen und Wummern? Aus zwei, drei Werferbatterien wird das Waldstück fortschreitend eingedeckt. Nichts will sie aussparen, ist gründlich, walzt nieder, was als Jungholz Deckung versprochen hat. Da gab es kein Ausweichen; oder doch, was einen einfachen Schützen betraf?

Mich sehe ich, wie gelernt, unter einen der Jagdpanther robben. Und noch jemand, vielleicht der Fahrer, Richtschütze oder Kommandant des Jagdpanthers, mißt unter der Wanne des Panzers die Bodenfreiheit aus. Unsere Stiefel berühren sich. Links rechts decken uns Kettenräder ab. Drei Minuten, eine Ewigkeit lang mag die Orgel spielen. Von Angst besetzt, pisse ich mir in die Hose. Dann Stille. Neben mir Zähneklappern, vielstrophig.

Zuvor, nein, schon bevor die Orgel mit ihrem Konzertstück fertig war, begann das schnatternde Geklapper, hielt weiterhin an und dauerte immer noch, als schon die Schreie der Verwundeten jedes andere Geräusch übertönten.

So kurz die Zeitspanne war, sie genügte: schon im Verlauf erster Lektion lernte ich, mich zu fürchten. Die Furcht nahm Besitz von mir. Kein geübtes Robben mehr, ich kroch unter dem Jagdpanther vor und sehe mich aus aufgewühlter Walderde und verrottetem Laub kriechen, einem Gemisch, in das ich, solange die Stalinorgel den Ton angab, mein Gesicht preßte und dessen Geruch haften wird.

Noch wacklig auf den Beinen, war ich einem Bildersturm ausgesetzt. Rings der Jungwald zerfetzt, die Birken wie übers Knie gebrochen. Baumgipfel hatten einen Teil der Wurfgranaten vorschnell zur Explosion gebracht. Verstreut lagen Körper, vereinzelt und übereinander, tot, noch lebend, gekrümmt, von Ästen gespießt, durchsiebt von Granatsplittern. Manche Körper hatten sich akrobatisch verknotet. Auch wären Körperteile zu finden gewesen.

War das der Junge, der vorhin noch gekonnt mit der Mundharmonika?

Kenntlich der Landser, auf dessen Gesicht der Rasierschaum trocknete...

Dazwischen krochen Überlebende oder standen erstarrt wie ich. Einige schrien, obgleich nicht verwundet. Jemand greinte wie ein Kleinkind. Ich blieb in naßgepißter Hose lautlos und sah nahbei den geöffneten Leib eines Jungen, mit dem ich gerade noch weißnichtwas gequasselt hatte. Die Eingeweide. Sein rundes Gesicht, das im Moment des Todes geschrumpft zu sein schien...

Aber das, was hier im einzelnen geschrieben steht, habe ich ähnlich bereits woanders, bei Remarque oder Céline gelesen, wie schon Grimmelshausen bei der Schilderung der Schlacht von Wittstock, als die Schweden die Kaiserlichen in Stücke hauten, überlieferte Schreckensbilder zitierte...

Dann stand plötzlich der Zähneklapperer neben mir, straffte sich zu ganzer Größe, war nicht mehr vom Schüttelfrost besetzt, gab vielmehr an seinem Kragen einen höheren Dienstgrad der Waffen-SS zu erkennen. Schief hing ihm das Ritterkreuz unterm Kinn. Ein Held wie aus der Wochenschau, die uns Schuljungs jahrelang mit Helden von ähnlicher Statur beliefert hatte.

Mich, den Zeugen seines angstbefohlenen Zähneklapperns, herrschte er an: »Nicht rumstehen, Soldat. Sammeln. Alle kampffähigen Männer sammeln, sofort. Neue Stellung beziehen. Loslos! Fertig zum Gegenangriff...«

Ich sehe ihn über zerfetzte Körper, Tote, noch Lebende hinweghetzen. Er schreit, fuchtelt, ist lächerlich, kein Bilderbuchheld mehr, so daß ich ihm nachträglich dankbar sein will, weil sein Auftritt inmitten der niedergewalzten Kampfeinheit – nur zwei Jagdpanther, einige Schützenpanzer scheinen noch einsatzbereit zu sein – das Bild vom Helden, wie es mir seit Schülerzeiten vor Augen stand, entwertet hat. Etwas geht aus den Fugen. Mein Glaubensgerüst, dem einst von einem blondblauäugigen Jungen namens Wirtunsowasnicht ein grad noch zu leimender Bruch zugefügt worden war, gerät ins Wanken, wird sich aber weiterhin als stabil erweisen...

Danach gehörte ich nur noch Kampfeinheiten an, die nicht mehr zu benennen waren. Bataillone, Kompanien lösten sich auf. Die Division Frundsberg gab es nicht, falls es sie je gegeben hatte. Über Oder und Neiße hinweg war den sowjetischen Armeen in breiter Front der Durchbruch gelungen. Überrollt und durchlöchert stand unsere Hauptkampflinie allenfalls auf Papier. Aber was wußte ich schon von einer Hauptkampflinie, was sie war oder zu sein hatte?

Im Wirrwarr des Rückzugs suchte ich Anschluß an versprengte Haufen, die gleichfalls Reste ihrer Truppeneinheit suchten. Ohne abermals erlebte Feindberührung war mir dennoch die Angst hinterdrein. Immer wieder warnten an Chausseebäumen erhängte Landser vor der Gefahr, in die jeder geriet, der nicht nachweislich einer Kompanie angehörte oder mit gestempeltem Marschbefehl auf dem Weg zu dieser oder jener Truppe war.

Der Mittelabschnitt der weit nach Westen gedrückten Ostfront unterstand dem Kommando des berüchtigten Generals Schörner. Laut »Schörner-Befehl« fahndeten Feldgendarmen – die Kettenhunde – nach Soldaten, die, gleich welchen Dienstranges, wenn ohne Marschbefehl, zu fassen und als Drückeberger, Feiglinge, Fahnenflüchtige vor mobile Feldgerichte zu stellen waren. Daraufhin wurden sie ohne Umstand und weit sichtbar erhängt. Eine Redensart galt als Warnruf: »Heldenklau geht um!« Schörner und sein Befehl waren mehr noch als der Feind zu fürchten.

Nicht nur nach dem Durchbruch zwischen Forst und Muskau, Schörner saß mir noch lange im Nacken. Mitte der sechziger Jahre entwarf ich ein Theaterstück, das unter dem Titel »Verlorene Schlachten« von dem gefürchteten Bluthund handeln sollte. Aus diesem Sandkastenspiel wurde nichts. Wieder einmal bekam Prosa den Vortritt. Doch auch in dem entstehenden Roman »örtlich betäubt«, in dessen immer wieder gehemmtem Verlauf es eigentlich um die zahnärztlich behandelte Progenie des Studienrates Starusch und deren Nebenwirkungen, zudem um einen Schüler geht, der aus Protest gegen den Vietnamkrieg seinen Dackel Max verbrennen will, ist der Generalfeldmarschall Ferdinand Schörner unter dem Namen Krings anwesend; so anhaltend schaute mir die Bestie, die umstandslos hängen ließ, über die Schulter.

Angst ist mein nicht abzuwerfendes Gepäck gewesen. Ausgezogen, das Fürchten zu lernen, wurden mir tagtäglich Lektionen erteilt. Wegducken, ausweichen, sich anpassen, kleinmachen hießen die lapidaren Techniken des Überlebens, die ohne Vorübung praktiziert werden mußten. Wehe dem, der nicht lernen wollte. Manchmal half nur noch das aus Schläue mit dem Zufall gezeugte Kind namens Glück.

Später habe ich mir einige Situationen, denen nur mit Hilfe glückhafter Zufälle zu entkommen war, so lange in Erinnerung gerufen, bis sie sich zu Geschichten rundeten, die im Verlauf der Jahre immer griffiger wurden, indem sie darauf bestanden, bis ins Einzelne glaubhaft zu sein. Doch alles, was sich als im Krieg überlebte Gefahr konserviert hat, ist zu bezweifeln, selbst wenn es mit handfesten Einzelheiten in Geschichten prahlt, die als wahre Geschichten gelten wollen und so tun, als seien sie nachweislich wie die Mücke im Bernstein.

Fest steht, daß ich Mitte April zweimal als Teil einer zusammengewürfelten Gruppe hinter die russischen Kampflinien geraten bin. Das geschah in der Hast des Rückzugs. Und jedesmal war ich Teil eines Spähtrupps mit unklarem Auftrag. Mal um mal war Glück, wenn nicht Zufall der Retter; doch hielten beide Notlagen jahrelang meine Träume besetzt, um, immer wieder variiert, Auswege anzubieten.

Ich kannte solche Schlupflöcher aus Büchern, die ich bereits als Schüler mehr verschlungen als gelesen hatte. Studienrat Littschwager, dem meine ins Absurde abschweifenden Aufsätze gefielen, hatte mir als leicht lesbare Volksausgabe den »Abentheuerlichen Simplicissimus« mit der

Empfehlung »barocker Realismus, unglaublich, aber wahr, wie alles bei Grimmelshausen…« in die Hand gedrückt, worauf ich mich heiß las.

Also könnte ich mir mit dem Vorsatz Mut gemacht haben: Wenn es dem Überlebenskünstler Simplicius glückte, den hinter jeder Hecke lauernden Gefahren eines dreißig Jahre lang andauernden Krieges mit List und Fortune aus dem Weg zu gehen, und wenn ihm, wie während der Schlacht von Wittstock, sein Herzbruder beistand, dem es gelang, ihn vor Ablauf seines letzten Stündchens vor dem schnell urteilenden Profos mit Hieb und Stich zu retten, auf daß er später schreiben und schreiben konnte, warum sollte dann dir nicht das Glück oder ein anderer Herzbruder behilflich werden?

Die erste Gelegenheit, im Maschinengewehrfeuer zu krepieren oder in Gefangenschaft zu geraten, um folglich das Überleben in Sibirien zu lernen, ergab sich, als ein versprengter Haufen von sechs oder sieben Mann, den ein Feldwebel befehligte, den Versuch unternahm, aus dem Keller eines einstöckigen Hauses auszubrechen. Das Haus stand im russisch besetzten Teil eines Dorfes, das noch umkämpft war.

Wie wir hinter die russische Linie geraten sind und in den Keller des Hauses, das mehr einer Kate glich, gefunden hatten, ist unklar. Nun sollte uns der Ausbruch auf die gegenüberliegende Straßenseite und in eines der Häuser retten, die noch von unseren Leuten verteidigt wurden. Den Feldwebel, eine lange Latte mit schräg sitzender Feldmütze, höre ich sagen: »Jetzt oder nie!«

Der Name der umkämpften Ortschaft, die in der sandigen Lausitz lag und sich als Straßendorf in die Länge zog, blieb ungenannt oder wurde von mir vergessen. Durchs Kellerfenster war zwischen Pausen Schußwechsel zu hören: Einzel- und Maschinengewehrfeuer. Irgend etwas Eßbares war in keinem Regal zu finden. Doch muß der offenbar rechtzeitig geflüchtete Hausbesitzer ein Fahrradhändler gewesen sein, der seine begehrte Ware gehortet und im Keller versteckt hatte, denn in hölzernen Gestellen hingen, die Vorderräder nach oben, ausreichend viele Fahrräder, die alle brauchbar zu sein schienen und prall bereift waren, jedenfalls verlangten sie nach Gebrauch.

Und der Feldwebel muß zur Kategorie der Kurzentschlossenen gehört haben, denn nachdem er »Jetzt oder nie« gesagt hatte, höre ich ihn eher flüstern als rufen: »Los, jeder schnappt sich ein Rad. Und dann mit Karacho rüber…«

Meinen zwar verlegen, doch bestimmt geäußerten Einwand: »Herr Feldwebel, kann leider nicht radfahren«, wird er als schlechten Witz gewertet haben. Niemand lachte. Es fand sich auch keine Zeit, die tieferen Gründe meiner blamablen Unfähigkeit offenzulegen und mich etwa so zu entschuldigen: »Meine Mutter, die ein nur mäßig gehendes Kolonialwarengeschäft führt, ist leider immer zu knapp bei Kasse gewesen, um mir ein Fahrrad neu oder gebraucht zu kaufen, so daß sich nie Gelegenheit fand, rechtzeitig das unter Umständen lebensrettende Radfahren zu lernen…«

Also war der Feldwebel, bevor ich ersatzweise meine früh gelernten Schwimmkünste preisen durfte, abermals kurz von Entschluß: »Los, schnappen Sie sich das Maschinengewehr und geben Sie Feuerschutz. Wir holen Sie raus, später…«

Mag sein, daß der eine, der andere Landser, wer immer sich folgsam ein Rad aus den Gestellen hob, versucht hat, meine Angst zu beschwichtigen. Das verhallte ungehört. Durchs Kellerfenster bezog ich Stellung mit einer Waffe, an der ich nicht ausgebildet war. Der wiederum unfähige Soldat wäre auch nicht zum Schuß gekommen, denn kaum waren die fünf oder sechs Mann aus dem Keller und mit ihren Fahrgestellen, zu denen auch Damenräder gehörten, durch die Vordertür aus dem Haus, da mähte sie auf der Mitte der Dorfstraße Feuer aus Maschinenpistolen nieder, weißnichtvonwo, ob von dieser oder jener Seite oder von beiden Seiten zugleich.

Ich will einen zappelnden, bald nur noch zuckenden Haufen gesehen haben. Jemand – der lange Feldwebel? – überschlug sich im Fallen. Dann rührte sich nichts mehr. Allenfalls sah ich ein aus dem Haufen ragendes Vorderrad: wie es sich drehte und drehte.

Es kann aber auch sein, daß diese Beschreibung des Gemetzels nur ein nachgeliefertes Bild ist, das inszeniert wird, weil ich schon vor dem schlußmachenden Geballer meinen Posten im Kellerfenster geräumt hatte und nichts sah, nichts sehen wollte.

Ohne das leichte Maschinengewehr, die mir anvertraute Waffe, mit meinem Karabiner verließ ich das Haus des Fahrradhändlers und verdrückte mich durch den hinteren Garten und das knarrende Pförtchen. Hinter und zwischen Gärten blieb ich verdeckt von bereits knospenden Sträuchern, verließ das hörbar umkämpfte Dorf auf Schleichwegen und stieß plötzlich auf den Schienenstrang einer Kleinbahnlinie, die beiderseits von Gebüsch auf mannshohen Dämmen eingefaßt war. Geradewegs verlief sie in Richtung unserer zu vermutenden Frontlinie. Stille. Nur Sperlinge, Meisen im Gesträuch.

Nicht, daß ich von jenem Feldwebel etwas gelernt hätte, dem meine Unfähigkeit, vom Fahrrad Gebrauch zu machen, nur ein schlechter Witz gewesen war, aber den Schienen wie einer prophetischen Weisung zu folgen, erwies sich als kurzgefaßt richtiger Entschluß.

Nach knapp mehr als einem Kilometer Fußweg auf Holzschwellen und Schotter sah ich auf einer unzerstörten Brücke, die den Schienenstrang überwölbte, zuerst Kübel- und Lastwagen mit aufsitzender Infanterie, auch eine Haubitze hinterm Pferdegespann, dann kleinere Gruppen zu Fuß: unverkennbar Landser deutscher Machart, ihr schleppender Schritt. Blindlings schloß ich mich der Kolonne an, denn selbst ohne Feindeinwirkung wäre der Einzelgänger, weil ohne Marschbefehl unterwegs, zum Todeskandidaten geworden, reif für den Strick um den Hals.

Ich weiß, das klingt kaum glaubhaft und riecht zu sehr nach Lügengespinst. Doch für den wahrhaften Kern dieser Überlebensgeschichte spricht die Tatsache, daß ich mich Jahrzehnte später, wann immer die Söhne, die Töchter den Vater zu überreden versuchten, auf einem Waldweg und ohne Zuschauer doch noch das kinderleichte Radfahren zu lernen, geweigert habe, mehr als einen Versuch zu wagen. Denn sobald ich mich, zum Beispiel im dänischen Ulvshale Skov, von Malte, Hänschen und Helene, die von klein an auf Rädern geübt waren, durch Zurufe wie »Sei kein Feigling!« – »Nun los, Papa!« ermuntern ließ, ein Rad zu besteigen, stürzte der Sohn einer Mutter, der nichtsahnend und dennoch lebensrettend immer das Geld zu knapp gewesen war für den Kauf eines »Drahtesels«, wie sie abschätzig Zweiräder nannte.

Nur meiner Ute gelang es zu Beginn der achtziger Jahre, als mir, wie sie meinte, Bewegung fehlte, mich zu verführen, als Beisitzer auf einem holländischen Tandem ein wenig Mut zu beweisen: sie saß vorne und lenkte; mir, dem Hintersassen, gefiel die Ansicht ihres gelockten, im Fahrtwind wehenden Haares. So gesichert, konnten meine Gedanken schweifen, ohne von kurzgefaßten Entschlüssen gefährdet zu werden.

Was den weiteren Verlauf meiner Tage und weißnichtwie verlebter Nächte nach dem Zusammenbruch der Oder- und Neiße-Front betrifft, gibt der zurückgespulte und oft geflickte Film vorerst wenig her. Weder die vorhin noch beredte Zwiebelhaut noch das durchsichtigste Stück Bernstein, in dem ein urzeitliches Insekt so tut, als sei es von heute, können helfen. Ich muß wiederum bei Grimmelshausen nachschlagen, dem vergleichbare Kriegswirrnis half, das Fürchten zu lernen, und zu den Abenteuern des Jägers von Soest verholfen hat. Denn wie sich seine Schilderung der Schlacht bei Wittstock auf den Fluß Dosse und das sumpfige Umland konzentriert, in dem die Kaiserlichen verrecken – wobei er kunstsinnig mit den Wörtern seines barocken Schriftstellerkollegen Opitz dem Gemetzel Farbe zu geben verstand –, so kann ich die Gegend des mich betreffenden Kriegsgeschehens als Lausitz zwischen Cottbus und Spremberg ausweisen.

Offenbar sollte die Front wieder stabilisiert und genau von dort aus, wo ich hin und her irrte, mit neu formierten Kampfgruppen der immer enger werdende Ring um die Reichshauptstadt durchbrochen werden. Dort, so hieß es, halte der Führer die Stellung.

Das hatte widersprüchliche Befehle zur Folge und führte zum Durcheinander sich gegenseitig den Weg sperrender Truppenbewegungen; nur die schlesischen Flüchtlingszüge versuchten eindeutig Richtung zu halten: gen Westen.

Ach, wie leicht sind mir zu Beginn der sechziger Jahre die Wörter von der Hand gegangen, als ich bedenkenlos genug war, die Fakten Lügen zu strafen und mir auf alles, was widersinnig sein wollte, einen Reim zu machen. Schleusentore standen offen. In Kaskaden stürzte seitenlang gebändigter Wortfluß. In mal heißen, mal kalten Sprachbädern verjüngten sich althergebrachte Erzählweisen. Und dem vertrotzten Schweigen nötigte kitzlige Folter den bekennenden Schrei ab. Jeder Furz fand sein Echo. Und jegliche Pointe hatte den Tauschwert von drei geopferten Wahrheiten. Und da alles Tatsächliche folgerichtig verlief, wurde folgerichtig auch Gegenläufiges möglich.

So ging es im Schlußkapitel des zweiten Teils »Hundejahre« darum, dem zentral verbuddelten Führerbunker und also dem Endkampf um Berlin einen Sinn zu unterstellen, der einzig dem Wahn folgsam war. Die Suche nach einem entlaufenen Schäferhund, der auf den Namen Prinz hörte und als Lieblingshund des Führers galt, verdichtete sich sprachlich dergestalt, daß aus waberndem Heideggerdeutsch – »das Nichts nichtet unausgesetzt« – und dem klotzig aus Substantiven gefügten Sprachgebrauch des Oberkommandos der Wehrmacht ein Gemenge entstand, dessen abgeleiteter Überfluß alles wegschwemmte, was der Wahrheit an kleinlichen Einwänden einfiel: »Laut Führerbefehl wird erwartet, daß die fünfundzwanzigste Panzergrenadierdivision die Frontlücke Cottbus schließt und gegen Hundedurchbruch sichert... Die ursprüngliche Offenbarkeit des Führerhundes ist vom Fernsinn durchstimmt... Das vom Fernsinn durchstimmte Nichts ist im Raum Gruppe Steiner zugegeben als das Nichts...

Das Nichts ereignet sich zwischen Panzerfeind und eigenen Spitzen...«

Aber wo ich war oder zu sein hatte – die Frontlücke Cottbus? –, gab es weder eigene Spitzen noch einen erkennbaren militärischen Zusammenhalt. Als Nichts hätte sich allenfalls die Division Frundsberg ereignen können, die womöglich der ominösen Gruppe Steiner zuzuzählen war. Nur hastig zusammengeklaubte Reste gab es, die auf widersprüchliche Befehle reagierten. Alles geriet aus den Fugen, nichts verlief folgerichtig, bis – jetzt läuft der Film wieder und bringt mich ins Bild – dem vereinzelten Panzerschützen aus der Laune höherer Gewalt eine neue Zuordnung widerfuhr.

Von einem alten Bekannten, dem Zufall, gewürfelt, gehörte ich einer zwölf bis fünfzehn Mann starken Gruppe an, die, weil ohne schweres Gerät, als Infanteriestoßtrupp eingesetzt werden sollte, bei einem, wie es hieß, »Himmelfahrtskommando«.

Da mir, weißnichtmehrwo, mein Regenschutz, die Zeltplane und, schlimmer, der Karabiner abhanden gekommen waren, hatte man mich mit einer Maschinenpistole aus italienischer Produktion bewaffnet, die, hätte es Anlaß zu ihrem Gebrauch gegeben, in unsicheren Händen gewesen wäre.

Ich erinnere mich an eine Versammlung von Stahlhelmen, die grämliche Männer- und ängstliche Jungensgesichter verschatteten, zu denen meines – das dritte von links – zu zählen wäre, gäbe es denn ein Foto des verlorenen Haufens.

Wieder hatte ein altgedienter Feldwebel das Kommando, diesmal ein breitschultrig Kurzgeratener. Der Befehl lautete Vorrücken und Feindberührung suchen.

Bei beginnender Dämmerung bewegten wir uns nach längeren Irrwegen auf einem von Panzerketten zerwühlten Waldweg, über den, so hieß es, vor wenigen Stunden noch eine Kolonne Tiger- und Schützenpanzer gerattert und als Kampfspitze vorgeprescht sei. Jetzt sollte nach vorne Verbindung aufgenommen werden. Doch übers mitgeführte Funkgerät kam kein Fingerzeig, nur Wortsalat und Rauschen.

Beiderseits des Weges übte sich der Baumbestand in Wiederholungen: Kiefern, nur Kiefern, hochstämmige Kiefern links rechts. Zwar mußte kein schweres Gerät geschleppt werden, doch hatten wir unterwegs einen alten Mann, der seiner Armbinde nach zum Volkssturm gehörte, und zwei leicht verwundete Landser aufgelesen, die, als wären sie Zwillinge, linksseitig humpelten.

Der Volkssturmmann redete wirres Zeug. Abwechselnd haderte er brabbelnd mit Gott oder beschimpfte seinen Nachbarn. Die jeweils am Bein verwundeten Landser mußten gestützt, halb getragen werden. Nur langsam kamen wir voran.

Da übers Funkgerät von der Panzerspitze noch immer keine Rückmeldung kam, ordnete der Feldwebel eine Marschpause am Wegrand an. Fronterfahren, wie er zu sein schien, wollte er den zu erwartenden Rückzug restlicher Schützenpanzer abwarten, hoffend auf Transport, zumindest für die beiden Humpler und den irreredenden Volkssturmmann. Abgeschlafft waren wir ohnehin. Zum Glück stellte er nicht irgendeinen der Jungs, sondern mich als Posten auf den Waldweg und gab Weisung, die Augen offenzuhalten.

Wieder ergibt sich ein Bild: ich selbst nach eigener Vorstellung. Ich unterm rutschenden Stahlhelm. Ich, handelnd auf Befehl. Ich, eifrig bemüht, eine Aufgabe zu erfüllen.

Das ist mir trotz Müdigkeit gelungen, denn nach nicht allzu langer Zeit sah ich in der inzwischen nachtschwarzen Schneise des Waldweges einen Lichtpunkt, der sich nähernd in zwei Punkte teilte. Nach vorschriftsmäßiger Meldung, »Motorisiertes Fahrzeug, wahrscheinlich Schützenpanzer, in Sicht!«, stellte ich mich auf die Mitte des Wegs, um gut erkennbar und laut Befehl den vermuteten Schützenpanzer zu stoppen: als Linkshänder mit links erhobener Hand.

Es kann sein, daß mich das rasch näherkommende Kettenfahrzeug verwundert hat, weil es mit voll aufgeblendeten Scheinwerfern fuhr, und als der Schützenpanzer zwei Schritte vor mir stoppte, wurde mein Staunen bestätigt. Ein Blick genügte. Das konnte nur der Russe sein, der kein Licht sparte, sondern bedenkenlos...

»Der Iwan!« rief ich der Gruppe am Wegrand zu, nahm mir aber keine Zeit, die dem Feindpanzer dicht bei dicht aufsitzenden Schützen als einzelne zu erkennen und so zum ersten Mal einem lebenden Sowjetsoldaten von Gesicht zu Gesicht zu begegnen. Vielmehr scherte ich, bevor noch ein Schuß fiel, nach rechts aus, hechtete in die den Wegrand begrenzende Kiefernschonung, war weg, aber nicht außer Gefahr.

Was ich hörte, war Geschrei in zwei Sprachen, das von Salven übertönt wurde, bis schließlich nur noch die russischen Maschinenpistolen das Sagen hatten.

Während ich zwischen dicht stehenden Jungkiefern robbte und langsam Abstand gewann, schlug es links-rechts in die Schonung ein, doch blieb ich heil, was von der restlichen Gruppe um den Feldwebel nicht anzunehmen war. Selbst der Volkssturmmann haderte nicht mehr mit Gott, beschimpfte nicht mehr den Nachbarn, wollte keine noch offene Rechnung begleichen. Nur noch russische Stimmen, mittlerweile entfernt. Jemand lachte, was sich gutmütig anhörte.

Weil dürres Geäst überlaut knackte, wollte der übriggebliebene Panzerschütze nicht mehr, wie geübt, auf Ellbogen voranrobben. Er stellte sich tot, als könne er so dem Fortgang der Geschichte entkommen, obgleich er mit seiner italienischen Maschinenpistole und Munition in zwei Magazinen als weiterhin kampffähig gelten konnte.

Erst als sich der Feindpanzer, dem bald weitere folgten, in Bewegung setzte, robbte ich abermals voran, bis die Kiefernschonung in erwachsenen Wald überging, der in Reihen gepflanzt, also in preußischer Ordnung stand. Nein, zurück, wo nur Leichen zu finden gewesen wären, zog es mich nicht; zudem bestätigten fahler Lichtschein und Motorengeräusch vom Waldweg her den Vormarsch des Feindes.

Immer tiefer verschlug es mich in den Wald, den tatsächlich und plötzlich oder nur wunschgemäß Halbmondlicht bei mäßig bewölktem Himmel erhellte, so daß sich der vereinzelte Soldat nicht allzu oft an Baumstämmen stieß. Deren Harzgeruch schloß ihn jedoch so endgültig ein und verkapselte ihn, daß er jenem Insekt gleichen mochte, das in meinem Stück Bernstein überdauert und vorgibt, mich zu verkörpern: stets griffbereit liegt es mit anderen Fundstücken im oberen Stehpultfach und will gegen Licht gehalten, befragt werden. Ob Spinne, Zecke oder Käfer, bei einiger Geduld geben sie Auskunft...

Was aber sehe ich, sobald ich den vereinzelten Panzerschützen als Frühausgabe einer in die Jahre gekommenen Person bei Halbmondlicht besichtige?

Er sieht aus, als sei er einem Grimmschen Märchen entlaufen. Gleich wird er weinen. Bestimmt gefällt ihm die Geschichte nicht, in der er vorkommt. Viel lieber möchte er der Titelfigur eines Buches gleichen, das ihm jederzeit so nah ist, als wäre es greifbar. Und richtig: jetzt ähnelt er jenem Helden aus Grimmelshausens Stall, dem die Welt ein labyrinthisch verwinkeltes Narrenhaus ist, dem nur mit Tinte und Feder als jemand namens Baldanders zu entkommen sein wird. Sein Trick seit Schülerzeiten: das Wörtermachen soll ihm beim gewünschten Fortleben behilflich werden.

Und so grünt denn auch alles, was weiterhin geschieht, auf dem Treibbeet nährstoffhaltiger Vermutungen. Er möchte gern dieser oder jener sein; ich aber sehe nur einen ziellos Herumirrenden, der zwischen und hinter Baumstämmen von gleichmäßigem Wuchs mal vage sichtbar wird, nun verschwindet, um als Soldat unterm ständig rutschenden Stahlhelm abermals vom Bildsucher eingefangen zu werden.

Noch immer ist er bewaffnet, hält die Maschinenpistole schußbereit. Nutzlos hängt ihm als längliche Trommel eine Gasmaskenbüchse an. Im Brotbeutel krümeln allenfalls Reste der zuletzt zugeteilten Marschverpflegung. Die Feldflasche halb leer. Seine Armbanduhr Marke Kienzle – das Geburtstagsgeschenk des Vaters hatte Leuchtziffern – ist werweißwann stehengeblieben.

Ach, hätte er doch jetzt schon jenen ledernen Knobelbecher und die drei beinernen Würfel, die ihm demnächst, bald nach Kriegsende als Beute zufallen sollen. Mit denen werden er und ein gleichaltriger Kumpel im Gefangenenlager Bad Aibling um die Zukunft würfeln. Joseph wird dieser Kumpel heißen und so zielstrebig katholisch sein, daß er unbedingt Priester, Bischof, womöglich Kardinal werden will... Aber das ist eine andere Geschichte, deren Anfang sich verirrt und hier, im dunklen Wald, nichts zu suchen hat.

Jetzt schläft er, sitzend an einen Baum gelehnt. Jetzt schreckt er auf, friert aber nicht, obgleich ihm sein Mantel, der bei Weißwasser verlorenging, vorhin noch gefehlt hat. Nun wirft er bei Tageslicht wie die Baumstämme einen Schatten, findet aber nicht aus dem Wald heraus, stolpert ohne es zu merken im Kreis, holt aus dem Brotbeutel etwas krümelnden Zwieback, schraubt die Feldflasche auf, trinkt, wobei ihm der Stahlhelm in den Nacken rutscht. Er weiß nicht, wie auf die Minute genau Zeit vergeht, hat nichts zur Hand, mit dem sich würfelnd die Zukunft befragen ließe, sehnt sich aber nach einem Kumpel, der noch namenlos ist, und versucht nun vergeblich, jener Simplex zu sein, der aus immer neuen Gefahren findet und so zum allseits gefeierten Jäger von Soest wird, der beim Fouragieren nahrhafte Beute macht, darunter Pumpernickel und westfälischen Schinken.

Nun kaut er, während es schon wieder eindunkelt und ein Käuzchen ruft, letzte Krümel, ist hungrig und gottverlassen unter ziemlich bewölktem Nachthimmel.

Ganz und gar im Dunkel gefangen, lernt er eine weitere Lektion, sich zu fürchten, spürt die Furcht, wie sie ihm rücklings aufsitzt, will sich an Kindergebete erinnern, »Lieber Gott, mach mich fromm, daß ich in den Himmel komm«, ruft womöglich seine Mutter an – »Mama, Mama!« –, wie aus weiter Ferne ahnungsvoll seine Mutter ihn herbeizurufen versucht, »Komm, Jungchen! Kriegst ein Eigelb verrührt mit Zucker im Glas«, bleibt aber im dunklen Wald mutterseelenallein, bis wirklich etwas geschieht.

Ich hörte Schritte oder etwas, das Schritte vermuten ließ. Auf Waldboden knackende Äste. Ein größeres Tier? Eine Wildsau? Das Einhorn womöglich?

Blieb ich stehen und vermied jedes Geräusch, stand sogleich der oder das still, ein Tier, Mensch oder Fabelwesen, wer oder was auch immer Schritte im dunklen Wald machte.

Ein Jemand trat auf, mal näher, dann wieder entfernter, um abermals näherzukommen, zu nah.

Vorsicht. Nicht laut schlucken! Deckung hinter Baumstämmen suchen.

Was unterm Drill militärischer Ausbildung gelernt worden ist. Die Waffe entsichern, wie bestimmt andererseits eine Waffe entsichert wird.

Zwei Menschen, die einander als Feind vermuten. Auch denkbar als Entwurf für, Jahre später, eine Ballett- oder Filmszene, wie sie in jedem Western von Qualität den Höhepunkt spannender Handlung sucht: der rituelle Tanz kurz vorm letzten Schußwechsel.

Man sagt, es helfe, im dunklen Wald zu pfeifen. Ich pfiff nicht. Etwas, vielleicht meine ferne Mutter, gab mir ein zu singen. Ohne zwischen eingeübten Marschliedern – zum Beispiel »Erika« – und gängigen Filmschlagern, die kürzlich noch Marika Rökk gesungen hatte – »In der Nacht ist der Mensch nicht gern alleine…« –, etwas Singbares zu suchen, kam mir ein der Situation gefälliges Kinderlied wie zwangsläufig über die Lippen. Ich sang so lange und wiederholt nur die eine Zeile, »Hänschen klein ging allein…«, bis ich auf den Beginn des Liedes Antwort bekam: »…in die weite Welt hinein…«

Nicht sicher ist, wie lange der Wechselgesang fortgesetzt wurde, wahrscheinlich bis das Erkennungssignal – hier irren zwei menschliche Wesen deutscher Zunge durch den nachtdunklen Wald – genug sagte, um beiderseits die Deckung verlassen zu dürfen, sich nun in Landserdeutsch anzureden und mit gesenkter Waffe einander greifbar nah zu kommen, noch näher.

Mein Sangesbruder war mit einem Sturmgewehr bewaffnet, etliche Jahre älter und wenige Zentimeter kleiner als ich. Ohne Stahlhelm, unter zerknautschter Feldmütze stand mir ein mickriges Kerlchen gegenüber und berlinerte wie aus angeboren nöliger Grundstimmung. Dann kurz der Schreck, weil er sein Feuerzeug anschlug: die Zigarette in einem Gesicht, das mürrisch nichts sagte.

Und das war später zu erfahren: Er hatte es im Verlauf des Krieges ab Polenfeldzug, über Frankreich und Griechenland, schließlich auf der Halbinsel Krim bis zum Obergefreiten gebracht. Die Rangleiter weiter hinauf wollte er nicht. Ihn konnte nichts aus der Fassung bringen, was sich in jeweils kippliger Lage beweisen sollte: er war mir Schutzengel und mein von Grimmelshausen entliehener Herzbruder, der mich schließlich aus dem Wald über Felder und durch die russische Frontlinie geführt hat.

Da der Obergefreite im Gegensatz zu mir bis zu den Waldrändern gekommen war und das beginnende freie Feld wiederholt, erkennbar an Biwakfeuern, als vom Feind besetzt eingeschätzt hatte, suchten wir eine Stelle, die von keinem Feuer erhellt war. Das heißt: er suchte, ich immer zwei Schritt hinter ihm her.

Während einer Marschpause seifte er sich bei länger währendem Mondlicht ein und rasierte gründlich seinen Dreitagebart. Ich mußte meinem Vorgesetzten den Taschenspiegel halten.

Erst als uns ein Acker mit westwärts ins Dunkel verlaufenden Furchen zum Wagnis überredete, verließen wir den schützenden Wald. Der Acker schien frisch gepflügt zu sein und endete hinter einer Bodenwelle. Dann folgten wir einem von Gebüsch gesäumten Feldweg, der einen Wasserlauf überbrückte. Die Brücke war unbewacht. Wir füllten unsere Feldflaschen auf, tranken, füllten nach, er machte eine Rauchpause.

Erst bei der übernächsten Brücke – waren es Nebenarme der verzweigten Spree, die unseren Weg kreuzten? – flackerte ein Feuer in einigem Abstand. Gelächter, Wortfetzen flogen uns an. Vorm Feuerschein huschten Gestalten als Schattenrisse hin und her.

Nein, der Iwan sang nicht, schien auch kein Haufen Volltrunkener zu sein. Vielleicht schlief die Hälfte, während der Rest…

Erst als wir das Wasser überquert hatten, holten uns Rufe ein: »Stoi!«, wiederholt »Stoi!«

Beim dritten Anruf – schon hatten wir die Brücke ein Stück hinter uns – gab mein Obergefreiter die Weisung: »So schnell du kannst, lauf!«

Und so liefen wir, wie ich in Nachkriegsträumen noch lange und schleppend verzögert gelaufen bin, querfeldein über einen Acker, dessen aufgebrochene Schollen an den Stiefelsohlen klebten, abfielen, abermals klumpten, so daß wir, nun unter Beschuß aus Maschinenpistolen und im Lichtschein einer den Himmel aufreißenden Leuchtrakete, wie in Zeitlupe liefen, also eine überdehnte Filmsequenz lang, bis uns ein Graben, der den Acker begrenzte, Deckung bot.

Der Russe, oder wie wir sagten, der Iwan, unternahm keinen Versuch, uns aufzustöbern. Das Geballer verebbte.

Keine Rakete mehr, die den Acker erhellte. Nur noch der Mond ab und zu. Einmal ein Kaninchen, das so langsam weghoppelte, als seien wir nicht zu fürchten.

Also stiefelten wir weiter querfeldein, mußten nicht mehr über Brücken und sahen bei Tagesanbruch ein Dorf, das der Feind offenbar noch nicht besetzt hatte, denn es lag im Morgendunst still und geduckt um die Kirche versammelt, friedlich, wie aus der Zeit gefallen.

Merkwürdig, daß mir das verhängte oder nur griesgrämige Gesicht des Rittmeisters österreichischer Herkunft, der uns am Dorfeingang hinter einer nur spärlich bewachten Panzersperre in Empfang nahm, noch immer vor Augen ist und deshalb samt Tränensäcken und Oberlippenbärtchen gezeichnet oder beschrieben werden könnte, obgleich wir ihm und seinen Volkssturmmännern nur eine Minute lang konfrontiert waren. Er schien von Natur aus bekümmert zu sein und unterbrach unsere Rückmeldung samt wortreicher Erklärung – »No, wo habens denn den Marschbefehl?« – so beiläufig, als sei diese Frage nur eine pflichtschuldige Floskel.

Weil wir ohne gestempeltes Papier sozusagen als vogelfrei und – genau genommen – Fall fürs Feldgericht gelten konnten, ließ er uns von drei alten Männern, die mit Schrotflinten und Panzerfäusten bewaffnet waren, abführen und in den Keller eines Bauernhauses sperren. Einer der alten Männer legte Wert darauf, Bürgermeister des Dorfes und Ortsbauernführer zu sein.

Abermals merkwürdig ist, daß uns niemand entwaffnet hat. Zu dem Rittmeister gehörte ein Hündchen mit perlenbesticktem Halsband, das er auf dem Arm trug und auf das er so liebevoll einsprach, als gäbe es außer dem Hundevieh nichts, das auf dieser Welt seine Anteilnahme verdiente.

Und einer der taprigen Volkssturmmänner, die uns abführten, schob meinem Obergefreiten als Gnadenbrot ein angebrochenes Päckchen Zigaretten zu, weißnichtmehr welche Sorte.

Weiß auch nicht, wie das Dorf hieß, in dem wir heil, wenn auch hungrig, die deutsche Linie erreichten und sogleich oder demnächst mit dem kurzen Prozeß eines Feldgerichts zu rechnen hatten. Hieß es Peterlein? Oder stand ein anderes Dorf, durch das wir uns später zurückzogen, unter diesem niedlichen Namen?

Im Keller reihten sich in tiefen Regalen gefüllte Einmachgläser, über deren Inhalt Aufkleber handschriftlich Auskunft gaben. Spargel, Gurken, Kürbis und grüne Erbsen, auch Schwarzsauer und Gänseklein stand in großmütterlicher Sütterlinschrift geschrieben. Kaum Staub auf den Gläsern. In Flaschen lagerte trüber Apfelsaft und Saft von Fliederbeeren. In einer der Kellerecken gehäufelt Kartoffeln, die bereits kleinfingerlang keimten.

Bis kurz vorm Erbrechen löffelten wir eingekochtes Schmalzfleisch aus einem der Gläser, bissen in Senfgurken, tranken Saft. Dann rauchte mein Obergefreiter, was er selten, aber wenn doch, dann mit Andacht tat. Wie meine ferne Mutter verstand er es, Rauchringe schweben zu lassen. Ich entleerte die Gasmaskenbüchse und füllte sie mit Erdbeer- oder Kirschmarmelade auf; das sollte mir übel bekommen.

Nachdem wir ein bis zwei Stunden lang das Standgericht erwartet hatten, über dessen zu befürchtenden Urteilsspruch aber kein Wort fallen ließen, eher satt vor uns hin dösten – jedenfalls kann ich mich dieser Stunde nicht als einer Zeitspanne angstbesetzter Warterei erinnern –, prüfte der Obergefreite die Kellertür. Sie war unverschlossen. Von außen steckte der Schlüssel. Niemand bewachte uns. Erschreckten wir eine Katze oder hätten wir, falls es sie gab, deren Schlaf stören können?

Überm Keller kam uns durchs Küchenfenster die Panzersperre in den Blick. Kein Volkssturmmann rauchte dort seine letzte Pfeife. Weg war der Rittmeister samt Hündchen. Offenbar war das Dorf inzwischen geräumt worden. Oder seine Bewohner taten so, als gebe es sie nicht, als hätte es sie nie gegeben.

Uns hatte der Rittmeister entweder vergessen oder in melancholischer Anwandlung dem launischen Schicksal überlassen. Auf der Panzersperre aus frischgeschlagenen Kiefernstämmen turnten Sperlinge. Die Sonne wärmte. Man hätte singen mögen.

Seitlich der Sperre war durch einen Spalt die Sicht frei über Äcker, auf denen sich in Schützenreihen gestaffelt der Feind, russische Infanterie, näherte. Von weitem sah das harmlos aus: spielzeugkleine Figuren. Auf Schußweite begegnete ich abermals der Roten Armee. Noch nicht im einzelnen zu erkennen, verringerte sie Schritt nach Schritt die Distanz. Aber kein Schuß fiel. Unter Käppis, Helmen, Fellmützen mochten einige der langsam vorrückenden Figuren meines Alters sein. Erdfarbig uniform. Ihre Bubengesichter. Abzählbar von links nach rechts. Jeder ein Ziel.

Ich habe dennoch die Maschinenpistole italienischer Herkunft nicht in Anschlag gebracht, wie auch mein Obergefreiter das Dorf Peterlein nicht mit seinem Sturmgewehr verteidigen wollte. Wir verdrückten uns ohne Geräusch. Selbst wenn der Iwan auf Kommando oder wie aus Gewohnheit geschossen hätte, wäre von uns keine Antwort gekommen.

Das geschah nicht aus Menschenliebe, war ohne Verdienst. Eher wird uns Vernunft oder mangelnde Notwendigkeit gehindert haben, gezielt abzudrücken. Deshalb taugt die mir geläufige Behauptung, während der Woche, in der mich unablässig der Krieg im Griff hatte, nie über Kimme und Korn ein Ziel, nie den Druckpunkt gesucht, keinen einzigen Schuß abgegeben zu haben, allenfalls im nachhinein als Beschwichtigung verbliebener Scham. Immerhin steht fest: wir schossen nicht. Doch weniger sicher ist, wann ich meine Uniformjacke gegen eine weniger belastende eingetauscht habe. Geschah das aus eigenem Entschluß?

Eher ist es der Obergefreite gewesen, der mit Blick auf die Runen am Kragen den Jackentausch befohlen und durch sachlichen Zugriff möglich gemacht hat. Ihm konnte meine Kennzeichnung nicht gefallen. Durch mich war er, ohne sonst ein Wort darüber zu verlieren, in anrüchige Gesellschaft geraten.

Irgendwann, wahrscheinlich bereits im Keller voller Einmachgläser oder während einer Marschpause, in der er sich einseifte, rasierte und danach zur Zigarette griff, bekam ich zu hören: »Wenn uns der Iwan doch noch hopsnehmen sollte, biste dran, Junge, mit deinem Kragenschmuck. So was wie dich knallen die einfach ab. Genickschuß und fertig…«

Wahrscheinlich hat er, weißnichtmehrwo, eine normale Wehrmachtsjacke »organisiert«, wie es auf Landserdeutsch hieß. Keine mit Einschußloch oder Blutflecken. Sie paßte sogar. Nun, ohne Doppelrune, gefiel ich ihm besser. Und auch ich ließ mir die angeordnete Verkleidung gefallen.

So fürsorglich war mein Schutzengel. Wie Simplex bei Gefahr für Leib und Seele einen Herzbruder zur Seite hatte, so konnte ich mich als nunmehr retuschiertes Selbstbild auf meinen Obergefreiten verlassen.

Danach ist immer davor. Was wir Gegenwart nennen, dieses flüchtige Jetztjetztjetzt, wird stets von einem vergangenen Jetzt beschattet, so daß auch der Fluchtweg nach vorn, Zukunft genannt, nur auf Bleisohlen zu erlaufen ist.

So beschwert sehe ich aus sechzig Jahren zeitlicher Distanz, wie ein Siebzehnjähriger mit zweckentfremdeter Gasmaskentrommel und einer wie neugeschneiderten Uniformjacke bemüht bleibt, an der Seite eines zählebig gewitzten, weil jede Gefahr vorschmeckenden Obergefreiten, dem man nicht ansieht, daß er von Beruf Frisör ist, Anschluß an zurückflutende Truppenteile zu finden. Dabei gelingt es den beiden wiederholt, die Kontrolle der »Kettenhunde« zu umgehen. Immer sind Löcher zu wittern. Nur selten ist die Frontlinie zu erkennen. Unter Tausenden Versprengten sind sie zwei Vereinzelte, denen das rettende Papier fehlt. Welcher Haufen wird abgekämpft genug sein, um sie aufzunehmen?

Erst auf der Straße von Senftenberg nach Spremberg, die von Pferdewagen voller Flüchtlinge verstopft ist, kann das zwar gleich feldgrau uniformierte und doch so ungleiche Paar den Stau nutzen und sich bei einer seitlich der Straße improvisierten Sammelstelle den gestempelten Wisch, die überlebensversichernden Marschbefehle einhandeln. Im Freien steht der Tisch mit Schemel. Auf dem Tisch vorgedrucktes Papier. Ein kriegsmüder Hauptfeldwebel sitzt auf dem Schemel, stellt keine Fragen, unterschreibt zügig, stempelt ab. Ich plappere nach, was mir mein Obergefreiter vorgesagt hat.

Jetzt sind wir geschützt, weil einer neu aufgestellten Kampfgruppe zugeordnet, die vorerst nur auf dem gestempelten Zettel existiert: ein vages Versprechen. In festen Umrissen jedoch sehen wir eine mobile Feldküche, die auf der Wiese inmitten der Sammelstelle abgeprotzt hat. Der Kessel der Gulaschkanone dampft. Es riecht nach Eintopf.

Jetzt stehen wir in Reihe an. Alle Dienstgrade gemischt. Auch Offiziere dürfen sich nicht vordrängen. Gegen Schluß herrscht auf Dauer vom Zufall bemessener Momente rangfreie Anarchie.

Es gibt Kartoffelsuppe mit Fleischeinlage. Der Küchenbulle schöpft jeweils einen Schlag von unten her, dann einen halben von oben ab. Da uns außer dem Brotbeutel noch das draufgeschnallte Kochgeschirr samt Eßbesteck zur Hand ist, kann jeder eineinhalb Kellenschlag aus dem Kessel fassen. Die Stimmung ist weder gedrückt noch heiter. Typisches Aprilwetter. Im Augenblick scheint die Sonne.

Jetzt stehen wir uns gegenüber und löffeln im Gleichklang. »Mann«, sagt jemand, der wenige Schritte abseits steht und gleichfalls löffelt, »heut ist ja Adolfs Geburtstag! Wo bleibt die Extraration? Na, Scho-Ka-Kola, Zigaretten, Gläschen Weinbrand zum Anstoßen! Heil, mein Führer!«

Jetzt versucht jemand, einen Witz zu erzählen, verheddert sich dabei. Ansteckendes Gelächter. Weitere Witze nehmen Anlauf. Ein im Ausschnitt friedliches Bild. Fehlt nur noch jemand, der Ziehharmonika spielt.

»Wie heißt die Gegend?«

»Lausitz!«

Jetzt weiß jemand Bescheid: »Jede Menge Braunkohle gibt's hier...«

Im Frühjahr neunzig habe ich aus vielfachem Grund einige Dörfer und Städtchen zwischen Cottbus und Spremberg aufgesucht. Gierig nach Gegenwart und alles aufzeichnend, was jüngsten Datums war, blieben meine Gedanken dennoch rückläufig.

Um diese Zeit sah es so aus, als sei eine der Kriegsfolgen, die über vierzig Jahre anhaltende Spaltung Deutschlands in zwei Staaten, durch Vereinigung, wenn nicht zu überwinden, dann in einem Prozeß der Annäherung nach und nach auszugleichen. Jedenfalls bot sich – fast wie ein Wunder – diese Möglichkeit an. Da man aber glaubte, für langsame Vorgänge keine Zeit zu haben, sollte mit Geld der arme Osten dem reichen Westen gleichgemacht werden, und zwar schnell, schneller als gedacht.

Zweimal reiste ich an, blieb für einige Tage zuerst in Cottbus, wo bereits ein Schwarm Handelsvertreter als Vorboten des Kapitals das Hotel besetzt hatte, danach, im Frühsommer, war Altdöbern mein Reiseziel, wo ich mich bei einer Witwe mit ältlicher Tochter in Frühstückspension einquartierte. Ein Städtchen mit Schloß, Schloßpark, stillgelegter Fabrik, Konsumladen, Frauenklinik und sowjetischem Soldatenfriedhof, gereiht und gepflegt auf dem Kirchplatz. In einer Gaststätte konnte Soljanka gelöffelt, danach aus Bayern geliefertes Bier getrunken werden. Das geschah kurz vor der Währungsunion, doch hatte der Ausverkauf des so friedlich erbeuteten Landes bereits begonnen. Überall zeigten Westfirmen Flagge.

Mir jedoch war einzig die Gegend wichtig. Wo ich hinblickte, war der seit Jahrzehnten andauernde Braunkohleabbau der Landschaft abzulesen. Dort, wo sie, wie hinter Altdöberns Schloßpark, tief abgesenkt worden war, sah sie außerirdisch, lunar aus. Kegelberge, gehäufelt aus Abraum, zwischen unbewegten Grundwassertümpeln. Kein Vogel darüber.

Von der Abbruchkante, gleich hinter der Frauenklinik, hatte ich Draufsicht, zeichnete mit Blei und Kohle Blatt nach Blatt. Anfangs von Altdöbern aus, dann von den Resten des Dorfes Pritzen gesehen, später, nach Standortwechsel, mit Blick auf die gereihten Schornsteine und Kühltürme des vergänglichen Kombinats »Schwarze Pumpe«.

Bald war der Block Ingrespapier – zwanzig Blatt stark – gefüllt. Auch zeichnete ich zu Gekröse verschlungene Förderbänder, die ausgedient hatten. Nahbei und entfernt gaben Kohleschrapper, die gleich Insekten auf Grubenrändern hockten, Motiv nach Motiv her.

Der Blick in von Menschenhand geschaffene Abgründe ließ mehr erkennen, als da war, und setzte Wörter frei, die später in dem Roman »Ein weites Feld« die Verostung des Westens in Aussicht stellten und weitere Schwarzseherei, über den Abgrund hinweg gesprochen.

Dann aber – zwischen Zeichnung und Zeichnung – begann der Film rückwärts zu laufen, war ich, bin ich nur mir auf der Spur.

Seitlich der Straße von Senftenberg nach Spremberg gilt es, zeitversetzt einen Panzerschützen zu finden, der neben einem nölig berlinernden Obergefreiten steht, die Gegend bestaunt und dabei Grimassen schneidet. Nicht sicher ist mir die Stelle, an der der Feldküchenbulle Kartoffelsuppe austeilt und wir uns mit halb gefülltem Kochgeschirr gegenüberstehen.

Jetzt wärmt mich Junisonne, wie mich im April die Sonne gewärmt hat. Jetzt sehe ich uns im Gleichtakt löffeln. Wir stehen neben der Straße, auf der sich eine zum Gegenstoß vorrückende Panzerkolonne und ein gegenläufiger Flüchtlingstreck behindern. Auf der einen Fahrbahnseite ist kein Ausweichen möglich. Schroff bricht die Erdkruste ab.

Unten weitet sich das Braunkohleabbaugebiet bis zur gegenüberliegenden Abbruchkante. Überall wartet das »schwarze Gold« darauf, an Kraftwerke verfüttert, zu Briketts gepreßt zu werden. Im Krieg wie in Friedenszeiten ist die Lausitz gut für den Tagebau gewesen; so auch bis zum Jahr der Wende, in dem ich anreiste und mehr sah als zu sehen war.

Stille über den Abraumkegeln, den Grundwasserseen. Während ich zur Zeit allerneuester Gegenwart durch Tagebau entstandene Landschaft zeichnete, war es jedenfalls still genug, um mit rückgewandtem Ohr das Gebrüll der Panzerkommandanten, den Lärm der Maybach-Motoren, das Geschrei der Flüchtlinge auf den Gespannen, Pferdegewieher, das Weinen der Kinder, aber auch des Feldwebels Stempelknall und das Geklapper der Blechlöffel zu hören – wir schabten Reste aus dem Kochgeschirr –, und dann die ersten Einschläge sowjetischer Panzergranaten.

Zwischen Löffel und Löffel sagte mein Obergefreiter: »Das sind T-34.«

Ich, sein Echo: »Sind T-34!«

Auf der gegenüberliegenden Seite war oberhalb der vertieften Abbaufläche eine zählbare Menge Panzer aus einem Waldstück heraus aufgefahren. Klein wie Spielzeug standen sie und schossen. Der zum Stillstand gekommene Gegenverkehr auf der Straße erlaubte dem Feind genaue Zielansprache. Die Einschläge kamen näher. Unsere Sturmgeschütze – Jagdpanther mit Rohr in Fahrtrichtung – mußten beidrehen, um in Gefechtsposition zu kommen.

Kommandos, einander überbietende Schreie, denn nun schoben die Panzer vollbesetzte Pferdegespanne über die Abbruchkante in die abgesenkte Grube: gleich Gerümpel wurden sie weggekippt.

Jetzt sehe ich einen bildhübschen Leutnant, wie er aus offener Turmluke gestikuliert, als hätte er mit bloßen Händen die Schußrichtung freischaufeln wollen, sehe jetzt schlesische Bauern, die nicht vom Fluchtgepäck lassen wollen, sehe puppenklein Kinder auf seitlich wegrutschenden Wagen, sehe eine Frau schreien, doch höre ich nicht ihr Geschrei, sehe mal ferne, mal nahe Granateinschläge – lautlos finden sie Ziele –, starre nun, um das nicht mehr sehen zu müssen, auf den Rest Suppe im blechernen Kochgeschirr, bin einerseits noch hungrig und andererseits staunender Zuschauer, der nur Zeuge und wie unbeteiligt an dem stummfilmhaften Geschehen ist, werde jetzt aber durch einen Federstrich zum in jüngste Zeitweil versetzten Grimmelshausen, dem sich im Verlauf mörderischer Kriegsjahre Geschichte nach Geschichte, Schlacht nach Schlacht reiht, habe weißnichtwelchen Einflüsterer im Ohr, sehe mich alles, was geschieht, zugleich sehen, glaube zu träumen, bin und bleibe aber hellwach, bis mir der Stahlhelm, dessen Riemen sich gelockert hat, jetzt, genau jetzt vom Kopf gerissen wird und mir die Sinne schwinden.

Vermutlich nur für kurze Zeit, sofern Zeit zu messen war. Was gleich danach mit mir und um mich herum geschah, fügt und löscht sich in spukhaft verwischten, dann wieder scharf konturierten Bildern: das fast leere Kochgeschirr weg, auch die Armbanduhr Marke Kienzle.

Wo ist mein Obergefreiter?

Wo sind die Maschinenpistole und beide Magazine?

Warum stehe ich noch oder wieder?

Die heftig blutende, meine Hose durchsuppende Wunde am rechten Oberschenkel. Der vom Helmriemen verursachte Schmerz am Kinn. Ein kraftlos von der linken Schulter baumelnder Arm, der versagt, sobald ich mit noch jemandem meinen Obergefreiten – da liegt er! – heben will.

Granatsplitter haben seine Beine zerfetzt. Oberhalb scheint er heil zu sein. Er guckt erstaunt, ungläubig...

Dann nimmt mir aufwirbelnder Sandstaub die Sicht auf die Feldküche, die unbeschädigt dampft, bis wir – er getragen, ich gestützt – mit einem anderen Verwundeten in einen Sanitätskraftwagen, kurz Sanka genannt, verfrachtet werden. Ein Sanitäter springt auf. Weitere Verwundete müssen zurückbleiben, fluchen, jemand will unbedingt mit, klammert sich... Endlich schlägt die Tür zu, wird verriegelt.

Jetzt rumpeln wir, was nur zu ahnen ist, in Richtung Hauptverbandsplatz.

Lysolgeruch. Geborgen mag ich mir vorgekommen sein in dem Kasten. Der Krieg machte Pause. Jedenfalls ereignete sich vorerst so gut wie nichts, zumal wir nur langsam den Weg fanden. Der Obergefreite lag flach. Sein vorhin noch glatt rosiges, weil zumeist wie frisch rasiert glänzendes Gesicht war grün angelaufen, ließ Bartstoppeln ahnen. Geschrumpft kam er mir vor. Die Beine abgebunden, in Mull verpackt.

So lag er auf einer der Pritschen, war bei Bewußtsein und sah mich, ohne den Kopf zu verrücken, nur aus den Augenwinkeln. Er versuchte Wörter zu bilden, wurde deutlicher, bat schließlich mit leiser, doch immer noch nöliger Stimme um eine Zigarette, die ich aus dem zerknüllten Päckchen in seiner Brusttasche zugleich mit dem Feuerzeug fingerte.

Ich, der Nichtraucher, zündete sie an, klebte den Glimmstengel zwischen seine Lippen, deren Zittern sofort nachließ. Er rauchte gierig einige Züge, schloß die Augen, öffnete sie wieder erschrocken, als begriffe er jetzt erst seinen Zustand. Was mich als neu an ihm erschreckte: Angst war seinem Gesicht abzulesen.

Und dann, nach einer Pause, in der ich nur den anderen Verwundeten stöhnen, den Sanitäter wegen zu wenig Verbandsmull fluchen hörte und mich der eigene, sonderbar schmerzfreie Zustand erstaunte, bat mich mein Obergefreiter, nein, er befahl mir, ihm die Hose und auch die Unterhose zu öffnen, ihm prüfend zwischen die Beine zu greifen.

Als ihm bestätigt werden konnte, daß noch alles vorhanden, greifbar sei, griente er, rauchte noch paar Züge, glitt dann aber weg, atmete ruhig, sah zierlich aus.

Diesen Griff in die Hose erlaubte ich zwölf Jahre später, als es schriftlich um die Verteidigung der Polnischen Post ging, Jan Bronski, der so, mit seinen fünf Fingern, dem zögerlich sterbenden Hausmeister Kobyella die unbeschädigte Manneskraft bestätigen konnte.

Auf dem Hauptverbandsplatz wurden wir getrennt. Er wurde ins Zelt getragen, ich blieb im Freien. Dann gab es, weil mein Oberschenkel verbunden werden mußte, und noch bevor mir die Hose bis zu den Kniekehlen rutschte, aus unübersehbarem Anlaß Gelächter: der Länge nach war die Gasmaskenbüchse, die mir immer noch anhing, von einem fingerlangen Granatsplitter aufgeschlitzt worden, so daß die klaffende Trommel ausgelaufen, meine Hose versaut, mit Erdbeer- oder Kirschmarmelade bekleckert war. Fortan klebte der Hosenboden beim Sitzen, zog später Ameisen an, was nicht zum Lachen sein wollte.

Die geschlitzte Gasmaskenbüchse blieb auf dem Verbandsplatz. Den Splitter der sowjetischen Granate jedoch, der mich verschont und so den späteren Vater von Söhnen und Töchtern gnädig zum Überlebenden gemacht hatte, hätte ich gerne in ganzer Länge meinen Kindern, später den Enkelkindern gezeigt: Seht, welch anschauliches Zeugnis für Lektionen, die mir, dem Kriegsfreiwilligen, erteilt werden mußten, auf daß er die Angst schmeckte und das Fürchten lernte. Seht, Kinder, wie lang und gezackt der Splitter ist...

Erst danach wurde meine linke Schulter verbunden, die kaum blutete, in der aber ein Fremdkörper aus Metall, wenn auch ein kleiner nur, vermutet werden konnte. Das Loch in meiner neuen Uniformjacke war kaum zu finden. Den baumelnden Arm festigte eine Schlinge. Da der Hauptverbandsplatz einem Güterrangierbahnhof günstig nahe lag, gibt es keine Bilder weiterer Zwischenstationen. So schnell war für mich der Krieg aus, so offensichtlich er ringsum andauerte.

Gegen Abend wurden wir verladen. Es muß die Nacht vom zwanzigsten auf den einundzwanzigsten April gewesen sein, denn Sanitäter, ein Liste führender Feldarzt und Leichtverwundete, zu denen ich zählte, beklagten noch immer, was schon zuvor im Umkreis der Feldküche bejammert worden war: das Ausbleiben von Extrazuteilungen, die zu Führers Geburtstag während aller Kriegsjahre üblich gewesen waren. Keine Zigaretten gab's, keine Dose Ölsardinen, keine Flasche Doppelkorn für vier Mann. Kein sonstnochwas...

Dieser Mangel schien allen Landsern und selbst mir, dem Nichtraucher, ärgerlicher und von größerem Ge-

wicht zu sein als der überall sichtbare Zerfall des Großdeutschen Reiches. Dem Gemaule waren Flüche beigemengt, zuvor nie gehörte.

Der Güterzug, in dessen einem Waggon ich zwischen
Leicht- und Schwerverwundeten lag, rollte mit unbekann-
tem Ziel. Oft stand er endlos lange, manchmal nur kurze
Zeit. Inzwischen dunkelte es draußen. Mehrmals wurden
wir umrangiert. Nur eine Karbidlampe gab dem Waggon
Licht.

Wir lagen auf Stroh, das faulig roch und zudem nach
Pisse. Neben mir las ein Gebirgsjäger mit Kopfverband im
Schimmer seiner Taschenlampe ein frommes Buch. Dabei
bewegte er die Lippen. Rechts wälzte sich jemand mit
Bauchschuß und schrie, bis er nicht mehr schrie.

Wasser war nicht vorrätig. Kein Sanitäter, der auf Rufe
der Verwundeten gehört hätte, fuhr mit uns. Stimmen und
Stöhnen, gleich ob der Zug rollte oder hielt. Plötzliche
Stille nach letztem Gestöhn.

Mein linker Nachbar betete halblaut. Ein Tobsüchtiger
riß sich im fahlen Licht der Karbidfunzel die Verbände ab,
sprang auf, fiel, um wieder aufzuspringen, zu fallen, blieb
endlich liegen. Rechts neben mir rührte sich nichts mehr.

Die Nacht wollte kein Ende nehmen; mir dauerte sie bis
in die Träume der ersten Nachkriegsjahre. Nein, Schmerzen hatte ich immer noch nicht. Nur kurz fiel ich in Schlaf,
um immer wieder aufzuschrecken. Und schlief dann
doch, weißnichtwielang.

Als der Güterzug mit seiner Fracht letztlich zum Stillstand kam, wurden Überlebende und Tote – der Mann
mit Bauchschuß neben mir – ausgeladen. Ein Feldarzt,
der hier die Strichliste führte, sortierte Leicht- und Schwer-
verletzte. Ein Blick genügte. Wie schnell das ging.

Die uralte und wundersam heilgebliebene Domstadt Meißen lag im Morgenlicht eines Frühlingstages. Wie im Lied waren alle Vögel schon da. Gierig griffen einige der Verwundeten, auch ich, nach Bechern voller Saft, ausgeteilt von BdM-Mädeln, die das Ausladen von Transporten mit dieser Art Inhalt offenbar gewohnt waren.

Die Schwerverwundeten wurden mit Lastwagen abtransportiert. Wir Leichtverwundeten humpelten und stützten einander auf dem Fußweg bergauf zur Burg, die als Lazarett eingerichtet worden war. Bürger der Stadt, zwischen ihnen viele Frauen, standen am Wegrand. Manche halfen den Gehbehinderten. Mir ist, als hätte auch mich eine junge Frau bergauf gestützt.

Als vor Jahresfrist mein ältester Sohn Franz, ein so tatkräftiger wie von wechselnden Wünschen getriebener Mittvierziger, und meine jüngste Tochter Nele, die um diese Zeit in Dresden das Handwerk der Hebamme lernte und dabei ihren Herzenskummer zu verbergen bemüht blieb, geschwisterlich die frisch restaurierte Stadt Meißen besuchten, schickten sie mir von dort eine Postkarte, deren blanke Vorderseite die Stadtansicht bot. Was auf der Rückseite geschrieben stand, konnte als Zeichen kindlicher Zuneigung gelesen werden: meines zufälligen Überlebens gedenkend hatten Nele und Franz im Dom brennende Kerzen aufgestellt.

In der Burg wurde ich eher dürftig versorgt. Das Lazarett war überbelegt. Notlager auf allen Gängen. Übermüdete Ärzte und gereizte Krankenschwestern. Es fehlte, so hieß es, an allem, besonders an Medikamenten. So reichte es nur zum erneuerten Verband des rechten Oberschenkels und um die linke Schulter, in der, was nun mit Unterschrift auf gestempeltem Papier bestätigt wurde, ein Granatsplitter von minimaler Größe steckte. In meinem Fall schien eine Operation nicht vordringlich zu sein, auch sparte man die Tetanusspritze.

Marschverpflegung wurde zugeteilt, die den Brotbeutel füllte, der mir weiterhin anhing. Nur meine Armbanduhr war weg. Doch trug ich jetzt eine Feldmütze, die sogar paßte. Gerne hätte ich die Hose gewechselt, deren klebendes Hinterteil peinlich war.

Mit dem Hinweis auf spätere Versorgung – die Spritze, die neue Hose – wurde mir ein Marschbefehl, mein letzter, ausgehändigt, dem als Zielort die Lazarettstadt Marienbad abzulesen war; dieser in der Literatur oft erwähnte und prominent besuchte Kurort – der alte Goethe verliebte sich dort in ein junges Ding, bekam einen Korb und schrieb ersatzweise die Marienbader Elegie – lag irgendwo hinterm Erzgebirge, weit weg im Sudetenland.

Während ich noch auf mein gestempeltes Papier wartete – es war der einzige Wisch, der mich namentlich auswies –, wurde der Obergefreite auf einem Rollwagen aus dem Operationssaal geschoben. Seine Nase noch spitzer. Nie zuvor hatte ich ihn unrasiert gesehen. Als verpackter Rumpf ohne Beine rollte mein Schutzengel an mir vorbei. Er schlief und hinterließ die Frage, ob ein Erwachen aus seinem Tiefschlaf zu befürchten oder zu erhoffen sei.

Weggerollt wurde er einen Gang lang, an dessen Wänden das Kriegsgerät des Mittelalters hing: Hellebarden, Armbrüste, doppelschneidige Äxte, Pfeile, Keulen und Schwerter gebündelt, auch Musketen, die aus Grimmelshausens kriegswirrer Zeit stammen mochten; was sich der Mensch für den Umgang mit Seinesgleichen in wechselnder Zeitweil erfunden hat.

Ich sah meinem Obergefreiten nach. Dieses Bild – wie er lautlos weggerollt wird –, das sich auf Verlangen zurückspulen läßt, verweigert Antwort auf die Frage: lebt er noch, und wenn ja, wo? Auch muß sein Name, weil nie ausgesprochen, ungenannt bleiben.

Militärisch gedrillt, sprach ich ihn, sei es im nachtdunklen Kiefernwald, sei es im Keller, reich an Gläsern mit Eingemachtem, als »Herr Obergefreiter« an. Er war mein Vorgesetzter, der mich, sobald ich in falsche Richtung stolperte, zwar duzte, aber als »Schütze« ansprach, zur Ordnung rief. Sein Tonfall duldete keine Vertraulichkeiten.

Deshalb zögere ich, meiner Erinnerung zu glauben, nach der er wie der Held in jenem Kinderlied, das ich im dunklen Wald gesungen hatte, bis Antwort kam, mit Vornamen Hans hieß, sich gelegentlich selbst als »Hänschen« angesprochen und mir im Sanitätskraftwagen, als ihn der Verlust unersetzlicher Körperteile ängstigte, mit den Worten »Greif Hänschen mal in die Hose« befohlen hat, seinen gegenwärtigen Zustand als Mann zu überprüfen.

Nein, dort fehlte ihm nichts. Aber mein Schutzengel hat keinen Herzbruder gehabt. Ohne ihn wäre ich »hops gegangen«. Das sagte er, sobald Gefahr zu wittern war: »Paß auf, Schütze, daß du nicht hops gehst.«

Während der ersten Nachkriegsjahre und später noch, solange Beinamputierte in Rollstühlen zum Straßenbild gehörten oder als gemindert Erwerbsfähige in Amtsstuben hinter Schreibtischen saßen und Papier stempelten, hielt sich die Frage: ist er das? Könnte dieser invalide Büromensch, der nölig Fragen stellt, zudem von mickriger Erscheinung ist und, ohne aufzublicken, deiner Zuzugsgenehmigung nach Berlin-Charlottenburg einen Vermerk beisteuert, das berlinernde Hänschen sein?

Ich weiß nicht, wie ich übers Erzgebirge gekommen bin. Streckenweise mit der Eisenbahn und, als kaum noch

Züge fuhren, mit Pferdefuhrwerken von Ort zu Ort, deren Namen gelöscht sind.

Einmal saß ich auf einem offenen Lastwagen mit Holzgasmotor, der sich bergaufquälte, als plötzlich ein amerikanischer Jagdbomber, Jabo genannt, im Tiefflug angriff und den Lkw in Flammen aufgehen ließ, kurz nachdem ich, der den Jabo kommen sah, von der Ladefläche gesprungen war und mich in den Straßengraben gerollt hatte; gefilmt für einen Kriegsfilm mit dem Titel »Als alles in Scherben fiel«, müßte diese Szene von einem Stuntman gespielt werden.

Danach Blindstellen. Nichts, das sich zur Handlung knüpfen ließe. Irgendwie kam ich voran. Doch auf welchem Vehikel auch immer, stets folgte ich der Anweisung meines Marschbefehls, der erlaubte keine Umwege.

Einmal, schon in den Bergen, übernachtete ich bei einem alten Lehrerehepaar, das sich hinterm Haus Kaninchen hielt. Weil bereits fiebernd, wollten sie mich pflegen, in Zivilklamotten stecken und bei sich behalten, im Keller verborgen, bis, wie sie sagten, »das alles endlich aufhört«.

Ihr Sohn, dessen mit Trauerband geschmücktes Foto in einem Büchergestell stand, war beim Kampf um Sewastopol gefallen. Um die zwanzig Jahre war er jung. Sein Anzug hätte mir gepaßt. Seine Bücher waren greifbar. Mir darin gleich, blickte er linksgescheitelt aus dem Foto.

Ich blieb nicht, wollte weiterhin meinem Marschbefehl folgen und in eigener Hose, die nach gründlichem Waschen keine Ameisen mehr anzog, übers Gebirge. Vor seinem schindelgedeckten Häuschen stand das Lehrerehepaar auf der Treppe und blickte mir nach.

Und ich schaffte es, weißnichtmehrwie, bis nach Karlsbad, jenen anderen Kurort mit literarischem und – was

Metternichs Beschlüsse betraf – politischem Hintersinn, wo ich auf offener Straße kniefällig wurde und liegenblieb.

Ich fieberte. Der Granatsplitter in der Schulter oder die fehlende Tetanusspritze mögen Ursache gewesen sein. Mein linker Arm hatte sich bis zu den Fingerspitzen versteift, doch Schmerz ist nicht zu erinnern.

Wie gut, daß mich mein gestempeltes Papier auswies, denn wie ich später hörte, ist es einer der berüchtigten Kettenhunde gewesen, der den jungen Soldaten auf der Straße liegen oder kauern sah und sogleich dessen einziges Papier, den Marschbefehl, überprüft hat.

Beide Kurorte waren Lazarettstädte. Doch der Feldgendarm hielt sich an die Zielvorgabe meines Papiers. Er soll mich, weil ich ohne Bewußtsein war, über den Rücksitz seines Motorrades gelegt, angeschnallt und geradewegs in die benachbarte Lazarettstadt, nach Marienbad gebracht haben, wo für den Panzerschützen tatsächlich der Krieg aufhörte und die Angst von ihm abließ; wenngleich sie später meinen Schlaf in Besitz nahm und sich in ihm häuslich als Dauergast eingerichtet hat.

Mit Gästen zu Tisch

Als mich der Feldgendarm in Marienbad abgeliefert hatte und ich fiebernd in ein frisch bezogenes Bett gelegt wurde, gab es den Führer nicht mehr. Es hieß, er sei im Kampf um die Reichshauptstadt gefallen. Wie etwas, das zu erwarten war, wurde sein Abgang hingenommen. Und auch mir schien er nicht zu fehlen, denn seine oft beschworene und nie bezweifelte Größe verflüchtigte sich unter den Händen immer eiliger Krankenschwestern, deren Finger zwar nur meinen linken Arm in Besitz nahmen, mir aber in jedem Glied spürbar wurden.

Auch später, als meine Verwundung auskuriert, ich einer von Tausenden in weitläufigen Kriegsgefangenenlagern zuerst in der Oberpfalz, dann unter Bayerns Himmel war, litt ich nicht unter Entzug. Er war weg, als hätte es ihn nie gegeben, als wäre er nie ganz wirklich gewesen und dürfe vergessen werden, als könne man ganz gut ohne den Führer leben.

Auch verlor sich inmitten der Masse einzelner Toter sein verkündeter Heldentod und wurde zur Fußnote. Sogar Witze konnte man jetzt über ihn machen, über ihn und seine Geliebte, von der sich zuvor kein Schimmer gezeigt hatte, die nun aber für Gerüchte gut war. Faßlicher als seine wohin auch immer entrückte Gestalt war draußen der Flieder im Lazarettgarten, dem der beginnende Mai zu blühen befahl.

Fortan schien alles, was im Lazarett oder wenig später in Gefangenschaft geschah, aus dem Ticktack der Zeit gefallen zu sein. Wir atmeten in einer Luftblase. Und was sich soeben noch als Tatsache behauptet hatte, existierte nur ungefähr. Gewiß war einzig: mich hungerte.

Sobald meine Kinder und Kindeskinder von mir Genaues über das Kriegsende hören wollen – »Wie war das damals?« –, kommt selbstsicher die Antwort: »Seitdem ich hinter Stacheldraht saß, hatte ich Hunger.«

Doch eigentlich müßte ich sagen: Er, der Hunger, hatte mich wie ein leerstehendes Haus besetzt, als er innerhalb des Lagers, gleich ob in Baracken oder unter freiem Himmel, zum Platzhalter wurde.

Er nagte. Das sagt man dem Hunger nach, daß er nagen könne. Und der Junge, den ich mir als früh beschädigte Ausgabe meiner selbst vorzustellen versuche, war einer von Tausenden, denen das Nagetier zusetzte. Als Teil einer Teilmasse der nun abgerüsteten, doch schon seit langem unansehnlichen und gänzlich aus dem Tritt geratenen deutschen Armee gab ich ein jämmerliches Bild ab und hätte meiner Mutter, selbst wenn das möglich gewesen wäre, kein Foto ihres Jungen schicken mögen.

Mit Hilfe von Schablonen hatte man uns rückseits kalkweiße Jackenaufschriften gespritzt, die waschfest waren und deren abkürzende Buchstaben uns zu POW machten. Deren einzige Tätigkeit bestand vorerst darin, von früh bis spät und bis in den Traum hinein, wie es hieß, Kohldampf zu schieben.

Gewiß, mein Hunger war nicht abzustellen, ist aber ohne Gewicht im nachträglichen Vergleich mit dem verordneten Mangel in den Konzentrationslagern, den Massenlagern für russische Kriegsgefangene, der das Verhungern, den Hungertod von Hunderttausenden zur Folge gehabt hatte. Doch nur meinen Hunger kann ich in Worte fassen. Nur er ist mir wie eingeschrieben. Nur mich kann ich befragen: Wie machte er sich bemerkbar? Wie lange blieb er vorlaut?

Er trat auf der Stelle, ließ nichts anderes gelten und machte dabei ein Geräusch, das mir seitdem im Ohr nistet und unzulänglich Magenknurren genannt wird.

Das Gedächtnis beruft sich gerne auf Lücken. Was haften bleibt, tritt ungerufen, mit wechselnden Namen auf, liebt die Verkleidung. Auch gibt die Erinnerung oftmals nur vage und beliebig deutbare Auskunft. Sie siebt mal grob-, mal feinmaschig. Gefühle, Gedankenkrümel fallen wortwörtlich durch.

Doch was außer kaubarem Füllsel suchte ich? Was, wenn schon kein Glaube mehr an den Endsieg, bewegte den Jungen meines Namens? Einzig der Mangel?

Und wie kann das dem seßhaften Hunger nachgesagte Nagen erinnert werden? Ist Magenleere ein nachträglich aufzufüllender Raum?

Wäre es nicht dringlicher, jetzt vor sattem Publikum von gegenwärtiger Not in afrikanischen Massenlagern zu reden oder wie in meinem Roman »Der Butt« allgemein vom Hunger zu berichten, »wie er schriftlich verbreitet wurde« und nicht weichen wollte, also endlos Hungergeschichten zu erzählen?

Wiederum drängt sich mein Ich vor, wenn auch nur ungenau datiert werden kann, ab wann mir wie nie zuvor, wie selten danach der Hunger zugesetzt hat: etwa ab Mitte Mai bis Anfang August?

Wem aber gilt diese Feststellung, die dem Zeitverlauf eine Kerbe schlägt?

Sobald ich, wie mittlerweile geübt, über alle Bedenken hinweg Ich sage, also meinen Zustand vor rund sechzig Jahren nachzuzeichnen versuche, ist mir mein damaliges Ich zwar nicht ganz und gar fremd, doch abhanden gekommen und entrückt wie ein entfernter Verwandter.

Fest steht, daß sich das erste Lager, das mich aufnahm, in der Oberpfalz nahe der tschechischen Grenze erstreckte. Sattsam ernährt, gehörten seine Bewacher der 3. US-Armee an: in ihrem laxen Gehabe kamen uns die Amis wie Außerirdische vor. Die Gefangenen mochten, mehr geschätzt als gezählt, um die zehntausend Mann sein.

In etwa entsprach das Lager dem Gelände des altgedienten Truppenübungsplatzes Grafenwöhr, den außerhalb des Stacheldrahtes bewaldete Gegend umgab. Sicher ist gleichfalls mein jugendliches Alter zur Zeit des nagenden Hungers und daß ich bis vor kurzem mit unterstem Dienstgrad als Panzerschütze einer Division angehören sollte, die unter dem Namen »Jörg von Frundsberg« nur als Legende Bestand gehabt hatte.

Gewogen bei einer lagerweiten Entlausungsaktion, bei der ich erste Bekanntschaft mit einem Pulver namens DDT machte, gab mein knochiges Gestell knappe fünfzig Kilo her, ein Untergewicht, das, so vermuteten wir, der Praxis des uns zugedachten Morgenthau-Plans entsprach.

Diese von einem amerikanischen Politiker ausgetüftelte und nach ihm benannte Bestrafung aller deutschen Kriegsgefangenen verlangte den Betroffenen haushälterischen Geiz ab: nach dem Zählappell war jede überflüssige Bewegung zu vermeiden, denn die auf achthundertfünfzig Kalorien beschränkte Tagesration errechnete sich aus nur einem Dreiviertelliter Graupensuppe, auf der vereinzelte Fettaugen schwammen, dem Viertel Kommißbrot, einer winzigen Portion Margarine oder Schmierkäse oder einem Klacks Marmelade. Wasser gab es genug. Und an DDT wurde nie gespart.

Auch das Wort Kalorien war mir bis zur Erfahrung nagenden Hungers unbekannt gewesen. Erst der Mangel machte mich gelehrig. Und da ich wenig wußte, aber viel Falsches gespeichert hatte und mir nun in Schüben das Ausmaß meiner Dummheit bewußt wurde, werde ich mich saugfähig als Schwamm erwiesen haben.

Sobald mir, dem als Sammelbegriff für eine aussterbende Minderheit mittlerweile der Titel »Zeitzeuge« anhängt, aus journalistischer Routine Fragen nach dem Ende des Dritten Reiches gestellt werden, komme ich vorschnell auf das Lagerleben in der Oberpfalz und die allzu knapp bemessenen Kalorien zu sprechen, weil ich die bedingungslose Kapitulation des Großdeutschen Reiches oder den »Zusammenbruch«, wie bald gesagt wurde, zwar als Leichtverwundeter in der Lazarettstadt Marienbad erlebt hatte, dort aber eher beiläufig zur Kenntnis genommen oder in meinem Unverstand wie etwas Vorübergehendes, eine Gefechtspause registriert haben mag. Hinzu kam, daß dem der Kapitulation vorgesetzten Beiwort »bedingungslos« vorerst nichts Endgültiges abzuhören war.

In Marienbad wirkten das Frühlingswetter und die körperliche Nähe der Krankenschwestern vordringlich. Auf meine unerwachsene Wirrnis fixiert, sah ich mich eher besiegt als befreit. Frieden war ein leerer Begriff, das Wort Freiheit vorerst unhandlich. Allenfalls erleichterte mich das Schwinden der Angst vor Feldgendarmen und Bäumen, geeignet zum Hängen. Eine »Stunde null« jedoch, die später als Zeitenwende und wie ein Freibrief im Handel war, wurde mir nicht geläutet.

Vielleicht wirkte der Ort des Geschehens – vormals ein altmodisches Heilbad –, weil in Maiengrün gebettet, zu einschläfernd, um den historischen Tag als ein Ende und Anfang bezifferndes Datum wahrzunehmen. Auch waren seit Tagen, wie im benachbarten Karlsbad die Russen, weiß- und schwarzhäutige Amerikaner in der Stadt; neugierig erlebten wir ihren Auftritt.

Lautlos kamen sie in Schnürschuhen auf Gummisohlen. Welch ein Gegensatz zu unseren lärmigen Kommißstiefeln. Wir staunten. Und mir mag das inständige Kaugummikauen der Sieger imponiert haben. Auch daß sie kaum einen Schritt zu Fuß, immer, sogar auf Kurzstrecken, lässig im Jeep unterwegs waren, kam mir wie ein Film vor, der in ferner Zukunft spielte.

Vor unserer als Hospital gekennzeichneten Villa stand ein GI auf Wache, das heißt, er stand nicht, hockte vielmehr auf den Hacken, streichelte seine Maschinenpistole und gab uns Rätsel auf: War er zu unserer Bewachung abkommandiert oder sollte er uns vor der tschechischen Bürgerwehr schützen, die nun, weil während so langer Zeit gedemütigt, auf Rache aus war? Mir, dem Besiegten, schenkte der Sieger, als ich mein Schulenglisch an ihm ausprobierte, ein Päckchen Kaugummi.

Was aber ging im Kopf des Siebzehnjährigen vor, der körperlich als ausgewachsen gelten mochte und in einer ehemaligen Pensionsvilla von finnischen Krankenschwestern gepflegt wurde?

Vorerst gibt er nichts preis, ist nur äußerlich da und liegt in einem Reihenbett. Schon darf er aufstehen und erste

Schritte auf dem Korridor, vors Haus machen. Die Fleischwunde am rechten Oberschenkel ist so gut wie verheilt. Sein linker Arm, der sich infolge der Verwundung durch einen Granatsplitter von der Schulter abwärts bis in die Hand hinein versteift hat, muß Finger um Finger geknetet, bewegt, gebeugt werden.

Das war bald kuriert und vergessen. Geblieben ist der Geruch der finnischen Lottas, wie die Krankenschwestern genannt wurden: ein Gemisch aus Kernseife und Birkenhaarwasser.

Der Krieg hatte die jungen Frauen aus Kareliens Wäldern weit weg versetzt. Sie sprachen nicht viel, lächelten feinsinnig und gingen handfest mit mir um. Und wohl deshalb waren ihre praktischen Griffe eindrücklicher als die Wirkung der Nachricht von der bedingungslosen Kapitulation aller deutschen Armeeverbände auf den immer noch pickligen Jungen, der ich unter den heilenden Fingern der Lottas gewesen bin.

Doch sobald man den Zeitzeugen Jahrzehnte später, wann immer das bedeutsame Datum im Kalender stand, gefragt hat, wie er den »Tag der Befreiung« erlebt habe, schrieb die Frage die Antwort vor. Dennoch hätte ich, anstatt aus nachträglicher Einsicht wie ein Besserwisser zu reagieren – »Aller Zwang fiel von mir ab, auch wenn damals kaum zu ahnen war, was Freiheit uns, den Befreiten, bedeuten konnte…« –, umstandslos sagen sollen: ich war und blieb mein eigener Gefangener, weil ich von früh bis spät und bis in die Träume hinein hungrig nach Mädchen gierte, bestimmt auch am Tag der Befreiung. Jeder Gedanke lief auf das, nur auf das hinaus. Ich fingerte, wollte befingert werden.

Dieser andere Hunger, der immerhin rechtshändig für kurze Zeit zu stillen war, hielt länger als der nagende an.

Der nahm mich erst in Besitz, als nach den sättigenden und deshalb das Gedächtnis nicht beschwerenden Lazarettmahlzeiten – es wird Eintopf, Gulasch zu Nudeln und sonntags Hackbraten mit Zwiebelsoße zu Stampfkartoffeln gegeben haben – Morgenthaus Hungerrationen unseren umzäunten Alltag bestimmten.

Es kann aber auch sein, daß mir die fotogenaue Bilderfolge noch kürzlich hautnah gespürter Krankenschwestern oder das ersehnte Gesicht eines Schulmädchens mit Zöpfen auch im Lager als Votivtafeln dienten und so, stumm aber willig, den nagenden Hunger ein wenig beschwichtigt haben.

Jedenfalls fehlte mir dies und zugleich das. Meine Not war von doppelter Natur. Eine von beiden blieb immer wach. Und doch sehe ich mich rückblickend nicht ganz und gar der zwiefachen Pein ausgesetzt. Wie der einen, dank unscharfer Bildvorstellung, mit rechter Hand, dann als ausgeheilter Linkshänder beizukommen war, hatte ich, um der anderen Notlage abzuhelfen, einen Vorrat an Tauschware in Reserve. Der kam allerdings erst in den Handel, als wir aus der Oberpfalz für kurze Zeit nahe Bad Aibling in ein noch weiträumiger abgestecktes Massenlager unter offenem Himmel verlegt wurden, um dann erst, aufgeteilt in überschaubare Einheiten, umzäunte Barakken zu beziehen.

Dort kamen wir als Arbeitskolonnen in Kontakt mit unseren Bewachern. Wann immer deren Anweisungen laut wurden, gab ich mich als Dolmetscher aus, der überdies seinen kleinteiligen Schatz an Tauschware zu bieten hatte. So konnte mein dürftiges Schulenglisch abermals erprobt werden, auf daß, ganz im Sinn meiner Mutter, der ich einige Geschäftspraxis abgeguckt hatte, ihr Sohn mal um mal handelseinig werden konnte.

Was alles in einen leeren Brotbeutel paßt! Zu den diversen Tauschobjekten hatte mir in Marienbad jene herrschaftslose Frist von knapp zwei Tagen verholfen, die uns günstig wurde, als sich das deutsche Ordnungssystem verflüchtigt hatte, die Amerikaner noch nicht auf Gummisohlen einmarschiert waren und die noch unzulänglich bewaffnete tschechische Bürgerwehr zögerte, diese Lücke besitz- und machtergreifend zu füllen.

Ein Freiraum tat sich für alle auf, die nicht mehr bettlägerig waren. Wir streunten in der Nachbarschaft, gierig nach Beute. An unsere Pensionsvilla und ihren Fliedergarten grenzte ein leicht zugängliches Grundstück, auf dem ein Gebäude stand, das mit Türmchen, Erker, Balkon und Terrasse gleichfalls einer Villa glich. In ihm hatte bis vor Stunden die Kreisleitung der örtlichen NSDAP ihren Sitz gehabt. Aber vielleicht war der bis ins Dachgeschoß verschachtelte Bau auch nur eine Zweigstelle der Parteiverwaltung gewesen. Jedenfalls stand er uns offen, nachdem der Kreisleiter und sonstige Bonzen geflohen waren. Es kann aber auch sein, daß er verschlossen stand und jemand mit der Brechstange hat nachhelfen müssen.

So oder so: alle gehfähigen Verwundeten, also auch ich, der mittlerweile wieder linkshändig zugreifen konnte, durchstöberten die Büroräume und Amtsstuben, das Sitzungszimmer, die Turmstube, in der Tauben nisteten, und schließlich den Keller, in dem sich ein Raum befand, den die Amtsleiter mit Sofas und Korbmöbeln für gemütliche Kameradschaftsabende eingerichtet hatten: Gruppenfotos uniformierter Parteigenossen hingen an den Wänden.

Ich will ein »Glaube und Schönheit«-Plakat gesehen haben, auf dem Mädels mit hüpfenden Brüsten turnten. Doch fehlte das obligate Führerbild. Weder Fahnen noch

Fähnchen. Kein Gegenstand von noch so geringem Wert war abzustauben. Leer gähnten alle Schränke. »Nichts Trinkbares«, fluchte ein Feldwebel, dessen fehlendes Ohr links sich im Sammelsurium meiner Erinnerungen verkapselt hat.

Endlich wurde ich im Obergeschoß fündig. In der untersten Schublade eines Schreibtisches, an dem irgendein Parteihengst seinen kriegsfernen Sitz gehabt haben mochte, fanden sich, in einer Zigarrenkiste gehäuft, an die fünfzig silbrig glänzende Anstecknadeln, deren Schmuckköpfe in getreuer Nachbildung rund gebuckelte Bunker darstellten. Was eine gestanzte Inschrift unterhalb der Miniaturbunker bestätigte: ich hatte Westwall-Andenken ergattert, beliebte Sammlerobjekte der Vorkriegszeit. Die richtigen Bunker kannte ich nur als Kinogänger.

Während meiner Kindheit war die Befestigung der Westgrenze des Reiches mit tief gestaffelten Panzersperren und Bunkern in jeder Größe fortlaufend Anlaß der Wochenschau für leicht flimmernde Bildberichte und forsche Kommentare bei rhythmisch antreibender Musik gewesen. Nun haftete meiner Beute etwas heroisch Vergebliches an.

Einst waren mit diesen Erinnerungsnadeln aus Neusilber besonders tüchtige Westwallarbeiter geehrt worden; nach achtunddreißig gehörten zu ihnen gewiß auch einheimische Sudetendeutsche, die sich freiwillig beim Bunkerbau nahe der französischen Grenze bewährt hatten. Mir sind noch immer Wochenschaubilder vor Augen: schaufelnde Männer, gestampfter Beton. Bis kurz vor Kriegsbeginn wurden rotierende Mischtrommeln mit Zement gefüttert.

Begeistert sahen wir Jungs das Bollwerk gegen den Erbfeind wachsen. Kilometerlange Panzersperren, die Teil einer leichtgehügelten Landschaft geworden waren, kamen uns unüberwindbar vor. Im Inneren der Bunker suchten wir durch Sehschlitze Ziele und sahen uns zukünftig, wenn nicht als U-Boot-, dann als heldenhafte Bunkerbesatzung.

Sechs Jahre später mögen mich die Anstecknadeln an meine Kindheitsträume und kindlichen Bunkerspiele erinnert haben, wie ich mich jetzt an meinen Fund, verborgen in einer Zigarettenkiste, erinnere, als lägen die Nadeln abzählbar vor mir.

Sonst fand sich in den Schubladen wenig bis nichts, aber immerhin konnte ich einige Bleistifte, zwei leere Oktavhefte, den schon gepriesenen Silberschatz und feinstes Schreibpapier, doch – wie gesucht – keinen Pelikan-Füllfederhalter einsacken. Nicht sicher ist, ob ein Radiergummi und ein Bleistiftanspitzer griffbereit lagen.

Andere fanden Teelöffel, Kuchengabeln, klaubten unnötiges Zeug, etwa Serviettenringe. Und einige nahmen Stempel und Stempelkissen mit, als wollten sie sich jetzt noch Dienst- oder Urlaubsreisen genehmigen.

Ach ja, drei beinerne Würfel und ein lederner Knobelbecher gehörten gleichfalls zu meiner Ausbeute. Fand sich Zeit für einen mir günstigen Wurf, zwei Sechser, ein Dreier oder gar Fünfer?

Mit diesen Würfeln habe ich später, als wir aus dem Lager Oberpfalz in das Großlager Bad Aibling unter freiem Himmel verlegt wurden, mit einem gleichaltrigen Jungen, nach dem ich mich schon im dunklen Kiefernwald gesehnt hatte und der nun tatsächlich Joseph hieß und druckreif bayerisches Hochdeutsch sprach, um die Wette geknobelt. Es regnete oft. Wir buddelten uns ein Erdloch. Bei Regen hockten wir unter einer Zeltplane, die ihm gehörte. Wir redeten über Gott und die Welt. Wie ich war er Meßdiener gewesen, er ausdauernd, ich nur aushilfsweise. Er glaubte immer noch, mir war nichts heilig. Beide waren wir verlaust. Das kümmerte uns wenig. Auch er schrieb Gedichte, wollte jedoch ganz anders hoch hinaus. Aber das wird sich erst später und nach und nach zur Geschichte auswachsen. Vorerst sind die Westwallnadeln wichtig.

Den Tauschwert meines plötzlichen Reichtums habe ich anfangs nur ahnen können, doch dann, verlegt aus dem Großlager Bad Aibling in ein Arbeitslager, gelang es mir als abgezähltes Glied einer Kolonne, die halbstarke Buchen zu fällen hatte, mit Hilfe meines Schulenglisch – »This is a souvenir from the Siegfried Line« – drei der glänzenden Westwallnadeln mit Gewinn an den Mann zu bringen.

Unserem Wachposten, einem gutmütigen Farmerssohn aus Virginia, dem es an zu Hause vorzeigbarer Kriegsbeute fehlte, war eine einzige Nadel ein Päckchen Lucky Strike wert, für das ich, zurück im Lager, ein Kommißbrot einhandeln konnte. Das ergab für den Nichtraucher vier satte Tagesrationen.

Als ich von einem anderen Wachposten, unserem schwarzhäutigen Truckfahrer, mit dem der rosahäutige Farmerssohn aus Prinzip kein Wort wechselte, für zwei Nadeln von der Siegfried Line ein ziemlich klitschiges Maisbrot bekam, riet mir ein altgedienter Gefreiter, das Brot zu rösten. Er schnitt den Laib in Scheiben, halbierte diese und legte sie Stück neben Stück auf den Deckel des gußeisernen Kanonenofens, der auch im Sommer beheizt wurde, weil die Leute des Waldkommandos gegen Abend alles nur Findbare, etwa Brennesseln und Löwenzahn, zu Spinat kochten. Einige garten sogar Wurzeln.

Ein Unteroffizier, der, wie er sagte, als Besatzer herrliche Jahre in Frankreich verleben durfte, holte seine Zusatzkost, ein Dutzend zappliger Frösche, die er einem Waldtümpel abgefangen hatte, aus dem Brotbeutel, zerlegte sie lebend und kochte die Schenkel mit dem Spinat.

Die Baracken unseres Lagers, in denen der Länge nach zwei übergangslos verlaufende Holzpritschen die uns gewohnten Doppelstockbetten ersetzten, waren bis Kriegsende von Zwangsarbeitern belegt gewesen. An den Pfosten der Liegen und in Stützbalken fanden wir gekerbte Inschriften in kyrillischen Buchstaben. Einige Landser, die Smolensk und Kiew hin und zurück mitgemacht hatten, behaupteten: »Das waren bestimmt Ukrainer.«

Auch der Kanonenofen stammte aus der Zeit der Zwangsarbeiter. Unbedenklich sahen wir uns als deren Nachfolger, die gleichfalls Inschriften in Stützpfosten und Balken schnitzten: die Namen herbeigewünschter Mädchen und übliche Sauereien.

Mein geröstetes Maisbrot versteckte ich in einem Zeitungspapier aus letzten Kriegstagen, das fettgedruckte Durchhalteparolen überlieferte. Als Vorrat zwischen Strohsack und Holzliege sollte es meine Tagesration anreichern. So sparsam hielt ich meinen Hunger in Grenzen.

Als unsere Kolonne am folgenden Abend vom Holzfällen zurückkam, war vom Brot samt Verpackung kein Krümel mehr da. Der Gefreite, der mir beim Maisbrotrösten geholfen hatte und dem dafür ein Viertel des Brotes zustand, machte Meldung beim Barackenältesten, einem Feldwebel von herkömmlich befehlsgewaltiger Art.

Daraufhin wurden die Liegen und Strohsäcke, auf denen bestimmt schon die Ukrainer geschlafen hatten, desgleichen die Klamotten all derjenigen durchsucht, die, weil krankgeschrieben oder abgeordnet zum Stubendienst, nicht draußen auf Holzfällerkommando oder als Trümmerräumer tätig gewesen waren.

Bei einem Oberleutnant der Luftwaffe – im Lager mischten sich einfache Dienstgrade mit Offizieren bis hin zum Hauptmann –, der sich bis dahin unbeirrt zackig gegeben hatte, wurden die Reste des Röstbrotes samt Zeitungspapier unter dessen Strohsack gefunden.

Sein Vergehen hieß nach ungeschriebenem Gesetz Kameradendiebstahl. Schlimmeres gab es nicht. Ein Delikt, das nach Strafe schrie und schnellem Vollzug. Obgleich als Bestohlener betroffen und als Augenzeuge dabei, kann oder will ich mich nicht erinnern, ob meine Hand nach der Verurteilung des Oberleutnants durch ein ordentlich gewähltes Barackengericht beteiligt gewesen ist, als die Strafe verkündet und dann durch Prügel mit Wehrmachtskoppeln auf den nackten Arsch vollzogen wurde.

Zwar meine ich noch immer die Striemen auf platzender Haut zu sehen, aber das könnte ein nachträglich gepinseltes Bild sein, weil Erlebnisse dieser Art, sobald sie sich zu Geschichten mausern, nun mal auf Eigenleben bestehen und gern mit Einzelheiten prahlen.

Jedenfalls wurde der Dieb, gesteigert durch die Wut der Landser auf jeden, der Offizier gewesen war, übermäßig verprügelt. Der im Krieg gestaute Haß entlud sich bei gegebenem Anlaß. Und mir, der ich bis vor kurzem nur Gehorsam gekannt hatte und seit HJ-Zeiten auf unbedingten Gehorsam gedrillt worden war, ging der letzte Respekt vor Offizieren der Großdeutschen Wehrmacht flöten.

Wenig später wurde der »Luftwaffenheini«, den man gegen Kriegsende als »Hermann-Göring-Spende« zur Infanterie versetzt hatte, in eine andere Baracke verlegt.

Das geröstete Maisbrot schmeckte nicht übel, leicht süßlich, bißchen wie Zwieback. Wiederholt verhalfen mir meine Westwallnadeln zu Röstbrot, das ich in Pilzsuppen tunkte. In einem niedrigstämmigen Nadelwald hatte ich Pfifferlinge gefunden und brachte, weil seit der Kindheit mit Pilzen und kaschubischen Pilzgerichten vertraut, sogar ein Gericht Blutreizker und später Flaschenboviste in die Baracke. Wie die Pfifferlinge briet ich sie mit einem Klacks Margarine der Tageszuteilung auf dem Kanonenofen. Auch fand ich Geschmack an Brennesselspinat. Meine ersten selbstgekochten Gerichte. Der Gefreite spendete Salz und aß mit mir von den Pilzen.

Seitdem koche ich gerne für Gäste. Für solche, die mir jeweils die Gegenwart ins Haus bringt, doch auch für ausgedachte oder aus der Geschichte herbeizitierte: so hatte ich kürzlich Michel de Montaigne, den jungen Heinrich von Navarra und als Biografen des späteren Henri Quatre von Frankreich den älteren der Mannbrüder als Gäste zu Tisch – eine nur kleine, aber mitteilsame Herrenrunde, die sich in Zitaten gefiel.

Wir sprachen über Nieren- und Gallensteine, das Gemetzel der Bartholomäusnacht, den anderen Bruder aus hanseatischem Haus, wiederum über die anhaltende Not der Hugenotten und vergleichsweise über Bordeaux und Lübeck. Beiläufig verlästerten wir Juristen als Landplage, verglichen harten mit weichem Stuhlgang, beschworen dann das sonntägliche Huhn im Topf eines jeden Franzosen und stritten, während sich nach der Fischsuppe meine Gäste an einem Gericht Blutreizker zu paniertem Kalbsbries erfreuten, über das Elend der Aufklärung nach soviel Fortschritt. Auch war uns die noch immer nicht verjährte Frage, ob Paris eine Messe wert gewesen sei, wichtig. Und sobald ich als Zugabe zur Käseplatte den jüngsten Ertrag unseres Behlendorfer Walnußbaums servierte, wurde streitbar heiter der Calvinismus als Nährmutter des Kapitalismus verhandelt.

Der spätere König lachte. Montaigne zitierte Livius oder Plutarch. Der ältere der Mannbrüder verspottete seines jüngeren Bruders strapazierfähige Leitmotive. Ich lobte die Kunst des Zitierens.

Mein erster Gast jedoch, der langgediente Gefreite, dem ich die Pfifferlinge tischte, erzählte mir von Tempelruinen auf griechischen Inseln, von der Schönheit norwegischer Fjorde, den Weinkellern französischer Schlösser, den höchsten Bergen im Kaukasus, von seinen Dienstreisen nach Brüssel, wo man, so schwärmte er, die besten Pommes frites essen könne. Er kannte halb Europa, so lang steckte er schon in Uniform, so kampferprobt weitgereist gab er sich, so grenzüberschreitend. Nachdem die Teller leer waren, sang er für seinen Gastgeber »In einem Polenstädtchen...«

Wie mir die Heeresberichte des Oberkommandos der Wehrmacht zu erweiterten Geografiekenntnissen verholfen hatten, so hatte der Kriegsverlauf meinem Gast, dem Gefreiten, jene plaudrige Weltläufigkeit eingegeben, die uns heute, während anhaltender Friedenszeit, von manisch fotografierenden Touristen bei Diaabenden geboten wird. Er sagte dann auch: »Da will ich mit meiner Erna wieder mal überall hin, später, wenn sich der Pulverdampf gelegt hat.«

Zwar haben mich das Pilzgericht und der Brennesselspinat zum Koch und Gastgeber gemacht, doch die Voraussetzungen für meine bis heutzutage anhaltende Lust, dieses mit jenem in einem Topf zu garen, das eine mit anderem zu füllen, mit Zutaten den besonderen Geschmack zu fördern und mir beim Kochen lebende und tote Gäste zu imaginieren, kündigte sich schon in der Frühzeit des nagenden Hungers an, als der auskurierte Verwundete den pflegenden Händen der Krankenschwestern entrissen wurde und von der Kur in Marienbad direkt in das Hungerlager in der Oberpfalz kam.

Zwischen zehn- und mehrtausend Kriegsgefangenen lernte ich nach siebzehn Jahren regelmäßiger Sättigung – nur selten wurde es knapp – den Hunger, weil er das erste und letzte Wort hatte, als anhaltend nagende Pein zu erleiden und zugleich als Quelle immerfort sprudelnder Inspiration zu nutzen; bei gesteigerter Einbildungskraft magerte ich sichtlich ab.

Zwar verhungerte nicht ein einziger der Zehntausend, doch verhalf uns der Mangel zu asketischem Aussehen. Selbst wer nicht dazu neigte, sah sich vergeistigt. Dieser spirituelle Anschein muß auch mir gut zu Gesicht gestanden haben: aus vergrößerten Augen nahm ich mehr auf als da war und hörte Chöre, die übersinnlich jubelten. Und weil uns der Hunger die Spruchweisheit »Der Mensch lebt nicht vom Brot allein« in dieser und jener Betonung, mal als zynische Lagerparole, mal als tröstenden Allgemeinplatz nahebrachte, steigerte sich bei vielen das Verlangen nach geistiger Kost.

Etwas tat sich im Lager. Allerorts Aktivitäten, die den kollektiven, bis gestern noch drückenden Stumpfsinn aufhoben. Kein jammervolles Umherschleichen, kein Durchhängen mehr. Die Besiegten rafften sich auf. Mehr noch: unsere totale Niederlage setzte Kräfte frei, die sich während des andauernden Krieges eingekellert hatten und nun zum Zuge kamen, als gelte es, doch noch – wenn auch auf anderem Feld – zu siegen.

Die Besatzungsmacht duldete dieses den Deutschen wie angeborene Organisationstalent als emsig betriebenen Beweis einer besonderen Begabung.

Wir organisierten uns in Gruppen und Grüppchen, die lagerweit ein Aufgabenfeld beackerten, das der Allgemeinbildung, dem Kunstgenuß, der philosophischen Erkenntnis und Wiederbelebung des Glaubens sowie dem praktischen Wissen fruchtbar werden sollte. Das alles verlief nach Stundenplan, gründlich und pünktlich zugleich.

In Kursen konnte man Altgriechisch, Latein, aber auch Esperanto lernen. Arbeitskreise widmeten sich der Algebra und höheren Mathematik. Von Aristoteles über Spinoza bis hin zu Heidegger reichte der Spielraum für verstiegene Spekulationen und bohrenden Tiefsinn.

Bei alldem kam die berufliche Fortbildung nicht zu kurz: zukünftige Prokuristen wurden mit der doppelten Buchführung, Brückenbauer mit statischen Problemen, Juristen mit Winkelzügen, die Ökonomen von morgen mit den profitorientierten Gesetzen der Marktwirtschaft und den Tips zukunftsgewisser Börsenspekulanten vertraut gemacht. All das geschah im Hinblick auf den Frieden und dessen zu erahnende Spielräume.

Andererseits betrieb man in Zirkeln Bibelkunde. Sogar die Einführung in den Buddhismus fand Zulauf. Und weil eine Vielzahl handlicher Musikinstrumente die verlustreichen Rückzüge der letzten Kriegsjahre überdauert hatte, versammelte sich täglich ein Mundharmonikaorchester, übte fleißig in frischer Luft und trat vor Publikum auf, sogar in Gegenwart amerikanischer Offiziere und aus Übersee angereister Journalisten. Die Internationale aller

Soldaten, »Lili Marleen«, gängige Schlager, aber auch konzertreife Stücke wie »Petersburger Schlittenfahrt« und die »Ungarische Rhapsodie« fanden Beifall.

Zudem gab es Singkreise und bald einen A-cappella-Chor, der an Sonntagen ein Häuflein versammelter Musikliebhaber mit Motetten und Madrigalen beglückte.

So viel und sicher noch mehr wurde uns ganztägig geboten. Wir hatten ja Zeit. Im Massenlager Oberpfalz gab es keine Angebote für außerhalb tätige Arbeitskolonnen. Nicht einmal Trümmerräumen im nahen Nürnberg war uns erlaubt. Nur innerhalb der bewachten Umzäunung durfte in Zelten, Kasernengebäuden und großräumigen Pferdeställen – das Lager muß einst Garnisonsstandort eines Kavallerieregimentes gewesen sein – tapfer gelernt werden, gegen den Hunger und dessen inständiges Nagen anzukämpfen.

Nur wenige machten nicht mit. Lamentierend gefielen sie sich als Besiegte und weinten verlorenen Schlachten nach. Einige glaubten sogar, im Verlauf von Sandkastenspielen nachträglich Siege – etwa bei der Kursker Panzerschlacht oder in und um Stalingrad – erringen zu können. Viele jedoch belegten mehrere Lehrgänge, etwa vormittags Stenographie und am Nachmittag mittelhochdeutsche Dichtung.

Und was machte mich zum Schüler? Da ich ab meinem fünfzehnten Lebensjahr, also seitdem mir die kleidsame Uniform der Luftwaffenhelfer angepaßt saß, der Schule und ihren Zensuren entlaufen war, hätte ich mich vernünftigerweise für Mathematik und Latein, meine Mangelhaftfächer, entscheiden sollen und, vorhandene Kunstkenntnisse ergänzend, für eine Vortragsreihe zum Thema »Die frühgotischen Stifterskulpturen im Naum-

burger Dom«. Auch hätte mir eine Therapierunde behilf-
lich werden können, die sich um die im Lager verbreiteten
»Verhaltensstörungen während der Pubertät« kümmerte.
Aber der Hunger trieb mich in einen Kochkurs.

Diese Verlockung fand sich zwischen anderen Angeboten auf dem Schwarzen Brett angeschlagen, das vorm Ka-
sernengebäude der Lagerverwaltung seinen Platz hatte.
Sogar ein Strichmännchengesicht mit Kochmütze warb
auf dem Zettel. In der ehemaligen Veterinärstation des
Kavallerieregimentes sollte der aberwitzigste aller Lehrgänge täglich zwei Doppelstunden beanspruchen. Schreibpapier sei mitzubringen.

Wie gut, daß ich mich in Marienbad, als mir die silbri-
gen Westwallnadeln als zukünftige Tauschobjekte zugute-
kamen, nicht nur zusätzlich mit dem Knobelbecher und
den beinernen Würfeln, sondern auch mit einem Stoß
DIN-A4-großen Bögen, zwei Oktavheften, Bleistiften
samt Anspitzer und Radiergummi bereichert hatte.

Wenn mir seitdem die Erinnerung in diese und jene Richtung löcherig geworden ist und ich zum Beispiel nicht
weiß, ob mein Jünglingsflaum bereits zur Zeit des Lagerlebens rasiert werden mußte, und überhaupt ungewiß bin,
ab wann mir der Pinsel und ein eigener Rasierapparat zur
Hand waren, muß ich dennoch nach keinem meiner Hilfsmittel greifen, um den nahezu leeren Raum der ehemaligen Veterinärstation vor mir zu sehen. Er ist mannshoch
weiß gekachelt. Den oberen Rand begrenzt ein blau gla-
siertes Bord. Gleichfalls bestätige ich mir die schwarze
Schultafel der breiten Fensterfront gegenüber, kann allerdings nichts über die Herkunft des pädagogischen Möbels
sagen. Wahrscheinlich hat die Tafel schon bei der Unter-

weisung zukünftiger Armeeveterinäre ihren Nutzen beweisen müssen, als es um die Beschaffenheit des Pferdes, dessen Verdauungstrakt, um Sprunggelenke, das Herz, das Gebiß und die Hufe, nicht zuletzt um die Krankheiten des beim Reit- und Spanndienst nützlichen Vierbeiners ging. Wie wird eine Kolik behandelt? Wann schlafen Pferde?

Auch bin ich mir nicht sicher, ob der von mir so zweifelsfrei erinnerte Unterrichtsraum nach der Doppelstunde »Kochkurs für Anfänger« ungenutzt geblieben ist, oder ob zwischen seinen Wänden anderes Wissen mit Hilfe der abwaschbaren Schultafel, etwa das Altgriechische oder die Gesetze der Statik, unterrichtet wurden. Womöglich hat man dort erste Gewinnspannen des späteren Wirtschaftswunders als Profitmaximierung errechnet und – der Zeit weit voraus – Fusionen im Montanbereich oder, was heutzutage gängige Praxis ist, »feindliche Übernahmen« geübt. Doch möglicherweise diente der Vielzweckraum auch Gottesdiensten dieser und jener Konfession. Die hohen Spitzbogenfenster gaben dem leicht hallenden Geviert, das nicht nach Pferd, eher nach Lysol roch, etwas Sakrales.

Jedenfalls lädt der Ort des Geschehens immer wieder zu Inszenierungen ein, deren Handlungsabläufe sich in Verästelungen verlieren; an abrufbarem Personal hat es mir nie gefehlt. So wurde diese Geschichte schon einmal, und zwar gegen Ende der sechziger Jahre, in dem Roman »örtlich betäubt« von einem Studienrat namens Starusch mehr unzulänglich abgehandelt als schlüssig erzählt, indem er den »Kochkurs für Anfänger« ins Großlager Bad Aibling, also unter Oberbayerns freien Himmel verlegte und auf die Schultafel verzichtete.

Doch meine Version ist geeignet, diese allzu fiktive Abhandlung, in der als Meisterkoch gesichtslos ein Herr

Brühsam auftritt, mit glaubhaften Tatsachen zu widerlegen; schließlich bin ich es gewesen, den der Hunger in einen abstrakten Kochkurs getrieben hat.

Eindeutig und gegen niemanden auszutauschen sehe ich ihn, den Meister, vor der Schultafel stehen, auch wenn mir sein Name entfallen ist. Eine hager hochwüchsige, ins übliche Militärzeug gekleidete Apostelgestalt mittleren Alters, die von ihren Schülern Chef genannt werden wollte. Auf ganz unsoldatische Art verlangte der kraushaarige Graukopf Respekt. Seine Augenbrauen waren so lang, daß man sie hätte kämmen mögen.

Gleich anfangs setzte er uns über seine Laufbahn in Kenntnis. Von Bukarest über Sofia und Budapest sei er als gefragter Chefkoch bis nach Wien gekommen. Beiläufig fielen die Namen von Grandhotels anderer Städte. In Zagreb oder Szegedin will er Leibkoch eines kroatischen oder ungarischen Grafen gewesen sein. Sogar Wiens Hotel Sacher hat er als Ausweis seiner kochkünstlerischen Karriere genannt. Hingegen bin ich nicht sicher, ob er im Speisewagen des legendären Orientexpress illustre Fahrgäste bekocht hat und so zum Zeugen feingesponnener Intrigen und komplizierter Mordfälle wurde, die selbst für literarisch beglaubigte Detektive nur mit ausgeklügeltem Spürsinn zu lösen waren.

Jedenfalls war unser Meister als Chefkoch ausschließlich im Südosten Europas, mithin in jener Vielvölkergegend tätig, in der sich nicht nur die Küchen messerscharf voneinander abgrenzen und dennoch vermischen.

Wenn man seinen Andeutungen trauen durfte, kam er aus dem entlegenen Bessarabien, war also, wie damals gesagt wurde, ein Beutedeutscher, der, wie auch die Deutschstämmigen aus den baltischen Staaten, infolge des Paktes zwischen Hitler und Stalin »heim ins Reich« geholt wurde. Doch was wußte ich schon aus der Dummheit meiner grünen Jahre von den bis heute nachwirkenden Folgen des Hitlerstalinpaktes? Nichts, nur die abschätzige Klassifizierung »Beutedeutscher« war mir geläufig.

Bald nach Kriegsbeginn waren, was jedermann, also auch ich wußte, im Hinterland meiner Geburtsstadt, soweit die Kaschubei reichte und bis in die Tucheler Heide hinein, polnische Bauernfamilien von ihren Höfen vertrieben und an ihrer Stelle baltische Beutedeutsche angesiedelt worden. Deren breitgewalzter Zungenschlag ließ sich, weil dem heimischen Platt ähnlich, leicht nachahmen, zumal ich im Conradinum, wenn auch für kurze Zeit nur, mit einem Jungen aus Riga die Schulbank gedrückt hatte.

Aber das besondere »Deitsch« unseres, wie er sagte, »zu Kanonier von Gulaschkanone« degradierten Chefkochs, dessen militärische Laufbahn beim Gefreiten ihr Ende gefunden hatte, war meinem Ohr fremd. Er sagte »bisserl« statt bißchen. Weißkohl nannte er »Kapuster« und nuschelte ähnlich wie der beliebte Filmschauspieler Hans Moser, sobald er erklärend vor der Schultafel stand und zudem beredt mit den Händen fuchtelte.

Nun hätte man annehmen können, daß er uns ausgehungerte Schüler gleich einem sadistischen Quälgeist mit exquisiten Gerichten, etwa Tafelspitz zu Meerrettichsahne, Hechtklößchen, Schaschlikspießen, getrüffeltem Wildreis und glasierter Fasanenbrust zu Weinkraut traktiert hätte, aber er kam uns anders, bieder mit Hausmannskost. Derbe Gaumenfreuden beschwor er am Rande seiner grundsätzlichen Exkursionen, die jeweils einen schlachtreifen Gegenstand zum Mittelpunkt hatten.

Wir Hungerleider schrieben mit. Vollgekritzelte Seiten. Man nehme… Man füge hinzu… Man lasse das Ganze zweieinhalb Stunden lang…

Ach, wäre mir doch aus meiner Marienbader Erbschaft zumindest eines der beiden Oktavhefte nicht verlorengegangen. So sind von all den wortreich erteilten Doppelstunden inmitten der Kursteilnehmer, zu denen junge Bengels wie ich, aber auch betagte Familienväter zählten, nur zwei oder drei haftengeblieben, diese allerdings bis ins verwurstete und schmalztriefende Detail.

Er war ein Meister der Beschwörung. Mit einer Hand nur zwang er gemästete Träume auf die Schlachtbank und unters Messer. Dem Nichts gewann er Geschmack ab. Luft rührte er zu sämigen Suppen. Mit drei genäselten Wörtern erweichte er Steine. Würde ich heutigentags meine mit mir alt gewordenen Kritiker versammeln und um ihn, den Ehrengast, zu Tisch bitten, könnte er ihnen die Wunderwirkung freihändiger Imagination, also das Zaubern auf weißem Papier erläutern; aber unheilbar wüßten sie wiederum alles besser, würden lustlos meine Kichererbsen samt mitgekochten Hammelrippchen löffeln und hätten eilfertig ihr dürftiges Rüstzeug, den literarischen Cholesterinspiegel zur Hand.

»Heut, bittscheen, nehmen wir Schwain durch«, sagte der Meister einleitend und umriß auf der Schultafel mit knirschender Kreide und sicherem Strich die Konturen einer ausgewachsenen Sau. Dann zerteilte er das auf schwarzer Fläche dominierende Borstenvieh in benennbare Teile, die römisch beziffert wurden. »Nummer eins is Ringelschwänzchen und kennt uns schmecken gekocht in geweenliche Suppe von Linsen…«

Dazu numerierte er die Läufe der Sau von den Pfoten bis hoch zum Kniebein, gleichfalls zum Mitkochen geeignet. Dann kam er vom Eisbein der Vorderläufe zu den Schinken der Hinterbeine. So ging es weiter vom Nackenstück übers Filet bis hin zu den Koteletts und dem Bauchfleisch.

Zwischendurch hörten wir unumstößliche Weisheiten: »Nacken is saftiger wie Kotelett vom Schwain…«

In Brotteig gehüllt, sollte das Filet in die Backröhre geschoben werden. Und weitere Anweisungen, denen ich heute noch folge.

Uns, denen täglich nur ein Kellenschlag wäßrige Kohl- oder Graupensuppe zustand, riet er, des Schweinebratens Fettmantel mit scharfem Messer der Länge, der Breite nach zu kerben. »No, das gibt Krustchen kestlich!«

Dann nahm er uns prüfend ins Auge, ließ den Blick schweifen, sparte keinen, auch mich nicht, aus und sagte: »Waiß ich doch Herrschaften, bittscheen, daß uns nu leift Wasser im Mund zusammen«, um nach bemessener Pause, in der jeder sich und die anderen schlucken hörte, aus Mitleid und Kenntnis unserer gemeinsamen Not zu verkünden: »Reden wir nich mehr von Fettigkait, reden wir nu, wie Schwain wird abgestochen.«

Wenn mir auch die Oktavhefte verlustig gegangen sind, hilft doch die Zwiebel Erinnerung, des Meisters gestanzte Merksätze wortgetreu zu zitieren. Im Rückblick sehe ich, wie er pantomimisch handgreiflich wird, denn bei der Demonstration des Schlachtens ging es vordringlich darum, »dem Schwain sain Blut« warm aufzufangen und unablässig in einem Trog zu rühren, damit es nicht klumpig gerinne. »Riehren mißt ihr, immerzu riehren!«

Folglich saßen wir auf Schemeln, Kisten, auf dem gefliesten Boden und rührten in imaginierten Trögen linksrum, rechtsrum, dann kreuzweise das aus einer vorstellbaren Stichwunde schießende dampfende, dann nur noch tropfende Schweineblut. Wir glaubten, die immer matter quiekende Sau zu hören, die Wärme des Blutes zu spüren, den Blutgeruch einzuatmen.

Sobald ich in späteren Jahren zu Schlachtfesten geladen wurde, enttäuschte mich jedesmal die Realität, weil sie den Beschwörungen des Meisters nachhinkte, bloßes Abschlachten war, nur seiner Worte verhauchter Nachhall.

Alsdann lernten wir das gerührte Blut mit Hafergrütze, würzendem Majoran zu verkochen und den dickflüssigen Brei in den gereinigten Schweinedarm zu pressen, auf daß er zu Würsten abgebunden wurde. Zum Schluß riet uns der Chef, nach südosteuropäischem Maß, »bittscheen, auf fünf Liter Blut draissig Deka Rosinen« der Wurstfüllung beizumengen.

So eindringlich ist mein Geschmack in Richtung Zukunft geködert worden, daß ich mein Lebtag lang grützige Darmfüllungen mit Heißhunger zu Stampfkartoffeln und Sauerkraut gegessen habe. Nicht nur, weil sie billig sind und ich in den fünfziger Jahren knapp bei Kasse gewesen bin, auch heute noch schmecken mir in Berlins unvermeidlicher Paris-Bar die französischen Boudins. Das norddeutsche Blutgericht Schwarzsauer, verdickt mit geschnetzelten Schweinenieren, gehört zu meinen Lieblingsgerichten. Und habe ich Gäste geladen – wechselnde Skatbrüder aus wechselnder Zeit –, kommt grobe Kost auf den Tisch.

Ach, welche Lust, wenn nach einer Bockrunde die gebratenen oder gedünsteten Würste dampfen, die stramm abgebundene Darmhaut platzt oder angeschnitten ihr Inneres freigibt: Rosinen und Grütze, vermengt mit klumpig gestocktem Blut. So langwährend hat jener bessarabische Chefkoch im oberpfälzischen Massenlager meinen Gaumen belehrt.

»Aber bittscheen, Herrschaften«, sagte er, »noch is Meglichkait von Schwain nich fertig.«

Wie einst die biblische Salome mit langem Finger auf das Haupt des Täufers, so wies er auf den mit Kreide umrissenen Schweinekopf, den er zuvor wie die Schinken, den Nacken und das Ringelschwänzchen auf der Schultafel numeriert hatte: »Nu machen wir kestlichen Schwainekopfsulz, doch, bittscheen, ohne Gelatine aus Fabrik...«

Dem folgte ein weiterer Lehrsatz. Die Sülze – bei ihm hieß sie Sulz – müsse, gewonnen aus der Fettbacke, der Rüsselschnauze und dem lappigen Ohr, ganz aus sich gelieren. Worauf er den Kochvorgang des halbierten Schweinekopfes zelebrierte, der in geräumigem Topf und bedeckt von Salzwasser auf kleiner Flamme zwei satte Stunden lang zu köcheln hatte, wobei Nelken- und Lorbeerblätter sowie eine ungeteilte Zwiebel ersten Geschmack geben sollten.

Als ich gegen Ende der sechziger Jahre, also während protestgeladener Zeit, in der Zorn, Ärger, Wut billig als Schlagzeilen und Würzkraut zu haben waren, ein langes Gedicht unter dem Titel »Die Schweinekopfsülze« schrieb, ließ ich zwar herkömmliches Gewürz mitkochen, gab aber immer wieder eine »Messerspitze gerinnende, eingedickte, restliche Wut« hinzu und sparte nicht an Zorn und Ärger, die in Zeiten der Ohnmacht gegenüber gewalttätigen Mächten ins Kraut schossen und so den später »Achtundsechziger« genannten Revolutionären zu zornesroten Spruchbändern verhalfen.

Beim Entbeinen der Kopfhälfte jedoch folgte der Schüler dem Meister. Mit beiden Händen in unbewegter Luft zeigte er uns, wie nach dem Garen das erkaltete Fleisch, das Fett vom Gebein, die Schnauze vom Knorpel zu lösen, die Gallerte von dem besonders gelierfähigen Ohrlappen und der Haut zu schaben seien, denn nie fuchtelte er ziellos. Er hantierte mit der imaginierten Kinnlade, löffelte das geronnene Hirn aus der Hirnschale, entleerte die Augenhöhle, wies uns die von der Gurgel gelöste Zunge vor, hob die vom Fettmantel befreite Schweinebacke – einen ordentlichen Batzen – und begann, während er die gesamte Ausbeute flink zu Würfeln schnitt, alles aufzuzählen, was neben einem mitgekochten mageren Stück Brust oder Nacken in den immer noch köchelnden Sud gehörte: feingehackte Lauchzwiebeln, saure Gürkchen in Scheiben, Senfkörner, Kapern, geraspelte Zitronenschale, grob gestoßene Schwarzpfefferkörner.

Und nachdem er grüne und rote Paprika – »aber nich von scharfe Sorte« – geschnipselt hatte und sobald alles, das gewürfelte Fleisch und die gehäufelten Zutaten, noch einmal aufgekocht war, gab er zum Schluß feierlich, als gieße er Weihwasser aus dem Phantom einer Korbflasche, Essig in den randvollen Topf, nicht zu knapp, weil, wie man ja wisse, Essig kalt im Geschmack nachgebe. »Nu, bittscheen, schöpfen wir alles in irdene Schissel, stellen an kiehlen Ort und warten und warten mit bisserl Geduld, haben wir ja genug von.«

Eine gedehnte Pause lang, in der unser Wunschbild von Schweinekopfsülze aus sich und ohne fremde Zutat gelieren mochte und draußen, außerhalb der ehemaligen Veterinärstation, bei anhaltendem Frühlingswetter lateinische Vokabeln und in weiteren Kursen mathematische Formeln gebüffelt wurden, fixierte er jeden der Zuschauer, die Opfer seiner Zauberei.

Damit kein Unglaube aufkam, blinzelte er ein wenig, als erwache nun auch der Meister aus kaloriereichem Traum, und sagte, nein, nuschelte im Tonfall des schon genannten Filmschauspielers: »Is fertig nu. Wackelt nich mehr in Schissel. Is, bittscheen, schnittfest für Herrschaften gebeten zu Tisch.«

Nach abermaliger Pause und wiederholtem Blinzeln schien er die Zukunft auf der Zunge zu haben: »Wird später schmecken zu Frihstick schon, wenn alles is besser und genug Schwain zu kaufen wird da sain.«

Von alldem, was verlorengegangen ist, schmerzt der Verlust der Oktavhefte besonders. Aus ihnen zu zitieren, würde mich glaubwürdiger machen.

Oder habe ich etwa nicht mitgeschrieben, während der Meister das Köcheln, Entbeinen, Lösen und Würfeln des Fleisches, das Häufeln der Zutaten, zudem den feierlichen Essigguß wie eine heilige Handlung vollzog?

Ist mir mein Schreibpapier aus dem Marienbader Vorrat, auf dessen Bögen ich sonst nur Mädchenfleisch abtastende Gedichte gekritzelt und die zerknautschten Gesichter langgedienter Landser gezeichnet hatte, zu kostbar für die Niederschrift profaner Kochrezepte gewesen?

Auf diese Fragen kommt schnurstracks Antwort: auf welch verlorenem Papier auch immer, mit und ohne Radiergummispuren, rückgewandt sehe ich mich mit fliegendem Bleistift tätig. Und schlucken höre ich mich, reich an Speichel, wie die anderen Eleven des Kochkurses geschluckt haben mögen, um das Dauergeräusch des inwendigen Nagetiers zu übertönen.

Deshalb sind mir die Lektionen des Meisters wie eingeschrieben, so daß ich später oder, wie der bessarabische
Chefkoch aus zukunftsgewisser Vorausschau sagte, als
»genug Schwain« zu kaufen war, nicht nur das die Schweinekopfsülze feiernde Gedicht zu Papier gebracht habe,
sondern auch meine Gäste – lebende und aus Vorzeiten
herbeizitierte – mit randvoll geliertem Topf zu erfreuen
verstand. Dabei habe ich selten versäumt, der jeweiligen
Tischrunde – einmal waren, neben den Herausgebern der
volkstümlichen Sammlung »Des Knaben Wunderhorn«,
die Brüder Grimm und der Maler Runge eingeladen –
von jenem abstrakten, doch den Hunger übertönenden
Kochkurs in dieser und jener Variante zu erzählen.

Es gefiel mir, die Herkunft des Chefkochs zu variieren:
mal kam er aus dem ungarischen Banat, dann war Czer-
nowitz seine Geburtsstadt, wo er dem jungen Dichter Paul
Celan, der damals noch Antschel hieß, begegnet sein wollte. Und nach der Bukowina durfte abermals Bessarabien
die Gegend gewesen sein, in der seine Wiege gestanden
hatte. So weit verstreut lebten die Beutedeutschen, bis sie,
infolge des Hitlerstalinpaktes, heimgeholt wurden.

Mal gab es Bratkartoffeln zur Sülze. Mal schmeckte
sie schlicht zu Schwarzbrot. Meine wechselnden Gäste,
zu denen weitgereiste aus Übersee, europäische wie das
sozialdemokratische Dreigestirn Brandt, Palme, Kreisky,
dann wieder Freunde aus barocker Zeitweil gehörten –
der alles eitel nennende Andreas Gryphius und Martin
Opitz, bevor ihn die Pest holte, aber auch die Courasche
nebst Grimmelshausen, als er sich noch Gelnhausen
nannte –, ließen selten etwas von der Schweinekopfsülze
übrig. Mal wurde sie als Voressen, mal als Hauptgericht
getischt. Ihr Rezept jedoch blieb sich gleich.

Mein Meister hat während der schnell verstreichenden Doppelstunde noch viel von Säuen, Ebern, Spanferkeln und deren Verwertung zu berichten gewußt. Daß man bei ihm zu Hause das Borstenvieh mit Maiskolben, »Kukuruz«, mäste, daß in seiner Heimat fürs Schweinefüttern extra Eichenwälder gewachsen seien, daß die Eichel festes und nicht zu fettes Fleisch mache, daß aber der Fettmantel des Schweines nicht zu verachten sei, weshalb man Flomen in der Pfanne zu Griebenschmalz auslasse, und daß man Schweineleber, -herz, -lunge durch den Fleischwolf drehen und – wie beim Schlachten das Schweineblut – verwursten könne – »Aber, bittscheen mit Majoran« –, und daß das Räuchern von Speck und Schinken hohe Kunst sei.

Als wir dann alle, auch ich, glaubten, fromm genug und wortreich gesättigt zu sein, sagte er abschließend: »Nu, Herrschaften, is fertig mit Schwain. Aber iebermorgen, da freuen wir uns bisserl schon, red ich nich mehr von Borstenvieh. Da nehmen wir allmeegliches Federvieh durch. Sag ich jetzt schon: Kaine Gans ohne Beifuß!«

War es wirklich der übernächste Tag, an dem uns sein Merksatz zum Begriff für alles wurde, was einer gefüllten Gans guttut? Wahrscheinlich vergingen Tage, bis mich wiederum der gekachelte, bis heute nachhallende Raum der ehemaligen Veterinärstation gefangennahm. Tage, an denen sich nichts außer der Endlosgeschichte des Wiederkäuers Hunger ereignete, wenn man von Gerüchten absieht, die schnellfüßig das Lager durcheilten und dabei Junge warfen.

Die Überweisung aller Gefangenen ostdeutscher Herkunft an die sowjetische Besatzungsmacht stand zu befürchten. Ganze Kosakenregimenter, die auf unserer Seite gekämpft hatten, seien, so hieß es, von den Engländern an die Russen ausgeliefert worden, so daß sich, um sowjetischer Rache vorzubeugen, Gruppen in Sippenstärke selbsthändig getötet hätten.

Dann wieder wurde von bevorstehender Massenentlassung geraunt. Und zwischendurch war vom Abtransport der jüngsten Lagerinsassen zwecks Umerziehung die Rede: »Ab nach Amerika!« Dort werde man uns, so spotteten ältere Landser, das restliche Jungnazitum austreiben.

Am längsten hielt sich als Latrinenparole das Gerücht von der bereits geplanten, nunmehr beschlossenen und demnächst aktuellen Wiederbewaffnung aller abgerüsteten Kriegsgefangenen. Und zwar mit amerikanischem Gerät: »Shermanpanzer und so...«

Einen Feldwebel hörte ich tönen: »Klar doch, ab jetzt geht's gemeinsam mit den Amis« – schon sagten wir Ami und Amis – »gegen den Iwan. Die brauchen uns doch. Das schaffen die nie ohne uns...«

Dem wurde zugestimmt. Daß es irgendwann wieder losgehen werde gegen die Russen, sei doch sonnenklar. Hätte man früher schon ins Auge fassen müssen, als der Iwan noch hinter der Weichsel stand. Aber erst jetzt, seitdem Adolf weg sei, auch die anderen Bonzen, Goebbels und Himmler, wer noch, oder hops genommen wie Göring, sei man wieder gefragt.

»Na, unsere Fronterfahrung als Bollwerk gegen die rote Flut. Wir wissen, was das heißt, gegen den Iwan, besonders im Winter. Davon hat der Ami keine Ahnung.«

»Ohne mich. Mach mich vorher schon dünne. Zwei Jahre vor Leningrad, dann Pripjetsümpfe, zum Schluß an der Oder, das reicht!«

Aber auch dieses zukunftsweisende Gerücht – denn wenige Jahre später, als sich Adenauer hier, Ulbricht da bei den Siegern eingekauft hatten, gab es sie, die eine, die andere deutsche Armee – verlief sich mit der Zeit, ohne ganz und gar außer Kurs zu geraten.

Doch selbst als die heißeste aller Latrinenparolen noch genügend Zuhörer und Zwischenträger fand – und einige Offiziere bereits ihre Orden putzten –, konnte sie nicht das lagerweite Bedürfnis nach allgemeiner und spezieller Unterrichtung, nach bibelfester Erbauung und kulturellem Genuß hemmen. Was mich und meine Mitschüler betraf, wollte keiner von uns in amerikanischer Uniform das Abendland oder sonstwasnoch retten. Friedfertig überließen wir uns weiterhin der kulinarischen Betäubung des nagenden Hungers.

Wohl deshalb kommt es mir so vor, als sei die Doppelstunde zum Thema Gans gleich oder bald nach der Verwertung des Schweines meiner späterhin ausgelebten Kochkunst förderlich gewesen, zudem prägend für weitere Entwicklung. Sehe ich mich doch rückgewandt als einerseits gehemmten, inständig seine diffusen Begierden streichelnden Jungen und andererseits als früh vergreisten Zyniker, der zerfetzte Tote und erhängte Landser baumeln gesehen hatte. Als gebranntes Kind, dem jeglicher Glaube an was auch immer – Gott oder Führer – auf null gebracht worden war, gab es für mich, abgesehen von meinem Obergefreiten, der mit mir im dunklen Wald »Hänschen klein« gesungen hatte, nur eine einzige Autorität: jenen hageren und bereits ergrauten Mann, dessen Augenbrauen gekämmt werden wollten. Er verstand es, mit Wörtern und Gesten meinem Hunger den Stachel zu nehmen, und sei es für Stunden nur.

So ist mir unser Chefkoch, der, uns belehrend, gewiß noch anderes Schlachtvieh unters Messer gebracht, Wildbret gebeizt, dieses und jenes verwurstet sowie Fische und krebsgängiges Getier mundgerecht zubereitet hat, als beschwörende Kraft dergestalt gegenwärtig geblieben, daß er mir heute noch, sobald ich eine Hammelkeule mit Knoblauch und Salbei spicke oder einer Kalbszunge die rauhe Haut abziehe, auf die Finger schaut.

So war mir denn auch seine meisterliche Aufsicht sicher, als ich angesichts einer ausgeräumten Martinsgans, zu der am Abend als Gast der Philosoph Ernst Bloch in die Friedenauer Niedstraße geladen war, zwischen einer Füllung mit Äpfeln oder der vom Meister empfohlenen Maronenfüllung zu wählen hatte. Wie ich mich auch entschied, geimpft war der Schüler mit der Ermahnung: »Kaine Gans ohne Beifuß!«

Damals, gegen Ende der sechziger Jahre, als sich die Revolution dank vieler Ausrufezeichen immerhin auf Papier behauptete, gab ich Eßkastanien den Vorzug. Bloch bekam außer der halben Brust einen Flügel, zudem das Lügenbein auf den Teller, was ihn sogleich zu längerer Rede ermunterte. Er lobte die Maronenfüllung und erzählte Anna, mir und den vier staunenden Kindern beim Essen mal zeitraffend, dann wieder zeitgedehnt sein nicht enden wollendes Märchen vom unfertigen Menschen, in dessen Verlauf er von Thomas Müntzer auf Karl Marx und abgeleitet von dessen messianischer Botschaft auf Old Shatterhand, mithin auf Karl May kam, nun gleich Moses vom Berg herab donnerte, plötzlich ein Wagnermotiv summte, dann den oralen Ursprung der Literatur in Erinnerung rief, raunend dem aufrechten Gang einige Stolpersteine aus dem Weg räumte und schließlich, nachdem er ein anderes Märchen skelettiert hatte – war es Hänsel und Gretel? –, das abgenagte Lügenbein hob, seinem Prophetenhaupt zu leuchten befahl, nun sein oft zitiertes Prinzip beschwor, um sogleich ein Loblied auf Lügengeschichten im allgemeinen und besonderen anzustimmen.

Die Kinder am Tisch – Franz, Raoul, Laura und Kleinbruno – saßen offenen Mundes und hörten unserem ganz besonderen Gast so wortgläubig zu, wie ich einst meinem Meister, dem bessarabischen Chefkoch, zugehört hatte, als er das Würzkraut Beifuß jeglicher Gänsefüllung anbefahl.

Plötzlich war er weg. Kein Chefkoch mehr, der mit einladender Geste – »Bittscheen, die Herrschaften« – unseren Hunger beschwichtigen konnte. Es hieß, man habe ihn auf Weisung von ganz oben abkommandiert. In einem Jeep, sitzend zwischen zwei Militärpolizisten unter weißlackierten Helmen, sei er zuletzt gesehen worden.

Zugleich kamen Gerüchte auf. General Patton, der die dritte amerikanische Armee befehligte und dessen in allerlei Reden lautgewordener Russenhaß jene Latrinenparolen genährt hatte, nach denen unsereins wiederbewaffnet an einer neuerlichen Ostfront zu gebrauchen sei, dieser ach so weitsichtige General habe ihn, den Chefkoch von internationalem Ruf, als persönlichen Leibkoch angefordert, auf daß er ihn und seine hochrangigen Gäste verköstige.

Als General Patton später angeblich bei einem Unfall ums Leben kam, lebten abermals Gerüchte auf: er sei ermordet, wahrscheinlich vergiftet worden. Weil verwickelt in die Mordgeschichte, habe man seinen Leibkoch, unseren Meister der imaginierten Küche, verhaftet. Mit ihm seien weitere Agenten und zwielichtige Gestalten hinter Schloß und Riegel geraten. Den Prozeß gegen die Verschwörer und die dabei anfallenden Prozeßakten habe man jedoch auf Anraten eines deutschen Spezialisten in Sachen Geheimdienst unter Verschluß gehalten. So ergab sich ein Roman- oder Filmstoff, der zu verwursten gewesen wäre.

Was aber mich betrifft, begann der Hunger, kaum war der Meister und mutmaßliche Leibkoch weg, mit schärferem Zahn zu nagen. Erst jetzt reizt es mich, das Drehbuch für einen Krimi zu skizzieren, in dessen Verlauf die südosteuropäische Kochkunst den General Patton in großsprecherische, den neuerlichen Krieg beschwörende Laune, meinen Lehrmeister jedoch in Gefahr bringt, denn der kriegslüsterne Lautsprecher ist nicht nur dem russischen NKWD ein zu liquidierendes Ärgernis, auch die westlichen Geheimdienste sinnen auf Abhilfe: Patton redet zu laut, zu viel und zu früh. Patton kann sich nicht gedulden. Patton muß weg, und sei es mit Hilfe einer gefüllten Gans, der anstelle von Beifuß ein anderes Gewürz...

So etwa könnten laut Drehbuch die Spielregeln des Kalten Krieges erprobt, die Geburtsstunde der »Organisation Gehlen« als Brutstätte des alsbald tätigen deutschen Nachrichtendienstes minutiös gedehnt werden und zudem der Filmindustrie förderlich sein.

Erst nachdem das Lager auf dem Gelände des Truppenübungsplatzes Grafenwöhr teilweise aufgelöst und wir gegen Ende Mai mit Trucks nach Oberbayern ins Freiluftlager Bad Aibling verlegt wurden, wo wir in Erdlöchern unter Zeltplanen hausten, bis man uns wenige Wochen später aufteilte und in Arbeitslager brachte, milderte sich der Hunger, weil es mir nun gelang, mit Hilfe meiner Tauschware, den silbrig glänzenden Westwallnadeln, die kalorienarmen Morgenthaurationen aufzubessern.

Der Gegenwert, amerikanische Zigaretten, zahlte sich für mich, den Tabak noch immer nicht in Versuchung zu bringen vermochte, besonders einträglich aus. Brot und Erdnußbutter wurden erhandelt. Eine Kilodose Corned beef findet sich im Schlepptau meiner Erinnerung. Zudem dickleibige Schokoladenriegel. Auch will ich mir einen größeren Vorrat Gillette-Rasierklingen eingehandelt haben, gewiß nicht für den eigenen Bedarf.

Einmal – noch im Großlager Bad Aibling – brachten mir drei Zigaretten der Marke Camel ein Tütchen Kümmel ein, den ich in Erinnerung an gekümmelten Schweinekohl kaute: ein Rezept des verschollenen Meisters.

Und vom erhandelten Kümmel gab ich meinem Kumpel ab, mit dem ich bei Dauerregen unter einer Zeltplane hockte und mit drei Würfeln womöglich um unsere Zukunft knobelte. Da ist er, heißt Joseph, spricht auf mich ein – unbeirrbar leise, ja sanft – und will mir nicht aus dem Sinn.

Ich wollte dies, er wollte jenes werden.

Ich sagte, es gibt mehrere Wahrheiten.

Er sagte, es gibt nur die eine.

Ich sagte, an nichts glaube ich mehr.

Er sattelte ein Dogma aufs nächste.

Ich rief: Joseph, du willst wohl Großinquisitor werden oder noch höher hinaus.

Er warf immer einige Augen mehr und zitierte beim Würfeln den heiligen Augustinus, als lägen ihm dessen Bekenntnisse in lateinischer Fassung vor.

So redeten und knobelten wir Tag nach Tag, bis er eines Tages, weil in bayerischer Gegend zu Hause, entlassen wurde, während ich, weil ohne gesicherte Heimatadresse und deshalb ortlos, zuerst zur Entlausung und dann in ein Arbeitslager kam.

Und dort sprachen sich zwei Ereignisse herum, die uns POW auf unterschiedliche Weise betrafen: zum einen war die Rede vom Abwurf zweier Atombomben auf japanische Städte, deren Namen ich zuvor nie gehört hatte. Wir nahmen diesen Doppelschlag hin, denn spürbarer und für uns wirklicher war das andere Ereignis: die von dem amerikanischen Politiker Morgenthau verordnete Magerkur wurde im Spätsommer abgeblasen. Wir kamen auf über tausend Kalorien. Sogar ein Achtel Wurst gehörte zur Tagesration.

Fortan konnten wir als gesättigter gelten als alle, die außerhalb des Stacheldrahtes ihren Hunger auf Schwarzmärkte trugen. Von Arbeitskolonnen, die in Augsburg und München Trümmerberge abräumten, war zu hören, daß dort Zivilisten gereiht in Schlange stünden, um das bißchen zu kriegen, was in Bäckereien und Fleischerläden noch zu haben war. Ihnen wurde der Frieden in immer knapperen Rationen zugeteilt; uns hinterm Lagerzaun ging es besser und besser. Man lebte sich ein, kam sich in Unfreiheit wie geborgen vor.

Manche Kriegsgefangenen, besonders diejenigen, deren Wohnort in den russisch und polnisch besetzten Gebieten zu finden war, fürchteten sogar die Entlassung. Womöglich gehörte ich zu ihnen. Ohne Nachricht von Vater und Mutter – waren sie rechtzeitig mit der Schwester aus Danzig geflüchtet oder ertrunken, weil an Bord der *Gustloff*? –, sah ich mich versuchsweise als elternlos, heimatlos, als entwurzelt. Ich gefiel mir in Selbstmitleid, probierte Rollen aus, ging mit mir wie mit einem Waisenkind um. Besonders nachts, auf dem Strohsack.

Zum Glück gab es gleichaltrige Kumpels in ähnlicher Lage. Doch mehr als Mama und Papa fehlte uns, was unzulänglich in weiblichen Umrissen zu erträumen war: man hätte ersatzweise schwul werden können. Und manchmal, nein, oft tasteten wir nach einander, befummelten uns.

Dann verbesserte sich abermals die Lage. Mit meinem Schulenglisch, von dem ich bei jeder sich bietenden Gelegenheit ungehemmt Gebrauch machte, auf daß es sich amerikanisierte, wurde ich einem Arbeitskommando zugeteilt, das im Kasernenbereich des Flugplatzes Fürstenfeldbruck für den Abwasch in einer Kompanieküche der US Air Force zu sorgen hatte. Auch fürs Kartoffelschälen, Möhrenputzen waren wir zuständig. Jeden Morgen brachte uns der Truck an einen Ort, sonst nur im Märchen zu finden, direkt ins Schlaraffenland.

Gleichfalls hatte dort eine Gruppe DPs, wie displaced persons laut abkürzender Rückenaufschrift genannt wurden, als Wasch- und Bügelkolonne Arbeit gefunden. Ein halbes Dutzend junger Juden, die, nur vom Zufall begünstigt, verschiedene Konzentrationslager überlebt hatten und nun allesamt nach Palästina wollten, aber nicht durften.

Wie wir staunten sie, welche Menge Essensreste, Berge Kartoffelbrei, Fett aus ausgebratenem Speck und Hühnergerippe, denen nur Brust und Keulen fehlten, Tag für Tag in Mülltonnen gekippt wurde. Da wir dieser Vergeudung stumm zuschauten, können gemischte Gefühle nur vermutet werden. Kann es sein, daß der Spiegel, in dem ich bislang das Bild des Siegers geschönt gesehen hatte, plötzlich einen Sprung zeigte?

Zwar fielen den Juden und uns, die wir gleichaltrig waren, genug Reste zu, doch damit fand die Gemeinsamkeit ein Ende. Nur lässig bewacht, prügelten wir uns mit Worten, sobald Arbeitspausen Gelegenheit boten. Die DPs sprachen zumeist Jiddisch miteinander oder Polnisch. Wenn sie deutsche Wörter wußten, hießen sie »Raus! Schnellschnell! Stillgestanden! Fresse halten! Ab ins Gas!« Sprachliche Mitbringsel aus einer Erfahrung, die wir nicht wahrhaben wollten.

Unser Vokabular stückelte sich aus nachgeplappertem Landserdeutsch: »Ihr krummen Hunde! Ihr Bettpisser! Euch sollte man auf Vordermann bringen!«

Anfangs lachten die Amis über unsere Wortgefechte. Es waren weiße GIs, für die wir den Abwasch machten. Die GIs der benachbarten Kompanie wurden von ihnen als Nigger beschimpft. Die jungen Juden und wir hörten das wortlos, weil unser Streit auf anders bestelltem Acker lärmte.

Dann kam man uns pädagogisch. Doch der amerikanische Education Officer, jemand mit Brille und weichgetönter Stimme, der immer frisch gebügelte Hemden trug, bemühte sich vergeblich, zumal wir, also auch ich, nicht glauben wollten, was er uns vorlegte: Schwarzweißfotos, Bilder aus den Konzentrationslagern Bergen-Belsen, Ravensbrück… Ich sah Leichenberge, die Öfen. Ich sah Hungernde, Verhungerte, zum Skelett abgemagerte Überlebende aus einer anderen Welt, unglaublich.

Unsere Sätze wiederholten sich: »Und das sollen Deutsche getan haben?«

»Niemals haben das Deutsche getan.«

»Sowas tun Deutsche nicht.«

Und unter uns sagten wir: »Propaganda. Das ist alles nur Propaganda.«

Ein gelernter Maurer, der mit uns, die wir als Jungnazis galten, zwecks Umerziehung auf Kurzbesuch nach Dachau geschickt worden war, sagte, nachdem man uns Station nach Station durch das Konzentrationslager geschleust hatte: »Habt ihr die Duschräume gesehen mit den Brausen, angeblich fürs Gas? Waren frisch verputzt, haben die Amis bestimmt nachträglich gebaut...«

Es verging Zeit, bis ich in Schüben begriff und mir zögerlich eingestand, daß ich unwissend oder, genauer, nicht wissen wollend Anteil an einem Verbrechen hatte, das mit den Jahren nicht kleiner wurde, das nicht verjähren will, an dem ich immer noch kranke.

Wie dem Hunger kann der Schuld und der ihr folgsamen Scham nachgesagt werden, daß sie nagt, unablässig nagt; aber gehungert habe ich nur zeitweilig, die Scham jedoch...

Nicht die Argumente des Education Officers und die überdeutlichen Fotos, die er uns vorlegte, haben meine Verstocktheit brüchig werden lassen, vielmehr fiel die Sperre erst ein Jahr später, als ich die Stimme meines ehemaligen Reichsjugendführers Baldur von Schirach – weißnichtwo – aus dem Radio hörte. Kurz vor der Urteilsverkündung kamen die in Nürnberg als Kriegsverbrecher Angeklagten noch einmal zu Wort. Um die Hitlerjugend zu entlasten, beteuerte Schirach deren Unwissenheit und sagte, er, nur er habe Kenntnis von der geplanten und vollzogenen Massenvernichtung als Endlösung der Judenfrage gehabt.

Ihm mußte ich glauben. Ihm glaubte ich immer noch. Solange ich aber im Küchenkommando als Abwäscher und Dolmetscher tätig war, blieb ich verstockt. Klar, wir hatten den Krieg verloren. Die Sieger waren uns an Zahl, Panzern, Flugzeugen überlegen gewesen, zudem an Kalorien. Aber die Fotos?

Wir stritten mit den gleichaltrigen Juden. »Nazis, ihr Nazis!« schrien sie.

Wir hielten dagegen: »Haut bloß ab, nach Palästina!«

Dann wieder lachten wir gleichgestimmt über die uns merkwürdigen, ja komischen Amerikaner, besonders über den hilflos bemühten Education Officer, den wir mit Fragen nach der hörbar verächtlichen Behandlung der »Nigger« in Verlegenheit brachten.

Sobald wir unseren Streit satt hatten, wurde maulhurend über Frauen, nicht greifbare Wunschbilder gesprochen. Denn nicht nur wir POW, auch die überlebenden Kinder ermordeter jüdischer Eltern waren hungrig nach jeweils ihrer Vorstellung von Mädchen. Die Amis, die überall ihre Pin-ups zur Schau stellten, kamen uns lächerlich vor.

Ein- oder zweimal schob mir einer der DPs, der von den anderen Ben gerufen wurde, eine Blechdose zu, gestrichen voll mit dickflüssigem Bratenfett, wortlos, kurz nach der Kontrolle, bevor wir auf die Ladefläche des Trucks stiegen, denn eigentlich war es verboten, Essensreste ins Lager mitzunehmen.

Ben steht mir im Rückblick rothaarig gelockt gegenüber. Von Ben und Dieter handelte eine Rede, die ich im März siebenundsechzig in Tel Aviv gehalten habe. Eingeladen hatte mich die Universität. Damals war ich neununddreißig Jahre alt und galt wegen meiner Neigung, alles zu lang Beschwiegene beim Namen zu nennen, als Störenfried.

Mein Vortrag stand unter dem Titel »Rede über die Gewöhnung«. Ich hielt ihn auf deutsch, weil die Zuhörer zumeist Juden deutscher Herkunft waren. Im Verlauf der Rede erzählte ich auch von Ben und Dieter, dem gegensätzlichen Wasch- und Küchenkommando, und von dem Education Officer, der zwischen den zerstrittenen Gruppen zu vermitteln versuchte.

In meinem Manuskript hieß er Hermann Mautler, hatte achtunddreißig aus Österreich flüchten müssen, war in die USA emigriert, galt als studierter Historiker und glaubte an die Vernunft. Meine in die Rede geflickte Erzählung, die ich vor überlebendem Publikum hielt, ging ins Detail seines Scheiterns. Und wenn ich sie heute, nach annähernd vier Jahrzehnten zeitlicher Distanz, lese, kommt es mir vor, als sei sein Scheitern meinen Vergeblichkeiten verwandt.

Der Name Hermann Mautler ist zwar erfunden, aber die fragile Person, von der ich nicht mehr weiß, wie sie wirklich hieß, ist mir deutlicher als jener verstockte Junge, den ich auf einem frühen Selbstbild zu erkennen versuche; denn auch der Dieter meiner Erzählung ist nur ein Teil von mir.

So halten sich Geschichten frisch. Weil unvollständig, müssen sie reichhaltiger erfunden werden. Nie sind sie fertig. Immer warten sie auf Gelegenheit, fortgesetzt oder gegenläufig erzählt zu werden. Wie die Geschichte mit Joseph, dem bayerischen Jungen, der bereits frühzeitig aus dem Großlager Bad Aibling entlassen wurde und mit dem ich einige gedehnte Tage lang gemeinsam Läuse geknackt, bei Regen unter einer Zeltplane Kümmel gekaut und um unsere Zukunft gewürfelt hatte. Ein sanfter Rechthaber.

Von ihm muß immer wieder erzählt werden, weil nämlich dieser Joseph seit Meßdienerzeiten wie ich Gedichte schrieb, aber ganz andere Zukunftspläne hatte...

Nur die Geschichte von Ben und Dieter darf aufhören, weil das Küchenkommando im Herbst, kurz nachdem ich achtzehn zählte, von einer älteren Gruppe Landser abgelöst wurde. Die DPs blieben noch eine Weile, wahrscheinlich bis es ihnen gelang, endlich den Ausweg nach Palästina zu finden, wo ihnen als staatliche Verheißung Israel als Staat und Krieg auf Krieg bevorstand.

Der Education Officer mag später ein Buch über die besonderen Probleme pubertierender Lagerinsassen unterschiedlicher Herkunft und über sein tapferes Versagen geschrieben haben. Mir aber verhalf ein Lagerwechsel zu etwas, das ich nicht kannte, Freiheit genannt.

Nur noch wenige Westwallnadeln, doch vorrätig das Paket Rasierklingen gehörten zu meinem Gepäck, als ich zu Beginn des Winters mit anderen in die Lüneburger Heide transportiert wurde. Auf Armeelastwagen fuhren wir über leere Autobahnen durch gehügelte, dann flache Landschaft, die sich übersichtlich und friedlich breitete. Zwecks Entlassung wurden wir verlagert, hieß es. Ab und zu erinnerten gesprengte Autobahnbrücken oder ein Panzerwrack an überlebte Schrecken. Kaum angekommen, bezogen wir Baracken im Munsterlager.

Die englischen Bewacher interessierten sich für einen Teil meiner restlichen Tauschware: die niedlichen Bunker der Siegfried Line. Und als man mich dann mit gestempeltem Papier, desinfiziert und mit letzter Tagesration verpflegt, in die britische Besatzungszone entließ, kam ich in ein weiträumig von Trümmern gesäumtes Gehege; in ihm sollte die mir unbekannte Freiheit erprobt werden.

Was auf ersten Blick täuscht: beim Häuten der Zwiebel beginnen die Augen zu schwimmen. So trübt sich ein, was bei klarer Sicht lesbar wäre. Deutlicher hält mein Bernstein fest, was als Einschluß zu erkennen ist: vorerst als Mücke oder winzige Spinne. Dann aber könnte ein anderer Einschluß, der Granatsplitter, sich in Erinnerung bringen, der in meiner linken Schulter verkapselt ist, als Andenken sozusagen.

Was noch ist mir vom Krieg und aus der Zeit des Lagerlebens außer Episoden geblieben, die zu Anekdoten zusammengeschnurrt sind oder als wahre Geschichten variabel bleiben wollen?

Anfangs Unglaube, als mich die Bilder schwarzweiß erschreckten, dann Verstummen. Zudem Lektionen, die mir Furcht und Hunger erteilten. Und dank des Kochkurses ohne Zubehör – sofern von der Schultafel und ihren Kreidespuren abgesehen wird – kann ich mir dringlich Gewünschtes, sogar das Unerreichbare samt Geruch und Nebengeräusch vorstellen. Mehr noch: ich lernte, Gäste zu Tisch zu bitten, die weitgereist aus entlegener Zeit kommen, mir als Frühverstorbene fehlen – etwa die Freunde junger Jahre – oder nur noch aus Büchern sprechen, totgesagt dennoch lebendig sind.

Sie bringen Nachricht von einem anderen Stern, streiten selbst bei Tisch noch oder wollen mit Hilfe fromm tuender Lügengeschichten erlöst werden, weil sie zu mittelalterlichen Steinbildern erstarrt sind.

Später dehnte ich meine Zeitweil und schrieb den Roman »Der Butt«, in dessen Verlauf ich Gäste aus jedwedem Jahrhundert bitte, Platz zu nehmen, damit ihnen getischt werden kann: schonischer Hering zu Dorotheas gotischer Zeit, als Henkersmahl Kuttelfleck, das die Äbtissin Margarete Rusch ihrem Vater zu kochen verstand, den Dorsch in Dilltunke, wie ihn die Magd Agnes für den kränkelnden Dichter Opitz dünstete, Amandas Kartoffelsuppe für Ollefritz, auch Sophies den Kalbskopf füllendes Pilzgericht, dem Napoleons Gouverneur, der General Rapp, nur mit Glück entkam, und Lena Stubbes Nierchen in Mostrichtunke, als August Bebel ihr Gast war und sie ihm ihr »Proletarisches Kochbuch« vorlegte…

Damals, als inwendig der Hunger nagte, habe ich meinem Meister gut zugehört. Sobald Zutaten günstig im Angebot waren, standen Luftsuppen, Wolkenklöße, Windhühner auf meinem Küchenzettel. Das mir in frühen Jahren entschwundene Ich muß ein leeres Gefäß gewesen sein. Wer immer es gefüllt hat, ein bessarabischer Koch gehörte dazu. Mit ihm, der »bittscheen, die Herrschaften« sagte, säße ich gerne bei Tisch.

Übertage und untertage

Kein Stacheldraht mehr, der dem Blickfeld waage- und senkrechte Linien vorschrieb. Er oder ich wurde mit leichtem Gepäck, zu dem knapp zwei Pfund erhandelter Tee gehörten, in etwas versetzt, das Freiheit hieß und auf die britische Besatzungszone als Raum für Bewegung beschränkt war.

Wer aber hatte wem Freiheit erlaubt? Wie war von diesem Geschenk Gebrauch zu machen? Was versprach ein Zweisilber, der sich mit Hilfe beliebig vieler Beiwörter deuten, erweitern, verengen, sogar ins Gegenteil kehren ließ?

Erinnerungsschnipsel, mal so, mal so sortiert, fügen sich lückenhaft. Ich zeichne den Schattenriß einer Person, die zufällig überlebte, nein, sehe ein fleckiges, sonst aber unbeschriebenes Blatt, das ich bin, sein könnte oder werden möchte, der ungenaue Entwurf späterer Existenz.

Jemand, der immer noch linksgescheitelt und einszweiundsiebzig groß ist. Jemand in gefärbten Militärklamotten, der mittlerweile einmal wöchentlich seinen Flaum rasiert und dem nun die angebotene Freiheit offensteht: ein unwegsames Gelände. Immerhin wagt er erste Schritte.

Zudem biedern sich Wunschbilder an – der ernste, vergrübelte, zwischen Trümmern Sinn suchende junge Mann –, die zögerlich verworfen werden.

Vorerst will es mir nicht gelingen, ein Bild meines damaligen Zustandes an die Wand zu pinnen. Zu wenige Fakten sind sicher. Achtzehn zähle ich. Kein Untergewicht zum Zeitpunkt der Entlassung. Frei von Läusen und auf den Gummisohlen amerikanischer Schnürschuhe bewege ich mich und sehe rückgespiegelt nicht übel aus.

Doch ob mir das jugendliche Grimassieren im Verlauf des Lageralltags vergangen ist, bleibt ungewiß. Nur der gehortete englische Tee, den der immer noch Nichtraucher gegen Zigaretten und silbrige Anstecknadeln getauscht hat, macht samt exotischer Verpackung und dem enormen Vorrat an erhandelten Rasierklingen meinen Besitz aus. Der füllt neben Krimskrams und bekritzeltem Papier den Brotbeutel. Und was bebildert mein Innenleben?

Es scheint, als seien dem gottlosen Katholiken alle jenerzeit virulenten Glaubensfragen geläufig und zugleich schnuppe gewesen. In ihm einen versteckten Atheisten zu vermuten, hieße, ihm eine andere Religion zuzuschreiben.

Er grübelt. Was er denkt, will kein Zitat hergeben. Nur äußerlich ist einiges unverblichen: etwa die Militärhose sowie eine gefütterte amerikanische Windjacke, die rostrot gefärbt sind. Seine Wollmütze – gleichfalls aus US-Armee-Beständen – wärmt olivgrün. Annähernd zivil sieht er aus. Allein der Brotbeutel ist feldgrau geblieben.

Um entlassen zu werden, hatte ich eine Adresse angeben müssen, die mir von Philipp, einem gleichaltrigen Kumpel, mit Grüßen an die Mutter zugesteckt worden war. Ein hübscher Bengel mit Grübchen im engelhaften Gesicht, dessen Lachen ansteckend wirkte. Wie ich war er begabt mit jenem Leichtsinn, der uns zu Freiwilligen gemacht hatte.

Er mußte im Munsterlager bleiben und wurde später mit einer Arbeitskolonne nach England verschifft; ich durfte raus, weil sich in meiner linken Schulter der – dank Röntgen – nachweislich bohnengroße Granatsplitter mittlerweile verkapselt hatte. Bis auf den heutigen Tag sitzt er dort ein: mein Mitbringsel, vergleichbar dem Käfer, der im Bernstein gefangen die Zeit überdauert. Sobald ich als Linkshänder, um mich früher vor Anna, jetzt vor Ute zu beweisen, zum Wurf mit einem Stein oder Ball aushole, sendet der Splitter spürbare Signale: Laß das! Ich schlafe. Du weckst mich…

Im Gegensatz zu Philipp galt ich als untauglich für die Untertagearbeit in walisischen Kohlebergwerken. Seiner Mutter sollte versichert werden, er komme später, bestimmt. So hieß denn laut polizeilicher Anmeldung mein erster Wohnort in Freiheit Köln-Mülheim, ein Trümmerhaufen, in dem wundersamerweise hier und da Straßenschilder überlebt hatten. Sie klebten an Fassadenresten oder hingen als wegweisende Winkel an Stangen, die aus dem Geröll ragten. In den Trümmerhalden wucherte Löwenzahn, der zu blühen versprach.

Später, als ich illegal in der amerikanischen und französischen Besatzungszone gleich einem Hund streunte und Eßbares, eine Schlafstelle und – getrieben vom anderen Hunger – Berührung von Haut zu Haut suchte, waren es anderer Städte Ruinenkulissen, vor denen mich Straßenschilder in die Irre oder über Geröll führten, unter dem Verschüttete zu vermuten waren.

Wach oder träumend: noch immer bin ich auf Trampelwegen zwischen restlichem Mauerwerk unterwegs, stehe, als suchte ich Ausblick, auf berghohem Schutt, und noch immer knirschen die Zähne, weil Stein- und Mörtelstaub in der Luft…

Meines Kumpels Mutter, eine wieselige Person mit ge-
färbter oder waschecht blauschwarzer Frisur, die unablässig Zigaretten an langer Spitze rauchte, führte mich
umstandslos in die Praxis des Schwarzhandels ein. Vier-
fruchtmarmelade, Kunsthonig, amerikanische Erdnußbutter, Grammophonnadeln und Feuersteine, auch Batte-
rien für Taschenlampen gingen, von mir abgewogen und
gezählt, über den Küchentisch weg. Nebenbei konnte ich
einen Teil meiner Rasierklingen als Kapital einbringen,
verfügte bald über Geld. Von früh bis spät kam Kundschaft mit annähernd gleichwertiger Tauschware: sogar
Pelze, unter ihnen ein Silberfuchs, waren mit Butter auf-
zuwiegen.

Zwischen dem alltäglichen Personenverkehr tänzelte
Philipps Schwester püppchenhaft zierlich wie vor imagi-
niertem Publikum. Schaumgeboren war sie der Abglanz
ihres Bruders. Sie trug Seidenstrümpfe zu wechselnden
Hütchen, duftete maiengrün, war aber nur mit langfingri-
gen Wünschen zu ertasten. Kann es sein, daß sie mir
engelhaft vorbeischwebend das Haar gestreichelt hat?

Ersatzweise verdrückte ich mich ins Kino und sehe ihn
immer noch, den zwischen Ruinen standhaft gebliebenen
Filmpalast, in dem – wie in Kriegs-, so in Friedenszeiten –
»Romanze in Moll« als Hauptprogramm lief. In den
Hauptrollen einst gefeierte, mir geläufige Namen: Mari-
anne Hoppe, Paul Dahlke, der durch einen anderen Film
– »Jud Süß« – in Verruf geratene Ferdinand Marian.

Schon dem Luftwaffenhelfer hatte die »Romanze in
Moll«, die wochenlang Danzigs Tobis-Palast füllte, zu
Wünschen verholfen. Immer, wenn die Musik mit dem
Ohrwurm »Eine Stunde zwischen Tag und Träumen« sie,
die Hoppe, ins Bild brachte … Sie vor dem Schaufenster …

Sie in Versuchung... Sie in ihrem Elend allein... Ihr makellos aufgeräumtes Gesicht... Das Schmuckstück an ihrem Hals... Ihr schnell verwischtes Lächeln... Eine Schönheit, so unvergänglich...

Vor drei oder vier Jahren starb über neunzigjährig der Schwarm meiner Jugend.

Wie damals die Hungernden vor den Budenläden in Kölns Hoher Straße stehen jetzt Fragen in Schlange: Habe ich als zielloser Schwarzhändler meines Namens während jener mich umtriebig machenden Zeit versucht, die abgebrochene Schulzeit mit Blick aufs Abitur zu verlängern?

War ich auf eine Lehrstelle aus, und wenn, in welchem Handwerk?

Haben mir Vater, Mutter und Schwester derart schmerzlich gefehlt, daß ich sie auf den in Amtsstuben aushängenden Listen regelmäßig gesucht hätte?

Litt ich nur an mir oder am Zustand der Welt und besonders unter dem, was groß- oder kleingedruckt die »deutsche Kollektivschuld« hieß?

Kann es sein, daß sich mein Leid nur mit der mir deutlich anhängenden Eltern- und Heimatlosigkeit verkleidet hat?

Welche weiteren Verluste waren beklagenswert?

Mit Blindstellen gibt die Zwiebel Antwort: ich sehe mich weder versuchsweise als Schüler einer Kölner Oberschule, noch war mir eine Lehrstelle verlockend. Keinen Suchantrag habe ich bei der Registrierungsstelle für Ostflüchtlinge und Ausgebombte gestellt. Die Mutter blieb zwar als unverändertes Bild vorstellbar, fehlte aber nicht schmerzlich. Kein Heimweh gab mir Verse ein. Kein Schuldgefühl juckte mich.

Einzig um sich besorgt schien der ziellose Spaziergänger zwischen Ruinen und Trümmerhalden zu sein, denn andere Kümmernisse sind nicht aufzufinden; oder habe ich mich mit meiner nicht zu benennenden Pein ins Innere des Kölner Doms geflüchtet? Äußerlich ramponiert war der doppeltürmige Koloß stehengeblieben, als die um seine Erhabenheit gescharte Stadt als Fläche in Trümmer fiel.

Sicher ist nur, daß ich im Frühjahr, vermittelt durch Philipps Schwester, der ich womöglich lästig zu werden begann, Arbeit auf einem Bauernhof fand, niederrheinische Gegend, Kreis Bergheim/Erft.

Es muß im Frühjahr gewesen sein. Notdürftig angelernt kann ich mich hinterm Pflug herstolpern oder das Pferd am Halfter führen sehen, während der Bauer die Furchen zieht. Ackern von früh bis spät. Zu essen gab es genug. Blieb nur der andere Hunger, den weder Brei noch Mus stillen konnten, der aber meine Not nährte, auf daß sie größer und anstößiger wurde.

Mit einem debilen Knecht schlief ich in enger Kammer. Zwar arbeitete als Melkerin ein ostpreußisches Mädchen auf dem Hof, zwangseingewiesen mit ihrem alten Vater, der grad noch für die Schweinemast taugte, aber der Bauer, dem außer den Schweinen zwölf Kühe und vier Pferde gehörten, hatte das Mädchen bereits in Besitz genommen. Mit seiner Frau ging er nur zur Kirche, Sonntag auf Sonntag, so katholisch war er.

Auf meiner laufend bespielten Guckkastenbühne steht Elsabe, so hieß sie, groß und starkknochig vorm Gartenzaun oder verschattet im Hoftor oder hell ausgeleuchtet zwischen Milchkannen. Wo immer sie stand, ging, sich beugte, ergab sich ein Bild. So zwingend war ihr Sog, daß ich bestimmt ihrem Stallgeruch folgend ein Dutzend Gedichte abgelassen habe, die mir klapprig gereimt von der Hand gingen: schnell hingekritzelt zwischen Rübeneinzeln und Holzhacken.

Die Gegend dort gab wenig Lyrisches her: mal unterm Sonnenlicht nach Besitz aufgeteilte, mal im Regen verschwimmende Landschaft, die außer dörflichen Kirchtürmen keine Erhebungen zuließ.

Nachts der schnarchende Knecht, tagsüber die das Hofgeviert sprengende Stimmkraft des Bauern, zudem das Dutzend Kühe, handgemolken von einer weißblond bewimperten Göttin. Das war nicht auszuhalten. Also zog ich weiter, ungesättigt, so reichlich ich mich auf dem Bauernhof durchgefuttert hatte; mein restlicher Hunger – das steht der Zwiebelhaut engzeilig eingeschrieben – war anderer Art.

Bis ins Saarland kam ich, wo mir die Adresse eines Kumpels, der gleichfalls aus dem Munsterlager entlassen worden war, zeitweilig ein richtiges Federbett in der Dachkammer eines Häuschens sicherte, in dem er bei seiner Mutter wohnte, die mich wie einen weiteren Sohn aufnahm.

Das hört sich heimisch an, riecht nach Geborgenheit, doch wurde im Saarland erbärmlicher gehungert als anderswo. Die französische Besatzungsmacht wollte wohl alle Saarländer, nicht nur jene, die fünfunddreißig für »Heim ins Reich« gestimmt hatten, nachträglich abstrafen. Nahe Merzig stand in Reihe das Häuschen.

Mit meinem Kumpel, dessen richtiger Vorname mir nie geläufig gewesen ist – man rief ihn Kongo – und der demnächst zur französischen Fremdenlegion wollte – er sah sich bereits unterm Wüstenhimmel gegen aufständische Berber kämpfen –, fuhr ich in überfüllten Zügen aufs Land, bis in den Hunsrück hinein, wo, wie wir meinten, die Welt aufhörte, so schwermütig hügelte sich die Gegend.

Zugfahrten dieser Art waren üblich, wurden Hamsterfahrten genannt. Gegen meinen restlichen englischen Tee, die Rasierklingen und allerorts begehrte Feuersteine, die mir in Köln als Schwarzmarktrendite ausgezahlt worden waren, handelten wir Kartoffeln und Weißkohlköpfe ein. Wir zogen von Hof zu Hof, gingen manchmal leer aus. Doch außer wägbarer oder abzuzählender Tauschware hatte ich mehr zu bieten.

Als ich einer sichtlich schwangeren Bauersfrau, die mit ihrem seßhaft gewordenen französischen Fremdarbeiter zufrieden Tisch und Bett teilte, leichtfertig einfühlsam die Zukunft aus der Hand las, fiel uns außer dem Klumpen Schafskäse als Honorar ein Stück geräucherter Speck zu, so zufrieden war die am Tisch hockende Bäuerin, weil es mir gelungen war, aus ihren Handlinien die, wenn nicht dauerhafte, dann langfristige Abwesenheit des Bauern vorauszusagen. Der galt seit dreiundvierzig als an der Ostfront vermißt, war aber als Foto im Stellrahmen immer noch anwesend.

Wo hatte ich diese fragwürdige Kunst gelernt? War sie mir angeboren? Hatte ich sie Zigeunern abgeguckt, die aus Polen über die Freistadtgrenze wechselten und während meiner Kindheit nicht nur als Scherenschleifer und Kesselflicker auf Langfuhrs Straßen gefragt waren?

Es wird wohl in der Oberpfalz, wo ich im Großlager für Kriegsgefangene aus Zeitvertreib und als Mittel gegen realen Hunger den abstrakten Kochkurs belegt hatte, gleichfalls einen Kurs gegeben haben, in dem das Lehrfach Handlesen Schüler wie mich anlockte.

Ob angeboren, abgeguckt oder angelernt, jedenfalls muß ich frei von Skrupeln gewesen sein, als es mir gelang, im tiefsten Hunsrück professionell den positiven Verlauf der Zukunft herbeizureden; so eindeutig sprachen die Handlinien für die Bauersfrau und ihren immer scheu im Hintergrund bleibenden Tisch- und Bettgenossen, so einträglich und kalorienreich zahlten sich meine Handlesekünste aus.

Und doch war nicht Speck der besondere Gewinn der Hamsterfahrt in den Hunsrück. Die Schwägerin der Bäuerin, die, weil im Ruhrgebiet ausgebombt, auf dem Hof Zuflucht und Arbeit gefunden hatte, erwies mir eine Gunst, die weder auf die Waagschale gelegt noch in Stükken abgezählt werden konnte.

Eigentlich ist mein Kumpel Kongo ihr, wohin sie auch ging, hinterdrein gewesen, kam aber nicht zum Zug. Ziemlich zerkratzt und fluchend wie ein Landsknecht torkelte er aus dem Schafstall, grinste schon wieder, weil von gutmütiger Natur. Ein breitschultriger Kerl, der die Dinge nahm, wie sie kamen.

Ihm war der Krieg zu kurz gewesen. Unbelehrbar war er auf Abenteuer aus. Und wohl deshalb bin ich ihm auf der Spur geblieben: als Mitte der fünfziger Jahre die Frankfurter Studentenbühne mein erstes Theaterstück, den Zweiakter »Hochwasser« aufführt, tritt in ihm ein Typ von ähnlicher Beschaffenheit als heimkehrender Legionär auf. Sein Kumpel Leo nennt ihn Kongo. Laos, Indochina haben sie hinter sich und spielen nun den verlorenen Sohn...

Erst auf dem Weg zur nächstgelegenen Bahnstation dämmerte mir mein Glück. Die Schwägerin der Bauersfrau half uns, mit einem Handwagen den Sack Kartoffeln, die Weißkohlköpfe, den Klumpen Schafskäse, das Stück erbeuteten Speck und was wir sonst noch gehamstert hatten – eine Tüte getrockneter Feuerbohnen? –, zum Bahnhof zu karren.

Bei Mondschein machten wir uns auf den Weg, der als Feldweg anfangs leicht anstieg, dann abschüssig von vielleicht drei oder dreieinhalb Kilometern Länge war; Entfernungen sind wie Zeitspannen nur mäßig genau zu erinnern.

Kongo zog den Wagen, ließ sich nicht ablösen. Wir hinterdrein, erst wortlos, bald plapprig. Wir fragten einander nach Filmerlebnissen ab, doch keineswegs händchenhaltend. Dem Paar, das gleichgroß war, hatte eine junge Schauspielerin gefallen, die sie »die Knef« nannten und so deren späteren Ruf als Star am Kinohimmel vorwegnahmen. Der Film, den ich kürzlich noch in irgendeinem dritten Fernsehprogramm sah, hieß »Unter den Brücken«.

Da der Bummelzug nach Bad Kreuznach erst in mehr als zwei Stunden zu kommen versprach, legte sich Kongo auf eine der Wartesaalbänke und schlief sogleich ein. Wir standen vor dem Schuppen, den abblätternde Buchstaben als Station auswiesen. Der Mond oder die Wolken hatten es eilig. Was war sonst noch zu sehen, zu sagen, zu tun oder auch nur zu wünschen?

Da bat mich die junge Frau, die mir als Mädchen galt, sie mit dem Handwagen ein Stück Wegs zu begleiten, nicht weil sie Angst habe, einfach so.

Es muß im Frühsommer bei annäherndem Vollmond gewesen sein. Auf beiden Seiten des Feldweges sahen wir nach frischer Mahd geschichtete Heuhaufen, die mir auf dem Hinweg nichtssagend gewesen waren. In gleichmäßigem Abstand lagen sie gereiht bis hin zum Waldrand, der als dunkler Saum den Himmel begrenzte. Mal verschatteten Wolken ihre Ordnung, dann wieder lockten sie silbrig glänzend. Vielleicht aber hatte das gehäufelte Heu uns bereits auf dem Weg zur Bahnstation Angebot nach Angebot gemacht. Nun war mir, als habe der Duft der gemähten Wiese zugenommen.

Kaum wußten wir die Station mitsamt dem schlafenden Kumpel und dem gehamsterten Vorrat einen Steinwurf weit hinter uns – oder brauchten wir länger? –, ließ ich den leeren Handwagen stehen und nahm sie mich bei der Hand. Beide zog es vom Weg auf den nächstliegenden Heuhaufen zu.

Und das muß tatsächlich ich gewesen sein, der sich folgsam aufs Heu ziehen ließ, denn mir ist Inge – nicht nur, weil sie die erste war – in nicht wenigen Einzelheiten erkennbar geblieben. Auf ihrem breitflächigen Gesicht, das dem Beinahevollmond glich, siedelten Sommersprossen. Aber die zählten im Heuhaufen nicht. Ziemlich sicher ist, daß ihre Augen, die sie nicht schloß, eher grün als von grauer Farbe waren. Ihre Hände kamen mir groß vor, rauh von der Feldarbeit. Die wußten, wie mir geholfen werden konnte.

Natürlich roch das Heu unvergleichlich. Da ich zu gierig, weil ausgehungert war, mußte sie mich lehren, langsamer, weniger stößig, wie sie mit allen Fingern zärtlich zu sein.

Wieviel es zu entdecken gab. Was feucht und tiefgründig war. Alles lag nah, ließ sich ertasten. Was ich weich rund zu fassen kriegte. Was nachgab. Welcher Geräusche und tierischen Laute wir fähig waren.

Dann schlug der Heugeruch über uns zu. In ihm gefangen, versuchten wir uns in Wiederholungen. Oder ist einmal genug gewesen? Bleibt nur zu hoffen, daß sich der Anfänger als gelehrig bewiesen hat.

Und dann, danach? Angenommen, wir flüsterten im Heu, abwechselnd oder nur ich. Weißnichtmehrwas in einem Heuhaufen an Flüsterworten zu finden wäre. Nur daß Inge plötzlich sachlich sprach, als hätte sie sich erklären müssen, blieb hängen. Familiäre Kriegsumstände. Das zerbombte Reihenhaus am Bochumer Stadtrand. Ihr Verlobter sei gefallen, da unten auf dem Balkan, schon vor zwei Jahren, weil dort überall Partisanen. Der wäre als Bergmann eigentlich unabkömmlich gewesen – »uk geschrieben« sagte sie –, dann aber habe man ihn gleich nach Stalingrad doch noch und zwar zu den Pionieren geholt. Erst zur Ausbildung nach Groß-Boschpol, dann ab an die Front und später, wie er geschrieben hatte, nur noch zum Brückenbau in die Berge…

Sie sagte noch mehr. Aber das ist weg, auch der Vorname des Verlobten, den sie immer wieder aussprach, vertraulich aus Gewohnheit, als läge er neben ihr.

Und das soll ich gewesen sein, der im Heuhaufen dies und das geflüstert hat? Vielleicht Tiefsinniges über den Sternenhimmel? Über den Mond, sobald er da oder weg war? Womöglich frisch geschnitten Poetisches, denn immer, wenn mich etwas aus dem Lot brachte, gab ich Kurzzeilen von mir, gereimte und reimlose.

Oder habe ich gestottert, als sie mich leicht besorgt oder aus blanker Neugierde fragte, was ich mal werden wolle, beruflich und so? Sagte ich damals im Heu schon: »Künstler, bestimmt!«?

So fleischig die Haut unter der Haut glänzt, davon weiß die Zwiebel nichts. Nur Leerstellen zwischen verstümmeltem Text. Es sei denn, ich deute, was sich als unleserlich entzieht, und reime mir etwas zusammen…

In meiner von jeweils anders sortiertem Schutt überlagerten Erinnerung habe oder will ich Inge mit weißnichtwomit zum Lachen gebracht haben, sie mich aber nicht; denn als der Anfänger neben ihr plötzlich unterm annähernd vollen Mond traurig wie ein Tier wurde und nicht wußte, wovon und warum, half kein Streicheln und Gutzureden. Auch schien der Geruch der gemähten Wiese nicht mehr erträglich zu sein.

Unser Heuhaufen lag flach, als wir aufstanden, sie ihren Schlüpfer suchte, ich an den Hosenknöpfen fummelte. Dann zupften wir uns die Halme ab, jeder seine, nehme ich an. Doch als sie nunmehr begann, das Heu wieder ordentlich zum Haufen zu schichten, werde ich wohl geholfen haben. Von weitem gesehen: ein Paar bei nächtlicher Feldarbeit.

Danach war das Gefühl trostloser Vereinzelung weg. Nein, gesungen oder nur gesummt wurde nicht, als ich Inge half, unser Bett mit den anderen Heuhaufen wieder in Reihe zu bringen: vier fleißige Hände.

Unsicher bleibt, ob sie »Schreib mal ne Postkarte, wenn du magst« gesagt hat, als sie ihren Familiennamen nannte, der irgendwie polnisch mit kowiak oder mit ski wie ein Fußballername aus dem Ruhrpott endete.

Mehr war nicht. Oder doch? Vielleicht ein Zögern, einen Wimpernschlag lang. Dann gingen wir in entgegengesetzte Richtungen, sie mit dem leeren Handwagen.

Das werde wohl ich gewesen sein, der sich schon nach dem ersten Mal wie geübt nicht umgesehen hat. Was war, lag hinter mir. »Dreht euch nicht um«, rät ein Kinderlied und heißt ein Gedicht, das ich später, viel später schrieb.

Doch auf dem kurzen oder doch längeren Weg zurück hat jemand an den Fingern seiner linken Hand gerochen, als müßte sogleich als Besitz im Gedächtnis gesichert werden, was vor Minuten noch faßbar gewesen war.

240

Als ich mich im Warteraum neben meinen schlafenden Kumpel hockte, dessen Gesicht Inge zerkratzt hatte, hing mir ihr und des Heuhaufens Geruch immer noch an. Und als wir dann mit unserer gehamsterten Beute in Richtung Bad Kreuznach fuhren, grinste Kongo anhaltend gutmütig, sagte aber nichts Dreckiges...

Bis heute. Der hastige Aufbruch hängt mir nach. Warum diese Eile? Als hätte ich angstgetrieben das Weite suchen müssen. Es hat gedauert, bis endlich der Zug kam. Zeit verging ungenutzt.

Verspätet rede ich auf mich ein: Hättest du dich nicht mit ihr, die Inge hieß, im nächstliegenden Heuhaufen und – bald wieder hungrig – in einem weiteren betten können?

Ja, warum überhaupt zurück ins kalorienarme Saarland? Der Hunsrück, die Gegend dort, hätte dir, so gottverlassen katholisch sie sich hügelte, nach und nach heimisch, zum Filmstoff, geeignet für eine Serie in Fortsetzungen, werden können.

Dein Kumpel Kongo wäre auch ohne dich, doch versorgt mit Kartoffeln, den Weißkohlköpfen, dem Klumpen Käse und dem Gegenwert deiner Handlesekunst, auf und davon; der wollte ohnehin, weil er vom Krieg nicht genug hatte, nach Algerien oder Marokko, um dort zu Ehren der Grande Nation vor die Hunde zu gehen.

Und der Bauersfrau hättest du ab und an durch günstige Deutung der Linien in ihrer Hand zu sorgloser Bettruhe und vorausgesagt glatter Niederkunft verholfen. Und wenn dann eines Tages doch der in Rußland vermißte Bauer vor dem Hoftor gestanden hätte... Der Spätheimkehrer... Draußen vor der Tür...

Noch oft habe ich die Heuhaufen links und rechts des Feldes gewendet, weniger wegen der jungen Frau mit dem breitflächigen Gesicht, auf dem Mondlicht lag und Sommersprossen ungezählt siedelten, eher auf der Suche nach mir, dem entschwundenen Ich früher Jahre; doch es blieb einzig beim Geräusch und Geruch des Unterfutters meines ersten, viel zu hastigen Versuches, zu zweit ein Fleisch zu sein; man nennt dieses Bemühen auch Liebe.

Danach Löcher, Bildstörungen. Nichts, das sich als weitere Eroberung nachschmecken oder zum Abenteuer zuspitzen ließe. Doch wie genagelt haftet die Jahreszeit: immer noch Frühsommer sechsundvierzig.

Übergangslos bin ich unterwegs, mal im Weserbergland, dann im hessischen Grenzbereich der amerikanischen Besatzungszone, schließlich wiederum legal bei den Briten in Göttingen, nachdem ich mich in der Gegend von Nörten-Hardenberg bei einem weiteren Kumpel, der Bauernsohn und leicht sprachgestört war, paar Tage lang durchgefuttert hatte.

Doch keine weiteren Heuhaufen. Niemandem wurde mit Gewinn aus der Hand gelesen. Nichts außer zielloser Unruhe, der kein fester Wohnsitz verlockend sein wollte. Und doch muß ich mich hier oder dort polizeilich gemeldet haben, um an das Allernotwendigste, an Lebensmittelkarten zu kommen.

Was aber suchte ich in Göttingen? Gewiß nicht die Universität. Mit welchen Zeugnissen auch? Seit meinem fünfzehnten Jahr hatte ich keine Schule von innen gesehen. Lehrer schreckten mich ab, weshalb mir später Volksschulpauker wie Fräulein Spollenhauer im Stundenplankapitel der »Blechtrommel« oder der Turnlehrer Mallenbrandt in »Katz und Maus«, dann der Leidensmann Starusch als Studienrat in »örtlich betäubt« und zuletzt das kinderlose Lehrerpaar Harm und Dörte in »Kopfgeburten oder die Deutschen sterben aus« Manuskriptseiten füllten: so ergiebig sind mir Pädagogen gewesen. Sogar ein Theaterstück, das »Zweiunddreißig Zähne« heißt, handelt, außer von der Hygiene, von pädagogischem Wahn.

Zwar war mir außerhalb der Schule beigebracht worden, den Karabiner 98 in seine Einzelteile zu zerlegen und ihn in wenigen Minuten als schußfertiges Gewehr wieder zusammenzusetzen, zwar konnte ich beim Achtkommaacht-Flakgeschütz die Zünderrichtmaschine und – weil ausgebildeter Kanonier – das Geschütz eines Panzers bedienen; auch war mir unterm Drill beigebracht worden, blitzschnell Deckung zu suchen, auf Befehl »Jawoll« zu sagen und in Reih und Glied zu marschieren; später lernte ich Eßbares zu organisieren, Gefahr zu riechen, also die »Kettenhunde« von der Feldgendarmerie zu meiden, auch den Anblick zerfetzter Leichen und ein Spalier Erhängter zu ertragen; aus Angst pinkelte ich mir die Hosen naß, lernte schnell, mich zu fürchten, begann im Wald zu singen, konnte im Stehen schlafen, mich in Lügengeschichten retten, mir ohne Fett, Fleisch, Fisch und allerlei Gemüse schmackhafte Braten und Suppen erfinden, zudem Gäste aus den entlegensten Zeiträumen zu Tisch bitten; sogar Zukünftiges aus der Hand zu lesen, hatte ich gelernt, war aber von einem Schulabschluß, der mir Universitätsreife bescheinigt hätte, unüberbrückbar entfernt.

Da begegnete mir vor dem Bahnhof Göttingen – oft streunte ich im Umfeld betriebsamer Bahnhöfe – ein ehemaliger Mitschüler aus abgelebter Vorzeit. Bin nicht sicher, ob ich neben, vor oder hinter ihm die Schulbank im Conradinum, in der Petri-Oberschule oder auf Sankt Johann gedrückt habe.

Er sprach auf mich ein, offenbar vernünftig, denn ich ging mit ihm durch die vom Bombenkrieg weitgehend verschonte Stadt dorthin, wo er mit seiner Mutter, doch ohne ausgewachsene Schwester in einem Notquartier für Ostflüchtlinge hauste.

Sogenannte Nissenhütten standen in Reihe, zum Halbrund gewölbte Wellblechbaracken, zwischen denen trocknende Wäsche hing. Nur Graupensuppe mit Kohlstrünken gab es da und ein Feldbett für mich. Ihr Ältester war bei den Kämpfen um das Kloster Montecassino gefallen, ihr Mann, den die Russen verhaftet und dann nach Dirschau und sonstwohin verschleppt hatten, galt als vermißt. Der ihr verbliebene Sohn sollte, was fehlte, ersetzen.

Nach einigen Tagen schon ließ ich mich verlocken, mit ihm, der behauptete, mein Banknachbar gewesen zu sein, ein besonderes Gymnasium zu besuchen, in dem Versäumtes nachzuholen und die abgelebten Jahre durch fleißiges Vokabelbüffeln aufs neue zu beleben seien. Er redete auf mich ein: dort könne man nachträglich zum Schüler mutieren, am Ende sogar das Abitur erstreben. Denn das fehle ihm, der bereits wieder eine richtige Schultasche, wenn auch aus Kunstleder, trage, wie mir, an dem nur der Brotbeutel hänge. Ohne Abitur sei man bloß die Hälfte wert. So gehe es vielen. »Kapier doch endlich! Ein Mensch ohne Abitur zählt nicht.«

Knapp mehr als eine Schulstunde lang war das auszuhalten. Während der ersten wurde lateinischer Stoff gekaut. Das ging noch. Latein ist Latein. Aber die zweite Unterrichtsstunde war der Geschichte gewidmet, meinem einstigen Lieblingsfach. Dessen weiträumig datiertes Gelände hatte Leerräume genug geboten, in denen meine Phantasie Zuflucht finden konnte und sich ausgedachtes Personal ansiedeln durfte, das in der Regel mittelalterlich kostümiert und in endlose Kriege verstrickt war. Was ist der Mensch? Nichts anderes als ein Partikel, Teilhaber, Mitläufer, ein Stück im Stückwerk der Geschichte. So etwa, als jeweils anders bunter Spielball, den andere querfeldein stießen, werde ich mich eingeschätzt haben, als ich wiederum die Schulbank drückte.

Wenn mir auch vieles aus der Zeit meiner Wanderjahre entfallen ist, zum Beispiel die Zahl der Mitschüler, die sich gleich nach dem Lateinunterricht zur nächsten Schulstunde versammelten – sie alle waren Kriegsjahre älter als wir –, den Geschichtslehrer sehe ich handgreiflich nahe: kleinwüchsig, drahtig, mit Bürstenhaarschnitt und ohne Brille, doch mit Fliege unterm Kinn lief er zwischen den Bankreihen auf und ab, machte kehrt auf der Hacke, wurzelte urplötzlich wie auf des Weltgeistes unwiderruflichen Befehl und eröffnete die Geschichtsstunde mit der klassischen Frage: »Wo waren wir stehengeblieben?«, um sich sogleich selbsttätig zu antworten: »Bei der Emser Depesche.«

Das mochte dem Lehrplan entsprechen. Ich aber wollte nicht bei Bismarck und dessen Schummeleien stehengeblieben sein. Was ging mich siebzigeinundsiebzig an?

Mein Schnellkurs in dem, was Kriegserfahrung genannt wird, war jüngeren Datums. Vorgestern erst hatte dieser Lehrgang sein Ende gefunden.

Dessen Lektionen erfuhr ich in Tag- und Nachtträumen immer noch. Nirgendwo war ich stehengeblieben.

Was hatte mir ein Krieg zu bieten, in dem die Einheit Deutschlands aus Blut und Eisen geschmiedet worden war?

Was ging mich die Emser Depesche an?

Was alles noch sollte wiedergekäut, mit welchen Daten das Gedächtnis vernagelt werden?

Und welche Zeitspanne – meine? – wollte dieser Pauker aussparen, überspringen, ungeschehen machen und als Peinlichkeit beschweigen?

Als hätte mir der kleinwüchsige Studienrat mit der ominösen Depesche das Stichwort gegeben, stand ich auf, langte nach dem Brotbeutel, den ich jederzeit griffbereit hielt, verließ wortlos – und ohne von pädagogischen Machtwörtern aufgehalten zu werden – nicht nur den Klassenraum für im Lehrstoff zurückgebliebene Kriegsteilnehmer, sondern für immer die Schule und deren aus Prinzip stehenbleibenden Mief. Kann sein, daß ich diesen Abgang sogar genossen habe.

Meinem Mitschüler, der gewiß sein Abitur gemacht hat und sich danach lebenslang als vollwertig begriffen haben mag, bin ich nie wieder begegnet. Doch da mein Verlag samt Druckerei in Göttingens Düsterer Straße seinen Sitz hat, ist mir Göttingen aus mehr als einem Grund immer wieder eine Reise wert.

Wenn auch alle Nebenhandlungen der zuletzt skizzierten Episode verhängt sind, ein Treffen besonderer Art steht überdeutlich im Licht: Sogleich nach meinem definitiven Schulabgang finde ich mich im Wartesaal des Bahnhofs.

Wohin wollte ich? Hatte ich Reisepläne?

Zog es mich etwa spontan in den Süden? Ab und davon, wenn auch illegal in die amerikanische Besatzungszone, wo ich nach einigem Suchen in einem bayerischen Kaff zwischen Altötting und Freilassing meinen Kumpel Joseph zu finden hoffte, um noch einmal knobelnd Gewinn in der Zukunft zu suchen?

Hilflos sehe ich mich im Wartesaal des Göttinger Bahnhofs auf Platzsuche zwischen besetzten Bänken. Über Koffer und Bündel hinweg. Des überfüllten Raumes stickige Luft. Endlich eine Lücke. Neben mir – als hätte ich ihn mir ausgeguckt – das aus meiner Sicht bevorzugte Exemplar in gefärbten Wehrmachtsklamotten: der ewige Obergefreite, kenntlich auch ohne die zwei Winkel am linken Ärmel.

Auf einen wie ihn schien ich abonniert zu sein. Wie auf jenen Obergefreiten, der mich als Hänschenklein aus dem dunklen Wald geführt hatte, konnte man sich auf diesen Typ, der allerdings größer, knorriger und von bulliger Statur war, verlassen. Ich sagte mir: Auf einen, der nie Unteroffizier werden wollte, darf man bauen. Gewitzt, gewieft, verschlagen, hat er immer wieder die Kurve gekriegt. Vormarsch, Stellungskrieg, Nahkampf, Gegenstoß, Rückzug, jede kriegsbedingte Bewegung ist ihm geläufig gewesen. Er findet die Lücke, ist davongekommen, wenn auch beschädigt, auf ihn ist Verlaß.

Mit gestrecktem Holzbein saß er neben mir und rauchte Pfeife. Irgendein undefinierbares Zeug, entfernt dem Tabak verwandt. Er sah aus, als hätte er nicht nur den letzten, sondern nach dem Dreißigjährigen auch den Siebenjährigen Krieg überlebt: ein zeitloser Typ. Die Feldmütze hatte er in den Nacken geschoben. Und etwa so kamen wir ins Gespräch: »Na, Jung, weißt nich wohin, was?«

Das Holzbein sah man nicht, war unterm gefärbten Tuch nur zu erahnen, wurde erst später wichtig. »Na, fahren wir mal kurz nach Hannover, da gibt's och nen Bahnhof. Vleicht fällt uns da was ein…«

Also stiegen wir in den nächsten Bummelzug und stotterten ein Dutzend und mehr Stationen ab. Nach ziemlichem Gedrängel saßen wir in einem vollbesetzten Nicht-raucherabteil, was die Pfeife meines Obergefreiten nicht kümmerte. Sein Kraut machte mächtig Dampf.

Während er noch rauchte, holte er aus dem Brotbeutel einen Brotkanten und ein Stück Wurst, von dem er behauptete, es stamme aus dem Eichsfeld, wo es, wie man ja wisse, die besten Würste gebe.

Mit einem Messer, Typ Fallschirmjägermesser, schnitt er kleinfingerdicke Scheiben ab, mehr für mich als für sich, der von der Pfeife nicht lassen wollte. So fütterte er seinen Kumpel, wie er mich nannte.

Meiner Erinnerung nach kaute ich luftgetrocknete Blut-wurst, doch unterschwellig ließe sich auch Mett- oder Fleischwurst nachschmecken. Jedenfalls rauchte er, während ich kaute und aus dem Fenster linksrechts gehügelte Gegend sah und nichts oder nur krauses Zeug dachte.

Als sich eine alte Dame, die uns gegenübersaß und einen Topfhut aus Vorkriegszeiten trug, über den Qualm beschwerte, mit spitzem Finger auf das Nichtraucher-schild wies, demonstrativ hüstelte und nicht aufhören wollte mit dem Lamentieren, sogar kreischig nach dem Zugschaffner rief und sogleich die Mitinsassen des Abteils gegen die »unanständige Rauchbelästigung« aufstachelte, wobei sie das st im Wörtchen unanständig spitz anstoßend nach Art der vornehm tuenden Hannoveraner aussprach, hob mein Kumpel, der mich Kumpel nannte, rechtshän-dig das fettglänzende Messer, holte bedrohlich weit aus, hielt mit freier Hand die Pfeife beiseite und erstarrte in dieser Haltung eine überdehnte Sekunde lang. Dann stieß er die Klinge mit jähem Hieb durchs Hosenbein in seinen rechten Oberschenkel, in dem das Messer stehenblieb und noch lange nachzitterte. Dazu lachte er gräßlich.

Entsetzt flüchtete die alte Dame mit Hut aus dem Abteil. Sofort wurde ihr Platz von jemandem erobert, der zwischen anderen im Gang gestanden hatte. Der einstige Obergefreite lockerte das Messer, knickte dessen Klinge bis zum Anschlag, sackte es ein und klopfte die Pfeife aus. Langsam näherten wir uns Hannover.

Was bleibt, sind des Zufalls spontane Schnappschüsse, die das Gedächtnis archiviert. Der stumme Wurstscheibenkauer von damals sieht noch immer das ins Holzbein gerammte Messer zittern, ist sich jedoch nicht sicher, ob diese Geschichte während der Eisenbahnfahrt von Göttingen nach Hannover ihren Verlauf nahm oder sich während einer Fahrt in entgegengesetzte Richtung nach Kassel und weiter bis hin nach München zugespitzt hat; woraufhin ich in bayerischer Gegend, entweder in Marktl am Inn oder in sonst einem Kaff, meinen Kumpel Joseph besuchen wollte, mit dem ich vor gut einem Jahr noch Kümmel gekaut, um die Zukunft gewürfelt und über die unbefleckte Empfängnis gestritten hatte. Bei seinen Eltern fand ich ihn nicht. Womöglich hockte er schon in einem Priesterseminar und übte sich in scholastischen Zwängen. Alle Prüfungen bestand er mit Einsernoten, während ich...

Zudem hätte sich diese Geschichte auch neben einem anderen Kumpel mit Holzbein – von denen gab es viele – ereignen können. Gleich ob Blut- oder Mettwurst, Klappmesser oder Messer mit stehender Klinge, hier- oder dorthin unterwegs: Was das Gedächtnis speichert und verdickt in Reserve hält, fügt sich zur mal so, mal so erzählten Geschichte und kümmert sich nicht um Herkunft und andere Fragwürdigkeiten.

Tatsache bleibt, daß mir der Obergefreite mit immerhin möglichem Holzbein, der im Göttinger Wartesaal neben mir gesessen hatte, angesichts meiner Ortlosigkeit – und kaum in Hannover angekommen – den Rat gab, bei der dortigen Verwaltung der Burbach-Kali AG vorzusprechen und nach Arbeit zu fragen: »Die suchen Jungs für untertage. Da kriegste Lebensmittelmarken für Schwerstarbeiter, Butter satt und hast ein Dach überm Kopp. Mach das, Jung!«

Zwei Kumpel vor Hannovers Hauptbahnhof und neben irgendeinem Ernst-August-Reiterdenkmal, dessen Bronze von Bombensplittern durchsiebt war.

Was der ältere Kumpel dem jungen riet, wurde getan, denn wie auch immer der junge Kumpel zu jener Zeit beschaffen oder mit der Zeit geworden sein mochte, eine Erfahrung hatte ihn besonders geprägt: er mißtraute zwar allen Personen, die sich als Erwachsene ausgaben, doch nicht dem unverkennbaren Typ Obergefreiter. Den kannte er, seitdem ihn jemand, der von Beruf Frisör gewesen war, aus einem Wald durch die russische Frontlinie geführt hatte. Als wenige Tage später T-34-Panzer die Rückzugstraße beschossen, wurden die Beine des Obergefreiten zerfetzt, so daß er kaum überleben konnte; mein Wartesaalkumpel jedoch kam mit einem Holzbein davon. Er wußte, wo und was zu tun oder zu lassen war. Seinem Rat war zu folgen.

Außerdem gefiel mir das Wort »untertage«. Richtig Lust bekam ich, mich im Erdinneren zu verkriechen, keine schnell wechselnde Gegend mehr sehen zu müssen, wegzusein, verschluckt, verschollen, wie abgemeldet und dabei, wenn unbedingt notwendig, tief unter der Erdkruste sogar zu arbeiten, anerkannte Schwerstarbeit zu leisten. Womöglich hoffte ich, untertage etwas zu finden, was sich bei Tageslicht nicht blicken ließ.

Aus Dankbarkeit für seinen Tip schenkte ich dem Kumpel mit Holzbein, bevor ich ging und tat, wie mir geraten, die restlichen Abschnitte meiner Raucherkarte, denn noch immer hing ich nicht an jenen Glimmstengeln, die dazumal marktbeherrschend die Kaufkraft einer stabilen Währung hatten; sie waren mein Reichtum, der sich abzählen ließ.

Also sprach ich vor, mußte nicht warten, fragte nach Arbeit und wurde umstandslos von der Burbach-Kali AG in die Stammrolle als Koppeljunge eingeschrieben. Mein Arbeitsplatz, das Bergwerk Siegfried I, war nahe dem Dorf Groß Giesen im Kreis Sarstedt zu finden. Dort wurden mir die Karbidlampe und werkeigene Holzschuhe zugeteilt. Meine Schlafstelle als Obersasse eines Doppelstockbetts fand ich in einer mir seit Jahren gewohnten Baracke.

Etwa zwischen Hildesheim und Hannover lag das Dorf in flacher Gegend, geeignet für den Zuckerrübenanbau. Nur am südwestlichen Horizont hügelte bläulich das Weserbergland. Und aus den frühsommerlich grün bestandenen Flächen ragten der Förderturm der Schachtanlage, die Steinmühle, das Kesselhaus mit seitlich angebauter Waschkaue, zudem das villaartige Gebäude der Betriebsleitung und der alles an Höhe überbietende, teils in Kegelform weiß aufgeschüttete, teils abgeflacht langgestreckte Abraumhügel, auf den tagaus, tagein weiteres ausgelaugtes Gestein, der Abraum gekippt wurde: Loren liefen eingeklinkt in einer Drahtseilbahn auf Rollen. Randvoll gefüllt stiegen sie an, entleert rollten sie bergab. Ihr auf- und abschwellendes Kreischen ist mir im Ohr geblieben, so daß ich noch heute, sobald mich die Bahn von Ratzeburg aus über Lüneburg und Hannover zur Druckerei meines Verlegers Steidl nach Göttingen bringt, Ausschau nach weißlichen Abraumhügeln halte, die aus landwirtschaftlich genutzten Flächen ragen, so die Zeit überdauern und inzwischen Teil der Landschaft geworden sind. Die Schachtanlagen, so auch die des Bergwerks Siegfried I, wurden schon vor Jahrzehnten stillgelegt, abgeräumt.

Die Baracke bot Sechserzimmer, in denen die mir vertrauten Doppelstockbetten standen. Das Kantinenessen war geschmacksarm, aber sättigend. Überdies erlaubten die Schwerstarbeitermarken für Bergleute reichliche Zusatzkost: Wurst, Käse, dick Butter und Eier zum Frühstück oder vor der Spätschicht. Gegen Staublunge gab es täglich als Extrazuteilung Milch. Die Holzschuhe trug man untertage. In der Waschkaue kleideten wir uns um, zurrten den Kleidersack unter die Decke und duschten nach Schichtwechsel.

Meinen Platz als Koppeljunge fand ich auf der neunhundertfünfzig Meter tiefen Fördersohle. Elektrifizierte Züge fuhren dort kilometerlang leer oder gefüllt mit Fördergut, dem brockigen Kaligestein, weg von den Abzügen der höher gelegenen Sohlen und hin zum Aufzug des Hauptförderschachtes, in dem auf Klingelzeichen auch die Bergleute bei Schichtwechsel aus- und einfuhren.

Meine Aufgabe war es, die leeren und vollen Loren zu koppeln, vorm Förderschacht zu entkoppeln und während der Fahrt zu den Firsten, in denen das salzhaltige Gestein gesprengt und gebrochen wurde, die Wettertüren zu öffnen, zu schließen. Viel Gerenne in Zugluft. Stolpern über Schienen. Schlug mir wiederholt das Knie auf.

Andere Koppeljungs hatten mich angelernt. Bei langsamer Fahrt mußte ich von der letzten Lore abspringen, neben dem Zug herlaufen, die kunstledernen Lappen der Wettertür jeweils zur Seite zerren, den Zug passieren lassen, die Wettertür schließen, der letzten Lore nachrennen und aus dem Lauf aufspringen.

Meistens ließ mir der Zugführer der Elektrolok, mit dem ich auf Schicht ging, genügend Zeit, so daß ich nur ein- oder zweimal den Zug verpaßte, ihm hinterdrein mußte, allein auf langer Strecke.

Solch gehetzte Abfolge riecht nach schweißtreibender Maloche und sauer abverdienten Schwerstarbeitermarken, war aber von geminderter Härte, weil während fast jeder Schicht der Strom ausfiel und ein bis zwei Stunden lang wegblieb, was nicht ungewöhnlich war; überall gehörten Stromsperren zum Alltag und wurden wie Schicksal hingenommen.

Untätig saßen wir entweder nahe dem stillgelegten Lastenaufzug des Förderschachtes oder – weil entlang der Strecke vom Stromausfall überrascht – in einer der hallengroß ausgesprengten Firste, die geräumig genug waren, um in ihnen gegenwärtig und zukünftig unser aller Atommüll zu entsorgen, auf daß er strahle und strahle…

Späterhin habe ich das Schlußkapitel des Romans »Hundejahre« in ein Bergwerk verlegt, aus dem allerdings nicht mehr Kaligestein gefördert wurde. Vielmehr hatten sich auf allen Sohlen und in den Firstkammern die dort produzierten Vogelscheuchen als Exportartikel breitgemacht. Erstarrt zu Posen oder beweglich mittels eingebauter Mechanik, waren sie als Abbilder der menschlichen Gesellschaft kostümiert, brachten der Menschheit Lust und Leid zum Ausdruck und hatten als Ware ihren Preis.

Auf Bestellung geliefert, fanden sie weltweit Abnahme. Und weil ja der Mensch als Gottes Ebenbild gilt, konnte Gott als Urvogelscheuche gesehen werden.

Bei Stromsperre gaben untertage nur die Karbidlampen Licht und verhalfen uns zu riesigen Schatten, die über die ragenden Wände der Firstenkammern geisterten. Aus frisch gehauenen Stollen, von verstummten Schüttelrutschen, aus der Tiefe der Firste kamen sie: Bergleute, Hauer, der Sprengmeister, der Reviersteiger, wir Koppeljungs mit den Lokführern. Ein aus schnell angelernten, zumeist jungen Hilfskräften und angestammten Arbeitern – einige nahe dem Rentenalter – gemischter Haufen, der eine Stromsperre lang zusammenhockte.

Dessen Gebrabbel verhakte sich nach nur kurzer Zeit im Politischen, wurde bald lautstark, steigerte sich zum Streit und fand vor drohender Schlägerei nur deshalb ein Ende, weil der Strom wiederkam, die Streckenbeleuchtung ansprang, die Schüttelrutschen zu rattern und Elektroloks zu summen begannen. Im Förderschacht rumorte der Lastenaufzug. Sogleich verebbte das von unterschiedlichen Dialekten eingefärbte Gezänk, worauf alle stumm oder letzte Wörter kauend ihrer Arbeit nachgingen: im Schein ihrer schwankenden Karbidlampen wurden sie kleiner und kleiner.

Für mich, der nur zuhörte, Worte und Widerworte wahllos aufschnappte, sonst aber passiv und wie von der Maulsperre geschlagen stumm blieb, waren die Zeitspannen ohne Strom nachgelieferte Lehrstunden. In stehender Untertagehitze – wir schwitzten, auch wenn wir nichts taten – versuchte ich, dem streitbaren Gerede zu folgen, begriff nicht viel, kam mir dumm vor und war es, wagte aber nicht, die älteren Kumpel zu fragen. Ich erlebte mich hin und her gerissen, denn im Verlauf des Streites kam es zu Zusammenrottungen: grob eingeteilt standen drei Gruppen gegeneinander.

Der kleinste Haufen gab sich kommunistisch klassenbewußt, sagte das kurz bevorstehende Ende des Kapitalismus und den Sieg des Proletariats voraus, hatte auf alles eine Antwort parat und zeigte gern die geballte Faust. Zu ihm gehörte der Reviersteiger, ein übertage umgänglicher Mann, der in Werknähe ein Einfamilienhaus bewohnte und mit dessen ältester Tochter ich ab und zu ins Kino ging.

Die zweite und größte Gruppe machte sich mit Naziparolen stark, suchte Schuldige für den Zusammenbruch der alten Ordnung, summte aufreizend »Die Fahne hoch…« und verstieg sich zu Vermutungen und wüsten Verwünschungen: »Wenn der Führer noch leben würd, würd er euch alle…«

Die dritte Gruppe versuchte mäßigend mit immer unansehnlicher werdenden Verbesserungsvorschlägen den Streit zu dämpfen, war einerseits gegen Enteignung, zum Beispiel der Burbach-Kali AG, andererseits für die Verstaatlichung der Großindustrie unter gewerkschaftlicher Kontrolle. Diese mal abbröckelnde, dann wieder durch Zulauf verstärkte Gruppe wurde als sozialdemokratisch abgewertet und von den Kommunisten als »sozialfaschistisch« beschimpft.

Auch wenn mir vieles unverständlich blieb, was streitbar bis zur Weißglut verhandelt wurde, erkannte ich, der Koppeljunge und Dummkopf am Rande, daß sich auf dem Höhepunkt des Dauerstreits immer der kommunistische Haufen mit den verstockten Nazis verbündete, um mit geballter Stimmkraft den sozialdemokratischen Rest niederzuschreien. Soeben noch Todfeinde, machten sie rot und braun Front gegen die Sozis.

Das lief nach Schema ab und war wie verhext. Aus jeder Stromsperre ergab sich die gleiche Gruppierung. Mir fiel es schwer, haltbar Partei zu ergreifen. Als jemand ohne festen Standpunkt, der allseits agitiert wurde, hätte ich mal diesem, mal jenem Haufen zugezählt werden können.

Der Zugführer meiner Elektrolok, ein leicht invalider Mann, der als Hauer beim Sprengen einen Unfall gehabt hatte und zu den Sozis gehörte, erklärte mir übertage, als wir nach Schichtwechsel die Waschkaue verließen, dieses in sich so widersprüchliche Bündnis: »Das läuft hier ab wie kurz vor dreiunddreißig, als die Kommune und die Braunen sich gegen uns stellten, bis dann die Braunen zuerst die Kommune liquidiert haben, gleich danach waren wir dran. Und schon war sie weg, die Solidarität. Naja, die lernen nie aus der Geschichte. Die wollen immer alles oder nichts. Uns Sozis hassen sie, weil wir notfalls auch mit der Hälfte zufrieden sind...«

Nun will ich nicht sagen, daß mich der Anschauungsunterricht beim flackernden Schein der Karbidlampen erleuchtet, mir zu ersten politischen Nachkriegseinsichten verholfen und ein aufklärendes Lichtlein gesteckt hat, doch begann dem Koppeljungen zu dämmern, welch üble Kumpanei einen Staat kaputtgemacht hatte, der von den Kommunisten und Nazis abschätzig als »System« beschimpft worden war, was ihm schließlich den Rest gegeben hatte.

Auch wenn aus mir untertage kein gelernter Sozi wurde, sind mir doch übertage einige Einsichten getrichtert worden, als mich mein Lokführer an einem Sonntagmorgen in den aufgeräumten Trümmerhaufen Hannover mitnahm, weil dort der Vorsitzende der Sozis, Kurt Schumacher, unter freiem Himmel zu Zehntausenden sprach.

Nein, er sprach nicht, er schrie, wie einst alle Politiker, nicht nur der Nazigauleiter Forster auf der Danziger Maiwiese, geschrien hatten; und doch sind bei mir, dem späteren Sozialdemokraten und unverdrossenen Anhänger des ewigen Einerseitsandererseits, einige Donnerworte haftengeblieben, die die zerbrechlich wirkende Gestalt, die mit leerem, flatterndem Ärmel in praller Sonne stand, über die Köpfe der Zehntausend hinweggeschrien hatte.

Nach jahrelanger Haft während der Nazizeit war er zum Asketen geworden. Ein Säulenheiliger wurde laut. Er rief zur Erneuerung der Nation auf. Aus Ruinen sollte nach seinem gestrengen Willen ein soziales und demokratisches Deutschland entstehen. Jedes Wort ein Hammerschlag auf Eisen.

Gegen meinen Willen – denn eigentlich stieß das Geschrei ab – überzeugte mich der Genosse Schumacher.

Wovon? Mit welchen Folgen? Es mußten Jahre vergehen, bis sich der Koppeljunge von einst nach zielfernen Sprungversuchen in utopischer Disziplin dem sozialdemokratischen Schrittmaß, etwa Willy Brandts »Politik der kleinen Schritte«, zu verschreiben begann. Und weitere Jahre vergingen, bis ich im »Tagebuch einer Schnecke« dem Fortschritt dauerhafte Kriechsohlen verordnete. Die Schleimspur. Der lange, mit des Zweifels Kopfsteinen gepflasterte Weg.

Doch bereits untertage wurde meine politische Verkapselung – das leere Gehäuse – durchlöchert und rissig. Versuchsweise ergriff ich Partei. So erteilte mir das Kalibergwerk Siegfried I gratis Nachhilfeunterricht, der sich jedoch wechselhaft niederschlug: schwankend wie das Licht- und Schattenspiel in den domhohen Firstenkammern, entschied ich mich mal für, mal gegen etwas, war mal auf dieser, dann auf jener Seite, blieb aber taub, sobald mich die Immernochnazis zu bequatschen versuchten.

Einerseits redete ich untertage, als es mal wieder streitbar um die Gründung der Einheitspartei aus Kommunisten und Sozis in der sowjetisch besetzten Zone ging, mit den Worten meines Lokführers, der vor der Zwangseinheit warnte und immer fürsorglich langsam fuhr, wenn sein Koppeljunge die Wettertüren öffnete, schloß und auf die Lore springen mußte, andererseits gelang es übertage dem Reviersteiger und freundlichen Vater dreier Töchter, mir Sätze aus dem »Kommunistischen Manifest« in die kalorienarme Wirklichkeit der Nachkriegszeit zu übersetzen.

Beide agitierten mich mit wechselndem Erfolg. Als guter Zuhörer werde ich ihren Eifer gefördert haben. Doch wenn ich mir heutzutage, also in Zeiten der absoluten Vorherrschaft des Kapitals und im Vollbesitz meiner geballten Ohnmacht, den Koppeljungen von damals herberufe, ihn neben mein Stehpult locke, anfangs milde, dann streng verhöre und ihn, der gern ausweicht, mit meinen Fangfragen in Verlegenheit bringe, ist aus den Nebensätzen des jungen Mannes in Drillich herauszuhören, daß es wohl eher die älteste Tochter des Reviersteigers gewesen ist, die ihn zwischen der Schichtarbeit in das Einfamilienhaus mit Vorgarten und Veranda geködert hat; sie überzeugte, ohne zu agitieren.

Keine Schönheit, doch nicht ohne Liebreiz. Seit ihrer Kindheit zog sie das linke Bein nach. Ein Unfall? Nie sprach sie darüber. Oder habe ich nicht zugehört, wenn sie die Ursache ihres merklichen Unglücks beklagte?

Sie redete hauchig, schnell, haspelnd, als bliebe ihr nicht Zeit genug. Ein oval längliches Gesicht bilde ich mir ein, engstehende braune Augen, dunkles, glatt fallendes Haar. Die immer nachdenkliche, deshalb krause Stirn. Klug war sie und konnte logisch gedachte Sätze bilden. Flattrige Hände gaben ihrem Redefluß die zweite Stimme. Eines ihrer Lieblingswörter war das Wörtchen »genau«: genaugesehen, genaugesagt, genaugedacht…

Als Bürolehrling in der Werkverwaltung hat sie einige meiner schnell gereimten Gedichte mit der Schreibmaschine abgetippt. Die sahen dann Zeile nach Zeile bedeutend aus, lasen sich flüssig und wären, rein optisch gewertet, gut für den Druck gewesen; auch hatte sie meine Rechtschreibfehler beim Abtippen stillschweigend getilgt.

So oft wie möglich hingen wir aneinander. Ihr nachgezogenes Bein störte mich nicht. Gesicht und Flatterhände sprachen anziehend genug. Ohne viel Brust stand sie schmal am Zechentor, wartete auf den Vater und wohl auch auf mich. So zierlich und leichtgewichtig war sie, daß ich mir ihren flachen Körper in passende Höhe heben und stehend in ihn eindringen konnte, sobald wir nach dem Kinobesuch, aus Sarstedt zurück, in der Veranda oder im Hausflur versuchten, auf Minutenlänge ein Fleisch zu sein.

Treppauf in ihr Mädchenzimmer durfte ich nicht. In die Baracke mit den Doppelstockbetten wollte sie nicht. Immer um mich besorgt, ließ sie geschehen, was zum Kinobesuch als abschließendes Programm gehörte, gleich ob auch sie oder nur ich wollte. Und ihrer Bitte, dabei vorsichtig zu sein, lernte ich zu gehorchen.

Doch deutlicher als während der zugestandenen Minuten in der Veranda oder im Windfang des Hauses erlebten wir uns auf Feldwegen zwischen Rübenäckern. Ihr hinweisendes Reden. Alles wurde beim Namen genannt. Angesichts des überragenden Abraumberges, der weißlich schimmernd vor mehr oder weniger bewölktem Himmel stand, machten wir viele Worte über Filme, die wir kürzlich gesehen hatten. Einer hieß »Gaslicht und Schatten« und spielte schauerlich im nebligen England, ein anderer, in dem »die Knef« eine Rolle hatte, hieß »Die Mörder sind unter uns«.

Auch haben wir über Gott gesprochen, den es nicht gab. Wir steigerten uns beim Entwerten von Glaubensartikeln. Zwei Zöglinge des Existentialismus, die diesen jenerzeit in Mode kommenden Begriff nicht oder nur vom Hörensagen kannten. Beide hatten im »Zarathustra« gelesen und erhabene Wortungetüme wie »Eigentlichkeit« und »Geworfenheit« irgendwo aufgeschnappt. Heuhaufen gab es in dieser Gegend nicht.

Als dann, nach erstem Bodenfrost, die Zuckerrüben erntereif waren, sind wir nach Einbruch der Dunkelheit mit Säcken und Körben auf die Felder, eilig mit kurzstieligen Hacken. Wir waren nicht die einzigen, die nachts ernteten. Unsere Feinde waren Bauern mit Hunden.

In der Waschküche des Reviersteigers, dessen Frau im letzten Kriegsjahr gestorben war und der als Witwer und Vater seiner drei Töchter oft hilflos wirkte, haben wir dann unter seiner Anleitung die gemeinsam geschälten und geschnitzelten Rüben im Waschkessel zu Sirup verkocht. Das ständige Rühren mit großer Holzkelle im blubbernden Kessel, der Geruch und Geschmack klebriger Übersüße sind geblieben, auch das dreistimmige Lachen der Mädchen beim Rübenschnitzeln. Der Sirup wurde in bauchige Flaschen abgefüllt, die werkeigen waren. Vom Rest im Kessel machten wir Malzbonbons, denen Anis beigemischt war.

Beim Sirupkochen wurde gesungen. Der Vater hatte den Töchtern einige Arbeiterlieder überliefert. Weder KZ-Haft noch der Frontdienst in einem Strafbataillon hatten ihm sein, wie er gern sagte, »Klassenbewußtsein« nehmen können.

Wie hießen die Töchter mit Vornamen? Eines der Mädchen – aber welches? – wurde Elke gerufen. Manchmal ging es spitzzüngig zu. Doch zum politischen Streit ist es beim Sirupkochen so gut wie nie gekommen.

Nach meinem neunzehnten Geburtstag, an dem im fernen Nürnberg das Urteil gegen Kriegsverbrecher durch Erhängen vollstreckt wurde und den ich mit einigen Kumpels auf der Neunhundertfünfzigmetersohle kurz vor Beginn der Zuckerrübenernte gefeiert habe, fand ich im Amt des Bürgermeisters von Groß Giesen den Namen und die Anschrift eines entfernten Verwandten, der mit Frau und Töchtern als Vertriebener in Lübeck Zuflucht gefunden hatte. Schrieb ich sogleich oder erst nach einigem Zögern?

Wie überall in den Städten und Dörfern der Besatzungszonen hingen in den Korridoren der Amtsstuben lange Suchlisten, auf denen Namen und Daten von Vermißten und oft genug Toten gereiht standen. Das Rote Kreuz und andere Organisationen sorgten für den Versand und die Ergänzung der Listen. Gesondert waren paßbildkleine Fotos von Kindern ausgestellt. Flüchtlinge und Vertriebene aus Ostpreußen, Schlesien, Pommern, aus dem Sudetenland und meiner Heimatstadt Danzig, zudem Soldaten aller Waffengattungen und Dienstränge, Ausgebombte und Evakuierte, Millionen Menschen suchten einander. Namenlose Säuglinge verlangten nach ihren Eltern. Mütter wollten Söhne und Töchter finden, von denen sie während der Flucht getrennt worden waren. Oft stand nur der Fundort unter den Fotos von Kleinkindern. Suchen und finden. So hofften Frauen auf die Rückkehr des Verlobten, des Ehemannes. Freunde und Freundinnen vermißten sich. Jedem fehlte jemand. Und auch ich suchte auf den wöchentlich neu ausgehängten Listen nach meinen Eltern und der drei Jahre jüngeren Schwester.

Da ich sie immer noch und wider jede Vernunft zu Hause sah – die Mutter wie unverrückt hinter der Ladentheke, den Vater beim Kuchenteigrühren in der Küche, die Schwester mit ihren Zöpfen spielend im Wohnzimmer –, konnte oder wollte ich mir meine Familie nicht in der Fremde vorstellen: gewaltsam vertrieben, unbehaust, ohne vertraute Möbel und gerahmte Öldrucke an den Wänden, fern dem Kachelofen, der zugleich Wohn- und Schlafzimmer beheizte.

Stand das Radio noch immer auf dem Büfett, und wer hörte welchen Sender? Was war aus dem verglasten Bücherschrank der Mutter geworden, der eigentlich meiner gewesen war? Wer blätterte jetzt in den Kunstalben voller gesammelter und paßgenau eingeklebter Zigarettenbilder?

Jadoch. Sogleich oder nach nur kurzem Zögern schrieb ich an die entfernten Verwandten. Doch bevor von ihnen, die vormals in Danzig-Schidlitz gewohnt hatten, Antwort kam, heiratete einer meiner Barackenkumpel oberschlesischer Herkunft. Die Braut war eine Einheimische aus dem Dorf und verwitwet.

Grell steht die lachlustige Blondine vor mir und trägt den Kopf voller Lockenwickler. Dann sehe ich sie im Brautkleid aus Fallschirmseide, die gegen Zentnersäcke Kalisalz eingehandelt wurde.

Mit einem anderen Kumpel – Koppeljunge wie ich – mußte ich den Brautzeugen mimen, weil im Dorf dafür niemand zu haben war. Der Bräutigam sprach als gebürtiger Kattowitzer das dort übliche Polackendeutsch, spielte schmissig Mundharmonika und brachte uns ein vielstrophiges Lied bei, von dem mir nur Zeilen wie diese, »Hat sich Antek Floh am Bein, holt sich gleich ein Waffenschein«, geblieben sind.

Laut wurde zu viert in der Wohnküche der Kriegerwitwe gefeiert. Aus Groß Giesen, den umliegenden Dörfern und aus Sarstedt waren weder Verwandte noch Nachbarn gekommen. Nicht nur die Schwester, sogar die Eltern der Braut hatten sich geweigert, mit dem aus niedersächsischem Verständnis ausländischen Schwiegersohn und Habenichts an einem Tisch zu sitzen. Wer aus der Fremde kam, blieb fremd.

Wir tranken unmäßig, als hätte der Durst fehlender Gäste mitgestillt werden müssen. Der Bräutigam, die Trauzeugen und – besonders eifrig – die Braut waren bemüht, in Stimmung zu kommen, es lustig zu haben. Zu geschmortem Schweinenacken gab es Alkoholisches aus Wassergläsern. Wer viel, wer weniger trank, weiß ich nicht mehr. Reichlich stand Kartoffelschnaps und was sonst noch über den Schwarzmarkthandel zu haben war, auf dem Tisch, sogar Eierlikör. So viel von dem verdächtigen Zeug füllte uns ab, daß wir womöglich allesamt hätten erblinden können, denn täglich gaben Zeitungen Nachricht von kollektiven Vergiftungen nach Familienfeiern: Methylalkohol in gepanschtem Schnaps hieß die Ursache. Wir aber stießen immer wieder auf unser und der Brautleute Wohl an und verfluchten lauthals die abwesenden Gäste.

Zu viert sind wir irgendwann ins Ehebett der einstigen Kriegerwitwe gefallen. Zwar nicht erblindet, aber blindlings. Was sich danach zwischen soviel Fleisch ergab, wollte und will keine Zwiebelhaut wissen. Allenfalls wird die Braut gewußt, gespürt oder geahnt haben, was während der restlichen Nacht geschah oder nicht geschehen ist: mit wem, mit wem kaum oder gar nicht, mit wem wiederholt.

An der Kopfwand des Bettes aus erster Ehe hing ein Ölbild, auf dem entweder Schwäne in Schönheit ein Paar abgaben oder vereinzelt ein Hirsch röhrte.

Als wir am nächsten Morgen, nein, eher gegen Mittag erwachten, hatte die neuerdings verheiratete Blondine bereits in der Wohnküche den Frühstückstisch gedeckt. Es roch nach Spiegeleiern und ausgebratenem Speck. Sie lächelte blond, meinte lächelnd ihren Ehemann und beide Koppeljungs, die alle drei aneinander vorbei ins Leere stierten, kaum sprachen, und wenn sie was sagten, ging es um die nächste, die Spätschicht.

So verrutscht und in Einzelheiten ungewiß endete eine Hochzeitsnacht, die sich übertage im Windschatten des Förderturms und mit Blick aus dem Schlafzimmer auf die alles überragende Abraumhalde mehr ergeben als ereignet hatte. Untertage jedoch verlängerten während der Stromsperren die Bergleute ihren Streit, in den ich mich, satt der Wiederholungen, nicht einmischen wollte. Mein einstiges Jungnazitum schien gründlich ausgeschwitzt zu sein. Mit dieser sich zänkisch hinschleppenden Vergangenheit wollte ich nichts zu tun haben. Keine der abgestandenen Ideen konnte mich locken, wenngleich dort, wo einst die einzig gültige Idee alles mit allem verklammert hatte, ein Spalt gähnte.

Doch womit sonst war der Riß aufzufüllen, der, wenn nicht sichtbar, dann inwendig klaffte?

Vermutlich ist es unablässige und diffuse Sinnsuche gewesen, aus der heraus sich der Koppeljunge während längerer Zwangspausen rettete, indem er abseits der streitenden Kumpel und erhellt nur von seiner Karbidlampe die ehernen Gesetze und Vokabeln einer toten Sprache zu büffeln begann und nun doch noch zum Schüler wurde.

Diese absurde Situation hat sich so überdeutlich gehalten, daß ich mich heute noch Verben konjugieren höre. Kein Zweifel: jener Koppeljunge, der neunhundertfünfzig Meter unterhalb der Erdkruste fleißig und verbissen sein kümmerliches Latein aufzubessern versucht, bin ich. Wie zu Schülerzeiten schneidet er Grimassen und sagt dabei sein Sprüchlein auf: qui quae quod cuius cuius cuius…

Ich verspotte ihn, nenne ihn »eine Witzfigur«, aber er läßt sich nicht ablenken, will die Leere mit irgendwas auffüllen, und sei es mit dem Abraum einer Sprache, derer sein Kumpel im Lager Bad Aibling mächtig gewesen war und die er »auf ewig weltbeherrschend« genannt hatte. Mehr noch: Joseph behauptete sogar, nach den unumstößlichen Regeln dieser Sprache zu träumen.

Grammatik und Wörterbuch sind mir wohlmeinend von einer pensionierten Studienrätin geliehen worden, die in der kurz vor Kriegsende erbärmlich zertrümmerten Bischofsstadt Hildesheim hauste und mir gegen Entgelt – die Zigaretten des Nichtrauchers – Nachhilfestunden in ihrer Dachkammer angeboten hatte.

Ich begegnete ihr zufällig, weißnichtmehrwo. Sie trug eine dickglasige Brille und saß mit der Katze auf dem

Schoß in einem weinrot gepolsterten Sessel. »Kann nicht schaden, ein bißchen Latein«, hieß ihr Rat.

Sobald ich Freischicht hatte, kam ich mit dem Autobus. Zu nicht mehr als einer Tasse Pfefferminztee lud sie mich nach dem Unterricht ein.

Dann aber beendeten die Postkarten naher und ferner Verwandter meinen Rückfall in pennälerhaftes Verhalten. Übereinstimmend las ich: die Eltern, die Schwester hätten Krieg und Vertreibung ohne äußeren Schaden überlebt. Kürzlich sei es ihnen gelungen, von der sowjetisch besetzten Zone ins britische Besatzungsgebiet zu wechseln. Von Mecklenburg aus. Mit zwei Koffern nur über die Grenze. Nach kurzem Zwischenhalt in Lüneburg, wo die Großeltern Zuflucht gefunden hätten, habe man sie, weil der Norden längst überfüllt sei, im Rheinland nahe Köln, genauer im Kreis Bergheim/Erft bei einem Großbauern einquartiert.

Es stand noch mehr auf den Postkarten verstreut lebender Verwandter: über die kaputte Heimatstadt – »Unser Danzig gibt es nicht mehr« – und über all das Schlimme, das man durchgemacht habe. Auch über »angebliche Verbrechen«, von denen man aber nichts hätte wissen können, stand zu lesen: »Doch von all dem Unrecht, das der Pole uns angetan hat, wird geschwiegen…«

Ferner gaben die Verwandten von erlittener Gewalt, von Vermißten, Toten und vom Großvater Bericht, der ständig klage und den Verlust seiner Tischlerei nicht verschmerzen könne – »die Kreissäge, die Hobelmaschine, die vielen im Keller lagernden Tür- und Fensterbeschläge…«

Gleichlautend beklagten sie die allgemeine Not, die immer größer werde: »Besonders trifft es uns Vertriebene, die nirgendwo willkommen sind. Dabei sind wir doch auch Deutsche wie die hier...«

Die Adresse des rheinischen Quartiers der Eltern hat mir wohl das Bürgermeisteramt Groß Giesen vermittelt. Jedenfalls fuhr ich, ohne beim Werk zu kündigen, und nahm gleich nach der Frühschicht den Bus. Es wird kurz vor Weihnachten oder eher zu Beginn des neuen Jahres gewesen sein. Irgend etwas hielt mich auf. War es die mir anhängliche Tochter des Steigers?

Längs der Strecke lag Schnee, auf den immer mehr Schnee fiel. Ich hatte ein Kilo gesparte Butter und zwei bauchige, aus dem Werklaboratorium organisierte Bromflaschen, gefüllt mit Rübensirup, im Gepäck, mein Anteil an letzter Ernte.

Nein, ich erinnere mich weder an Abschiedstränen der ältesten Tochter des Reviersteigers, noch daß ihr Vater dem eiligen Abgänger gute Reise gewünscht hätte, doch muß mir bei meinem Aufbruch Werkeigentum in den Seesack geraten sein, den mein Zeug anstelle eines Koffers füllte, denn als ich mehr als zwanzig Jahre später abermals diese niedersächsische Region bereiste, um dort, mit Blick auf bevorstehende Bundestagswahlen – es ging um Brandts »Neue Ost- und Deutschlandpolitik« –, bei der Gründung von Wählerinitiativen behilflich zu werden, erzählte ich nach einer Wahlveranstaltung in Hildesheim dem SPD-Kandidaten von meiner Untertagetätigkeit als Koppeljunge und von den streitgesättigten Stromsperren.

So erfuhr er, ab wann sozialdemokratische Zögerlichkeit mein politisches Schrittmaß zu bestimmen begann. Weil aber meine auf Pointen zugespitzte Schilderung dem Genossen allzu fabelhaft oder wie eine Ergänzung zum

Roman »Hundejahre« vorgekommen sein wird, hat er nach meiner Abreise bei der immer noch profitierenden Burbach-Kali AG Einblick in die Stammrollen der ersten Nachkriegsjahre genommen. Dort stand beweiskräftig, daß jemand meines Namens das Werk Siegfried I »unter Mitnahme werkeigener Holzschuhe« verlassen habe.

Kali wird dort nicht mehr gefördert und mehr Raps als Zuckerrüben angebaut. Doch immer noch ragt der weißliche Abraumberg aus flachem Feld und will nicht wegzudenken sein. Er erinnert an eine Zeit, in der Rübenklauen und Stromsperren zum Alltag gehörten, Schwerstarbeitermarken begehrt waren, ein kluges Mädchen meine Rechtschreibfehler verbesserte, Freiheit als Wortgemetzel erprobt werden durfte und auf der Fördersohle der Schachtanlage Siegfried I einem dummgebliebenen Koppeljungen Lektionen erteilt wurden.

Von Hannover aus nahm ich die Bahn, ab Köln wieder den Bus in die mir bekannte niederrheinische Gegend. Begleitet wurde ich von andauernder Kälte. Für alle, die ihn erlebt haben, ist dieser so früh, Ende November, einsetzende Winter unvergeßlich geblieben. Er hielt an, brachte Schneemassen und Dauerfrost mit sich. Flüsse waren zugefroren, Wasserleitungen geborsten. In den Städten fehlten Wärmehallen. Der Transport von Kohle und Koks stockte. Frierende hungerten, Hungernde erfroren.

Besonders für Kinder und alleinstehende Alte war der Winter sechsundvierzig-siebenundvierzig tödlich, denn zum gewohnten Mangel kam mangelndes Heizmaterial. Kohlentransporte wurden geplündert, Bäume gefällt, Wurzelstrünke gerodet. Auf den Kanälen froren mit Koks beladene Schleppkähne ein, mußten bei Tag und bei Nacht bewacht werden. Als Wärmeersatz besonderer Art galt Humor. Vielleicht stand deshalb in Hannover und Köln Shakespeares »Sommernachtstraum« auf den Spielplänen städtischer Theater, deren Schauspieler sich auf Notbühnen in lustvollen Szenen tummelten und deren Zuschauer sich durch Beifallklatschen in Hitze gebracht haben mögen.

So unterkühlt und arm an Kalorien ging dennoch das Leben weiter. Und ich, soeben erst der Untertagewärme der Neunhundertfünfzigmetersohle entlaufen, fror nun übertage im unbeheizten Zug, im naßkalten Bus.

Alle Mitreisenden froren, doch glaubte ich, ganz besonders unter dem überall gegenwärtigen Frost zu leiden, so vorbeugend der Koppeljunge aufgeheizt sein mochte, so kalorienreich die Lebensmittelmarken den Schwerstarbeiter gesättigt hatten und so fürsorglich des Reviersteigers älteste Tochter mir Fausthandschuhe für die Reise gestrickt hatte.

Vielleicht aber war es auch so, daß ich bei aller Vorfreude auf das familiäre Wiedersehen inwendig von der Furcht besetzt war, es könne die Begegnung mit Vater und Mutter enttäuschend verlaufen, es werde, weil mir die Eltern, die Schwester fremd geworden seien, die Kälte noch spürbarer werden und der Sohn und Bruder vor ihnen als Fremder stehen.

Ich hielt mich an meinem Seesack und dessen Inhalt fest, dem Kilo ersparter Butter, den bauchigen Flaschen voller Rübensirup.

Die Heimkehr des verlorenen Sohnes sollte, weil unangekündigt, eine Überraschung sein. Als ich aber aus dem

Bus stieg, standen Mutter, Vater und Schwester an der Haltestelle Fließstetten, als hätten sie mich überraschen wollen. Doch wollten sie nur nach Bergheim fahren, um Zuzugspapiere stempeln zu lassen. Ein Zufall?

Später war sich die Mutter sicher, daß unser Zusammentreffen Fügung gewesen sei. Das war ihr fester Glaube: alles, Unglück wie Glück, so auch mein Überleben – denn eigentlich hätte ich tot sein müssen –, füge sich nach höherem Willen, werde durch Fügung vorbestimmt. Überdies soll ihr eine Zigeunerin die baldige Rückkehr des Sohnes vorausgesagt haben: »Mamas Liebling« komme beladen mit Geschenken, womit nur der Sirup, die Butter gemeint sein konnten.

Der Sohn erschrak. Da standen sie, ärmlich in zu weit gewordene Mäntel gekleidet. Die Mutter verhärmt. Seinen Velourshut hatte der Vater übers Kriegsende hinweggerettet. Die Schwester ohne Zöpfe, kein Kind mehr.

Ich soll sie mit dem Ausruf »Aber Daddau, du bist ja eine junge Dame geworden« begrüßt haben. Und sie, die sich im Zweifelsfall immer anders, sie sagt »wahrheitsgetreuer«, als der Bruder erinnert, besteht noch heute darauf, daß es die Wahrsagerin gegeben habe. »Ehrlich, das hat sie vorausgewußt…«

Kürzlich, als wir mit einigen Enkelkindern unser fremd gewordenes Zuhause besuchten und den Strand zwischen Glettkau und Zoppot abliefen, verloren wir uns in einem geschwisterlichen Gespräch, in dem es um dies und das, auch um den neuen Papst ging. Und während die Kinder den Wellensaum nach Bernstein absuchten, sagte sie: »Ohne daß Mama etwas Eßbares geben mußte – wir hatten ja nichts –, hat die Zigeunerin, bevor du kamst, aus Mamas Hand gelesen und ihr versprochen: In drei Tagen ist ihr Söhnchen da.«

Wenig mehr als zwei Jahre zuvor nur – und dennoch wie in abgelebter Vorzeit –, als Danzig mit all seinen Türmen und Giebeln noch heil war, im September vierundvierzig hatte mich der Vater zum Hauptbahnhof begleitet. Er trug meinen Pappkoffer wortlos und das runde Parteiabzeichen am Anzugstoff. Ich, noch sechzehnjährig, in knielangen Hosen und mit dem Einberufungsbefehl in der Brusttasche einer mir eng gewordenen Jacke, stand neben ihm auf dem Bahnsteig. Die Mutter hatte sich geweigert, dem Sohn im abfahrenden Zug in Richtung Berlin und – wie sie glaubte – in den Tod nachschauen zu müssen. Jetzt hatte uns Fügung wieder versammelt.

Wir umarmten einander unter Wiederholungszwang. Keine oder nur hilflose Wörter. Zuviel und mehr als sich sagen ließ, war im Verlauf einer Zeit geschehen, die ohne Anfang war und keinen Schlußpunkt finden konnte. Manches kam erst viel später, weil zu schrecklich, oder gar nicht zu Wort.

Mehrmals erlittene Gewalt hatte die Mutter verstummen lassen. Sie war gealtert, kränkelte bereits. Wenig war von ihrer Heiterkeit und Spottlust geblieben.

Und dieses klapprige Männlein sollte mein Vater sein? Er, der sich stets selbstsicher und stattlich um Haltung bemüht gegeben hatte?

Nur die Schwester schien alles, was geschehen war, unbeschadet überstanden zu haben. Fast zu erwachsen kam sie mir vor. Neugierig die hellen Augen auf mich, den »großen Bruder«, gerichtet.

Jetzt erst begann ich zu begreifen, was mir während der letzten Kriegsmonate, im Lazarett, in Gefangenschaft, dann ziellos in Freiheit unterwegs, nie genügend deutlich geworden war, weil ich mich einzig mit mir und meinem zwiefachen Hunger befaßt hatte. Alles war durch Verlust verändert. Keiner war ohne Schaden. Nicht nur Häuser wurden in Ruinen verwandelt. Mit der Kehrseite des Krieges, dem Frieden, kamen Verbrechen ans Licht, die nun rückläufig wurden und mit nachträglicher Gewalt aus Tätern Opfer machten.

Vor mir standen Vertriebene, als einzelne zwar, doch unter Millionen von nur statistischem Wert. Ich umarmte Überlebende, die, wie es hieß, mit dem Schrecken davongekommen waren. Man existierte noch irgendwie, aber…

Nichts wußten wir voneinander. »Unser Junge ist wieder da!« rief mein Vater allen zu, die aus dem Bus stiegen, die in den Bus nach Bergheim wollten. Doch ich war nicht mehr der Junge, den er zum Danziger Hauptbahnhof begleitet hatte, als etliche Kirchen der wie auf ewig gefügten Stadt mir zum Abschied mit allen Glocken lärmten.

Die zuständige Behörde hatte die Eltern und die Schwester bei einem Bauern eingewiesen. Dieser Zwang war üblich, denn freiwillig wurden Flüchtlinge und Vertriebene selten aufgenommen. Besonders dort, wo keine Schäden sichtbar waren, Haus, Stall und Scheune wie unbekümmert auf Erbrecht fußten, zudem keinem Bauernschädel ein Haar gekrümmt worden war, verweigerte man die Einsicht, den siegreich bejubelten Krieg gemeinsam mit den Geschädigten verloren zu haben.

Nur weil von der Behörde gezwungen, hatte der Besitzer des Hofes meinen Eltern den zweigeteilten Raum mit Betonfußboden überlassen: eine ehemalige Futterküche für Schweinemast.

Beschwerden halfen nicht. »Geht doch hin, wo ihr hergekommen seid!« hieß die Antwort des seiner Hektar sicheren Bauern, der so katholisch war wie jener, dem ich im Frühjahr des vergangenen Jahres davongelaufen war. Allerorts hatte man sich schon immer mißtrauisch bis feindselig gegenüber Fremden und – wie es hieß – Hergelaufenen verhalten; dabei sollte es bleiben.

Allgemein herrschte Kälte, die wetterbedingte jedoch stieg vom nicht unterkellerten Betonfußboden auf. Der kleine Vorrat Winterkartoffeln hatte Frost abbekommen. Im aufgetauten Zustand gaben sie auf Fingerdruck weichlich nach. Ob mit Pelle gekocht oder geschält, sie blieben wäßrig, glasig, schmeckten widerlich süß. Von nebenan roch der Schweinestall, und inwendig glänzte eisig die Außenwand der Futterküche.

Wir schliefen in einem Raum. Die Schwester mit der Mutter, der Sohn mit dem Vater in einem Bett. Noch gedrängter als während meiner Kindheit ging es zu, als wir in der Langfuhrer Zweizimmerwohnung zu viert in einem Zimmer schliefen, doch gab es dort den weißen Kachelofen. Hier stand allein im Vorraum ein gußeiserner Herd, um den wir am Abend dicht bei dicht hockten. Verschwiegen redeten wir und retteten uns oft in vielsagendes Schweigen.

Das Feuerloch wurde mit Bruchbriketts gefüttert, die der Vater im Rucksack von seiner Arbeitsstelle mitbrachte. Im nahegelegenen Braunkohle-Tagebau hatte er einen Platz als angestellte Hilfskraft in der Pförtnerloge gefunden. Seine schöne und leserliche Handschrift war von Vorteil gewesen. Nun führte er Buch und kontrollierte bei Schichtwechsel die Ein- und Abgänge.

Die Bruchbriketts gab es als Deputat. Als die Eltern endlich Wohnung in dem werknahen Dorf Oberaußem fanden, bekamen sie sogar größere Mengen vom »schwarzen Gold« zugeteilt, heil in länglicher Form und als Eier-briketts.

Das Werk, in dem der Vater Arbeit gefunden hatte, war eine Industrieanlage, die aus gereihten Schornsteinen mächtig Dampf machte und Fortuna Nord hieß, wie spä-ter eines der »Blechtrommel«-Kapitel, in dessen Verlauf auf dem Friedhof des Bergarbeiterdorfes Oberaußem eine Leiche umgebettet wird und Oskar Matzerath, während die Leiche Stück nach Stück ans Licht kommt, einen Monolog hält, in dessen Verlauf er die abgewandelte Hamletfrage stellt: »Heiraten oder Nichtheiraten?«

Es mochte eine Woche nach meiner, wenn nicht Heim-kehr, dann überraschenden Ankunft vergangen sein, als mein Vater, beladen mit Bruchbriketts, und, wie er mein-te, »guter Botschaft« von der Arbeit kam. »Mein Junge«, sagte er, »ich habe für dich eine prima Lehrstelle angebo-ten bekommen. In der Verwaltung. Sogar ganz oben im Büro der Werkleitung. Schön warm ist es da…«

Er sagte noch mehr, und das nicht ohne Stolz, zudem aus fürsorglicher Gutmütigkeit, aber auch ohne Kenntnis der verstiegenen Wünsche des Sohnes. Seine hellblauen Augen blinzelten nicht.

Vielleicht bekam ich als Ermunterung den später oft im Wirtschaftsteil auflagestarker Zeitungen zitierten Merk-satz zu hören: »In der Braunkohle steckt Zukunft!« Und bestimmt den nicht zu widerlegenden Hinweis: »Sei froh, wenn du ohne ordentlichen Schulabschluß überhaupt eine Lehrstelle bekommst…«

Wie enttäuscht muß mein gutmeinender Vater gewesen sein, als ihm der Sohn nur mit Gelächter dankte. Ja, ich befürchte, ihn ausgelacht zu haben, so fern meiner Sehn-süchte, so komisch kam mir sein Angebot vor.

»Ich als Bürohengst? Lächerlich! Nach drei Wochen bin ich auf und davon, womöglich unter Mitnahme aller werkeigenen Briefmarken. Willst du mich zum Kriminellen machen?«

Und dann sprach der undankbare Sohn aus, wohin und worauf sein ureigener Wille zielte.

Aber was genau wollte ich? Kann es sein, daß erst die vom Vater mir liebevoll angedrohte Bürolehre meinen Wünschen genaue Richtung gegeben hat?

Mit einem Stoß gereimter und reimloser Halbzeilen – einige der Gedichte hatte des Reviersteigers Tochter säuberlich abgetippt –, dem satten Dutzend Zeichnungen, die brav ähnlich Kumpels aus der Gefangenschaft und dem späteren Barackenleben zum Motiv hatten, mehr noch mit meinen bildhaften Vorstellungen von mal miniaturhaft winzigen, dann wieder monumental gesteigerten Figuren aller Art, nackten und gewandeten, langbeinig stehenden, gestürzten, gramvoll gebeugten, auch solchen von halb tierischer, halb menschlicher Gestalt, mit figürlichem Andrang im Kopf – und weil seit eh und je inwendig reich an Figuren – wollte ich Bildhauer werden, jemand, der aus bloßer Tonerde Gestalten formt, die durch ihre rundum betastbare Anwesenheit den Raum beherrschen.

Etwa das werde ich, nun nicht mehr lachend, meinem Vater gesagt haben, der sogleich von »brotloser Kunst« und »fixen Ideen« zu reden begann, laut und erregt, wie ich ihn selten gehört hatte.

Eigentlich wäre ihm zuzustimmen gewesen, als mir die allernächste Zukunft so vorwarnend angesagt wurde: »Ein Hungerleiderberuf in schlimmer Zeit, in der keiner weiß, was morgen sein wird. Schlag dir das aus dem Kopf!«

Die Mutter, die angesichts unserer Behausung zwischen unverputzten Wänden wiederholt bedauerte, nicht den

Öldruck von Böcklins »Toteninsel« von der Langfuhrer Wohnungswand genommen, entrahmt, gerollt und im Flüchtlingsgepäck verstaut zu haben, sie, die nüchterne Geschäftsfrau, der dennoch alle Kunst göttlich war, sie, die ihre so früh krepierten Brüder in mir, dem dank Fügung geretteten Sohn, fortleben sah, teilte einerseits ihres Mannes Bedenken und konnte dennoch der Vorstellung, ihr Söhnchen werde eines Tages etwas Schönes, auch Traurigschönes, jedenfalls etwas in trauriger Schönheit Gefälliges schaffen, jene kleine, sie lächeln machende Hoffnung abgewinnen, die sie klammheimlich nährte, sobald es um mich und meine großsprecherischen Pläne und rosawolkigen Verheißungen ging.

Bald wich das Lächeln der ihr vom überlebten Schrecken anbefohlenen Ängstlichkeit. Während sie am Brikettfeuerherd hockte und für die Kinder der Bauersfrau aus ungefärbter Schafswolle Strümpfe strickte, die ihr als Lohn Roggenmehl und Hafergrütze einbrachten, zweifelte sie zaghaft an, was grad noch als »Zukunftsmusik« zu belächeln gewesen war: »Aber Jungchen, glaubste denn wirklich, daß man davon, von der Kunst später mal leben kann?«

In einer Zeitung – oder ist es bereits so etwas wie eine Illustrierte gewesen? – fand ich einen bebilderten Artikel, nach dessen Wortlaut an der nicht allzu weit entfernten Düsseldorfer Kunstakademie wieder der Lehrbetrieb in einigen Ateliers begonnen hatte. Der Bericht war vom letzten Sommer. Auf einem Foto sah man einen Bildhauerprofessor mit Ponyfrisur namens Ewald Mataré, umringt von Schülern.

Auf einer anderen Abbildung stellte eine Skulptur des Meisters in einfacher Form eine liegende Kuh dar, die meiner Mutter gefallen konnte. »Aber wie willste ohne Abitur als Student in eine richtige Akademie aufgenommen werden? Die lachen dich aus! Nie kriegste da einen Platz.«

Das kümmerte mich nicht. Nichts kümmerte mich. Jahrzehnte später, als sich die Söhne, die Töchter gleichfalls auf den Weg und die vielen Umwege machten – Laura zum Beispiel folgte nicht Vaters Rat, wollte, obgleich begabt, nicht Künstlerin werden, sondern nur Töpferin sein und bleiben –, rief ich mir in Erinnerung, wie bedenkenlos ich mich aus der Enge unseres familiären Notquartiers, das nun auch noch dem Dauerstreit zwischen Vater und Sohn hätte Raum geben müssen, befreit habe, ohne diesen Schritt als Wagnis zu begreifen.

So endete ein kurzes Gastspiel, unter dem alle litten, besonders »Papas Liebling«, meine Schwester Waltraut, die ich rückgewandt als hübsch, heiter bis albern und anscheinend frei von inneren Nöten sehe. Ihre Grübchen, sobald sie lächelte. Nun ohne Zöpfe, fielen ihre Haare gewellt schulterlang. Was sollte, konnte aus ihr werden? Sie schien nur unbeleckt jung zu sein. Es war ihr wirklich nicht anzusehen, was sie in Danzig, »als die Russen kamen«, erlebt, womöglich erlitten hatte. Man sprach nicht darüber.

Nach etwa vierzehn Tagen Familienleben stampfte ich im Morgengrauen mit wenig Gepäck, dem Seesack, durch hohen Schnee, auf den immerfort mit mal wirbelnden, dann wieder schwebenden Flocken neuer Schnee fiel. Die etwa vier Kilometer entfernte Bahnstation Stommeln war mein Ziel. Nur mit Hilfe der Telegrafenstangen konnte die Richtung erkannt werden. Mühsam kam ich voran, als ich mich auf den Weg machte, um – gierig nach Kunst – meinen dritten Hunger zu stillen.

Der dritte Hunger

Von jung an: ihm war nicht beizukommen, weder mit asketischem Maßhalten – Beschränkung auf schwarzweiß – noch durch Sucht, die alles Papier beflecken wollte. Selbst Übersättigung bis zum Wortekel hat ihn nicht abstellen können. Nie gab es genug. Stets war ich gierig nach mehr.

Der ordinäre Hunger, den allewelt kennt, war mit Kohlrübensuppe, die mit Fettaugen geizte, sogar mit angefrorenen Kartoffeln für Stunden zu dämpfen; das Verlangen nach fleischlicher Liebe, dieser ungerufene, hechelnde, nicht wegzupfeifende Andrang sich immerfort erneuernder Lust, war bei wegelagernder Gelegenheit oder auf Zeit mit schneller Hand abzutöten; mein Hunger nach Kunst jedoch, das Bedürfnis, von allem, was stillhielt oder in Bewegung war, mithin von jedem Gegenstand, der Schatten warf, auch vom Unsichtbaren, etwa vom heiligen Geist und dessen Intimfeind, dem stets flüchtigen Kapital, sich ein Bild zu machen – und sei es, indem ich das päpstliche Geldinstitut Banco di Santo Spirito als Tempel des Obszönen mit Portalfiguren schmückte –, dieses Verlangen nach bildlicher Besitznahme war nicht zu stillen, blieb tagsüber und bis in die Träume hinein wach, wurde aber, als ich die Kunst – oder was ich in meiner Beschränktheit als Kunst ansah – lernen wollte, mit Versprechungen abgefüttert; vorerst lagen die Umstände des Winters sechsundvierzigsiebenundvierzig meinen Wünschen quer.

Nachdem ich die Wegstrecke zur Bahnstation Stommeln durch kniehohen Schnee frierend und zugleich schwitzend hinter mich gebracht, die Fahrkarte ohne Rückfahrt gelöst hatte und meiner Familie, kaum waren Vater, Mutter und Schwester wiedergefunden, entlaufen zu sein glaubte, empfing mich nach bummeliger Bahnfahrt und Ankunft in Düsseldorf niemand mit offenen Armen.

Und als ich mich durch die Stadt, die ziemlich, wenn auch weniger heillos als Köln, Hannover, Hildesheim, zerbombt war, zum massiven Gebäude der Kunstakademie durchgefragt hatte – der Schneemassen wegen oder aus Strommangel fuhr keine Straßenbahn –, stand mir zwar der düstere Kasten am Rand der Altstadt offen, aber in der Pförtnerloge gab es niemanden, der freudig »Willkommen!« oder »Auf dich haben wir gewartet!« gerufen hätte.

Anfangs klopfte ich an Türen, drückte Klinken, irrte dann an verschlossenen Ateliers vorbei durch Korridore, stieg treppauf, treppab.

Noch höre ich meinen Schritt, sehe, wie in dem zum mehrstöckigen Eiskeller erstarrten Bau mein Atem verweht. Ich will nicht ermüden und werde wohl mutmachend Zwiesprache mit mir gehalten haben: Laß nicht nach, halt durch! Denk an deinen Kumpel Joseph, der gesagt hat: »Die Gnade fällt uns nicht in den Schoß…«, als mir plötzlich, bereits auf dem Rückweg, die Kunst in Gestalt eines alten Mannes begegnete, der dem aus Stummfilmzeiten überlieferten Abbild eines Künstlers glich. Wie mir ging ihm weiß der Atem vom Mund.

Erst knapp zwei Jahre später wußte ich Genaueres: mein Gegenüber, der alte Mann, den eine schwarze Pelerine hüllte, ein Schal schwarz vermummte und breitkrempig ein Künstlerhut aus schwarzem Filz verschattete, mochte Mitte fünfzig sein, hieß Enseling und verstand sich als Kunstprofessor, bestallt mit Anspruch auf lebenslange Pension. Vermutlich wird er sein Atelier besucht haben, in dem lebensgroß und entsetzlich weiß nackte Gipsfiguren beiderlei Geschlechts froren. Aber vielleicht wollte er nur die Kälte seiner Wohnung gegen die der Akademie tauschen.

Sofort wurde ich zur Rede gestellt: »Was suchen Sie hier, junger Mann?«

Meine Antwort kam freiheraus: »Bildhauer will ich werden«, oder habe ich etwa »Will unbedingt Künstler werden« gesagt?

Ein Moment nur der Rückbesinnung, des Griffs nach der Zwiebel. Schließlich ging es in dieser Schicksalsminute um Tun und Lassen, entschiedener noch: um Sein oder Nichtsein. Was sagt sie dazu auf schwitzender Haut?

Womöglich bin ich der ganz in schwarz gekleideten Gestalt mit Kunstkenntnissen, die ich den Zigarettenbildern meiner Jugendjahre abgewonnen hatte, lästig geworden. Doch sooft mir die Treppenhausbegegnung vorstellbar wird, läßt sie, weil im Dauerfrost aufgehoben, keine Zitate zu. Ungekürzt höre ich noch heute nur den ernüchternden Bescheid des Kunstprofessors: »Wir haben wegen Kohlenmangel geschlossen.«

Damals klang das wie endgültig. Jemand, der eindeutig ich war, ließ sich aber nicht entmutigen, war nicht abzuschütteln. Wiederholt muß ich mein Verlangen, als Bildhauer Künstler werden zu wollen, so eindrücklich als Redefigur in den hallenden Raum gestellt haben, daß der Professor, den nur junge Augen als alten Mann sehen konnten, vom Dauerzustand meines Hungers überzeugt zu sein schien.

Er stellte Fragen. Mein Alter, neunzehn, mochte ihm nichtssagend oder akzeptabel sein. Meinen ach so bedeutsamen Geburtsort nahm er kommentarlos hin. Die Religion war ihm keine Frage wert. Auch daß ich in Schülerzeiten bei dem bekannten Pferdemaler Fritz Pfuhle, der an der Danziger Technischen Hochschule Abendkurse für Laien gab, ein wenig nach Modell zeichnen gelernt hatte, entlockte ihm kein anerkennendes Aha. Nichts wollte er über meine gerade noch rechtzeitig beendeten und doch ausreichenden Kriegserfahrungen hören. Und – zum Glück! – kam keine Frage nach dem Schulabschluß, dem Tür und Tor öffnenden Abitur.

Vielmehr gab mir Professor Enseling knappe Anweisungen, nach denen ohne Umweg – erst nach links ab, dann nach rechts und dann rechterhand – in der Hindenburgallee das nahegelegene Arbeitsamt zu finden sei.

Er sagte, dort solle ich mir eine Praktikantenstelle als Steinmetz und Steinbildhauer vermitteln lassen. Dem Handwerk fehle es nicht an Arbeit. Grabsteine seien jederzeit gefragt.

Abschließend gefiel sich mein Berufsberater als zwar bartloser, doch glaubwürdiger Prophet: »Wenn Sie damit fertig sind, junger Mann, bewerben Sie sich bei uns. Bestimmt haben wir dann wieder Kohlen.«

Ohne wenn und aber. Ich, der seit Kriegsende keinem Befehl mehr folgen wollte, dem allenfalls der Rat langgedienter Obergefreiter annehmbar war, ich, das gebrannte und deshalb unheilbar auf Widerspruch gestimmte Kriegskind, ich, der inzwischen mühsam gelernt hatte, jegliches Versprechen zu bezweifeln, ich – oder wer immer ich damals gewesen bin – handelte nach Anweisung, wenn auch nicht blindlings. Das Wort des Propheten gab die einzig gangbare Richtung an. So war mir denn auch, mit wessen Stimme auch immer, kein Weg am Arbeitsamt vorbei einzureden. Er sprach, ich ging.

Ach, wäre mir doch heute, befragt von jenen Enkelkindern, die mittlerweile oder demnächst Schulabgänger sind und nicht wissen, wohin und was tun, solch schnurstracks zu befolgende Wegweisung zur Hand: »Luisa, mach bitte das, bevor du das tust…«

»Ronja, du solltest mit oder ohne Abitur…«

»Lucas und Leon, ich rate euch dringlich…«

»Und so, Rosanna, könntest du später mal anfangen…«

Jedenfalls beglückte mich nach einer halben Stunde ein amtlich gestempelter Zettel, auf dem handgeschrieben die Adressen dreier Steinmetzbetriebe standen. Alle waren, weil der Grabmalkunst verpflichtet, in der Nähe städtischer Friedhöfe zu finden. Dabei ging es unbürokratisch zu. Schulzeugnisse wurden nicht abverlangt.

Merkwürdig launisch ist die Erinnerung: plötzlich schmolz der Schnee weg, ließ der Frost nach. Erlöst von der Stromsperre, fuhr nun sogar die Straßenbahn. Gleich im ersten Betrieb, in dem ich nahe dem Werstener Friedhof vorsprach, blieb ich hängen, weil in der Werkstatt des Meisters Julius Göbel ein alter Steinbildhauer namens Singer an einem prächtig muskulösen Gekreuzigten meißelte, der als Basrelief auf breiter Steinwand den Kopf nach links gewendet hielt und so naturgetreu litt, daß von ihm nicht abzusehen war.

Nicht daß mich der athletisch wirkende Leidensmann, gehauen in Diabas, begeistert hätte, aber die Aussicht auf erlernbare Kunstfertigkeit war verlockend. Ich sagte zu, wenngleich mir Göbel, der eher unzünftig in feierliches Tuch gekleidet war und auch später so gut wie nie einen Stein angefaßt, einen Schlag getan hat, für den Anfang meiner Lehrzeit nur gradlinige Steinmetzarbeit in Aussicht stellte.

Er, der eher den sanft redenden Verkäufer von Grabmälern und wenig Meisterliches verkörperte, wies den zukünftigen Praktikanten auf fertige Grabsteine hin, die in Reih und Glied vor dem Werkstattgebäude ausgestellt standen und auf leidtragende Kundschaft warteten. Ein Lehrling war dabei, den lotrecht stehenden Wänden die ohnehin tauenden Schneekappen wegzufegen.

Noch fehlten den Steinen die Namen und Daten von Verstorbenen. Matt oder auf Hochglanz poliert, hatten sie als Meter-, Kissen-, Breitwandsteine ihren Preis. Wer als Hinterbliebener kaufen wollte, sah sich nicht nur bei Göbel einem gestaffelten Angebot gegenüber, an den Bittweg grenzten mehrere Steinmetzbetriebe mit gleichfalls ausgestellten Grabsteinen. Das Geschäft mit der Vergänglichkeit der Menschen, um nicht ungeschminkt vom Tod zu reden, erfreute sich selbst in Mangelzeiten einer lebhaften Nachfrage.

Göbel zählte die verschiedenen Marmor- und Granitsorten auf, unterschied zwischen Sand- und Kalkstein, klagte über fehlendes bruchfrisches Material, wies dann auf alte Grabmäler, die abseits zwischen wucherndem Unkraut gestapelt lagen und denen zur Wiederverwendung die verjährte Schriftseite abgespitzt werden mußte. Er nannte einen Teil des Werkzeugs beim Namen und jammerte über die seit Jahren fehlende Lieferung von Schlageisen mit Videastahlkern, die, wie man ja wisse, teuer nur gegen Devisen, weil aus schwedischer Produktion zu haben seien.

Über Werkzeug wie Stockhammer, Bossier- und Scharriereisen wie über Schlesischen Marmor, Belgisch Granit, Travertin und Muschelkalkstein habe ich später, viel später ein ganzes Kapitel geschrieben, als es mir endlich möglich wurde, mich Wort nach Wort auf Papier zu entleeren, und ich dabei, was den Betrieb auf Friedhöfen anging, als professioneller Leichenfledderer fündig wurde. Es ist nun mal so, daß die Literatur vom übriggebliebenen Knopf, dem entrosteten Hufeisen eines Ulanenpferdes, von des Menschen Sterblichkeit und also von verwitterten Grabsteinen lebt.

So wird denn dem Wanderer auf seinem Weg und den Umwegen in Richtung Kunst und auf dem schmalen Trampelpfad zwischen Dichtung und Wahrheit immer wieder »Die Blechtrommel« in die Quere kommen; ein Buch, dessen gestauter Inhalt Schatten warf, bevor er zwischen Deckel gesperrt wurde und alsbald das Laufen lernte.

Zum Beispiel löste ich auf dem sprichwörtlich geduldigen Papier den Altgesellen Korneff aus Göbels Betrieb und richtete ihm eine eigene Krauterwerkstatt ein, auf daß er den bucklichten Helden meines ersten Romans unterweisen konnte, mit dem Richtlatz, mit Spitz- und Zahneisen und dem Meißel einen groben, bruchfrischen Brocken in einen glattgehauenen, am Ende geschliffenen Meterstein für ein Einzelgrab zu verwandeln; und mein redseliger Held Oskar Matzerath, dem der Schwarzhandel als Existenzgrundlage zuwider geworden war, stellte sich ähnlich gelehrig an wie ich, der ohne Buckel und romantaugliches Vorleben seine Praktikantenlehre begann.

Was alles zu Erzählstoff wird. Für die Verwandlung von gelebtem Leben im Rohzustand in einen wiederholt korrigierten Text, der erst in gedruckter Fassung zur Ruhe kommt, läßt sich beispielhaft einer jener überständigen, weil nach verstrichener Frist abgeräumten Grabsteine anführen, die seitab unordentlich gestapelt lagen. Ihm mußte nach Meister Göbels Willen die keilförmig vertiefte Inschrift dergestalt radikal abgespitzt werden, bis daß auf der Schauseite des Steins nichts mehr an einen Mann, sagen wir, namens Friedrich Gebauer – geboren 1854, gestorben 1923 – erinnerte. Daraufhin verhalf wechselndes Werkzeug dem Diabas zu neuerlich glänzender Fläche, in die mit Namen und Daten eine weitere Lebensspanne in Keilschrift gehauen und bis zur amtlich festgesetzten Ablauffrist verewigt werden konnte; so wiederverwendbar sind behauene Steine die Grundlage unseres zeitlich begrenzten Nachlebens. Namen vergehen, Inschriften jedoch – etwa diese: »Der Tod ist das Tor zum Leben« – dürfen in ausgesparter Kastenform überdauern, müssen nicht weggespitzt, getilgt werden.

Und wie über toterklärtes Material, das wiederbelebt wurde, einiges zu sagen ist, so könnte über das Wechselspiel mit leibhaftigen Personen Auskunft gegeben werden, doch will ich mich vorerst auf den Altgesellen Korneff beschränken, selbst wenn nicht sicher ist, wie er in Wirklichkeit hieß.

Tatsächlich litt er unter Furunkeln. Besonders anfällig war sein Nacken, den wulstige Narben kerbten. Jeweils im Frühjahr, so zu Beginn des Frühlings siebenundvierzig, brachen dort etliche Abszesse auf, die sich zuvor so ausgedacht wie betastbar taubeneigroß gebeult und ein gestrichenes Schnapsgläschen voll Eiter versprochen hatten. Frech sangen deshalb die Lehrlinge, sobald Korneffs Furunkel zu sprießen begannen, den langen Bittweg entlang: »Winter ade, Korneff tut's weh…«

Zudem stimmt, daß Göbel, dessen Firma im Roman einfältig Wöbel genannt wird, seinen Grabsteinbetrieb in der Tat namentlich mit Großbuchstaben auf einem Schild ausgewiesen hat. Weil mehr Geschäftsmann als Handwerksmeister, verstand er es, wenige Jahre später mit Hilfe einer stadtabseits in Holthausen dazugekauften Steinsägerei, etlichen Neubauten zu Travertinfassaden und marmornen Fußböden zu verhelfen; sein rapider Aufstieg zur Zeit des beginnenden Wirtschaftswunders wäre eine Geschichte für sich.

Als ich den Praktikantenvertrag unterschrieb, war mir Göbels Firma aus noch anderem Grund verlockend: außer dem lächerlichen Monatsentgelt von hundert Reichsmark – gleich knauserig bezahlte der Krauter Korneff den anzulernenden Oskar – wurde mir, dem erfahrenen Hungerleider, ein wöchentlich zweimal ausgeteilter Gemüseeintopf mit Fleischeinlage versprochen, bei garantiertem Nachschlag.

Im gleich hinter der Werkstatt angrenzenden Wohnhaus kochte Göbels Frau die mit allerlei Küchenkräutern abgeschmeckten Suppen. Sie sah ich als kuhäugige Matrone, der ein geflochtener Haarkranz, wie ihn einst die Reichsfrauenführerin getragen hatte, zu Gesicht stand. Obgleich sie kinderlos war, hätte man ihr das zu früheren Zeiten verliehene Goldene Mutterkreuz anheften mögen, so trächtig fürsorglich nahm sie Raum ein, immer bedacht auf die Sättigung ihrer Kostgänger.

Beim Verkauf von Grabsteinen an linksrheinische Bauern wurden als Bezahlung zehn Kilo Hülsenfrüchte, dazu eine Speckseite und mehrere noch ungerupfte Hühner jenseits vom Bargeld in Rechnung gestellt. Als Tauschwert für den roten Mainsandstein auf einer Doppelgrabstelle fiel ihr ein schlachtreifer Hammel zu, dessen Rippchen und lappiges Bauchfleisch in den Gemüsetopf fanden.

Das Steinkissen für ein Kindergrab ging für zwei Martins-gänse weg; uns schmeckte das Kleinzeug – Flügel, Hals, Herz und Magen – in fetter Suppe.

Alle hat sie verköstigt, die unterm Dach der Werkstatt Steinstaub schluckten: drei schmächtige Lehrlinge, zwei Gesellen schlesischer Herkunft, die als Schrifthauer spezialisiert und zudem Brüder waren, den Altgesellen Korneff, den Steinbildhauer Singer und mich, den so selbstsicher auftretenden Anfänger, dem einer der schlesischen Brüder sogleich mit dem Rat kam, sich ja nicht für irgendwas Besonderes, womöglich für einen Künstler zu halten.

Später erzählte er mir von Breslau, der noch heilen, dann bis zum Schluß umkämpften, der zerstörten Stadt. Dabei beklagte er weniger die ungezählten Toten, die auf den Straßen lagen und von Abräumkommandos in Massengräbern verscharrt wurden, vielmehr den Umstand, daß er für die gehäuften Leichen keinen Grabstein habe stellen können.

Die schlesischen Brüder waren literaturkundig. Sie wußten Sinngedichte des Angelus Silesius herzusagen und als Schrift in Stein zu hauen: »Mensch werde wesentlich: denn wenn die Welt vergeht, so fällt der Zufall weg, das Wesen das besteht.«

So wurde ich zum anzulernenden Mitarbeiter der Firma Göbel. Schwierigkeiten bereitete nur die Frage nach meinem Wohnort. Mitgebrachtes Gepäck, der Seesack und der mir immer noch anhängliche Brotbeutel sagten genug über die Obdachlosigkeit des Praktikanten. Doch da mir von Mutters Seite ein Rest katholischen Herkommens anhaftete und ich, von Göbel nach meiner Konfession befragt, die Alleinseligmachende beim Namen nennen konnte, war schnell Abhilfe zu finden.

Von seinem Kontor aus telefonierte er offenbar mit Gottvater, empfahl mich an höchster Stelle als jemanden, der dem rechten Glauben anhänge, und sicherte mir in Minutenschnelle einen Schlafplatz, wenn nicht im Paradies, dann immerhin doch in dessen Filiale, im Caritas-Heim auf dem Rather Broich.

Von der Haltestelle Bittweg, den, wie gesagt, mehrere Steinmetzbetriebe säumten, so die auf Sandstein und Basalt spezialisierte Firma Moog, die in der »Blechtrommel« als Großbetrieb C. Schmoog firmiert, war mein zukünftiges Zuhause mit der Straßenbahn leicht und nach nur einmal Umsteigen am Schadowplatz zu erreichen. Als sei mir dank Fürbitte mütterlicherseits ein Schutzengel anbefohlen worden, fügte sich alles wunderbar, ganz ohne mein Zutun.

Aus freien Stücken und gratis macht die Erinnerung nun Angebote im Dutzend – so viel ereignete sich gleichzeitig – und überläßt dem Erzähler die Auswahl: soll ich weiterhin bei der Steinhauerei bleiben oder mein inneres Befinden auf Bruchstellen abklopfen? Wäre jetzt ein Rückblick auf Danziger Friedhöfe, mithin der Vorgriff auf die späte Erzählung »Unkenrufe« an der Reihe, oder gilt es, sogleich Quartier zu beziehen?

Das Caritas-Heim Düsseldorf-Rath wurde von Franziskanermönchen betrieben. Drei oder vier Patres und ein halbes Dutzend dienende Brüder versorgten in Nähe zu dem ziemlich zerbombten Mannesmann-Werk eine Anstalt, die sich vormals um wandernde Handwerker, dann mehr und mehr um Obdachlose und alleinstehende alte Männer gekümmert hatte. Sogar ein Serienmörder namens Kürten soll während der zwanziger Jahre von den Mönchen betreu worden sein. Und weil der Bedarf nie nachließ, überdauerte der wundersam heilgebliebene und nur niedrig von Mauer und Zaun begrenzte Gebäudekomplex als karitativ wirksame Enklave jeden politischen Machtwechsel. Ob in Friedens- oder Kriegszeiten, nie fehlte es an Zulauf.

Als Prior stand Pater Fulgentius dem Unternehmen vor. Ein bärbeißig wirkender Kuttenträger mittleren Alters, der, als ich vorsprach, nicht nach meiner Glaubensstärke fragte, mich vielmehr sogleich in einer muffig riechenden Kleiderspendenkiste grabbeln ließ, weil er den »Neuzugang« – den jungen Mann in gefärbten Militärklamotten – zivil eingekleidet sehen wollte. Außerdem fehlte mir eine Drillichhose für die Arbeit in Göbels Werkstatt; zu sehr hatte der Koppeljunge seine Arbeitskluft untertage verschlissen.

Von Kopf bis Fuß: regelrecht ausstaffieren durfte ich mich. Sogar Unterhosen und zwei Hemden zum Wechseln zog der Prior aus der Kiste, zudem einen offenbar aus mehrfarbigen Wollresten gestrickten Pullover, der mich noch lange warmhalten sollte. Und obendrein nötigte mir Pater Fulgentius eine auf blauem Grund rotgepunktete Krawatte auf: »Für den Sonntag«, wie er mit Anspielung auf möglichen Besuch der zum Heim gehörenden Caritas-Kapelle sagte.

Alles paßte. Was mein neuestes Selbstbild betrifft, muß ich tiptop anzusehen gewesen sein, denn sobald sich die Erinnerung gleich einem Kleiderschrank öffnet, hängt dort außer der gebügelten Hose für Festtage mein erstes Nachkriegsjackett mit deutlich ablesbarem Fischgrätenmuster.

Die Einweisung in den Wohntrakt des Hauptgebäudes, dessen solide Bauweise den achtziger Jahren des neunzehnten Jahrhunderts zu verdanken war, bot nichts Neues, allenfalls eine Variation des Gewohnten. Meine Schlafstelle fand ich, wie schon als Luftwaffenhelfer und Arbeitsdienstmann, dann Panzerschütze, Kriegsgefangener und schließlich Koppeljunge, als oberer Nutznießer eines zweistöckigen Bettes. Das stand mit vier weiteren Doppelstockbetten in einem fensterlosen Raum, der, wie sich gegen Abend zeigen sollte, von Studenten und Lehrlingen bewohnt wurde, die etwas jünger, wenige Jahre älter als ich waren. Gleich mir gierten sie nach Mädchen und redeten ständig über Weiber und deren fleischliche Beschaffenheit. Doch hätten sie allenfalls mit diesem oder jenem geneigten Fräulein Auslauf im nahen Grafenberger Wald finden können, der aber im Winter siebenundvierzig, wie rings alles, erstarrt im Dauerfrost stand.

Übrigens führten dessen Wanderwege zu jener Heil- und Pflegeanstalt, in der wenige Jahre später ein Patient seinen Pfleger Bruno um fünfhundert Blatt unschuldiges Papier bat, was Folgen hatte.

An unseren fensterlosen, weil in der Mitte des Hauses gefangenen und vom Geruch junger Männer kaum zu entlastenden Raum, der aber gut durchheizt Wärme hielt, schloß die Zelle eines dienenden Bruders an, dessen Mönchsnamen ich vergessen habe. Doch ist mir seine hochaufgeschossene, immer eilige und in brauner Kutte fliegend anmutende Gestalt bis ins einzelne deutlich geblieben.

Als engelhafte Erscheinung sahen wir ihn, zumal seine stets geröteten Augen, selbst wenn sie profane Dinge wie die Zuteilung der Brotration überwachten, die Jungfrau Maria im Blick zu haben schienen. Überdies hing an dem Strick um des Mönches Leibesmitte ein Schlüsselbund, der sein Kommen und Gehen um zwei Ecken signalisierte. Nie sah ich ihn sitzen. Immer war er unterwegs. Er eilte, als müsse er hier- und dorthin einem Ruf folgen. Niemand wußte, über wie viele Türschlösser er herrschte.

Und dieser dienende Bruder, der so zeitlos wirkte, daß sein Alter ungeschätzt bleiben muß, führte unmerklich, aber mit ausdauernd freundlicher Penetranz Aufsicht nicht nur über uns, denen ja ohnehin laut an die Zimmertür genagelter Hausordnung »Frauenbesuch« untersagt war, sondern auch über einen Saal voller alter, ständig röchelnder und nur mühsam atmender Männer. Es werden, wenn nicht hundert, dann nicht viel weniger als siebzig gewesen sein. Schlafkoje neben Schlafkoje verkörperten sie seit Jahrzehnten mit wegsterbender und beständig nachrückender Belegschaft das von der Caritas betriebene Altersheim.

Durch ein Klappfenster in seiner Zelle überschaute der aufsichtführende Mönch bei Tag und Nacht den Saal und in ihm die hinfällig leblosen, dann wieder von Unruhe und sprunghaft sich fortpflanzenden Hustenanfällen oder von plötzlichem Gezänk bewegten Greise.

Bis in unseren Schlaf hinein hörten wir ihn durch die Luke sprechen, sanft einschläfernd, als redete er zu Kindern. Sein Tonfall ließ ahnen, daß er aus dem Sauerland stammte.

Manchmal erlaubte mir der namenlose Mönch einen Blick durch die Luke. Was ich sah, die vervielfachte Hinfälligkeit menschlicher Existenz, ist mir so gegenwärtig geblieben, daß ich mich selbst, und zwar leibhaftig samt nicht mehr zu kurierendem Raucherhusten, in eine der siebzig bis hundert Schlafkojen versetzt sehe: als Pflegefall, anheimgegeben der Aufsicht des dienenden Bruders. Manchmal, wenn ich verbotenerweise unter der Bettdecke die Pfeife befeuere, schimpft er mit mir durch die Luke, leise und eindringlich.

Zur anderen Seite unseres Schlafraumes öffnete sich die nur ihm zugängliche Tür zum Eßsaal der alten Männer. Der sah mit hohen Fenstern auf den Hof, den im Sommer Kastanienbäume beschatteten. Unter den Kastanien standen Bänke, immer besetzt von Greisen, die unter Dauerhusten oder Asthma litten.

Zum Frühstück stellten zwei Küchenmönche den geräumigen Kessel voller Griessuppe auf den Tisch unseres Zimmers. Die Suppe wurde mit Milchpulver angerührt, das von franziskanischen Glaubensbrüdern aus Kanada geliefert worden war. Trotz mauliger Dauerbeschwerden schmeckte die Milchgriessuppe unverbesserlich angebrannt. Mal leicht, mal hartnäckig hielt sich ein Geschmack, der dem Gaumen unvergeßlich sein wollte.

Nach uns wurden die alten Männer mit der Morgensuppe abgefüttert. Durch die Klappe zum Eßsaal teilten die Küchenmönche mit schöpfender Kelle aus. Auch sie redeten auf die Greise ein, als müßten sie Kinder versorgen.

Und da mir das Caritas-Heim Rather Broich über Jahre hinweg billige Wohnung und Kost geboten hat, kann ich sagen, daß mein Frühstück bis hin zur Währungsreform und über dieses alles verändernde Ereignis hinaus unverändert aus der besagten Milchgriessuppe, zwei Scheiben Mischbrot, einem Klacks Margarine und – bei wechselnder Zuteilung – aus Pflaumenmus, Kunsthonig oder gummiartigem Streichkäse bestand.

Manchmal wurde am Sonntag und regelmäßig an hohen kirchlichen Feiertagen, etwa auf Fronleichnam, ein gekochtes Ei zugeteilt. Dann kam mittags nach Hackbraten oder Hühnerfrikassee sogar wacklige Götterspeise oder Vanillepudding auf den Tisch. Hinwiederum gleichförmig und zum Vergessen war das Abendbrot.

Werktags bekam jeder, der als Student zur Vorlesung, als Lehrling oder Praktikant zur Arbeit ging, in einem flachen, verschließbaren Blechgeschirr, Henkelmann genannt, eine Portion Zusammengekochtes auf den Weg, das aber zu gleichgestimmt schmeckte, um Zutaten benennen zu können.

Unsere Lebensmittelkarten behielt die Küche ein. Satt wurden wir allemal. Nur die Kleider- und die Raucherkarte wurden uns ausgehändigt.

So versorgt, fuhr ich Tag für Tag zur Arbeit. Verglichen mit der allgemeinen Not außerhalb des Caritas-Heims, ging es mir eigentlich gut, hätte sich nicht mein sekundärer Hunger jederzeit und besonders während der Straßenbahnfahrten so aufdringlich zu erkennen gegeben.

Die immer überfüllte Bahn kam von Düsseldorf-Rath, hielt nahe dem Heim und klingelte sich von Haltestelle zu Haltestelle bis zum Schadowplatz, wo ich in die Bahn Richtung Bilk und Werstener Friedhof umstieg.

Nie hatte ich einen Sitzplatz. Dicht bei dicht standen unausgeschlafene, hellwache, stumme und geschwätzige Personen beiderlei Geschlechts. Ich hörte, roch und sah, was die rheinische Mundart hergab: Dönekes und Jedöns, den Geruch abgetragener Kleidung und – nachkriegsbedingt – mehr Frauen als Männer.

Halb aus Absicht drängelnd und halb geschoben, stellte ich mich zwischen junge Mädchen, wurde ich zwischen ausgewachsene Frauen gezwängt. Und wenn ich nicht verkeilt zwischen ihnen stand, rieb sich meine Hose dennoch an weiblicher Verkleidung. Mit jedem Halt, jedem Anfahren der Straßenbahn kamen sich Stoff und Stoff, Fleisch und Fleisch unterm Stoff näher.

Noch dämpften Wintermäntel und wattierte Jacken, doch mit dem Frühling gerieten dünnere Kleider in Reibung. Knie stieß an Knie. Nackte Unterarme, die Hände kamen, weil hochgestreckt zu den Haltegriffen, einander zu nah.

Kein Wunder, daß mein ohnehin selbständiger und überdies leicht reizbarer Penis während der halbstündigen Fahrt zum Arbeitsplatz halbsteif bis steif wurde. Vom Umsteigen kaum entlastet, machte er mir die Hose eng. Selbst durch intensiv betriebene Gedankenflucht war er nicht einzuschläfern. Gesättigt von der morgendlichen Milchgriessuppe, nagte nun vorlaut der andere Hunger.

Und das Tag für Tag. Immer war ich geniert und in Furcht, es könne das sperrige Ding bemerkt, als anstößig belästigend empfunden, mehr noch, laut als Ärgernis beschimpft werden.

Aber kein Fahrgast in Rock und Bluse, dem ich zu nah stand, hat sich empört. Keinem Straßenbahnschaffner wurden mit Blick auf mich Beschwerden ins Ohr geflüstert. Nur der Eigentümer des aufständigen Lümmels war sich der Revolte in seiner Hose und zugleich seiner Ohnmacht bewußt.

Mittlerweile kannten die Fahrgäste einander vom Sehen. Pünktlich nahmen sie die nach Fahrplan einigermaßen pünktliche Bahn. Man wagte ein Lächeln, das rasch abflachte, neuen Anlauf nahm. Man nickte sich zu, kam einander, so fremd man sich blieb, näher und näher.

Aus dem Geplauder der Mädchen und Frauen, das oft von Gekicher unterbrochen wurde, wußte oder ahnte ich, daß sie ihren Arbeitsplatz in Kaufhäusern, beim Fernsprechamt, am Fließband der Klöcknerwerke, in Büros hatten. Zwischen Berufstätige drängelte ich mich zielstrebig, rieb mich selten an Hausfrauen.

Ab Herbst schob mich das allmorgendliche Gedränge hinter zwei Schülerinnen der Schauspielschule. Beide waren geblümt gekleidet. Ziemlich affektiert und um nahstehende Zuhörer nicht bekümmert, redeten sie über Hamlet und Faust, den berühmten Gründgens, die gleichfalls berühmte Flickenschildt und die noch berühmtere Hoppe, mithin über die damaligen Großen des Düsseldorfer Theaterlebens: den zwielichtigen Meister der Verstellungskunst, die gestrenge Verkörperung überlieferter Bühnenzucht und mein Idol, dem ich seit Schülerzeiten auf Kinoleinwänden begegnet war.

Indem ich alltäglichen Theaterklatsch hörte, wurde mit dem anderen Hunger auch der nach den Künsten wachgerufen, so daß ich hätte mitreden wollen über Grabbes »Scherz, Satire, Ironie«, ein Stück, das womöglich auf dem Spielplan stand; doch blieb ich stumm und schmiegte mich, so flach und knochig beide in kalorienarmer Zeit waren, an die Elevinnen der Schauspielerei; sie jedoch spürten in ihrem plapprigen Eifer nicht, was ihnen aus tieferer Bedeutung und dank meines übermächtigen Vermögens an Vorstellungskraft geschah: zugleich oder eindringlich nacheinander.

Beide wollten wie Gretchen oder Käthchen aussehen. Fragmente einstudierter Monologe muteten sie mir zu. Das rollende R der Flickenschildt gelang ihnen eingeübt. Doch der Hoppe zu gleichen, fehlte es an Profil. Ihr immerfort plätschernder Redefluß. Nie aber fiel ein Wort zwischen uns.

Als Gründgens später Sartres Theaterstück »Die Fliegen« in einem behelfsmäßigen Bühnenbau inszenierte,
glaubte ich als Zuschauer meine Reibflächen auf der
Bühne zu sehen: mitten im unruhigen Chor, kostümiert
als Insekten.

Dann waren es wieder Büromädchen oder solche vom
Fernsprechamt, zwischen die ich mich drängte, die mich
bedrängten und pein- wie lustvoll in Not brachten. Kaum
erinnere ich mich an Gesichter. Doch verfügte eines der
Mädchen, dem ich zu nah kam, über weit auseinanderste-
hende Augen, die teilnahmslos an mir vorbeisahen.

Erst angesichts der Grabsteine, die auf den Vorplätzen
der Steinmetzbetriebe am Bittweg auf Hochglanz poliert
in Reihe standen und dort auf in Keilschrift gehauene
Namen und Daten warteten, verging mir der halbstündige
Erregungszustand der allmorgendlichen Straßenbahnfahrten. Auch ließ der Nachgeschmack angebrannter
Milchgriessuppe nach.

Meinen Henkelmann voller Zusammengekochtem gab
ich bei der Frau des Meisters ab, damit sie ihn, wie die
Henkelmänner des Bildhauers Singer, des Altgesellen
Korneff, der schlesischen Schrifthauer und der schmächti-
gen Lehrlinge, zur Mittagszeit im Heißwasserbad auf-
wärmte.

Nur am Dienstag und Freitag fuhr ich ohne Henkelmann im Brotbeutel zur Arbeit. Das waren die Tage der
nicht nur nahrhaften, sondern auch wohlschmeckenden
Fleisch- und Gemüsesuppen, die allerdings, was die Lehrlinge und mich gleichermaßen betraf, ihren Preis hatten,
der auch prompt eingefordert wurde.

Gleich neben dem Steinlager hielt die Frau des Meisters, die bäuerlich-linksrheinischer Herkunft und offenbar tierliebend war, in einem stallähnlichen Verschlag außer fünf Hühnern der Rasse Leghorn eine Ziege, die als Milchziege galt und täglich nach Grünfutter verlangte. Zum weißen Zottelfell trug sie ein rosa Euter. Ihre Mimik war nicht frei von Hochmut. Ob sie wirklich Milch gab, blieb ungewiß, doch will, sobald ich die Zwiebel befrage, ein platzvoller Euter von der Hand der Meistersfrau abgemolken werden.

Tag nach Tag mußten die Lehrlinge und ich abwechselnd die Ziege am Strick dorthin führen, wo Unkraut wuchs und nachwuchs. Zwischen den ausgestellten Grabsteinen war kein Grünfutter zu finden, weil dort die Hühner ihren Auslauf hatten und mir für kommende Zeiten ein Motiv lieferten – »Geflügel auf dem Zentralfriedhof« heißt ein Gedicht –, doch außerhalb des Zauns wuchs Unkraut genug.

Sobald den Bittweg lang alles Grünzeug und selbst die Brennesseln abgegrast waren, blieb als Weide nur noch der Bahnkörper der Straßenbahnlinie, die nach Wersten und weiter nach Holthausen führte. Beiderseits des Schienenstranges gab es Futter vorrätig für Tage.

Den Lehrlingen oder Stiften, wie sie von Korneff genannt wurden, machte es nichts aus, mit dem hochmütigen Vieh am Strick ihren mittäglichen Pflichten nachzukommen, wenngleich ihnen dabei ein Gutteil der Mittagspause abgeknapst wurde. Einer der Lehrlinge, ein Brillenträger, dem die Arbeit am Stein schwerfiel und der deshalb später zur Post ging, worauf er beamtet Karriere gemacht haben soll, blieb sogar länger als verlangt auf Futtersuche, weit über die Pausenzeit.

Mir jedoch steigerte sich der Gang mit der Ziege, die überdies Genoveva gerufen wurde, zur Pein. Überhaupt und der Zuschauer wegen. Es zogen sich nämlich parallel zum Gleiskörper und hinter Bäumen versteckt die Gebäude der Städtischen Krankenanstalten hin; wie ja nicht selten Hospitäler in der Nähe von Friedhöfen und Grabsteingeschäften ihren Ort haben. Zum Hauptportal hin und von dort her gab es viel Personenverkehr, nicht nur Besucher auf dem Hin-, auf dem Rückweg.

Gerne ergingen sich zur Mittagszeit Krankenschwestern einzeln oder in fröhlichen Gruppen unter den Bäumen. Ach, wie sie zwitscherten! Mein Anblick, junger Mann mit störrischer Ziege, war ihnen nicht nur ein Lächeln wert.

Zurufe, darunter spöttische, mußte ich ertragen. In meinen Arbeitsklamotten, dem oft geflickten Drillich, und immerfort mit dem eigensinnigen Vieh im Streit, das stets in andere Richtung wollte und dabei lauthals meckerte, machte ich mich zur Witzfigur oder kam mir wie eine Witzfigur vor. Gleich dem heiligen Sebastian, der die Pfeile seiner Feinde anzog, war ich die Zielscheibe spitzer Worte.

Damals wird mich wohl schüchternes Verhalten gehemmt haben, den spottlustigen Krankenschwestern in ihrer blütenweiß kleidsamen Tracht sogleich freche Widerworte zu liefern und so ihrem Gespött das Mundwasser abzugraben. Geschämt habe ich mich und deshalb, kaum waren die Lästerzungen außer Sicht, die Ziege Genoveva getreten.

Wer glaubt, am Pranger zu stehen, sinnt auf Rache, die in der Regel jedoch ins Leere zielt oder – in meinem Fall – papierene Blüten treibt: verschluckte Beschimpfungen, Flüche, die eigentlich Lockrufe hätten sein sollen.

So hatte denn meine mittägliche Zurschaustellung entsprechende Folgen: Wenn es nach späterer Niederschrift dem Romanhelden Oskar Matzerath, der um die Zeit des Ziegefütterns unter Wachstumsstörungen litt und deshalb Patient der Krankenanstalten gewesen ist, auf Anhieb gelang, eine der ihn betreuenden Krankenschwestern zum Stelldichein zu bitten und, kaum als geheilt entlassen, Schwester Gertrud sogar zu Kaffee und Kuchen einzuladen, fiel andererseits mir kein einladendes Wort ein. Ich blieb das komisch-traurige Anhängsel einer widerborstigen Ziege mit baumelndem Euter.

Oskar verstand es, schöne Worte zu drechseln; ich war wie aufs Maul gefallen.

Er, der sogar seinen Buckel mit Gewinn verkaufte, hatte Einfälle im Dutzend auf Lager; mir fielen nur ungelenke und deshalb mißverständliche Gesten ein.

Ihm sprangen die uralten Tricks der Verführungskunst aufs anmutigste von den Lippen; mich hörte man allenfalls schlucken, Wörter verschlucken.

Ach, wäre ich doch frech wie Oskar gewesen! Ach, hätte ich doch seinen Witz gehabt!

Hinzu kam, daß mich Pech zu verfolgen schien. Denn einmal, als ich bereits ein nettes Wort für eine vereinzelt spazierende Krankenschwester mit madonnenhaftem Gesicht auf der Zunge hatte und weitere Schmeichelwörter in Reserve hielt, begann die mir aufgehalste Ziege laut und lange zu pissen.

Was tun? Den Blick abwenden? Halt an den jenseits des Schienenstranges gereihten Grabsteinen suchen? Wie unbeteiligt erscheinen?

Alles vergeblich. Das Pissen der Milchziege Genoveva wollte und wollte nicht enden. Aufs Lächerlichste gepaart, gaben wir ein jämmerliches Bild ab.

Noch heute könnte mir Schamröte ins Gesicht schießen, wäre nicht zugleich eine Erinnerung abrufbar, die geeignet ist, den anhaltenden Urinfluß der Ziege zum Stillstand zu bringen: schon bald konnte ich, wenn auch auf anders gedüngtem Futterplatz, schnelle Erfolge verbuchen, und zwar auf Tanzböden, die »Wedig« und »Löwenburg« hießen. Als Tänzer war ich gefragt. Und dieser auf jungen Beinen ertanzte Gewinn zahlte sich vor wenigen Jahren in Gedichten einem alten Mann aus, der glaubte, für »Letzte Tänze« noch immer gelenkig zu sein, und sei es auch nur auf Dauer eines »Tango mortale«.

Tanzwütige Wochenenden. An den Arbeitstagen jedoch lernte ich unter Korneffs Anleitung mit dem hölzernen Schlegel, Knüppel genannt, gleichmäßig Schlag auf Schlag zu führen. Ich spitzte und meißelte Flächen auf grob behauenem Kalkstein und Belgisch Granit. Bald gelang es mir, einen Schlesischen Marmor, groß genug für ein Kindergrab, mit einer umlaufenden Hohlkehle einzufassen. Sogar an Eierstäbe, die den bestellten Meterstein für das Grab eines emeritierten Professors schmücken sollten, wagte ich mich.

Der alte Singer brachte mir bei, mit Hilfe eines dreibeinigen Gestells, der Punktiermaschine, Punkt nach Punkt vom Gipsmodell des Gekreuzigten auf den noch ungefügen Diabasbrocken zu übertragen, indem ich Steinmasse wegspitzte. Die dem Dreibeingestell beweglich montierte Nadel nahm vom Modell des Corpus die tiefsten und höchsten Punkte ab. Immer wieder wechselte das Dreibein vom Gips auf den Stein, damit maßgenommen werden konnte. Bis alles Markante übertragen war, mußte gespitzt, schließlich mit dem Nuteisen gemeißelt werden, auf daß punktgenau die Nadel anschlug. Wer dabei schummelte, dem kam Singer mit Blick über den Brillenrand prompt auf die Schliche. Er, der in jungen Jahren an Hamburgs Bismarck-Denkmal gemeißelt hatte, lehrte mich, dem Stein Gesicht zu geben.

Ich schlug mir Schwielen und setzte unterm Spitzeisen Hornhaut an. Muskeln, zum Vorzeigen schön, verhärteten sich. Zünftig wie ein Handwerker sah ich aus und konnte mir deshalb in späteren Jahren einreden, notfalls, etwa im Fall des politischen Rückfalls, der abermals verhängten Zensur und des staatlich verordneten Schreibverbots, als Steinmetz meine Familie ernähren zu können; eine Gewißheit, die mir zu selbstsicherer Ruhe verhalf. Denn das ist allgemein bekannt: weil der Tod keine Pause kennt, wird nach Grabsteinen selbst in Notzeiten verlangt; Göbels Angebot für Einzel- und Doppelgräber war heißbegehrt.

Also meißelten wir Schlag auf Schlag. Dabei schluckte ich, was vom Belgisch Granit aufwölkte und schwefelig wie ein Altmännerfurz stank. Zur letzten Glätte verhalf die Schleifmaschine. Am Wochenende jedoch fiel aller Steinstaub ab: vom Sonnabend bis in den Sonntag hinein wurde getanzt.

Das begann so: der über hustende Greise und uns, die Nutznießer der Doppelstockbetten, Aufsicht führende Mönch, der mit fliegender Kutte und klimperndem Schlüsselbund von früh bis spät dienende Bruder stand am Sonnabendnachmittag still in der offenen Tür seiner Zelle und sah in frommer Andacht zu, wie wir uns stadtfein machten.

Ich stieg in die aus Pater Fulgentius' Kleiderspendenkiste gegrabbelte schwarze Hose. In der Wäschekammer hatte der dort dienende Mönch ihr scharfe Bügelfalten beigebracht. Zudem mit meinem fischgrätengemusterten Jackett gekleidet, muß ich wie ein professioneller Eintänzer ausgesehen haben. Leider hing kein Spiegel in unserem Zehnbettzimmer.

Ein schon angejahrter Student, Typ Obergefreiter, der auf Ingenieur studierte und später als Manager bei Mannesmann die Konjunktur im Röhrengeschäft zu nutzen verstand, lehrte mich, den mittelgroßen Krawattenknoten zu binden. Einige wienerten ihre Schuhe auf Hochglanz, andere festigten das Haar mit Zuckerwasser. Jeder sah wie aus dem Ei gepellt aus.

Unser in Andacht versunkener Mönch ließ die Hände in den Ärmeln seiner Kutte verschwinden und blickte dem Grüppchen in versteinerter Haltung nach, sobald wir laut, als gelte es, einen Schatz zu heben, zum Wochenendschwof aufbrachen.

Mir fiel das leicht. Von frühan war ich Tänzer. Bei bürgerlichen Festivitäten auf Zinglers Höhe oder im mit Girlanden geschmückten Saalbau des in Langfuhr beliebten Gartenrestaurants Kleinhammerpark bin ich vor und nach Kriegsbeginn nicht nur als Zuschauer und Detailsammler für spätere Niederschriften dabeigewesen. Sobald sich die Kleinbürger des Vorortes in Zivil oder kackbraun uniformiert mit- und gegeneinander vergnügten, lernte ich als Dreizehnjähriger, geführt von vereinsamten Soldatenbräuten, das Tanzen, also den Rheinländer und den Schieber, den Foxtrott, den englischen Walzer, sogar den Tango lernte ich früh und galt deshalb auf den Brettern der Nachkriegsjahre bald als begehrt.

Nun waren es die Rhythmen einer Dixielandband, die zwischen Shoeshineboy, dem Tiger Rag und Hebabariba auf Wunsch sogar zum Tango aufspielte. Tanzschuppen fanden sich überall, in den Kellern der Düsseldorfer Altstadt, in Gerresheim, auch nahbei in Grafenberg, einem Vorort, in dessen angrenzendem Wald sich nicht nur die Heil- und Pflegeanstalt dank ihres erinnerungssüchtigen Patienten einen Namen machen sollte; auch mir wurde der Wald gefällig: der erhitzte Tänzer fand auf Wanderwegen mit diesem oder jenem Mädchen vom Fernsprechamt eine einladende Bank oder – abseits der Wege – den erhofft moosgebetteten Liegeplatz.

Bäumchenwechseldich- und Blindekuhspiele, ungenaue, nur vom Tastsinn gestützte Erinnerungen sind das, die sich in schwarzen Löchern verlieren. Keinen Namen wüßte ich zu nennen, bis auf den eines Mädchens, das Helma hieß, viel Brust hatte und mich, als in der »Löwenburg« bei plötzlichem Schummerlicht Damenwahl angesagt war, zu einem Foxtrott aufforderte, worauf sie mir anhänglich blieb.

Es war eine tanzwütige Zeit. Wir, die Geschlagenen, waren süchtig nach der auf Dauer eines Blues befreienden Musik der transatlantischen Sieger: »Don't fence me in…«

Es galt das Überleben zu feiern und dessen vom Krieg inszenierte Zufälle zu vergessen. Was schändlich oder schrecklich gewesen war und hinterrücks lauerte, blieb unberufen. Die Vergangenheit und deren aus Massengräbern entstandenes Hügelgelände wurde vom Sonnabend auf den Sonntag zur Tanzbodenfläche eingeebnet.

Erst als es mir nach Jahren gelang, Abstand zu nehmen, und ich den späteren Insassen der Heil- und Pflegeanstalt Grafenberg in der besagten »Löwenburg« einen Schieber zu den Klängen von »Rosamunde« tanzen ließ, war es Oskar erlaubt, all das beim Namen zu nennen und wortgetreu niederzuschreiben, was ich von Woche zu Woche ausgespart und als lästig verdrängt hatte: Quälgeister, die nun, ein halbes Jahrhundert später, abermals anklopfen und Einlaß verlangen.

Die Erinnerung fußt auf Erinnerungen, die wiederum um Erinnerungen bemüht sind. So gleicht sie der Zwiebel, die mit jeder wegfallenden Haut längst Vergessenes offenlegt, bis hin zu den Milchzähnen frühester Kindheit; dann aber verhilft ihr Messerschärfe zu anderem Zweck: Haut nach Haut gehackt, treibt sie Tränen, die den Blick trüben.

Geradewegs finde und genauer sehe ich mich auf Bänken unter Kastanienbäumen, die dem Hof des Caritas-Heims Schatten geben. Dort sitze ich mit jeweils einem alten Mann und versuche, dessen Gesicht aufs Papier zu bringen.

Mit Bleistift zeichne ich trübe, verhängte Augen und Tränensäcke, vertrocknete, an den Rändern brüchig fransende Ohren, den fortwährend mümmelnden Mund. Ich zeichne die Stirn, einen zerfurchten Acker, jetzt den blanken oder von schütterem Haar flausig umwölkten Schädel, die dünne, leis pochende Haut überm Schläfenbein und den Hals, das knautschige Leder.

Mit weichem Blei und dessen besonderem Schmelz lassen sich Nasenrücken und Kinnlade, die hängende Unterlippe, das fliehende Kinn modellieren. Querbalken und Längsfalten zeichnen die Stirn. Linien, die der Blei zieht, schwellen an, verflüchtigen sich. Was verschattet hinter Brillengläsern liegt. Zwei Krater, die Nasenlöcher, aus denen grieses Haar fusselt. Unendlich viele Grautöne zwischen schwarz und weiß: mein Credo.

Von Kindheit an habe ich mit Bleistiften gezeichnet. Düster ausgedachtes und schorfiges Backsteingemäuer aus Nahsicht. Immer den Radiergummi zur Seite, bis er verbraucht war, sich verkrümelt hatte, weshalb ich später, viel später dieses dem Blei zugeordnete Hilfsmittel in einem Zyklus besungen habe: »Mein Radiergummi und der Mond, beide nehmen ab.«

Nun saßen mir auf den Bänken des Caritas-Heims Greise im Halbprofil und hielten, wie auf Befehl, die Blickrichtung. Ein bis zwei Stunden saßen sie. Viele litten unter Asthmaanfällen. Ihr pfeifender Atem. Manchmal brabbelten sie wirres Zeug, durch das der Erste Weltkrieg, Verdun, die Inflation geisterten. Mit Zigaretten, meiner Währung, entlohnte ich sie: ausgezahlt zwei, drei Glimmstengel, die sie gleich nach der Sitzung oder nach längerem Hustenanfall bis auf Stummellänge rauchten.

Weil immer noch Nichtraucher, war ich jederzeit zahlungsfähig, wobei mit Vorrang das Zeichnen nach Modell meine Tabakreserven erschöpfte. Nur einmal saß mir ein Greis mit lodernd wallendem Haupthaar und Bart gratis und, wie er sagte, »einzig der Kunst wegen!«

Aber dem Zeichner unter Kastanienbäumen fehlte, so fleißig er war, der korrigierende Hinweis. Gerne hätte ich jener Aushilfslehrerin, die bald nach Stalingrad und mit Beginn des totalen Krieges als Kunsterzieherin verpflichtet wurde, einige jener Bleistiftzeichnungen auf holzhaltigem Papier vorgelegt, von denen der Steinmetzpraktikant glaubte, sie seien teils teils gelungen.

Als ich etwa vierzehn zählte, leistete sie in der Petri-Oberschule ihre Stunden ab. Jeweils am Sonnabend wurde ihr ein sich gelangweilt gebender Haufen rüder Rüpel zugemutet, von denen einige allenfalls behaarte Mösen und Strichmännchen mit Pimmeln in Überlänge aufs Papier brachten.

Den stumpfsinnigen Teil der Klasse ließ sie außer acht – in Grüppchen spielten halbwüchsige Flegel Skat oder verschliefen die Doppelstunde – und beschäftigte den Rest mit perspektivischen Aufgaben. Sie kümmerte sich nur um zwei oder drei ihrer Schüler, die ihrer Ansicht nach ein Fitzelchen Talent zu erkennen gaben.

So kam ich in den Genuß ihrer Bemühungen. Mehr noch, sie lud mich ein, in Zoppot ihr Gartenatelier zu besuchen. Verheiratet mit einem weit älteren Juristen, der irgendwo hinter der Ostfront als Quartiermeister Etappendienst leistete, bewohnte die junge Frau ein ringsum verkrautetes Häuschen, in das ich weißnichtwieoft Einlaß fand.

In kurzen Hosen oder den langen der HJ-Winteruniform fuhr ich über Oliva mit der Straßenbahn nach Glettkau, lief von dort erwartungsvoll die Stranddünen oder den Wellensaum der See entlang, suchte aber keinen Bernstein im angeschwemmten Tang, sondern bog kurz vor Zoppots ersten Stadtvillen links ab. Vorbei an Gesträuch, das zu knospen begann oder in dem ab Spätsommer die Hagebutten glühten. Das Gartentor quietschte.

In der vom Nordlicht begünstigten Veranda sehe ich massig gedrungene Skulpturen und Porträtköpfe in Gips oder noch feucht in Ton. Dahinter die verhängte Staffelei. Ich sehe sie in ihrem von Gipsspritzern befleckten Schürzenkleid, die Zigarette zwischen den Fingern.

Sie stammte aus Königsberg, hatte aber nicht in der heimischen Kunstakademie, sondern in der Danziger Technischen Hochschule ihren Lehrer gefunden: Professor Pfuhle, den bekannten Pferdemaler, bei dem auch ich später einen Laienkurs besuchte.

Ihr Haar fiel glattkurz geschnitten nach längst vergangener Mode. Und bestimmt war der Oberschüler meines

Namens um drei Ecken in Lilli Kröhnert verliebt. Doch keine Blicke, keine versuchte Berührung. Ganz anders verwirrend kam sie mir nah.

Auf einem Rauchtischchen – meine Lehrerin qualmte unablässig – hatte sie, vielleicht absichtslos oder doch mit Bedacht, einen Stoß abgegriffener Kunstzeitschriften und Kataloge gelegt, die meines Alters oder älter waren als ich, einige schwarzweiß, andere farbig bebildert.

Also blätterte der Schüler darin und sah verbotene Bilder von Dix und Klee, Hofer und Feininger, auch Skulpturen von Barlach – den lesenden Klosterschüler – und Lehmbrucks große Kniende.

Ich sah noch mehr. Aber was genau? Nur daß mir heiß wurde, ist sicher. Sosehr hat mich, was ich zuvor nie gesehen hatte, fasziniert und zugleich entsetzt. Das alles war verboten, war »entartete Kunst«.

Immer wieder hatte die Wochenschau dem Kinogänger vorgeführt, was im Dritten Reich als schön zu gelten hatte: in überlebensgroß aus Marmor gehauenen Heldengestalten überboten die Bildhauer Breker und Thorak einander mit versteinerter Muskelkraft.

Lilli Kröhnert, die Raucherin, deren Silberblick mich irritierte, die junge Frau mit Bubikopffrisur und fernem Mann, meine geliebte Lehrerin, die mir Verbotenes, immer noch einen Lehmbruck zeigte, aber auch auf geduldete Bildhauer wie Wimmer und Kolbe hinwies, lief Gefahr, von ihrem, wie sie meinte, nicht unbegabten Schüler verpfiffen zu werden. Verrat war üblich. Ein anonymer Hinweis genügte. In jenen Jahren haben glaubenseifrige Gymnasiasten oft genug ihre Lehrer – so ein Jahr später meinen Lateinpauker Monsignore Stachnik – nach Stutthof, ins KZ gebracht.

Sie hat den Krieg überlebt. Anfang der sechziger Jahre, als ich mit meinen fünfjährigen Zwillingssöhnen Franz und Raoul in Schleswig-Holstein unterwegs war und abends aus meinem Roman »Hundejahre« bei Cordes in Kiel vor Publikum las, traf ich Lilli Kröhnert und ihren gleichfalls davongekommenen Mann tagsdrauf in Flensburg. Sie rauchte immer noch und lächelte, als ich mich für ihre waghalsige Belehrung in Sachen Kunst bedankte.

Ach, wäre sie mir doch kritisch zur Seite gewesen, als ich, der Nichtraucher, unter Kastanienbäumen alte, hustende Männer mit weichem Blei zeichnete und mit Zigaretten entlohnte…

Nachdem mein primärer Hunger durch geschmacklose und dennoch nachschmeckende Caritassuppen gestillt war, mein anderer Hunger zwar während der Straßenbahnfahrten werktags gesteigert, doch nach dem Wochenendschwof von anhänglichen Tänzerinnen gemildert wurde, blieb der dritte Mangel, die Gier nach Kunst.

Ich sehe mich auf billigen Plätzen im Gründgens-Theater – stand jetzt schon oder im Jahr darauf Goethes »Tasso« auf dem Programm? – und schier ertränkt von der Bilderflut wechselnder Ausstellungen: Chagall, Kirchner, Schlemmer, Macke, wer noch?

Im Caritas-Heim fütterte mich Pater Stanislaus mit Rilke, Trakl, einer Auswahl von Barockdichtern und allerfrühesten Expressionisten. Ich las, was die von ihm über die Nazizeit hinweg gehüteten Bestände der Franziskanerbibliothek hergaben.

Und in Begleitung einer zugänglichen Studienratstochter – geflüchtet mit ihrem Vater aus Bunzlau – beruhigte ich auf Konzertdauer im Robert-Schumann-Saal meine Gier nach allem, was Auge und Ohr reizte.

Doch die Lesewut und der passive Verzehr von künstlerischen Produkten steigerte eher meinen Kunsthunger und trieb mich an, selber zu produzieren.

Also gingen mir laufende Meter Gedichte ab: mein lyrischer Stoffwechsel. Nach Feierabend meißelte ich in Göbels Steinmetzbude erste Kleinskulpturen in Kalkstein: weibliche Torsi, expressiv einen Mädchenkopf. Und weiterhin füllte den Pelikanblock, was die asthmatischen Greise gegen Zigarettenzahlung zu bieten hatten: Blatt nach Blatt vielfältige, narbige, erloschene, vertrocknete Hautundknochengesichter. Ob stoppelig oder mit Bart, blinzelnd oder triefäugig, das Alter schaute mich an. Sobald ich die Zeit zurückspule und die Bänke unter Kastanienbäumen im frühlingsklaren, sommerlichen, im herbstlichen Licht wieder vorstellbar werden, sehe ich mich halbwache Gesichter zeichnen, die auf meinen Blättern den Tod vorwegnehmen.

Da die Ausbeute des Nichtrauchers verlorengegangen ist, bleibt ungewiß, ob ich gleichfalls Zimmergenossen als Modelle gesehen habe. Mag sein, daß mit mürrischem Ausdruck und etlichen Pockennarben der Prior des Caritas-Heims, Pater Fulgentius, zudem der Rilke-Liebhaber Pater Stanislaus, ein feinsinniger Leisetreter, der mit Vorliebe Verse aus der »Trutznachtigall« des barocken Mönchs Spee von Langenfeld zitierte, aufs Papier geraten sind. Ich wünschte, es läge ein Blatt vor, auf dem unser eilig aufsichtführender Bruder, dessen Blick immerfort ein Marienwunder erwartete, als Engelsbild zu erkennen wäre. Doch in verschollener Vielzahl gewiß sind nur die Abbilder der Greise.

Nach einem Jahr bei Julius Göbel, dem Altgesellen Korneff, dem Steinbildhauer Singer und dessen dreibeiniger Punktiermaschine, nach Woche für Woche zweimal Gemüsesuppe und nachdem ich lange genug die Milchziege Genoveva am Strick geführt hatte, glaubte der Praktikant, den Lehrbetrieb wechseln zu müssen.

Weg von dem meckernden Vieh, weg von den punktierten Korpussen des athletischen Christus am Kreuz und weg von den marmornen, auf der Mondsichel mit Spiel- und Standbein stehenden Madonnen, dem sträflich auf Hochglanz polierten Granit und den geknickten Rosen, die ich als Medaillonrelief in Kindergrabsteine gemeißelt hatte. Nie wieder wollte ich Leghornhennen zwischen Grabsteinen picken sehen.

Der Großbetrieb der Firma Moog, gelegen am Ende des Bittwegs, zog mich an. Dort wurde überwiegend Sandstein, Tuff und Basalt, frisch aus den Brüchen der Eifel, verarbeitet. Dort waren kaum gräberbeschwerende Klamotten mit Inschrift gefragt. Dort würde mir keine Ziege anhängen.

Leicht fiel es nicht, von Korneff und dessen Altgesellencharme Abschied zu nehmen. Im Frühling hatten wir auf vogelreichen Friedhöfen wiederholt ein- bis dreistellige Grabsteine samt Sockeln auf Fundamenten verdübelt. Der Umbettung von Leichen, die in andere Gräber wollten, sahen wir zu. An seiner Seite ließ sich das Geschäft mit dem Tod aushalten. Mit ihm war gut lästern.

Da aber Korneff in späterer Zeit Gelegenheit fand, mit seinem Gehilfen Oskar Matzerath bis in das Kapitel »Fortuna Nord« hinein Marmor und Diabas zu versetzen, bei gewünschten Leichenumbettungen Zeuge zu sein und mit Oskar – was er gleichfalls mir angeraten hatte – die

Henkelmänner voller Zusammengekochtem mittags beim Friedhofskrematorium zum Aufwärmen abzugeben, ist das Thema Grabsteinkunst und Friedhofsordnung erschöpft; zusätzlich ließe sich allenfalls etwas über Dichtung und Wahrheit sagen, wer wem was in den Mund gelegt hat, wer genauer lügt, Oskar oder ich, wem man am Ende glauben soll, was hier wie da fehlt und wer wem die Feder geführt hat.

Da aber jener Herr Matzerath nie bei der Firma Moog angestellt gewesen ist, hoffe ich vor den Nachstellungen der Spätgeburt meiner frühen Jahre eine Zeitlang sicher zu sein.

So reizvoll es sein mag, die Eierschalen der eigenen Brutkastenkinder zusammenzufegen, in der Regel finden sich auf dem Kehrblech nur Überbleibsel fragwürdiger Herkunft: des Detailfuchsers Rechthaberei, vormals weggestrichene Einfälle, die auf Wiederbelebung warten, zum Beispiel das Gerücht, es habe sich die Ziege Genoveva, kaum, daß ich die Firma Göbel mit Meister Singers Segen verlassen hatte, bei der mittäglichen Futtersuche mitsamt dem Strick von einem der Lehrlinge losgerissen, das Weite gesucht und ihr letztes Meckern unter der Straßenbahn Richtung Bilk von sich gegeben.

Göbels Frau, die kuhäugige Matrone, soll sogar vermutet haben, nur meines Wegganges wegen, aus Kummer habe sich Genoveva auf die Schienen, unter die Räder gestürzt.

Während der ersten Monate bei der Firma Moog ging ich mit Lehrlingen und Gesellen einer Aufgabe nach, deren steingehauene Ergebnisse nicht der Aura von Friedhöfen zu dienen hatten. Vielmehr sollten die häßlich andauernden Kriegsschäden innerhalb der städtischen Parkanlagen und also im Hofgarten behoben werden.

Dort, wo Sandsteinfiguren durch Bombensplitter enthauptet oder zu einarmigen Invaliden gemacht worden waren, galt es, hier den fehlenden Kopf der Göttin Diana, dort ein mangelndes Medusenhaupt nach fotografischer oder gipserner Vorlage zu erneuern. Verlorene Gliedmaßen, halbierte Engelsköpfchen verlangten nach Ergänzungen. Auch wurden ganzfigürliche Putten mit drolligen Patschhänden, Fleischwülsten, Grübchen allerorts und üppigem Lockenhaar der Firma Moog in Auftrag gegeben. Vorausschauend gelang es dem Firmenchef, den städtischen Behörden gefällig zu sein.

Mit Hilfe der Lehrlinge, die alle aus alteingesessenen Steinmetzfamilien stammten, lernte ich, daß Fehlschläge im Stein unverbesserlich dauerhaft sind, wenn sie nicht durch geschicktes Schummeln versteckt werden. So, mit dem Ausbessern von Kriegsschäden, also mit Flickschusterei, brachten wir unsere Tage hin. Das Rezept für Steinkitt, der nicht zu fett, nicht zu mager sein durfte, verdankte ich Meister Singer, der es mir zum Abschied als zu hütendes Berufsgeheimnis anvertraut hatte.

Doch was die Kunst, das eigentliche Objekt meines andauernden Hungers, betraf, wurde mir erst dann ein Maßstab gesetzt, als von anonymen Auftraggebern mehrere Kopien eines neunzig Zentimeter hohen Torsos bestellt wurden. Jedenfalls tat der Firmenchef geheimnisvoll, als er das sorgsam in Wolldecken verpackte Modell enthüllte.

Der Gips ließ als Urheber deutlich den einst anerkannten, sogar überragenden, doch während der Naziherrschaft mit seinen Skulpturen aus allen Museen verbannten Bildhauer Wilhelm Lehmbruck erkennen; ihm war ich bereits als Schüler, wenn auch nur flüchtig, in den verbotenen Kunstzeitschriften meiner Lehrerin Lilli Kröhnert begegnet. Sie nannte ihn »einen der ganz Großen«.

Doch bei Moog kam der Name Lehmbruck nicht vor. Allenfalls wurde über die Herkunft des Gipsmodells gemunkelt. Einer der Gesellen witzelte: »Aus eins mach drei.«

So viele Sandsteine waren in Arbeit. Offenbar kam der Auftrag von einem Kunsthändler, der Handel mit Kopien betrieb, die er als Originale ausgab und auf dem schwarzen Kunstmarkt anbot. In jenen Nachkriegsjahren fanden sich ahnungslose Käufer, einheimisch neureiche und zugereiste aus Amerika: die Zeit der Fälschungen brach an.

Jedenfalls waren die drei in hellen Sandstein übertragenen Kopien schneller verkauft, als sie fertig zur Abnahme auf unseren Holzböcken standen.

Von der Mitte der Oberschenkel bis zum Scheitel des leicht abgewendetes Kopfes maß der armlose Torso. Die Neigung des Beckens deutete Spiel- und Standbein an. Ein Lehmbruck der mittleren Periode, kurz vor Beginn des Ersten Weltkrieges entstanden, wahrscheinlich in Paris.

Wie üblich haben wir die Vielzahl der mit Bleistift markierten Pünktchen von der Oberfläche des Gipsmodells auf den Stein übertragen. Dabei half auf herkömmliche Weise die dreibeinige Punktiermaschine mit ihrer beweglichen Anschlagnadel.

Unsere Arbeit wurde vom Altmeister Moog persönlich überwacht. Den Lehrlingen aus Steinmetzfamilien mit Tradition waren zwar viele Tricks geläufig, aber sobald Moog schwergewichtig auftrat, half kein Schummeln. Er hob seine überlappenden Augenlider mit zwei Fingern, überprüfte jedes Detail, ließ dann das eine, das andere Augenlid wieder fallen, sah buddhamäßig aus. Nie mußte er die

Maschine und deren fixierte Spitze am schwenkbaren Metallarm zu Hilfe nehmen, ihm entging keine fehlerhafte Stelle.

Zu meiner Schande muß eingestanden werden, daß ich auf der ruhigen und doch bewegten Fläche des Torsorückens besonders erkennbar gepfuscht hatte. Es galt nachzuarbeiten. Das hieß: zwischen den Schulterblättern sollte die fehlende Steinschicht ausgeglichen werden, doch was der Gesamtfläche genommen war, blieb weg.

Wer weiß, wen eine der Kopien, mein Lehmbruck, heutzutage erfreut: den Kunden des anonymen Ankäufers von einst oder – nach Wiederverkauf – einen späteren Besitzer des vorgetäuschten Originals; doch tickt immerfort der Wunsch nach Gelegenheit, ihn, Wilhelm Lehmbruck, der bald nach Ende des Ersten Weltkrieges seinem Leben ein Ende setzte, um verzeihende Nachsicht zu bitten.

Ach, könnte ich doch meine manchmal erfolgreiche Methode der konjunktivischen Einladung erproben und ihn, den mir Lilli Kröhnert als unvergleichlich Großen gepriesen hatte, gemeinsam mit den Malern Macke und Morgner, die jung bei Perthes-les-Hurlus und Langemarck gefallen sind, um einen erdachten Tisch versammeln.

Auf meinem Papier kämen wir zu viert ins Gespräch über Aktuelles von damals – wie begeistert man in den Krieg gezogen sei –, dann aber nur noch über die Kunst. Was seitdem aus ihr geworden ist. Wie sie jedes Verbot überlebte, sich aber bald, kaum von äußeren Zwängen befreit, zur Doktrin verengt und ins Gegenstandslose verflüchtigt hat.

Verlachen könnten wir den Krimskrams der Installationen und den modischen Flachsinn, den zappligen Video-

Wahn und das Gehüpfe von Event zu Event, den heilig-gesprochenen Schrott und die überfüllte Leere des immer nur gegenwärtigen Kunstbetriebs.

Und dann dürfte ich als Gastgeber und Koch meine vom Tod beurlaubten Gäste erfreuen. Zuerst käme eine Fischbouillon, gekocht aus Dorschköpfen und abge-schmeckt mit frischem Dill, auf den Tisch. Danach könnte ich eine mit Knoblauch und Salbei gespickte Lammkeule zu Linsen tischen, geschöpft aus würzigem Majoransud. Ziegenkäse und Nüsse gäbe es zum Schluß. Mit Aquavit – die Gläser gestrichen voll – ließe sich anstoßen und die Welt verlästern.

Von Lehmbruck, dem westfälischen Schweiger, kämen nur Kurzsätze. Von August Macke, der gerne plauderte, wäre zu hören, was während der Kurzreise nach Tunis – gemeinsam mit Paul Klee und Louis Moilliet – an Licht-ereignissen und anderen Abenteuern zu erleben war, da-mals, im April vierzehn, wenige Monate vor Kriegsbeginn. Und Wilhelm Morgner ließe erkennen, welche Bilder er gemalt hätte – womöglich gegenstandslose? –, wenn ihn nicht in Flandern die Kugel…

Aber kein Wort über Lehmbrucks unglückliche Liebe, die an einer Theaterschönheit und Kindfrau, der Schau-spielerin Elisabeth Bergner, gescheitert sein soll. Es heißt, er habe sich ihretwegen zum Freitod entschlossen, was ich bezweifle. Es war der Krieg, der in seinem Kopf, der in vielen Köpfen nicht enden wollte…

Und nach Tisch fände sich bestimmt Gelegenheit, Lehmbruck zu danken. Er, der ungefragte Meister meiner Lehrzeit, hat mir den Maßstab gesetzt, an dem ich das Scheitern lernte…

Und dann? Dann kam die Währungsreform. Ihr Datum trennte davor und danach. Sie setzte ein Ende und versprach Anfang für jedermann. Sie entwertete und prahlte mit neuem Wert. Aus vielen Hungerleidern filterte sie bald einige Neureiche. Sie grub dem Schwarzmarkt das Wasser ab. Sie versprach freien Markt und verhalf dem Reichtum wie der Armut zu dauerhaftem Aufenthalt. Sie heiligte das Geld und machte uns alle zu Konsumenten. Und insgesamt belebte sie das Geschäft, so auch die Auftragslage der Steinmetzbetriebe am Bittweg, wo bislang der Tausch- und Naturalienhandel die Preise bestimmt hatte.

Kurz vor dem alles verändernden Datum erhielt die Firma Moog den Zuschlag für die Fassadenausbesserung eines Bankgebäudes, dem die Kriegsschäden immer noch schlecht zu Gesicht standen. Offenbar schämten sich die Bankherren ihrer Fassade. Dem zu erahnenden Ereignis sollte mit geschönter Außenhaut begegnet werden, termingerecht und nach Kostenvoranschlag.

Also mußten die an den Muschelkalkblöcken durch Bombensplitter verursachten Schadstellen ausgemeißelt und mit Vierkantstücken aus bruchfrischem Muschelkalk gefüllt werden; gedübelt und verfugt, saßen sie paßgenau. Wie hieß der Auftraggeber? Nehmen wir an, es war die Dresdner Bank, die neuerdings umgetauft Rhein-Ruhr-Bank hieß.

Aus dieser Zeit ist ein einziges Foto geblieben. Es bildet einen jungen Mann ab, der hoch im Stahlrohrgerüst steht und in die Welt schaut, als überblicke er sie. Um sich beruflich auszuweisen, hält der Linkshänder zünftig den hölzernen Steinmetzknüppel und in der anderen Hand das Spitzeisen.

Ein Berufskollege wird den Schnappschuß gemacht haben. Im Bildhintergrund gibt eine ausgemeißelte Vertiefung zu erkennen, wie mächtig die Natursteinfassade die Vorderseite der Dresdner Bank kleidet. Im Inneren ausgebrannt, überdauerte sie mehrstöckig den Bombenhagel und ist nun gierig nach taufrischem Kapital und neuerlichem Profit.

Der junge Steinmetz steht allein für sich, denn der Vorstand der monetären Bastion, die jedwedem System, auch dem des organisierten Verbrechens, gedient hatte, wollte nicht fotografiert ins Bild kommen und begnügte sich damit, alle sichtbaren Schäden der Bankfassade tilgen zu lassen. Man wollte ja wieder zu Ansehen kommen, zumindest äußerlich.

Der hagere junge Mann mit Schirmmütze und in Drillich gekleidet, der selbstbewußt im Stahlrohrgerüst steht und die Welt im Blick hat, bin ich, kurz vor der Währungsreform. Ein Selbstbild in tätiger Pose.

Zwar waren die Obergeschosse der Bank, vor der ich hoch im Gerüst auf dem Schwarzweißfoto mir fern und doch kenntlich bin, noch nicht bezugsfertig, weil von Brandspuren gezeichnet, aber die Schalterhalle im Erdgeschoß sollte demnächst für den Kundenverkehr geöffnet werden.

Im Stockwerk darüber saßen wir Steinmetze die Mittagspause ab und löffelten unsere Henkelmänner leer. Da die Decke zwischen dem Erdgeschoß und dem ersten Stockwerk an einer Stelle durchschlagen und nur notdürftig mit Bohlen abgedeckt war, konnte man durch fingerbreite Ritzen zwischen den Bohlen in die Schalterhalle gucken.

So sah ich, wie wenige Tage vor dem Tag X die neue Währung in Scheinen und Münzen auf langen Tischen von Bankangestellten sortiert, gezählt, gebündelt, in Rollen verpackt wurde, auf daß sie rechtzeitig für den Beginn der wundertätigen Geldausschüttung bereitlag. So wurde ich zum Zeugen.

Man hätte mit durch Wunsch verlängertem Arm zugreifen, die Angel auswerfen mögen. Mit einigen Kumpels wäre man, wenn nicht zum Kriminellen, dann, nach ausgetüfteltem Plan, zum Wohltäter und die Armen beglückkenden Robin Hood geworden, so nah lockten die allerneuesten Glaubensartikel.

Bis dahin betrug mein Stundenlohn auf Baustellen fünfundneunzig Reichspfennige. Mit Überstunden kam ein Wochenlohn von rund fünfzig Reichsmark zusammen. Die waren bald ohne Wert.

Hätte ich ahnen können, daß unten, in der Schalterhalle der Dresdner Bank, wie zugleich an tausend und mehr Ausgabestellen demnächst die Zukunft ausgezahlt werden und fortan ihren Preis haben würde?

Plötzlich war alles, fast alles zu haben. Gestern noch ärmlich bestückte Schaufenster prahlten mit zuvor gehorteter Ware. Wer was auf Lager hatte, kam schnell zu neuem Geld. Dem Augenschein nach schien der Mangel nur vorgetäuscht und ein trügerisches Relikt der Vergangenheit zu sein. Und weil alles Vergangene entwertet, also nicht mehr der Rede wert war, blickte jedermann, wenn auch nicht ohne Anstrengung, tapfer nach vorn.

Ich weiß nicht, was ich mir von den vierzig Deutschen Mark Handgeld, das jedem im Namen der blinzelnden Gerechtigkeit zustand, gekauft habe. Vielleicht echte Faber-Castell-Bleistifte und einen neuen Radiergummi? Oder war es von Schmincke ein Aquarellkasten mit vierundzwanzig Näpfen?

Wahrscheinlich ging das meiste für die Fahrkarten einer Reise nach Hamburg drauf, zu der ich die Mutter eingeladen hatte. Sie wollte ihre Schwester Betty und Tante Martha, die Frau des ältesten Bruders meines Vaters, besuchen, der – Onkel Alfred – als Polizeibeamter mit Cousine und Cousin in der Reihenhaussiedlung am Hohenfriedberger Weg gewohnt hatte und nun irgendwo im Norden, in Stade hauste.

Die Hamburger Ruinen sahen weit und breit wie die Ruinen in Köln aus. Auf den zweiten Blick erst fielen hochragende Schornsteine auf, die stehengeblieben waren, als jeweils und mehrstöckig die Mietshäuser in sich zusammenfielen.

Dann war überraschend ein Schauspielhaus in Betrieb. Und da es meine Mutter schon immer ins Theater gezogen hatte, gleich ob eine Oper, Operette oder ein Drama aufgeführt wurde – mit ihr sah ich als Kind im Danziger Stadttheater das Märchen »Die Schneekönigin« –, sahen wir abends ein Stück von Strindberg, »Der Vater«, mit Hermann Speelmans in der Hauptrolle. Sie weinte, als der Vorhang fiel. An die Verwandten, die wir besuchten, erinnere ich mich nicht, doch deutlich ist mir die Eisenbahnfahrt hin und zurück.

Auf der Hinfahrt sehe ich, nachdem das zerbombte Ruhrgebiet hinter uns liegt, linksrechts westfälisches Flachland vorbeieilen, das so tut, als hätte sich nichts Weltbewegendes ereignet. Und die Mutter sehe ich, wie sie mir gegenübersitzt und schweigt.

Sie mag meine Fragen nicht und versucht, mir die Landschaft als »reine Augenweide« aufzudrängen: »Guck mal, die fetten Wiesen, die vielen Kühe drauf…«

Ich frage dennoch: »Wie war das, als die Russen kamen? Was ist wirklich geschehen? Warum erzählt Daddau nur lauter drollige Sachen? Auch Papa druckst nur rum. Wie ist es Daddau, wie ist es dir ergangen? Haben die Russen euch... Und als dann die Polen kamen...«

Aber sie findet keine Worte. Allenfalls bekomme ich zu hören: »Das ist vorbei nun. Besonders für deine Schwester. Frag nich so viel. Dadurch wird nix besser. Zum Schluß haben wir noch bißchen Glück gehabt ... Leben noch... Was vergangen ist, ist vergangen.«

Und dann, auf der Rückreise, bat mich die Mutter, nicht so streng und schroff mit dem Vater zu reden. Der habe nun wirklich viel durchgemacht und alles verloren, das Geschäft, an dem er gehangen habe wie sie. Der klage aber nicht, sorge sich nur um den Herrn Sohn. Es sei ja schön, wenn der auf Besuch komme, leider nur selten – »Aber bitte nächstes Mal ohne Streit«. Das Vergangene solle man ruhen lassen. »Sei doch bißchen nett mit ihm, Junge. Oder laß uns friedlich nen Skat spielen. Er freut sich immer so, wenn du kommst...«

Während der wenigen Jahre, die ihr noch blieben, hat meine Mutter nie einen Satz auch nur begonnen, nie ein Wort fallenlassen, aus denen herauszuhören gewesen wäre, was im leergeräumten Geschäft, unten im Keller oder sonstwo in der Wohnung geschah, wo und wie oft sie von russischen Soldaten vergewaltigt wurde. Und daß sie sich, um die Tochter zu schützen, ersatzweise angeboten hat, war erst nach ihrem Tod andeutungsweise von der Schwester zu hören. Es fehlten die Worte.

Aber auch mir kam nichts von dem über die Lippen, was rücklings angestaut auf Lauer lag: Meine unterlassenen Fragen... Der verhärtete Glaube... Die Lagerfeuer der Hitlerjugend... Mein Wunsch, wie der U-Boot-Held Kapitänleutnant Prien zu sterben... Und zwar freiwillig... Der

Arbeitsdienstmann, den wir »Wirtunsowasnicht« genannt hatten... Wie dann der Führer dank der Vorsehung überlebte... Der Fahneneid der Waffen-SS bei klirrender Kälte: »Wenn alle untreu werden, so bleiben wir doch treu...« Und als die Stalinorgel über uns kam: die vielen Toten, jung die meisten und unfertig wie ich... Als ich dann Hänschen klein aus Angst im Wald gesungen habe, bis Antwort kam... Der rettende Obergefreite, dem beide Beine, während für mich gerade noch rechtzeitig die russische Panzergranate... Doch bis zum Schluß an den Endsieg geglaubt... Bis in die Fieberträume des Leichtverwundeten fingerte schwarzhaarig bezopft ein Mädchen... Der nagende Hunger... Das Spiel mit den Würfeln... Und als dann auf Fotos unglaublich: Bergen-Belsen, die gestapelten Leichen – hinsehen, los, hinsehen, nicht abwenden, nur weil das schnellgesagt unbeschreiblich ist...

Nein, ich sah nicht zurück oder nur kurz schreckhaft über die Schulter. Seitdem mir mein Stundenlohn für Steinmetzarbeit auf dem Bau in gleicher Summe als neue Währung und wenig später um sieben Pfennige erhöht ausgezahlt wurde, lebte ich nur noch gegenwärtig, sah, wie ich meinte, nach vorn. An Arbeit fehlte es nicht.

Gleich nach dem Verfall der Reichsmarkwährung erfreute sich die Firma Moog weiterer Aufträge außerhalb des Friedhofsbereichs. Überall mußten kriegsbeschädigte Fassaden ausgebessert werden. Überhaupt hatten Fassaden Konjunktur. Hinter schnell hochgezogenen Baugerüsten wurden gegen Akkordlohn Spuren beseitigt. Erste Ausgeburten der später geläufigen Fassadenkunst traten ans Licht. Besonders beliebt war Travertin, des Führers Lieblingsmarmor.

Nebenbei versetzten wir nach Feierabend großflächige Platten aus buntscheckigem Lahnmarmor in einer neu eröffneten Fleischerei, deren Wände und Verkaufstresen blank und farbensatt verkleidet werden sollten. Um von Neureichen aufgekaufte Villen zogen wir Mauern aus Tuffstein hoch.

Nur zur Kunst kam ich nicht. Alle kriegsinvaliden Sandsteinfiguren waren wieder zu Köpfen, Kniescheiben und fließendem Faltenwurf gekommen. Der Lehmbruck-Torso, der meine fehlerhafte Handschrift verriet, hatte als Original einen Käufer gefunden. Und auch die Caritas-Greise wollten mir, weil nun Zigaretten ohne Rauchermarken zu haben waren, nicht mehr Modell sitzen unter Kastanienbäumen.

So kauflustig ich mit dem neuen Geld klimperte und die Eltern mit Geschenken überraschte, meinem dritten Hunger war selbst mit Aufschlagzahlungen, verdient durch Überstunden, nicht beizukommen. Nur noch Fassaden waren gefragt. Da kam endlich Nachricht von der Kunstakademie.

Mit einer Mappe voller Bleistiftzeichnungen – der Galerie alter Männer, die mir zwischen Hustenanfällen gefällig gewesen waren – sowie drei Kleinplastiken, den weiblichen Torsi frei nach Lehmbruck, dem expressiven Kopf, hatte ich mich fristgerecht beworben und der Bewerbung ein günstiges Praktikantenzeugnis, unterschrieben vom Meister Moog, beigelegt.

Zudem hatte Pater Fulgentius, wie er seinem bevorzugten Kostgänger versicherte, beim täglichen Morgengebet zugunsten meiner Bewerbung Fürbitte eingelegt, und zwar beim heiligen Antonius, der in der Caritas-Kapelle als bemalter Gips in Lebensgröße stand und für allerlei zuständig war.

Als ich ihm berichtete, wie knapp entschieden worden sei, weil es bei siebenundzwanzig Bewerbern nur zwei Zusagen gegeben hatte, und daß die Porträtzeichnungen der Prüfungskommission zwar ein entwicklungsfähiges Talent zu erkennen gegeben hätten, dann aber mein Steinmetz- und Steinbildhauerpraktikum für die Annahme der Bewerbung von entscheidendem Gewicht gewesen sei, nun jedoch Professor Mataré leider keine weiteren Schüler aufnehmen wolle und für mich deshalb das Anfangsstudium der Bildhauerei mit dem Wintersemester bei einem gewissen, mir unbekannten Professor Mages beginnen solle, stellte mir der Prior des Caritas-Heims auf dem Rather Broich eine andere Möglichkeit, der Kunst zu dienen, in Aussicht.

Mit ihm hatten sich oft Gespräche ergeben, in deren Verlauf mir das Wunder der Gnade, der tiefere Sinn der Dreifaltigkeit und weitere Mysterien, aber auch die Gottwohlgefälligkeit franziskanischer Armut erklärt oder mittels Behauptung plausibel gemacht werden sollten.

Dieses Geplauder mit einem Ungläubigen – manchmal goß er sich und mir ein Gläschen Likör ein – erinnerte mich an die während der Kriegsgefangenschaft beim Knobeln geführten Gespräche mit meinem Kumpel Joseph, der gleichfalls versucht hatte, meinen verlorenen Kinderglauben an Herzjesu und die gebenedeite Gottesmutter gleich einem schnüffelnden Suchhund ausfindig zu machen, wobei ihm damals schon ein Dutzend theologischer Spitzfindigkeiten wie einstudiert waren.

Und wie Joseph im Großlager nahe Bad Aibling, so sprach nun, wenn auch nicht so obergescheit wie mein bayerischer Kumpel, eher bauernschlau und listig, Pater Fulgentius auf mich ein. Im Erker des Hauptgebäudes, den er Kontor nannte, entwarf er seinem Kostgänger ein Zukunftsbild, dessen mittelalterliche Dimensionen von seltsam verlockendem Reiz waren und mich an meine Schülerphantasien erinnerten.

Kürzlich, so sagte er, sei im zentralen Kloster des Franziskanerordens hochbetagt der Bruder Bildhauer, Pater Lukas, gestorben. Nun biete sich mit Oberlicht, Modellierböcken und voller Tonkiste dessen Werkstatt an, die bedacht ins Freie, bis in den Klostergarten reiche. Desgleichen liege dort reichlich Werkzeug und warte ein gewichtiges Steinlager auf die gestaltende Hand. Sogar Marmor aus den Brüchen von Carrara, den seinerzeit der große Michelangelo bevorzugt habe, sei dank frommer Spende vorrätig. Da gelte es, freudig zum Entschluß zu kommen. Der fehlende Glaube werde gewiß bei der Arbeit an Madonnen wachsen und sich festigen, sobald mir nach der heiligen Jungfrau ein heiliger Franziskus und dann ein heiliger Sebastian in Auftrag gegeben werde. Bei frommer Hingabe und nie nachlassendem Fleiß bleibe in der Regel die Erleuchtung nicht aus. Der Rest – das wisse er aus Erfahrung – sei Gnade.

Meine Zweifel an seinem Zukunftsentwurf und den damit verbundenen frommen Wünschen belächelte er. Erst als ich auf meinen sekundären Hunger hinwies, ihn unheilbar chronisch nannte, mehr noch, meine Verfallenheit an junge Mädchen, reife Frauen, das Weib an sich mit höllischer Lust ausmalte und dabei die Versuchungen des heiligen Antonius mit Unzucht – begangen an Tieren und Fabelwesen aus der flämischen Werkstatt des Hieronymus Bosch – überbot, gab Pater Fulgentius sein abwerbendes

Bemühen auf. »Ach ja, das Fleisch«, sagte er und verbarg die Hände in den Ärmeln der Kutte; das tun Mönche immer, sobald sie der Teufel anficht.

Jahrzehnte später jedoch, als mir bei laufender Produktion der Erfolg zur Gewohnheit, der Ruhm langweilig und die landläufige Mißgunst so eklig wie lächerlich geworden waren, als sich der Streit auf politischem Feld mit Widersachern aus rechtem wie linkem Hinterhalt vorübergehend erschöpft hatte, als ich als Künstler mit Doppelberuf, als Ehemann, Vater, Hausbesitzer und Steuerzahler, zudem als Preisträger und Ernährer einer auswuchernden Familie glaubte, so festgefügt mitten im Leben zu stehen, daß ich mir träumend und wach allerlei Ausflüchte herbeispekulierte, fragte ich mich, wie wohl meine Jahre vergangen wären, wenn ich bereits im Großlager Bad Aibling beim Würfeln auf meinen Kumpel Joseph, der inzwischen Bischof war, gehört, seine dogmatischen Antizweifelpillen brav geschluckt, meinen Kinderglauben erneuert und sodann – mit oder ohne akademische Bildhauerlehre – dem Rat oder Vorschlag des Priors Gehör geschenkt, mich zuerst probeweise, bald als Novize, schließlich mit Gelübde in die von Pater Fulgentius gepriesene Klosterwerkstatt geflüchtet hätte…

Ich als Mönch. Welchen Mönchsnamen hätte man mir verpaßt? Was, außer den gewünschten Heiligen, wäre mir zur figürlichen Skulptur geraten? Hätte ich, wie einst der Naumburger Meister, profane Stifterfiguren aus Wirtschaft und Politik auf Sockel gestellt und gepaart: hier der Kanzler Adenauer Seit an Seit mit der begnadeten Demoskopin Frau Noelle-Neumann, dort der dicke Ludwig Erhard mit dem langbeinigen Filmstar Hildegard Knef verkuppelt? Dann doch lieber Reliefs für Domtüren: der

Höllensturz. Oder Adam und Eva, wie sie unterm Baum der Erkenntnis fleißig sind und immer wieder der Erbsünde Geschmack abgewinnen.

Zwar wäre ich erstens satt, drittens ein halbwegs frommer Künstler geworden, aber der zweite und immer auf anderes Fleisch versessene Hunger hätte mich bei gebotener oder gesuchter Gelegenheit mal um mal verführt und rettungslos weltläufig gemacht.

Wie ich zum Raucher wurde

Wer von Berufs wegen genötigt ist, über die Jahre hinweg sich selbst auszubeuten, der wird zum Verwerter von Resten. Viel blieb nicht. Was sich dank greifbarer Hilfsmittel formen, verformen, schließlich in Sprüngen vorwärts, dann wieder gegenläufig erzählen ließ, haben als allesfressende Monster die Romane geschluckt und in Wortkaskaden ausgeschieden. Dem lyrischen folgte der epische Stoffwechsel. Nach so viel Kot – was alles zu Buche schlug – keimte die Hoffnung, endlich zum Hohlraum geworden, besenrein leergeschrieben zu sein.

Und doch sind Überbleibsel geblieben, die der Zufall aufsparte: etwa ein Ausweis, datiert auf das Wintersemester achtundvierzig-neunundvierzig. Gestempelt hat ihn die Staatliche Kunstakademie Düsseldorf. Geknickt, brüchig, bestoßen liegt er vor, drauf als Paßfoto im genormten Format die Abbildung eines jungen Mannes, dessen braune Augen und dunkles Haar südländische Herkunft, eher den Balkan als Italien vermuten lassen. Bemüht bürgerlich trägt er eine Krawatte, scheint aber in jener Grundstimmung zu sein, die bald nach dem Krieg als Existentialismus in Mode war und in neorealistischen Filmen Gestik und Mimik bestimmte, so gottverlassen düster und auf sich selbst beschränkt schaut er ins Objektiv.

Kein Zweifel, die schriftlichen Vermerke zur Person und die eigenhändige, auf Unterlängen Wert legende Signatur bestätigen, was zu ahnen war: der mir fremde Finsterling bin ich als Kunststudent im ersten Semester. Die Krawatte mag aus der Kleiderspendenkiste des karitativ tätigen Pater Fulgentius stammen. Sie wurde eigens für die Schnellabfertigung in einem Laden namens Fotomaton zum Knoten geschlungen. Glattrasiert und mit korrekt gezogenem Scheitel sehe ich mich abgelichtet; unterm Strich nichtssagend, was Raum genug für Vermutungen öffnet.

Der mir und meinesgleichen anklebende Hang zum Existentialismus – oder was jeweils darunter verstanden werden konnte – war ein aus Frankreich importierter, den deutschen Trümmerverhältnissen angewandelter Artikel, der sich als Maske tragen ließ und uns Überlebenden der »dunklen Jahre«, wie die Zeit nationalsozialistischer Herrschaft umschrieben wurde, zu Gesicht stand; sie verhalf zu tragischen Posen. Man sah sich je nach trüber Laune entweder am Scheideweg oder vorm Abgrund. In gleichermaßen gefährdeter Position sollte sich die Menschheit insgesamt befinden. Zur finalen Grundstimmung lieferten der Dichter Benn und der Philosoph Heidegger passende Zitate. Den Rest besorgte der gründlich erprobte und demnächst zu erwartende Atomtod.

Zu diesem lebhaften Handel im Schlußverkauf gehörte die an der Unterlippe klebende Zigarette. Seitabwärts gab sie die Richtung an und wippte, gleich ob glimmend oder kalt, während in nächtelangen Gesprächen das menschliche Sein unter dem Schlußstrich als »Geworfenheit alles Seienden« summiert wurde. Immer ging es um den Sinn im Sinnlosen, um den einzelnen und die Masse, um das lyrische Ich und das allgegenwärtige Nichts. Zur wiederkehrenden Redefigur taugte der Selbstmord, auch Freitod genannt. Ihn in Gesellschaft rauchend zu erwägen, gehörte zum guten Ton.

Mag sein, daß der junge Mann auf dem paßbildgroßen Foto im Verlauf solch tiefbohrender, sich gern im Absurden verlierender Gespräche zuerst wie alle, mit denen er zusammenhockte und ein endloses Finale feierte, zum süchtigen Teetrinker und dann erst zum Raucher wurde, doch fällt es mir schwer, den ersten, immer wieder hinausgezögerten Griff nach der Zigarette zu datieren.

Überhaupt zwängt mich der chronologische Ablauf meiner Geschichte wie ein Korsett. Ach, könnte ich jetzt zurückrudern und an einem der Ostseestränder landen, wo ich als Kind mit nassem Sand Burgen kleckerte... Ach, säße ich noch einmal unterm Dachbodenfenster und dürfte lesen, mir selbst verloren, wie nie wieder danach... Oder noch einmal mit meinem Kumpel Joseph unter einer Zeltplane hocken und um die Zukunft würfeln, damals, als sie noch taufrisch und unbeleckt zu sein schien...

Jedenfalls zählte ich nunmehr einundzwanzig, gab mich erwachsen, war aber immer noch bekennender Nichtraucher, als ich gemeinsam mit einem Mädchen aus Krefeld, deren Tierplastiken – Rehe und Fohlen – die Prüfungskommission günstig gestimmt hatten, der Bildhauerklasse des Professors Sepp Mages zugeteilt wurde. Wir waren die Jüngsten.

Jemand, vermutlich Pater Fulgentius, hatte mir anstelle von Tabak die belebende Wirkung von Traubenzucker eingeredet, denn er war es, der mich damit versorgte: Spenden seiner kanadischen Patres und dienenden Brüder.

Mir fiel auf, daß im Atelier alle anderen, unter ihnen ein Kriegsversehrter mit Glasauge, Raucher waren. Auch das Aktmodell, eine vollschlanke Hausfrau, rauchte während der Pause nach jeweils halbstündigem Stehen auf Spiel-

und Standbein, obgleich ich ihr von meinem Traubenzukker abgab.

Eine der Schülerinnen, die mich als schon angejahrte Frau mit hochgestecktem Haar, der seit Kriegszeiten bespöttelten »Entwarnungsfrisur«, zu bemuttern versuchte, rauchte damenhaft mit Spitze. Ihre Freundin, die von unserem Professor begünstigt wurde – womöglich war sie seine Geliebte –, paffte nervös Selbstgedrehte, die sie in einem Tonklumpen ausdrückte, sobald Mages das Schüleratelier betrat. Alle qualmten, einer der Mitschüler sogar Pfeife.

Vermutlich habe ich mir als übereifriger Anfänger sogleich oder bald den Griff nach der Zigarette oder das eigenhändige Drehen abgeguckt, wie ich mir die weißen, knielangen Kittel abgeguckt habe, in denen alle Schüler und Schülerinnen im Halbkreis vor ihren aufgebockten Tonfiguren standen, dabei die erhöht stehende nackte Hausfrau im Blick hatten und mit Modellierhölzern und Tonschlingen ins körperliche Detail gingen. Nicht unähnlich Krankenschwestern und Assistenzärzten, warteten sie auf die Visite des Chefarztes; denn auch Mages trat, bis auf die Baskenmütze, in Weiß auf.

In meiner aus der karitativen Kleiderkiste gefischten Drillichhose und dem grellbunten Pullover aus Wollresten kam ich mir zweitrangig vor. Und weil dem Sohn das zünftige Kleidungsstück so auffällig fehlte, hat die Mutter – stolz auf ihren, wie sie sagte, »frischgebackenen Akademiker« – einen blütenweißen Kittel aus Bettlaken geschneidert, die nur am Fuß- oder Kopfende zerschlissen waren. Auf Fotos aus jener Zeit sehe ich mich dergestalt verkleidet.

Deutlicher als der verzögerte Beginn meiner Karriere als Raucher steht mir die dem Anfänger zuerst gestellte Aufgabe vor Augen: es galt, einen überlebensgroßen spätrömischen Frauenkopf aus Gips, den Professor Mages in der Antikenkammer der Akademie ausgesucht und mir, sozusagen, aufgehalst hatte, in Modellierton zu kopieren.

Das auf die hölzerne Grundplatte montierte Eisenrohrgerüst, an dem kreuzweis gebundene Holzstäbchen hingen, die Schmetterlinge genannt wurden, gab der Tonmasse Halt. Die leichte Drehung des Kopfes samt üppiger Lockenfrisur nach links, bei zugleich geneigter Profilhaltung, erschwerte die genaue Wiedergabe.

Ich half mir mit Zirkelschlägen und dem Lot, zumal der Schulteransatz eine gelinde Drehung des Körpers nach rechts andeutete. Hinzu kam das mir neue Material, feuchter und weicher Ton, der, sobald wir gegen Abend das Atelier verließen, in gewässerte Tücher gehüllt wurde.

Da mir ganz andere Figuren und Köpfe als der spätrömische vorschwebten, fluchte ich in mich hinein, lernte aber um so mehr, je länger mir der gipserne Abguß mit Ansatz zum Doppelkinn verordnet blieb. Neugierig suchte und fand ich im Detail verborgene Schönheit, etwa in der Wölbung der Augenlider und im Ansatz der frei hängenden Ohrläppchen.

Der Steinmetz- und Steinbildhauerpraktikant hatte hartes Material wegspitzen müssen; nun lernte er im ersten Semester, weiche Masse aufzutragen, grüngrauen Ton zu formen und sich ähnlich wie Gottvater aus Lehm, wenn keinen Adam, dann den Kopf einer Eva zu kneten.

Tage betriebsamer Hektik, weil irgendwo Feste gefeiert wurden – Sankt Martin? –, dann wieder Stille und Konzentration im Altbau der Akademie. Langsam gewann die Kopie Gestalt, ähnelte der gipsernen Schwester. Zwischendurch Aktzeichnen und zeichnerische Studien angesichts der vollzählig versammelten Knochen eines männlichen Skeletts, das von den Schülern Tünnes oder Schäl genannt wurde, zwei im Rheinland populäre Figuren, von deren Heldenleben unzählige Witze im Umlauf waren.

Und was die Stadt zu bieten hatte: immer wieder Ausstellungen in der Kunsthalle. Die Maler der rheinischen Sezession, die Gruppe »Junges Rheinland«, Expressionisten, die Sammlung der »Mutter Ey«, Düsseldorfer Lokalgrößen. Ich sah Arbeiten von Goller, Schrieber, Macketanz, dem Bildhauer Jupp Rübsam. In Mode war ein Maler namens Pudlich.

Eine Kabinettausstellung zeigte Aquarelle von Paul Klee, der, bis ihn die Nazis absetzten, Lehrer an der Akademie gewesen war. Es hieß, in unserem Atelier sei, bevor er nach Paris ging, Wilhelm Lehmbruck Meisterschüler eines Professor Janssen gewesen. Und weitere Legenden: August Macke habe hier, wenn auch für kurze Zeit nur, gelernt, was zu lernen war. Frühvollendete, deren Namen scheu ausgesprochen wurden.

Manchmal wagte ich Besuche in anderen Ateliers, in denen zum Beispiel ein seltsamer Heiliger namens Joseph Beuys als Genie galt, aber nur einer von Ewald Matarés Schülern war; wer hätte ahnen können, daß er späterhin den Preis für Kunsthonig, diverse Fette und Filz ins Unermeßliche steigern würde.

Oder ein Kurzbesuch in Otto Pankoks Menagerie, in deren Gehege Talente im Wildwuchs wucherten und im Familienverband Zigeuner ein und aus gingen. Dort trug niemand weiße Kittel.

In der Klasse des Bildhauers Enseling, der mich so knapp wie bestimmt beruflich beraten hatte, stieß ich auf Norbert Kricke, der naturgetreu seinem Meister nacheiferte und lebendige nackte Mädchen in nackte Mädchen aus Gips verwandelte, bis er, nur wenige Jahre später, von seinen Nackedeis genug hatte und fortan mit dekorativ gebogenen Drahtskulpturen dem Zeitgeist zu Diensten war.

Überall schienen Genies im Kommen zu sein, die nicht wahrhaben wollten, daß die »Moderne« von Arp bis Zadkine bereits museal war. Ohne Scheu gaben sich Epigonen als überragend Einzigartige aus.

Nahm etwa auch ich Anlauf zum Sprung in überirdische Höhe? Oder war mein Hunger nach Kunst bereits jetzt schon gesättigt, weil einer Futterkrippe sicher, die stets halbvoll zu sein versprach?

Wahrscheinlich hat mich die handwerkliche Ausbildung am widerständigen Stein davor bewahrt, genialisch abzuheben. Auch hielt mich Mages, der einer pfälzischen Steinmetzfamilie entstammte, kurz. Und etwas Profanes, das allerdings im deutschen Tugendkatalog zuoberst stand, Fleiß trieb mich an.

Zwar hauste ich immer noch dem Tageslicht fern im Zehnbettzimmer des Caritas-Heims auf dem Rather Broich, aber das geräumige Schüleratelier mit seinen hohen Fenstern nach Norden, dem Geruch von Tonerde, Gips und feuchten Lappen wurde mein eigentliches Zuhause. Seit der Steinmetzausbildung gewohnt, früh auf den Beinen zu sein, war ich der erste Schüler, der vorm Modellierbock stand, und oft der letzte, der seine Arbeit mit Tüchern verhüllte. Wo sonst hätte ich, und sei es für Stunden nur, mit mir allein sein können? Nein, nicht allein: alle zehn Finger waren mit formbarer Masse, mit Ton befaßt. Etwas wie Glück wurde erfahrbar.

Nur so ist zu erklären, daß ich am Sonnabend, kurz bevor die Akademie schloß, das untere Lüftungsfenster der großen Fensterfront einen Spalt weit öffnete, um am Sonntagvormittag Einlaß ins Atelier zu finden, nachdem ich von außen an der buckligen Natursteinfassade hochgeklettert war.

Das hört sich waghalsig an und könnte eine Filmszene hergeben: die leidenschaftliche Verstiegenheit des Fassadenkletterers, oder ein anderer Luis Trenker bezwingt die Eiger-Nordwand. Da aber die Werkstätten der Bildhauer sowie die Gipserei und die Bronzegießerei im Erdgeschoß Raum nahmen, war meine Wochenendkletterei leichtes Spiel; ich werde sie nicht erfunden, nur übermäßig praktiziert haben. Niemand nahm daran Anstoß. Selbst der Hausmeister wollte nichts gesehen haben.

Gegen Mitte des ersten Semesters gelang es mir sogar, eine meiner Tänzerinnen aus der »Löwenburg« zu überreden, an der sonntäglichen Kletterpartie teilzunehmen, damit sie mir im schwachbeheizten Atelier, doch immerhin von einer Heizsonne partiell angestrahlt, Modell stand, übrigens auf einer hölzernen und drehbaren Scheibe. Mir anhänglich, kletterte und stand sie, wenn auch nicht klaglos.

Im Gegensatz zu unserer während der Wochentage modellstehenden Hausfrau, deren schwellendes Fleisch der Idealvorstellung des französischen Altmeisters Maillol und der meines Lehrers entsprach, war die auf Spiel- und Standbein bibbernde Wochenendtänzerin von magerer Beschaffenheit. Deutlich zeichneten sich ihr Schlüsselbein, die Beckenknochen, die Wirbelsäule ab. Leicht x-beinig stand sie und wurde von mir in ihrer staksigen Schönheit ins rechte Licht gedreht.

Weil von nervösem Naturell, neigte sie zum Weinen, sobald das Stehen in erstarrter Pose allzu anstrengend wurde. Ich arbeitete schnell, wortlos. Anstelle von Pausen wurde ihr, sobald sie zu zappeln begann, Traubenzucker angeboten. Ihr Wuschelkopf und die Scham flammten rothaarig.

So eigensüchtig kam der Schüler meines Namens zur ersten selbständigen Skulptur. Gleich nach der Arbeit und dem Abstieg längs der Fassade – nie haben wir das Atelier als Liebensnest benutzt –, ging es mit der Straßenbahn nach Grafenberg, wo bis nach Mitternacht Ragtime angesagt war. Auch als Tänzerin ließ sich mein Wochenendmodell leicht führen, war biegsam und schnellfüßig.

Nach ihren Maßen – hieß sie Elsbeth? – sind in Ton einige Entwürfe entstanden, von denen sich ein Gipsabguß – Mädchen mit Apfel – erhalten und später als Bronzeguß überliefert hat. Und hergeleitet von diesen heimlichen Skizzen nahm unter der Aufsicht des zumeist muffigen Professors mit Baskenmütze meine erste größere Skulptur, das lächelnde Mädchen, in knapp Meterhöhe Gestalt an.

Fern aller Maillolschen Rundlichkeit stand sie mit Hohlkreuz und hängenden Armen. Mages ließ das zu. Er, dem einige während der Nazizeit entstandene Kriegerdenkmäler und zwei gigantische Muskelprotze am Berliner Olympiastadion nachgesagt wurden, fand Gefallen an meiner Halbhohen. Mehr noch: Im Winter neunundvierzig-fünfzig wurde das ein wenig töricht lächelnde Mädchen gemeinsam mit der gleichhohen, aber betont breithüftigen Skulptur meiner Mitschülerin Trude Esser nachträglich als Semesterarbeit ausgezeichnet und im Jahresbericht der Akademie abgebildet. Frontal fotografiert, stand der eingefärbte und so Bronze vortäuschende Gipsabguß schräg und frech auf Stand- und Spielbein. Eine ganze Seite hatte das lächelnde Mädchen druckfrisch für sich.

Die Veröffentlichung der Akademiebroschüre, die mir damals nicht allzu wichtig gewesen sein wird, bekommt erst im Rückblick Bedeutung, blieb sie doch bis zum Tod meiner Mutter – sie starb Ende Januar vierundfünfzig an Krebs – der einzige Beleg und Ausweis meines bis dahin nur behaupteten Künstlertums. Sie, die ängstlich besorgt die »Verrücktheiten« und vielversprechenden Reisen nach, wie sie sagte, »Wolkenkuckucksheim« ertragen und blindlings an ihren Sohn geglaubt hatte, besaß nun etwas, das sie Verwandten und Nachbarn mit kleinem Stolz zeigen konnte: »Na, seht mal, was mein Junge gemacht hat...«

Nur zu ahnen ist, wie die vereinzelte Abbildung meiner Mutter zur Ikone wurde. Ach, hätte ich ihr doch mehr bieten können: Gefälliges zum Vorzeigen. Doch meine Pinsel- und Rohrfederzeichnungen waren ihr schrecklich, zu gruselig düster. Auf ihren Wunsch habe ich später bei meinem Freund Franz Witte Ölfarben ausgeliehen und naturgetreu auf grundierten Preßspan die ihr liebsten Blumen, einen Strauß Astern, gemalt – mein einziges Ölbild.

Seit mehr als zwei Jahren bewohnten die Eltern nahe dem Braunkohlebergwerk Fortuna Nord ihre werkeigene, zwar kleine, aber gut beheizbare Zweizimmerwohnung mit Wohnküche in Oberaußem, einem Dorf, in dem viele Bergleute seßhaft geworden waren. Die Miete war niedrig. Nach und nach fand Möbel zu Möbel.

Kam ich auf Besuch, was zumeist unangemeldet und spontan geschah, lag der Bericht der Akademie auf dem

Abstelltischchen neben der Couch. Die Mutter hatte ihn an der richtigen Stelle aufgeschlagen, als hätte sie mein Kommen geahnt. Stets erhoffte sie etwas von ihrem Söhnchen, das nun bestätigt war und ihr neuerlich Hoffnung machte.

Und vermutlich hat der vorzeigbare Leistungsbeweis samt ausgedrucktem Namen des Urhebers den Dauerstreit zwischen Vater und Sohn leiser gestimmt und unseren Umgangston gemäßigt. Meine Schwester, die bereits im Vorjahr ihre kaufmännische Lehre im Düsseldorfer Marienhospital begonnen hatte, konnte, wenn wir die Eltern gemeinsam besuchten, den durch die Abbildung geförderten Familienfrieden genießen: der hielt sogar an, wenn der Vater oder der Sohn beim Skat am Küchentisch einen Grandhand verlor; dieses Kartenspiel hatte ich als Junge meiner Mutter abgeguckt, die leidenschaftlich auf den Skat reizte und dennoch selten verlor.

Sie hütete die Akademiebroschüre. Wahrscheinlich ist mir deshalb das knapp meterhohe und immerfort lächelnde Mädchen bis ins gegenwärtige Alter bedeutsam geblieben, wenngleich mir der Gips damals mitsamt den anderen, nur mittelhohen Figuren dergestalt gleichgültig gewesen ist, daß ich sie alle beim nächsten Ortswechsel, Ende zweiundfünfzig, im Atelier stehenließ, worauf ein Mitschüler die verwaiste Meterhohe mit sich nahm.

Erst ein Jahrzehnt später, als ich schon Ruf, Namen und Geld genug hatte, gab er Nachricht, so daß ein Bronzeguß für ihr Fortleben sorgen konnte. Gleiches geschah mit der Skizze »Mädchen mit Apfel«, dem Produkt meiner Fassadenkletterei. Edith Schaar, die kurze Zeit lang in unserer Klasse Modell stand und später in Norddeutschland und Spanien als vielseitige Künstlerin kreativ wurde, rettete nach meinem plötzlichen Abgang den Gipsabguß, auf daß er an eine Zeit erinnert, die mir, abgesehen von faßbaren Gegenständen, nur schemenhaft, wie auf unterbelichteten Bildern deutlich wird.

Zu wenig ist dingfest zu machen. In Zwischenräumen wabern allenfalls Stimmungen. Was dumpf bedrückend oder spielerisch leicht gewesen sein könnte, bleibt unbestimmt. Kein Ereignis gibt mich als handelnde oder leidende Person zu erkennen. Auch erinnere ich mich nicht, an was ich mich damals bis ins schmerzhaft Einzelne erinnert habe. Die Zwiebel verweigert sich. Nur zu vermuten bleibt, was außerhalb des Schülerateliers und der karitativen Behausung geschah. Und auch mich selbst sehe ich nur als eine von vielen Skizzen, entfernt ähnlich dem Original.

Der Kunststudent im zweiten, dann dritten Semester wird wohl außer kunstversessen und sprunghaft süchtig nach immer neuen, einander rasch löschenden Einflüssen weiterhin liebeshungrig und tanzwütig geblieben sein, aber unbestimmt ist, ob ich in jenen Jahren der politischen Spaltung des Landes, des beginnenden Kalten Krieges und des fernen Kriegs in Korea für diese oder jene Seite Partei ergriffen habe, und wenn doch, mit welchen Argumenten. Es war die Zeit der folgenlosen »Ami go home«-Parolen.

Nur als Gefühl hat sich mir aufkommender Ekel angesichts jener Typen überliefert, denen das in Düsseldorf zuallererst fußfassende Wirtschaftswunder neureich zu Gesicht stand. Und permanente Antihaltung ist mir gewiß. Aber gab der inzwischen Wahlberechtigte aus Anlaß der ersten Bundestagswahl seine Stimme ab? Wohl kaum. Ganz und gar auf die eigene Existenz und entsprechend existentielle Fragen fixiert, kümmerte mich die Tagespolitik wenig. Allenfalls hätte man, als die Wiederbewaffnung Thema, schließlich Tatsache wurde, den jugendlichen Kriegsteilnehmer, das gebrannte Kind zur zwar in Masse protestierenden, aber politisch passiven »Ohnemichbewegung« zählen können.

Der Kanzler Adenauer wirkte wie eine Maske, hinter der sich all das verbarg, was mir verhaßt war: die sich christlich gebende Heuchelei, die Kehrreime lügenhafter Unschuldsbeteuerungen und der zur Schau getragene Biedersinn einer verkappten Verbrecherbande. Inmitten Fälschungen schien nur das mir knappe Geld real zu sein. Machenschaften hinter Fassaden und katholische Kungelei gaben sich als Politik aus. Von der in Düsseldorf seßhaften Firma Henkel wurde ein Waschmittel namens Persil produziert, von dem sich das Wort »Persilschein« ableitete. Und mit dessen Hilfe kamen nicht wenige, denen der braune Dreck anhing, zu weißen Westen. Fortan gefielen sie sich als Saubermänner in Amt und Würden.

Und die Sozis? Der Sozialdemokrat Kurt Schumacher, den ich als Koppeljunge vor Hannovers Trümmerkulisse gesehen, gehört hatte und den ich heute zu den vergessenen Großen zähle, verschreckte mich zu Beginn der fünfziger Jahre mit nationalem Pathos. Alles, was nach Nation roch, stank mir. Demokratischer Kleinkram wurde hochfahrend abgelehnt. Gleich welches politische Angebot gemacht wurde, ich war dagegen. Was mir auf der Neunhundertfünfzigmetersohle eines Kalibergwerks als sozialdemokratische Einsichten getrichtert worden war, schien ins Bodenlose gefallen zu sein. Nur sich sah und spürte der Egomane, dem ich ungern begegnet wäre, und wenn doch, hätten wir Streit gehabt.

Während nächtlicher Gespräche, bei denen viel Tee getrunken und geraucht wurde, sind zugleich all jene Phrasen inhaliert worden, die der Existentialismus im Angebot hatte. Schon wieder ging es ums Ganze, doch, wie wir glaubten, auf höherem Niveau. Und wenn wir aneinandergerieten, entzündeten sich die Widersprüche nicht an den Verbrechen des zurückliegenden Krieges und noch weniger am Parteiengezänk der Gegenwart, vielmehr planschten wir im begrifflichen Ungefähr.

Vielleicht wäre dem nächtlichen Wörterverschleiß ein vager Antifaschismus und gegenstandsloser Philosemitismus abzuhören gewesen. Im Nachholverfahren hatte versäumter Widerstand nun auftrumpfenden Mut und jenes Heldentum zur Folge, das sich nicht beweisen mußte. Und auch ich werde wohl einer jener tapferen Maulfechter gewesen sein, deren Phrasen das Gedächtnis, dieser Müllschlucker, dankenswerterweise nicht gespeichert hat.

Erst unter dem Einfluß meines neuen Lehrers Otto Pankok änderte sich das ein wenig; noch aber war Sepp Mages mein respektierter, sonst aber kaum auffallender oder gar prägender Meister. Nie sprach er von Kunst. Sein fester und wie unverrückbarer Begriff von Form lobte das Schlichte. Und Anfang der sechziger Jahre hat er unter dem Titel »Granitmale« ein Buch veröffentlicht, in dem lehrhaft das Schlichte steingehauenen Ausdruck fand. Unter seiner Aufsicht blieb ich fleißig und lernte Handwerk.

Aber was machte außerhalb des Ateliers meinen Alltag aus? Ich las, was zu leihen war und was mir Pater Stanislaus zusteckte. Rowohlts Rotationsromane waren billig auf den Markt gekommen, Faulkners »Licht im August«, Greenes »Das Herz aller Dinge«. Unablässig gingen mir

Gedichte von der Hand, die mal von Trakl, mal von Ringelnatz oder von beiden zugleich beeinflußt waren. Das Nötigste aß ich im Caritas-Heim. Und grad genug Geld war gelegentlich als Schaufensterdekorateur und aushilfsweise als Steinmetz auf dem Bau zu verdienen. Auch zeichnete ich auf Schützenfesten am Rheinufer die Porträts feister Biertrinker und schunkelfreudiger Gattinnen: zwei Mark das Stück. Das reichte, um die Monatsfahrkarte für die Straßenbahn, das Kinobillet, die Theaterkarte, den Wochenendschwof und – endlich nun doch – meinen Tabak zu bezahlen.

Oder wurde ich erst zum Raucher, als die Knappschaftskasse meines Vaters, der immer noch bei der niederrheinischen Braunkohle Arbeit fand, mir fünfzig DM monatlich als Stipendium zugestand?

Jedenfalls begann ich regelmäßig zu rauchen, sobald der junge Mann meines Namens meinte, rauchen zu müssen. Mein bevorzugter Tabak, der Schwarzer Krauser hieß, war als Feinschnitt fürs eigenhändige Zigarettendrehen geeignet. Fabrikfertige, etwa Rothhändle oder Reval, selbst in Fünferpackungen, hätte ich mir nicht leisten können.

Ich rauchte wie von frühan gelernt. Doch keine Krise machte mich nikotinabhängig. Weder Liebeskummer noch grundsätzliche Zweifel trieben mich an. Wahrscheinlich ließen die erhitzten Gesprächsrunden und deren auf der Oberfläche plätschernder Tiefsinn den Wunsch aufkommen, zumindest der Gemeinschaft der Raucher anzugehören und wie einer von ihnen nach Tabak und Zigarettenpapier zu greifen; das machte mich süchtig oder, gnädiger gesagt, zum Gewohnheitsraucher.

Schwarzer Krauser gab es in spitzen Tüten, außen blau, innen silbrig, die der Linkshänder stets griffbereit in der entsprechenden Hosentasche hielt. Das Drehen von Hand hatte ich übertage altgedienten Landsern und untertage Bergleuten abgeguckt, so daß der Koppeljunge seinem Lokführer ein halbes Dutzend Selbstgedrehte auf Vorrat liefern konnte.

Mitte der siebziger Jahre, als ich aus Angst vor einem Raucherbein zum Pfeifenraucher wurde, kam unter dem Titel »Selbstgedrehte« mein Nachruf auf jahrelange Praxis zu Papier: »Beim Rollen gilt es, dem Tabak alle Fusseln, die sich nicht fügen wollen, radikal abzugewöhnen. Nun erst, nachdem er festgefügt in das bauchwärts weisende Drittel des Blättchens bis zum Anschlag gerollt ist, näßt die Zunge nicht etwa hastig, sondern verzögert und mit Gefühl die Gummierung des äußeren Blattrandes gegen den Widerstand der stützenden Zeigefinger…«

Ich lobte in meinem Nachruf »in Holland käufliches Zigarettenpapier, das nicht gummiert dennoch klebt«, und nannte zum Schluß einen Vorteil besonderer Art: »…die Kippen der Selbstgedrehten sind alle anders, doch immer sensibel gekrümmt; mein Aschenbecher gibt täglich Auskunft, ob meine Krise Fortschritte macht.«

Von heute aus gesehen, und sobald ich den Verlauf meiner bisherigen Jahre in drei Abschnitte teile – in den des Nichtrauchers, den des Rauchers von selbstgedrehten Zigaretten und den des Pfeifenrauchers –, befand sich der Nichtraucher während Kriegs- und ersten Friedensjahren im Vorteil. Durch Handel mit seiner Zigarettenration und mit der ihm später zustehenden Raucherkarte war er begünstigt – zeitweilig gab es auf dem Schwarzen Markt für eine »Aktive«, wie fabrikfertige Zigaretten genannt wurden, ein Ei –, der Raucher jedoch konnte nur kurzweiligen Genuß Zug nach Zug als Gewinn buchen, ein Laster, von dem ich nicht lassen wollte.

Erst als der Fünfzigjährige, dem das Zigarettendrehen zur Manie und ersatzweise zur heiligen Handlung geworden war, nach ärztlicher Ermahnung die Praxis des täglichen Drehens und Inhalierens von Selbstgedrehten aufgab, ging er mit Hilfe eingerauchter Exemplare, die ihm ein vermeintlicher Freund schenkte, zur Pfeife über, die bis heutzutage nur dann zur Seite gelegt und erkaltet vergessen wird, wenn ich mit Tonerde Figuren – Mensch oder Tier – forme und alle zehn Finger zufrieden sind.

Im nachhinein ließe sich spekulieren: Wäre ich ganz und gar bei der Bildhauerei geblieben und hätte mich nicht auf das ein- oder zweihändige Schreiben und Tippen episch auswuchernder Manuskripte eingelassen, die den nervösen Griff nach Tabakprodukten stimulieren – eine Zeitlang rauchte ich zusätzlich Zigarren und Zigarillos –, müßte ich mich jetzt nicht gegenüber Volkserziehern behaupten, die ihren Fanatismus zwar zivilisiert und auf das Verbot von Nikotingenuß beschränkt haben, sogar eng begrenzte Zonen für unverbesserliche Raucher zulassen, doch wer weiß, was ihnen demnächst oder schon morgen als fürsorgliche Strafe einfällt?

Auch würde ich als tugendhafter Nichtraucher, der rechtzeitig auf das obsessive Schreiben verzichtet hätte, weniger husten, müßte keinen graugesprenkelten Schleim ausspucken und wäre bei schmerzfreiem linken Bein besser zu Fuß... Lassen wir das!

Noch als Nichtraucher – oder kurz nachdem ich dem unablässigen Vergnügen verfallen war – lernte ich unter der mürrischen Aufsicht des Professors Sepp Mages, der einmal täglich seine Korrekturrunde machte und dabei wortkarge Anweisungen von sich gab, die feuchttonige

Oberfläche der Skulpturen möglichst lange rauh zu halten, weil vorzeitige Glätte, sagte er, das Auge täusche. »Das sieht nur fertig aus«, hieß sein beständiger Einwand.

Diese Methode habe ich später auf die Manuskriptarbeit übertragen, indem ich den Text immer wieder aufrauhte und von Fassung zu Fassung in Fluß hielt. Auch schreibe ich immer noch an Stehpulten, weil mir das Stehen vorm Modellierbock zur Gewohnheit geworden ist. Mages duldete kein Sitzen.

Bis Ende fünfzig blieb ich sein Schüler. Etliche magere Mädchen wurden fertig oder sahen wie fertig aus. Während dieser Lehrzeit, in der ich mich standhaft weigerte, getreu den in der Regel pummeligen bis fettleibigen Modellen die Nachahmung rundlicher Maillolfiguren zu verlängern, pfiff einer der Mitschüler – es war der Kriegsveteran mit Glasauge – Tag für Tag Themen und Motive aus allen neun Beethoven-Symphonien, zudem aus Klavierkonzerten.

Seine Technik des Pfeifens war von erstaunlicher Perfektion. Suiten und Sonaten, was sonst noch die Klassik von Bach bis Brahms zu bieten hatte, pfiff er so kunstvoll und eindringlich, daß ich fortan die dritte von der fünften Symphonie, Schubert von Schumann unterscheiden konnte. Er pfiff mit gebremster Leidenschaft, also weder überlaut noch nur für sich. Auf Verlangen seiner Mitschüler wiederholte er besonders eingängige Melodien, dieses oder jenes Adagio, die Kreutzer-Sonate, die Kleine Nachtmusik. Er konnte, wenn ich mich recht, das heißt ohne notorische Übertreibung erinnere, sogar ganze Partien aus Bachs Kunst der Fuge pfeifen.

Während der Kriegsveteran den anderen Schülern bekannte und, was mich betraf, bis dahin niegehörte Motive pfiff, glättete er die Oberfläche einer lebensgroß schreitenden Tonfigur weiblichen Geschlechts, der etwas mumienhaft Altägyptisches anhaftete, mit einem flachen Modellierholz so lange, bis ihn ein gepfiffenes Allegro dazu überredete, die Oberfläche der Mumie mit gezacktem Werkzeug aufzurauhen. Dann wieder verhalf ihm ein langsamer Satz zu neuerlicher Glätte. Auf und ab glitt sein Holz. Nur wenn Mages seine Korrekturrunde zelebrierte, unterbrach der Virtuose das Konzertprogramm.

So kam ich beiläufig zu musikalischer Bildung und hätte, hungrig nach Kunst wie ich war, sicher noch mehr von dem Pfeifer profitiert, wenn es nicht zum grundsätzlichen Disput mit meinem Lehrer gekommen wäre.

Nicht, daß ich Streit gesucht hätte. Auch er schien mit mir und meiner alltäglich fleißigen Präsenz zufrieden zu sein. Als ein Gipsmodell von seiner Hand – große Kniende als Basrelief – in Muschelkalk übertragen werden sollte, bat er mich sogar, gegen ordentlichen Stundenlohn am Mannesmannufer auszuhelfen, wo seine Bauklamotte das Portal des Regierungsgebäudes zu schmücken hatte. Der Abgabetermin drängte. Und ich stieg auch ins Gerüst und meißelte neben zwei Gesellen der Firma Küster am Grenzheimer Muschelkalk, einem Gestein von tückisch unterschiedlicher Härte.

Als es mir aber gefiel, nach etlichen stehenden Mädchen in Modellierton eine liegende weibliche Figur anzulegen, deren Oberschenkel weit auseinanderklafften, nahm Mages Anstoß an der unverborgenen Vagina und der, wie er befand, vulgären Stellung, die keine »schlicht geschlossene« Form zulasse. Er legte mir nahe, die Schenkel zu schließen.

Als sich der Schüler weigerte, den Anstandsregeln und dem Formdiktat des Professors zu folgen, nötigte er dem

Lehrer einen Entschluß ab: »Sowas gibt es unter meiner Aufsicht nicht.« Er fügte hinzu: »Nie und nimmer!«

Oder ist er sogar handgreiflich geworden und hat, was aus seiner Sicht zu offen klaffte, zusammengedrückt? Ton ist weich, gibt nach.

Die Erinnerung setzt Varianten frei, die mal für ihn, mal für mich vorteilhaft zu bewerten sind. So will ich gleich nach seinem korrigierenden Eingriff den offenen Zustand der Liegenden wiederhergestellt haben, weil Ton ja nachgibt.

Jedenfalls verlief die Auseinandersetzung zwischen Lehrer und Schüler halblaut, aber jeweils streng nach Prinzip. Weil nicht aus Ton, gab keiner nach. Der Vermittlungsversuch des glasäugigen Kriegsveteranen und begnadeten Pfeifers, der sich als Sprecher unserer Klasse verstand, blieb ohne Ergebnis.

Also wechselte ich den Lehrer. Mages vermittelte sogar die Aufnahme in Otto Pankoks Atelier. Zu Mataré, bei dem es um den nunmehr dominierenden Schüler Joseph Beuys asketisch christlich bis anthroposophisch zuging, zog es mich nicht mehr. Vielmehr schien es an der Zeit zu sein, frei von vorbildlichen Lehrzwängen den eigenen Weg oder Umweg zu suchen.

Pankok war zwar kein Bildhauer, arbeitete fast nur in Schwarzweiß mit Kohle oder an Holzschnitten, galt sogar als farbenblind, zog aber Schüler an, die sich expressiv ausdrücken wollten und die, wie neuerdings ich, auf Eigensinn setzten. Mit meinen Mitschülern blieb ich weiterhin befreundet, mit Beate Finster, dem unentwegt blühenden Mauerblümchen, besonders aber mit Trude Esser und ihrem schönen Manfred, einem nordfriesisch wikingerhaften Lockenkopf, der später – was eine Geschichte für sich wäre – nach Paris entführt wurde.

Mein neuer Lehrer mochte Mitte fünfzig sein, sah aber mit früh ergrautem Vollbart älter und in seiner geballten Würde ein wenig wie Gottvater aus, wenngleich ihm keine biblische Strenge nachzusagen war, eher ein laxer, duldsamer Umgang mit seinen Schülern, die ihn weniger als Lehrer, mehr als prägende Gestalt erlebten. Nicht nur weil hochgewachsen, sah er über vieles hinweg.

So unbeugsam und deshalb begleitet von Spöttern werden wohl Urchristen aufgetreten, genauer, in Erscheinung getreten sein. Etwas sanft Revolutionäres ging von ihm aus. Deshalb ist mir sein pazifistisches Credo, das in dem gegen die Wiederbewaffnung der Deutschen gerichteten Holzschnitt »Christus zerbricht das Gewehr« Ausdruck und als Plakat weitverbreitete Verwendung fand, über lange Zeit vorbildlich gewesen, das heißt, bis hin zu den Protesten gegen sowjetische und amerikanische Mittelstreckenraketen in den achtziger Jahren, nein weiterhin noch: denn als ich gegen Ende des letzten Jahrhunderts aus überschüssigem Preisgeld eine Stiftung zugunsten des Volkes der Roma und Sinti finanzierte, lag es nahe, den alle zwei Jahre zu vergebenden Preis der Stiftung nach Otto Pankok zu benennen.

Über ihn wurde während der Nazizeit Mal- und Ausstellungsverbot verhängt. Er, der zeitweilig mit Zigeunern gelebt hatte und mit ihnen auf Reise gegangen war, hat das Leben dieser von alters her verfolgten, schließlich dezimierten Minderheit in unzähligen Holzschnitten und Kohlezeichnungen zu Bildern verdichtet. Weil er seine Zigeuner kannte, konnte er deren Nöte und Ängste in die Bildfolge der Passion Christi übertragen: großformatige Blätter voll unendlich vieler Grauwerte zwischen schwarz und weiß.

Zigeuner, jung und alt, waren sein Personal. Und so gingen nicht nur in Otto Pankoks Atelier, sondern auch in den Werkstätten seiner Schüler die Überlebenden von Auschwitz-Birkenau als geminderte Sippe ein und aus. Sie gehörten zur unübersichtlichen Pankokfamilie. Sie waren mehr als nur Modell. Mit uns lebten sie in einer Zeit, in der zusehends die alten, wie wir gehofft hatten, zertrümmerten Ordnungsprinzipien wieder erneuert und aufpoliert zur Geltung kamen; wir aber verhielten uns wie der Restauration mißratene Kinder.

Vorhang und Szenenwechsel in einem Theater, in dem die handelnden Personen je nach Erinnerung mal so, mal so kostümiert auftreten und sich ungeniert, als seien sie frei erfunden, aus der Requisitenkammer bedienen. Denn weil im Umfeld und Schutzbereich des gütigen Mannes mit expressiv gelocktem Bart alles Mögliche und Unmögliche denkbar und in Bildern vorstellbar wurde, fand später, als mir die Tinte nicht ausgehen wollte, eine ausgedachte Figur ihren Platz in Pankoks Menagerie. Kapitel nach Kapitel lebte sie ihren zeitfressenden Roman. In jedem stand sie im Mittelpunkt des Geschehens. Passiv oder tätig war sie dieses und jenes. Zudem ließ sich Oskar Matzerath in dem von mir als Reservat erinnerten Atelierbetrieb als Modell bezahlen.

Von Malern und Bildhauern begehrt, eignete er sich für expressive und sinnbildliche Darstellung. Mehr noch: weil kleinwüchsig und mit Buckel ausgestattet, verkörperte er den Wahn der vergangenen wie der beginnenden Epoche. Und weil er dies und das war, konnte er zugleich das Gegenteil all dessen sein. Wer ihm begegnete, stand vor Hohlspiegeln. Sobald er auftrat, nahmen alle, die ihm zu nah kamen, andere Gestalt an.

So wandelte sich Otto Pankok, der ihn als Modell sehen und verwandeln wollte, zur Karikatur seiner selbst und wurde zum kohlenstaubschnaubenden Professor Kuchen. Sobald Oskar die sibirische Reißkohle des Zeichners auf dem Papier knirschen hörte, entwarf er ein Gegenbild, auf dem mit Wörtern alles angeschwärzt wurde, was ihm in den Blick kam.

Ähnlich ging er mit den Schülern des Professors um, auf deren Staffeleien sich das Modell stilbildend auswirkte. Nur um die Zigeuner machte er einen Bogen, als hätte er befürchten müssen, sie könnten ihn und sein trickreiches Spiel mit Wörtern und Bildern durchschauen und – was er besonders fürchtete – ihn entzaubern.

Und auch ich, Pankoks saugfähigster Eleve, blieb nicht nur in jenen Kapiteln ausgespart, in denen Professor Kuchen Kohlenstaub schnaubt, sondern ging überhaupt in dem endlosen Wortgetümmel verloren, das schließlich, zurechtgestutzt zum Roman, auf den Buchmarkt kam.

Bloßes Schreibwerkzeug war ich, das dem Gefälle der Handlung folgte und nichts vergessen durfte, weder die in Beton gegossenen Tatsachen noch all das Vorgetäuschte, das bei Gegenlicht in Erscheinung trat: Oskars Auftritte.

Er bestimmte, wer sterben mußte, wem es erlaubt war, wundersam zu überleben. Es ist Oskar gewesen, der mich zwang, noch einmal die Dunstkreise meiner frühen Jahre heimzusuchen. Er gab mir den Freibrief, alles, was sich als Wahrheit ausgab, zwischen Fragezeichen zu sperren. Er, der personifizierte schiefe Vergleich, hat mich gelehrt, alles Schiefe als schön anzusehen. Er, nicht ich, hat Pankok zum Kuchen verformt und den sanftmütigen Pazifisten in einen Vulkan verwandelt, dessen Ausbrüche mit expressiver Gewalt jegliches Papier verdunkelten. Seine Gegenwart löste

Orgien in schwarz aus. Er sah schwarz, schwärzte an, sein Buckel warf nachtschwarze Schatten.

Nur am Rande vermerkt sei, daß Oskar Matzerath auch bei Mages Modell gestanden und ihn sogleich zum Professor Maruhn umgetauft hat. Etliche meiner Mitschüler, denen er bei Maruhn und Kuchen seinen Buckel zur Ansicht geboten hatte, wurden späterhin als Vorlage für seine alles benennende Schreibwut benutzt, etwa mein Freund Franz Witte, mit dem ich unter Pankoks gelinder Aufsicht ein Atelier teilte; ihm fiel im Roman als »von Vittlar« eine geisterhafte Rolle zu. Und Freund Geldmacher, von dem noch erzählt werden wird, wandelte sich als Klepp zum bettlägerigen Spaghettikoch, der als Kommunist zugleich die Königin von England verehrte und in seinem Flötenspiel die Internationale mit »God save the Queen« verquirlte.

Zwar wird man als Autor nach und nach seinem erfundenen Personal hörig, muß aber dennoch dessen Taten und Untaten verantworten. Und wenn mich Oskar einerseits trickreich zu enteignen verstand, hat er mir andererseits gönnerhaft die Autorenrechte an all dem überlassen, was in seinem Namen geschah. Wer schreibt, gibt sich auf. Nur die Finanzbehörden wollen nicht anerkennen, daß des Autors Existenz bloße Behauptung, also Fiktion und nicht steuerpflichtig ist.

So muß zugegeben werden, daß es mir nunmehr schwerfällt, meine damalige Zeitweil auf nachweisbare Tatsachen abzutasten. Denn wie schon in anderen Episoden redet immer wieder jemand aufdringlich dazwischen, sobald ich zur Sache kommen will. Als öffentlich bestätigter Romanheld pocht er auf nachweisliche Erstgeburt und fordert mir, wann immer ein Tauschgeschäft möglich wird, das sprichwörtliche Linsengericht ab.

Oskar besteht auf Vortritt, weiß alles besser und verlacht meine löchrige Erinnerung; bei ihm gefällt sich, wie man lesen kann, die Zwiebel in anderer Funktion und Bedeutung.

Um mich zu entlasten und von selbstverschuldeter Unmündigkeit zu befreien, komme ich deshalb ohne weiteren Umschweif auf meine ersten großen Reisen. Lange Semesterferien vom Juli bis in den September hinein machten sie möglich.

Ab einundfünfzig konnte jeder Bundesbürger einen Reisepaß beantragen. Visa-Gesuche wurden nach nicht allzulanger Wartezeit genehmigt. Das allernotwendigste Reisegeld hatte ich mir als Steinmetz auf dem Bau und vorsorglich im letzten Winter als Mitarbeiter bei der figürlichen Ausstattung von Karnevalswagen verdient: gespachtelt mit Gips auf Maschendraht und Sackleinen, schunkelten auf unserem Wagen Adenauer und Ulbricht gesamtdeutsch Arm in Arm. Der damals beliebte Karnevalsschlager »Wer soll das bezahlen… wer hat so viel Geld?« liegt mir noch immer im Ohr.

Doch hauptsächlich verdiente ich meinen pekuniären Rückhalt beim Setzen von Muschelkalk- und Travertinfassaden. Fensterbrüstungen aus Naturstein mußten erneuert werden. Der Stundenlohn lag bei einer Mark siebzig.

Ab Mitte Juli war ich reisefertig. Den Eltern wurden, wenn nicht Briefe, dann viele Postkarten versprochen. Der Rucksack wog leicht: das Hemd, die Socken zum Wechseln, der Aquarellkasten, das Kästchen voller Pinsel und Stifte, der Skizzenblock, wenige Bücher. Ein Schlafsack war billig in einem Laden zu kaufen, in dem ausrangierte Bestände der US-Army verhökert wurden. Auch

Schuhe aus Zeiten militärischer Vormärsche gab es dort, die nun als Wanderschuhe tauglich zu sein hatten.

Dem deutschen Urtrieb folgend, zog es mich, wie einst die Teutonen, Stauferkaiser und kunstfrommen Deutschrömer, nach Italien. Das weitgesteckte Reiseziel hieß Palermo; dort war ich als Junge schon traumwandlerisch heimisch gewesen, als Knappe oder Falkner des zweiten Friedrich, und gehörte schließlich, als es mit den Staufern zu Ende ging, zu Konradins Gefolge.

Zum weiteren Antrieb für die Überwindung der Alpen taugte eine Verletzung, deren Wundschmerz sich weder durch eilfertig ausgeschiedene Gedichte noch mit gesteigertem Tabakkonsum betäuben ließ: meine erste große Liebe – wenn ich vom Liebeswahn des Schülers absehe – bestand darauf, gescheitert zu sein.

Sie, Annerose, ging wie ich lernend der Bildhauerei nach. Grau- oder blauäugig, mir galt sie als schön, und damals wußte ich auch, warum. In schwingenden Röcken ging sie und kam aus Stuttgart, wo sie Schülerin des Bildhauers Baum gewesen war. Es geschah im März oder Anfang April, jedenfalls in einer Jahreszeit, die den Frühling mehr vortäuschte als ankündigte, aber zu Veränderungen einlud.

Kurz vor der Zeit unserer beginnenden Liebe hatte ich endlich das Caritas-Heim auf dem Rather Broich verlassen, ohne groß Abschied zu nehmen. In der Jülicher Straße fand sich ein leerstehendes Badezimmer mit Wanne ohne Wasseranschluß, doch möbliert mit Kommode und Feldbett.

Da mir meine Schwester, deren Lehrzeit im Verwaltungsgebäude des Marienhospitals ihren Verlauf nahm, dort einen Freitisch ausgehandelt hatte, wurde ich nunmehr von franziskanisch tätigen Nonnen karitativ versorgt und fand zudem Gelegenheit, die Freizeit der einen oder anderen Krankenschwester auf Tanzböden zu teilen und mit ihnen auf Kurzbesuch das Feldbett des Untermieters in der Jülicher Straße zu belasten. Zudem lag in dem bewohnten Badezimmer ein Teppich aus Kokosfasern, den ich aber in Länge und Breite nicht beschreiben will, denn schon wieder redet mir Oskar dazwischen und will sich einmieten, will Teilhaber sein.

Der Umgang mit Krankenschwestern in der Jülicher Straße war nur von kurzer Dauer. Er endete abrupt, als Annerose in mein Blickfeld trat, aus dem nun jeder weitere weibliche Andrang vertrieben wurde. Nur noch sie sah ich, wollte ich sehen. Und wie üblich bei dieser Spielart von Blickverengung, verjüngte sich alles auf Besitznahme. Auf Anhieb und übereilt war ich darauf aus, uns ein geräumiges Nest zu bereiten. Das Badezimmer ohne Wasseranschluß war zu eng und außerdem vorbelastet.

Also begann ich mit dem Maler und Musiker Horst Geldmacher und mit Hilfe des Maurerpoliers Werner Kappner, den ich aus der Nachbarschaft meiner Langfuhrer Kinderjahre kannte, in Düsseldorf-Stockum das Obergeschoß eines Stallgebäudes zum Atelier mit Nebenraum auszubauen: so sollten unserer unbehausten Liebe dauerhaft Zuflucht eingeräumt und mir, nach so vielen Jahren in Baracken und Zimmern, vollgestellt mit Doppelstockbetten, zum ersten Mal vier eigene Wände gesichert werden.

Jedenfalls stachelten Liebe und Eigennutz gleichermaßen meinen Hang zur Baulust, die in späteren Jahren immer wieder Gelegenheit suchte, zuerst das Ruinenatelier in Berlin-Schmargendorf, dann das Großatelier in der Friedenauer Niedstraße, zudem eine Werkstatt im Marschdorf Wewelsfleth, hier das Kleinatelier auf der dänischen Ostseeinsel Møn, dort den portugiesischen Altbau und schließlich den Behlendorfer Stall zweckdienlich um- und auszubauen, auf daß mir und nur mir Raum für weitere Kopfgeburten gesichert war.

Ein Gutteil des Materials, Zement, Gipsplatten, Hohlbausteine, der Metallrahmen für das Oberlichtfenster und die Tür, zu der eine eiserne Außentreppe führen sollte, stammte von unbewachten Baustellen oder hatte der vom Polizistensohn zum Maurerpolier avancierte Nachbar aus Kinderjahren billig organisiert.

Die Treppe kauften wir günstig bei einem Abbruchunternehmer. Geldmacher beschaffte den Kanonenofen und etliche Meter Ofenrohr, das, durch die Außenwand geführt, für Abzug zu sorgen hatte. Ich bezog über meinen Vater, dem aufgrund seiner Arbeit in der Braunkohle immer noch reichliches Deputat zustand, eine Lieferung Briketts, die bereits im Frühjahr als Vorrat für den Winter gestapelt wurden.

Das Stallgebäude, das gegen geringe Nutzungsgebühr zu haben war, stand auf dem Hinterhof eines Mietshauses, dessen unterste Etagentoilette wir benutzen durften. Im Hof kümmerte ein Bäumchen, weißnichtmehr welcher Art.

Mit seinen Flöten, dem Dudelsack und dem Hebammenkoffer voller Malutensilien hauste Geldmacher im Vorderraum. Annerose und ich hatten im Atelier mit Oberlicht ein Dach und bei klarem Himmel abzählbare Sterne überm Kopf. Auf vier Ziegelsteine gelegt, breitete sich die zweischläfrige Matratze im Keilrahmen. Bei Tag und nachts begleiteten uns, wenn wir vielgliedrig ein Fleisch waren, von nebenan Geldmachers Blockflöten mit Blues, die Kinderlieder variierten.

Bis zum Beginn des Sommers dauerte unser befristetes Glück. Annerose und ich, wir hätten es auch während der kalten Jahreszeit schön warm haben können, und auch die Lust zur Paarung wäre kaum zu sättigen gewesen, wenn meine erste Liebe nicht ihr plötzliches Ende gefunden hätte.

Die Mutter meiner Geliebten, eine aus der Ferne von Anbeginn bedrohliche Frau, hatte ihrer schließlich folgsamen Tochter in einer Flut von Briefen und Telegrammen befohlen, ohne Wenn und Aber nach Stuttgart zurückzukehren, sofort!

Ausschnitte sollten belegen, was sie Schreckliches in der örtlichen Tageszeitung gelesen hatte. Es ging einen Artikel lang um den Mord an einem jungen Mädchen, verübt von einem Steinmetzen, und zwar wuchtig mit dessen Werkzeug, Hammer und Spitzeisen, die als fotografische Indizien abgebildet waren. Worauf ich ohne Umstand und in der Handschrift einer rasenden Mutter mit dem mordenden Steinmetz gleichgesetzt wurde. Hinzu kam, daß in dem beigelegten Zeitungsausschnitt zu lesen stand, der Mörder stamme aus dem Osten und sei Linkshänder.

Zwar zögerte Annerose eine lange Nacht und einen halben Tag lang, aber die Mutter siegte. Herzzerreißend der Abschied. Entsetzlich leer kam mir das annähernd fertige Atelier mit Oberlicht vor. Das nun zu breite Bett. Der vermißte schwäbische Tonfall. Ihre kurzen, kräftigen Finger. Jeder Zärtlichkeit abrupt entwöhnt, blieb ein armer, jaulender Hund zurück, dessen Gewinsel ich nun zu buchstabieren versuche; doch ganz und gar vergeblich bleibt mein Versuch, die Gedanken des Verlassenen zu entschlüsseln.

Bis dahin hatte er Mädchen und Frauen nach rasch aufkommendem Überdruß ohne Abschied verlassen. Nun sah er sich abgekoppelt und auf ein totes Gleis geschoben.

Freund Geldmacher, der bis in die Nächte hinein deutschstämmigen Jazz aus diversen Blockflöten lockte, konnte mich nicht trösten, so virtuos er »Am Brunnen vor dem Tore« in einen Blues abwandelte.

Arbeit auf dem Bau half ein wenig. Auch gelang es mir, eine Briefmarkensammlung voller seltener Freistaatmarken, die meine Mutter aus dem Wirrwarr der Vertreibung gerettet hatte, beim Hausmeister der Kunstakademie gegen eine komplette Atelierausstattung einzutauschen. Aus hauseigenen Kellerbeständen zweigte er einen Modellierbock, zwei Drehscheiben, mehrere Metallzirkel und eine Staffelei ab, die heute noch, ohne daß ich weiß, wer sie mir nachgeliefert hat, mit der Aufschrift Aktsaal II in meiner Behlendorfer Werkstatt steht.

Aber selbst dieser Tauschhandel, nein, nichts konnte den Verlust der Geliebten ausgleichen, allenfalls eine Reise.

Schnell war das Visum beantragt. Während der Wartezeit wurden auf Baustellen Fassaden versetzt. Gut dreihundert Mark trug ich in einem Lederbeutel auf nackter Haut. Die Abreise glich einer Flucht.

Per Autostopp kam ich schnell in Richtung Süden voran, bis mich zwanghafter Wahn dazu anstiftete, an der Autobahnraststätte Stuttgart den ersten Schwung mutwillig zu unterbrechen.

Von der Abfahrt weg mit einem Lieferwagen in Richtung Stadtzentrum. Hasenbergsteige hieß die Adresse.

Bergauf suchte ich die hinter Tannengrün versteckte Villa heim, in der meine Geliebte aus eingeredeter Furcht vor einem mordlüsternen Steinmetz Zuflucht gesucht hatte und nun gefangen saß, weil sie den Einflüsterungen ihrer märchenbösen Mutter gefolgt war.

Wollte ich den rettenden Prinzen spielen?

Trieb mich Rache oder klitzekleine Hoffnung an?

Sobald der Film rückwärts zu laufen beginnt und nun zum Stillstand kommt, sehe ich mich bei einbrechender Dämmerung – oder war es nachts? – vor dem verschlossenen Gartentor, das angerostet und schief in den Angeln hängt. Verschnörkeltes Schmiedeeisen, an dem ich rüttle und rüttle. Gestikulierend fordere ich Einlaß, verfluche laut Mutter und Tochter, pfeife auf zwei Fingern. Niemand kommt, das Tor einen Spalt weit zu öffnen. Weitere Flüche. Dann wieder Bittgesänge, flehentlich, womöglich Tränen.

Jetzt will ich sehen, was der rückgespulte, nun abermals voran ablaufende Film aber nicht hergibt: den zornigen jungen Mann, der das Gartentor aus den Angeln hebt und beidhändig in den Vorgarten der angstbesetzten Villa wirft.

So stark möchte ich in meinen jungen Jahren gewesen sein. So weit will der rasende Wüterich die schmiedeeisernen Torflügel geschleudert haben. So sehr schmerzte mich der Verlust, daß ich nicht wußte, wohin mit der überschüssigen Liebe.

Aber der Film verlief ganz anders: zwar wurde im Verlauf des Romans »Hundejahre« aus blindwütiger Rache von jemandem, der nicht ich war, ein Gartentor aus den Angeln gestemmt und – als sinnbildliche Geworfenheit – auf das Grundstück eines Philosophen mit Zipfelmütze geschleudert, doch das geschah zu Füßen des Schwarzwaldes aus ganz anders gründenden Gründen, während ich tatenlos auf Stuttgarts Hasenbergsteige stand und die Arme hängen ließ.

Stumm stand der junge Mann vor verschlossenem Tor, sah, weil er – nun bin ich sicher – nachts die Villa heimsuchte, ein erleuchtetes Mansardenfenster, wartete vergeblich auf das ihm vertraute Schattenprofil und kaute unablässig seinen Kummer. Nichts bewegte sich hinter der Gardine. Kein Käuzchen schrie. Keine Nachtigall schluchzschluchz nahm Anteil. So endete der Film. Ich lief bergab.

Wechselnde Autos und Lastwagen, ab Innsbruck sogar ein Motorrad brachten mich und mein Leid, das sich von Stopp zu Stopp spürbar abschwächte, über den Brennerpaß ins Land, wo die Zitronen blühen.

Weit bin ich gekommen. Mit dreirädrigem Lieferwagen, auf Eselskarren, im Topolino, dem beliebten Zweisitzer jener Jahre. Den Stiefel raufrunter. Noch weiter, quer durch die Insel Sizilien, wo mich zwischen Syrakus und Palermo eine Gegend einschloß, die nur noch Gegend war. Nichts warf mehr Schatten, wo ich stundenlang auf Autos, Karren, auf etwas mit Rädern wartete, bis sich aus einer Senke zwischen verkarsteten Bergen eine Gruppe Bewaffneter löste, die näher kamen, noch näher und kaum als Jagdgesellschaft, wohl eher als ländliche Sendboten der Mafia gelten konnten, bis sie endlich im Kreis um den bestaunenswerten Fremdling mit Strohhut standen.

Ich entleerte den Rucksack und reihte meine Habseligkeiten übersichtlich. Nachdem mich ihr Anführer, der einen langen Rock ähnlich einer Mönchskutte trug, nach meinem Herkommen und meinem Reiseziel ausgefragt hatte, stoppte er, als endlich, na was schon, ein Topolino in Sicht, dann bergauf näher und näher kam, mit vorgehaltenem Karabiner den Zweisitzer. Dessen verängstigter Fahrer, ein Landarzt, brachte den ihm aufgezwungenen Beifahrer bis nach Caltanissetta, wo er mich auf dem Marktplatz absetzte.

Und weitere Abenteuer, die ich meinen Kindern zu oft und in zu vielen Variationen erzählt habe, um mich jetzt für die richtige entscheiden zu können, zum Beispiel für jene Version, nach deren dramatischem Verlauf mir mit einem Karabiner deutscher Herkunft, dem mir handlich bekannten K 98, also mit Hilfe eines Beutestücks aus jüngster Besatzungszeit durch Warnschuß zum Weitertransport verholfen wurde. Schließlich soll es die Mafia gewesen sein, die von New York aus und unter Fernleitung ihres Chefs und Paten Lucky Luciano den amerikanischen Landungstruppen bei der Besetzung der Insel im Kriegsjahr dreiundvierzig behilflich wurde.

Offenbar hatten mich die lokalen Mitglieder der inselweit verzweigten »ehrenwerten Gesellschaft« als einen so armen wie frommen Pilger eingeschätzt: der bußfertige Pellegrino auf dem Weg zur heiligen Rosalia, die bekanntlich ihren Sitz in Palermo hat. Also halfen sie mir. Und von Caltanissetta brachte mich ganz zwanglos ein Lastwagenfahrer ans Ziel meiner Reise.

Zuvor jedoch hatte ich die Toskana und Umbrien bereist, war bis nach Rom gekommen, hatte in den Uffizien endlich jene Kunstwerke im Original gesehen – Tizians Venus von Urbino und Botticellis Geburt der Venus, ferner im Palazzo Pitti Sodomas heiligen Sebastian, dessen von Pfeilen durchbohrter Jünglingsleib sich schön schmerzlich vor

Baum und Landschaft windet –, die mich schon in meiner Kindheit dank farbiger Zigarettenbilder so kunstsüchtig machten. Leicht fällt es, mich vor das Bild eines Mannes mit Höckernase und rotem Hut gestellt zu sehen, den Piero della Francesca im Profil gemalt hatte.

Ich übernachtete in Jugendherbergen und Klöstern, unter Olivenbäumen und zwischen Rebstöcken, manchmal sogar auf Bänken in Parkanlagen. Wo immer mir eine Mensa popolare offenstand, aß ich billige Nudelgerichte, fettäugige Brotsuppen und Trippa auf neapolitanische Art, mithin meine ersten Kutteln, ein Armeleuteessen, weltweit gekocht aus dem vierten Magen der Kuh, Pansen genannt, der, ausgebürstet und gründlich gewaschen, einem Frottiertuch gleicht.

Dieses Gericht habe ich späterhin immer wieder mit Tomaten, Knoblauch und weißen Bohnen als Eintopf für Gäste getischt, an denen mir gelegen war: etwa für den Meister des Naumburger Doms und dessen Modelle, allesamt aus bürgerlichen oder bäuerischen Familien, die sich nach kriegerischer Landnahme zu Beginn des dreizehnten Jahrhunderts am Saaleufer angesiedelt hatten.

Sie wurden dem Meister leibhaftig behilflich, als er der Gräfin Gerburg und dem Grafen Konrad, dem Markgrafen Hermann und dessen lachlustiger Reglindis, dem vergrübelten Grafen Syzzo und dem schwermütigen Stifter Thimo von Küstritz, schließlich dem zweiten Ekkehard und dessen kinderloser Frau, der weitberühmten Uta von Naumburg, in behauenem Kalkstein Gestalt gab.

Damals, als der Westchor des Doms zu seinen später frühgotisch genannten Stifterfiguren kam, gab es noch keine Tomaten und weißen Bohnen. Doch ließ sich für meine Gäste um den namenlosen Meister gleichwohl ein

Gericht aus frischen Saubohnen und Kutteln kochen, die mich in Roms Volksküchen billig gesättigt haben.

Sogar eines Böttchers Frau, die schöne Gertrude, die für die unnahbare Uta von Naumburg Modell gestanden hatte, probierte davon; der finster blickende Fuhrknecht, zu dessen Ebenbild Graf Syzzo wurde, konnte nicht genug Kuttelfleck bekommen; und des Goldschmieds Töchterlein Walburga, deren Lachgrübchen auf die polnische Königstochter Reglindis übertragen worden waren, verlangte gleichfalls nach einem weiteren Kellenschlag.

Noch zu DDR-Zeiten, als mir endlich von den Behörden des so penibel abgeschotteten Staates eine Lesereise nach Magdeburg, Erfurt, Jena und Halle genehmigt wurde – das war zwei Jahre vorm Mauerfall –, besuchten Ute und ich den Naumburger Dom. Während wir die erhöht stehenden Stifterfiguren bewunderten und Ute zu Uta aufsah, erklärte eine fachkundige Frau unserer Besuchergruppe den realsozialen Hintergrund der in Stein gehauenen Gestalten: »Bewußt hat der Meister auf die Darstellung kanonisierter Heiliger verzichtet und nach dem Vorbild werktätiger und damals schon klassenbewußter Menschen…«

Unsere Fremdenführerin stellte dann fest, daß selbst der faschistische Propagandakult insbesondere um Uta die lebensnahe Schönheit der hier versammelten Figuren nicht habe mindern können. Als wir gingen, hörte ich Reglindis lachen.

Drei Adressen hatte ich parat, als ich mich auf die Reise nach Italien machte. Die erste nannte die Hasenbergsteige in Stuttgart und war schnell abgetan. Die zweite verdankte ich meiner Schwester Waltraut, die im Frühjahr ihre kaufmännische Lehre beendet hatte und danach in der Nähe Roms frommen Schwestern jenes Ordens behilflich wurde, der außer diversen Krankenhäusern und dem Mutterhaus in Aachen einige ausländische Zweigstellen unter Obhut hielt.

Zu der römischen Filiale gehörte ein Kinderhort, in dem meine Schwester den Nonnen half. Stets waren sie eilig unterwegs, ackerten im klösterlichen Gemüsegarten und schienen keine Zeit für Gebete zu haben. Sogar die Äbtissin packte an, teilte aus, stapelte Wäsche und war bei der Olivenernte tüchtig. Ein Kloster der offenen Türen und betriebsamen Fürsorge.

Auf der Hinreise nach Sizilien und während der Rückreise von der Insel fand ich dort in einem Nebengebäude Aufnahme, das heißt eine Klosterzelle mit Blick auf die Albanerberge.

Jeden Abend stand ein Krug Wein bereit. Das Essen brachte eine überall rundliche Küchennonne westfälischer Herkunft, die gerne, bevor sie wieder davonrollte, Erbauliches von sich gab.

Sie erklärte dem Ungläubigen anhand des noch leeren Weinglases, das von einem schräg einfallenden Sonnenstrahl getroffen und durchdrungen wurde, auf allzeit gültige Weise das Wunder der unbefleckten Empfängnis. Ihr Zeigefinger wies beweisführend auf das durchdringende Licht und das heilbleibende Glas.

So wurde dem abendlichen Sonnenstrahl erzengelhafte Zielstrebigkeit nachgesagt, wobei sich soviel Glaubensstärke mit deutlich westfälischer Einfärbung aussprach.

Während sie mich himmelweit fern aller Sexualpraxis aufklärte, lächelte meine Küchennonne so durchsichtig, als sei auch sie gläsern und allzeit des Wunders gewärtig.

Danach verschwanden, als gebe es nichts mehr zu sagen, ihre Hände in den Ärmeln des rundum schützenden Gewandes.

Kaum war die Nonne gegangen, trank ich Wein aus dem unverletzten Glas. Dabei ist mir bestimmt Unzüchtiges durch den Kopf gegangen. Hatte ich mich doch als Junge schon in die Rolle eines nicht nur verkündenden Erzengels versetzt. Und noch in Kriegsgefangenschaft, als mein Kumpel Joseph beim Würfelspiel bestrebt war, mir, seinem Kumpel, den einzig wahren Glauben einzureden, lästerte ich die Jungfrau und zählte alle Folterinstrumente auf, mit denen Menschen beiderlei Geschlechts im Namen der Gottesmutter gepeinigt worden sind.

Meine Schwester jedoch schien glücklich zu sein zwischen den tätigen Nonnen. Ihren Kinderglauben, der ihr bei Kriegsende angesichts soldatischer Gewalt verlorengegangen war, hatte sie wiedergefunden; das sollte Folgen haben.

Die dritte Adresse war mir kurz vor Beginn der Reise von Dina Vjerny, einer energischen Person, zugesteckt worden, die als Aristide Maillols letztes Modell von Paris aus schwunghaften Handel mit dessen Skulpturen trieb.

Nach Düsseldorf war sie gekommen, um der Stadt eine lebensgroße Bronze zu verkaufen. Später stand das nackte Mädchen, dem sie in jüngeren Jahren vorbildlich gewesen war, auf einem Sockel im Hofgarten.

Für uns, die wir ihren Auftritt wie ein Naturereignis bestaunten, sang sie am Abend auf deutsch und auf russisch revolutionäre Lieder. Dabei verwirrte sie nachhaltig meinen Freund Geldmacher und spannte Trude Esser den geliebten Manfred aus, um ihn geradewegs nach Paris zu entführen, wo er nach und nach schwerhörig wurde.

Mir jedoch, den frischer Liebeskummer gegen Anfechtungen dieser Spielart immunisierte, steckte sie die Adresse ihres geschiedenen Mannes zu, der in der römischen Villa Medici ein französisches Staatsstipendium absaß. Beiläufig gab Dina Vjerny zu verstehen: »Der hat gern Besuch...«

Und richtig: umstandslos nahm er den Gast auf. In seinem leeren wie ungenutzten Atelier muß ich mich schnell eingerichtet und an einer Porträtbüste gearbeitet haben, denn diese Episode ist durch ein unscharfes Foto belegt, das meinen lockenköpfigen und sorglos untätigen Gastgeber in Gestalt eines Tonkopfes nachweist. Die Skulptur wirkt expressiv und unfertig wie die Skizze eines Fauns.

An langer Tafel – einem antiken Marmortisch – aß ich mehrgängige Menüs mit ihm und anderen Stipendiaten; deren Arbeit an Kunstprodukten erschöpfte sich in ausufernden Gesprächen, die mir nur in Gesten verständlich wurden. Man rauchte vor, zwischen und nach den Gängen. Mit verborgener Kamera hätte ein Regisseur des bald neu genannten französischen Films zeittypische Szenen einfangen können.

Oberhalb der Spanischen Treppe gelegen, glich die Villa Medici einem Sanatorium für ermattete Künstler. Nach wenigen Schritten schon luden im weitläufigen Garten verschattete Steinbänke zur Ruhe ein.

Tagsüber war ich auf Roms Straßen mehr unterwegs, als es die Hitze erlaubte. Kühle hielt sich einzig in Kirchen und Kapellen. Was ich auch sah: Jeder Brunnen und Säulenstumpf geriet zur Metapher. Horden schwarzgewandeter Priester gaben mit ihren breitkrempigen Hüten schnell fertige Bewegungsskizzen her. Ich zeichnete mit Tauben- und Möwenfedern aus einem Napf voll verdünnter Chinatusche. Alles war erstaunlich, wurde Motiv: dösende Droschkengäule, spielende Straßenkinder und Wäsche an langen Leinen. Die fette Frau auf dem Balkon. Die schattenlos leeren Plätze.

Ich kaufte mir einen Strohhut. Für den Raucher waren Nazionale die billigsten Zigaretten, es sei denn, Dina Vjernys geschiedener Mann, der wie ein verbannter Prinz in der Villa Medici residierte, bot mir Gauloise an. Von meinem Vorrat Schwarzer Krauser für Selbstgedrehte gab's bald keinen Krümel mehr.

Jeder Tag ein Geschenk. Weit bin ich gekommen auf meiner ersten Reise nach eigenem Willen, die zwar zeitlich begrenzt war, aber nie aufgehört hat, denn bis in meine alten Tage kam mir jede weitere Reise – und mit Ute bin ich von Kontinent zu Kontinent unterwegs gewesen, bereiste mit ihr China, Indien, Mexiko… – zwar sorgfältig geplant, vorausschaubar einträglich und doch billig vor, sobald ich sie mit den täglichen Bereicherungen meines ersten Ausflugs den italienischen Stiefel raufrunter verrechnete.

Ich lebte, das heißt, ich nahm unentwegt auf, sah mich nicht satt und versuchte vergeblich das Überangebot wählerisch zu verringern. Staunend stand ich vor gestenreichem Marmor und verzückt vor den handgroßen Bronzen der Etrusker, schlug in Florenz und Arezzo bei Vasari nach, sah im Palazzo Pitti und in Roms Palazzo Borghese immer mehr Zigarettenbilder meiner Schülerzeit als pompös gerahmte Originale.

Ich zeichnete, was Landschaft, Straßen, Plätze boten, und schied wie gewohnt Gedichte aus, die die stehende Hitze der Mittagsstille oder Brunnen in einem schattigen

Park beschworen. Ich folgte glücklich unglücklich den Spuren des deutschrömischen Malers Fohr, der jung im Tiber ertrank, schloß Freundschaften, die keinen Bestand hatten, traf und trennte mich an Wegkreuzungen, gönnte mir, notgedrungen sparsam, hier und da ein Zitroneneis, lief leichtfüßig die Spanische Treppe hinauf, erlaubte meiner Schwester, mich mit Strohhut zu fotografieren, damit mich ein weiteres Selbstbild nachweisen konnte, restaurierte in einem umbrischen Kloster gegen Kost und Bett eine lädierte Gipsmadonna samt Kind, ließ mich am Abend über Perugias Corso treiben, tanzte in einer Weinlaubpergola und unter bunter Glühbirnenbeleuchtung mit einer Engländerin, die Botticellis Engeln nachempfunden zu sein schien, verlief mich in Neapels Straßengewirr, schrieb von dort aus meiner Mutter einen langen Brief, der ihre unerfüllten Sehnsüchte mit kolorierten Einzelheiten fütterte, verdiente in Messina als Reklamemaler für Butangas ein wenig Reisegeld für folgende Tage, gab mich – wie später oft erzählt –, umringt von ländlichen Mafiosi, als Pellegrino unterwegs nach Palermo aus und wurde von ihnen mit Tomaten und Ziegenkäse beschenkt.

Ich kam mir vogelfrei und in meiner immer noch ungestillten Reiselust auserwählt, auf abenteuerliche Weise begünstigt vor, war aber nur einer von vieltausend jungen Männern, die während der ersten Nachkriegsjahre ihre Vorstellung von Freiheit erprobten, indem sie die endlich offenen Grenzen überschritten und ziellos zielstrebig per Autostopp oder, wie es dortzulande hieß, mezzo fortuna nach Assisi, Pompeji, Agrigent und sonstwohin wollten. Auch traf ich Rucksackreisende, die vor sieben Jahren, so oder so uniformiert, die Schlacht um das Kloster Montecassino überlebt hatten oder bei der Landung der Alliierten am Strand von Anzio-Nettuno einander feindlich begegnet waren, nun aber zivil gekleidet und gleichermaßen friedlich den Tatort von einst besichtigten. Ich sah Wegweiser zu Soldatenfriedhöfen in ihrer Ordnung, gereihte Kreuze in Bataillonsstärke, sah schnell überwachsene Trümmer. Das Meer war lauwarm.

Und Mädchen begegnete ich unterwegs, die sich von Schweden, Kanada, Schottland aus allein oder zu zweit auf die Reise gemacht hatten und von überall her Postkarten nach Haparanda, Toronto, Glasgow schickten. Doch war ich für keine von ihnen frei, denn immer noch hielt mich Enge nach schwäbischem Maß gefangen. Erst in Palermo, wo der angebliche Pilger zwar nicht, wie den ländlichen Mafiosi versprochen, bei der heiligen Rosalia vorsprach, aber als Gast bei der Accademia di Belle Arti Einlaß in der Bildhauerklasse des Professors Rossone fand, öffnete sich plötzlich mein Gemüt für dessen Schülerin Aurora Varvaro. Der Riegel lockerte sich, der Vorhang riß. Wie soll ich es sagen: auf ersten Blick...

Siebzehn mochte sie sein und war samt ihrer Anmut so behütet, daß ich ihr nur auf abseitigen Kirchenbänken allein und mit viel zu wenigen Worten, dabei fern aller Grammatik andeuten konnte, was alles ich in ihr sah, wohin sich meine Wünsche verstiegen, wieviel Herzenskummer ich mit Hilfe ihrer ahnungslosen Nähe verdrängen wollte und weshalb ihre behütete Schönheit mich schmerzte. Natürlich liebte ich auch den Klang ihres Namens.

Als mir Aurora, mit Rossones Erlaubnis, Modell für ein Porträt in Modellierton saß, hatten wir stets ihren jüngeren, finster dreinschauenden Bruder oder die manchmal einnickende Großmutter als Aufsicht zur Seite. Nur Blicke waren möglich. Immerhin berührten sich Fingerkuppen. Einiges konnten wir uns mit Hilfe englischer Vokabeln sagen. Doch was sich als mögliche Liebe anzudeuten begann, blieb, Federn gleich, in der Schwebe; und auch der Porträtkopf nach Auroras von mir länglich übertriebenen Maßen geriet nur zur Skizze, die gleich nach meiner Abreise einer der Rossone-Schüler in Gips gegossen haben soll.

Ich ging – sie blieb. Aber noch heute, nach mehr als fünfzig Jahre lang anhaltender Distanz, die nur einmal, in den beginnenden Sechzigern, unterbrochen wurde und zu etwas führte, das ausgespart bleiben will, geben wir einander Lebenszeichen und haben nichts, keine kirchendunkle Heimlichkeit, keines der Flüsterworte, nicht die Momente flüchtiger Nähe vergessen.

Was aber hätte möglich werden können, wenn ich in Palermo geblieben wäre, ist vorstellbar nur in einem ganz anderen Film, der sich als Tragikomödie unter Siziliens Himmel abspielt, ausgedacht bis ins taprige Greisenalter. Und sicher hätte sich mir, was von Griechen, Sarazenen, Normannen, Staufern auf jenem insularen Schuttplatz übriggeblieben war, zur Stoffmasse für einen episch verästelten Roman verdichtet. Wünsche, die sich genügen und nicht erfüllt werden müssen.

Und Danzig? Was wäre mir zu der verlorenen Stadt Danzig von Palermo aus eingefallen?

Als ich mich in Richtung Cefalù auf den Rückweg machte und im ersten Lastwagen, der dem Autostopper als Beifahrer Platz bot, ein Päckchen öffnete, das mir als Wegzehrung dienen sollte, enthielt es, neben Gebäck und getrockneten Feigen, ein halbes Dutzend hartgekochte Eier. So fürsorglich war Aurora, meine ungelebte, im Bernstein als Einschluß überdauernde Liebe.

Mitte September traf ich pünktlich zum Semesterbeginn in Düsseldorf ein. Das annähernd fertig ausgebaute Atelier in der Stockumer Kirchstraße kam mir nicht mehr leblos verlassen vor. Sogleich legte ich als scheibenschmales Profil eine Franziskusbüste und Figurinen in Ton an, die aussahen, als seien sie etruskischer Herkunft. Außerdem war Flötchen Geldmacher mit der Vielzahl der Instrumente und seinem alles andere verdrängenden Geruch anwesend.

Pankok nahm von meiner Reiseausbeute – Zeichnungen und Aquarelle – nur flüchtig wohlwollend Kenntnis. Viele seiner Schüler kamen von weither zurück, hatten was vorzuweisen.

Bis hierhin erlaubte der Rückblick auf die Italienreise, eine Nebenhandlung auszusparen, die, reich an Personen, sich später selbständig machte und dem nahezu allesfressenden Roman Futter gegeben hat, so daß für diesen fortlaufenden Bericht allenfalls Reste verwendbar sind.

Auf Fotos, die Trude Essers Bruder Hannes geschossen hat, rauchen Geldmacher und ich gemeinsam mit Franz Witte zigarrenähnliche Stumpen. Wichtig nehmen wir uns, jeder in seiner Rolle.

Ach, meine Freunde! Beide fehlen mir immer noch. Beide wurden nicht alt. Beide sind an ihren Talenten und wohl auch an sich irre geworden; sie zu überleben, war ich robust genug.

Die Freundschaft mit Horst Geldmacher, Flötchen genannt, und mein anhaltendes Vergnügen an Ragtime und Blues hatten die Gründung eines Trios als Jazzband zur Folge. Der dritte war der Gitarrist und Banjospieler Günter Scholl, der aufs künstlerische Lehramt studierte und später auch prompt Zeichenlehrer wurde, jemand, der immer gute Laune zur Schau stellte.

Mir fiel als Schlagzeug ein ordinärer Gegenstand, der seit frühesten Jazztagen – New Orleans! – in Gebrauch war, das Waschbrett, zu, auf dessen gewelltem Blech ich mit Fingerhüten an acht Fingern Rhythmen schlug.

Im »Czikos«, einem zweistöckig schlauchengen Altstadtrestaurant von pseudoungarischem Flair, spielten wir dreimal wöchentlich. Ein Zigeuner als Zimbalspieler mit Sohn und Kontrabaß war für die restlichen Tage engagiert.

Eingeengt unter der Treppe zum Obergeschoß, gegen Freikost und für mäßige Bezahlung erschöpften wir uns bis nach Mitternacht vor neureichem Publikum, zu dem mehr oder weniger arrivierte Künstler und deren Anhang zählten. Und weil der Wirt und die Wirtin des »Czikos«, Otto Schuster und seine Frau, einer romanhaften Handlung entsprungene Figuren zu sein schienen, taugten sie später für jene Nebenhandlung, in deren Verlauf Oskar Matzeraths Blechtrommel das Waschbrett verdrängte.

Ganz wie es ihm gefiel, machte er sein Personal gefügig und gab dem »Czikos« auf Länge eines Kapitels, das »Der Zwiebelkeller« hieß, überhöhte Bedeutung, indem die so versteinerten wie lebensgierigen Gäste des exquisiten Lokals mit Hilfe von Hackbrettern und Messern zu Tränen gerührt wurden: die zerkleinerte Zwiebel, ein Abführmittel besonderer Art, war geeignet, die der Nachkriegsgesellschaft späterhin nachgesagte »Unfähigkeit zu trauern« ein wenig porös zu machen.

Und so lief das ab. Gegen Bezahlung durfte geheult werden. Gezählte Tränen brachten Erleichterung. Schließlich wurden die zahlenden Gäste zu lallenden Kindern, die brav Oskars Trommelschlag folgten. Woraus zu schlie-

ßen ist, daß sich vor allen anderen Feld- und Gartenpro-
dukten die Zwiebel für den literarischen Gebrauch eignet.
Ob sie Haut nach Haut der Erinnerung auf die Sprünge
hilft oder vertrocknete Tränendrüsen erweicht und in
Fluß bringt, gleichnishaft ist sie allemal, und was den
»Zwiebelkeller« betraf, war sie überdies dem Geschäft
dienlich.

Mehr läßt sich dazu nicht sagen. Was in Literatur umge-
münzt wird, spricht für sich. Doch selbst, wenn »Der
Zwiebelkeller« den »Czikos« überlebt haben sollte, hängt
mir die Stickluft in Otto Schusters Nepplokal noch immer
an; dem gaben Petroleumlampen Stimmung und Schummerlicht.

Uns drei Gelegenheitsmusikern stand selten eine Pause
zu. Erst lange nach Mitternacht, wenn die letzten Gäste
gegangen waren, schlugen wir uns den Bauch mit Szege-
diner Gulasch voll. Ich rauchte mäßig, trank aber zuviel:
Trester und Sliwowitz, Schnäpse, die uns von kreischen-
den Damen spendiert wurden. Ein lärmiger Betrieb, dessen Preise vom sogenannten Wirtschaftswunder das Klet-
tern gelernt hatten.

Ich versumpfte. Die Akademie sah mich nur noch selten. Jede Nacht schluckte den nächsten Tag. Ödes Gerede.
Fuselatem. Fratzenhafte, einander löschende Gesichter
der Gäste. Löcher im löcherigen Gedächtnis. Und doch
zeichnet sich wie hinter einer Milchglasscheibe ab, woran
ich mich halbwegs glaubhaft erinnern kann: wir drei –
Geldmacher mit seinem bis zur Heiserkeit gesteigerten
Flötenspiel, Scholl samt gezupftem, geschlagenem Banjo
und ich mit dem mal sparsam, mal mit schnellen Rhythmen bedienten Waschbrett – erlebten zu später Stunde
namhaften Besuch.

Nach einer Jam-Session vor großem Publikum, die seit Wochen als ausverkauft galt, fand das Idol unserer frühen Jahre mit begleitendem Troß in den »Czikos«. Aus einiger Distanz, fünf, sechs Tische entfernt, wird er unsere Spielart von Jazz gehört und offenbar an Geldmachers flötenschrillen Eruptionen Gefallen gefunden haben; dessen Sound war immerhin ungewöhnlich.

Der prominente Gast ließ nämlich, wie später gesagt wurde, per Taxi seine Trompete aus dem Hotel holen, schaute plötzlich und unverkennbar in unseren Winkel unter der Treppe zum Obergeschoß und – jetzt sehe ich ihn – hat das Blech vor den Lippen, steigt bei uns, die wir schlecht bezahlt gegen den kreischigen Lärm im Lokal anspielen, signalhell ein, nimmt Flötchens wild stotternden Flötenton auf, läßt dabei die Augen rollen, gibt ein Trompetensolo, dem der Solist namens Geldmacher diesmal mit der Altflöte antwortet, setzt auf den Zweiklang von Blech und Holz, ist ganz und gar Satchmo, wie wir ihn von heißbegehrten Schallplatten, aus dem Radio und von blanken Schwarzweißfotos her kennen. Nun nimmt er sich mit gestopfter Trompete zurück, verbindet seinen Sound wiederum für eine kurze Ewigkeit lang mit unserem im Chorus, erlaubt mir und meinen Fingerhüten einen anderen Rhythmus, ermuntert Scholls Banjo, stiftet gemeinsamen Jubel und löst sich jetzt, sobald unser Moneymaker seinen Seiltanz, nunmehr auf der Pikkoloflöte, beendet hat, mit anerkennendem Trompetenschrei von uns, nickt jedem freundlich und etwas onkelhaft zu, ist weg.

Welch bedeutsame Heimsuchung! Nicht Scholls Banjo, nicht meine Fingerhüte auf gewelltem Blech, Flötchen, dem es leichthin gelang, nach kurzem Melodieanklang deutsche Volkslieder wie fernsüchtige Auswanderer nach

Alabama zu verpflanzen, war unser Lockvogel. Er hatte mit seiner Version von »Ein Jäger aus Kurpfalz« – oder war es das Weihnachtslied »O Tannenbaum«? – Louis Armstrongs Ohr gefunden.

Gewagt, doch mit traumhafter Sicherheit fügte sich das Quartett. Zwar spielten wir nur kurz, fünf oder sieben Minuten lang, zu viert – wann dauert Glück länger? –, aber mir ist dieser Auftritt, von dem kein Blitzlichtfoto Zeugnis gibt, noch immer im Ohr und vor Augen. Als Ehrung unserer unterhaltsamen Bemühungen will sie gewichtiger sein als alle mir später verliehenen Preise, sogar als der höchstdotierte, dessen Verleihung mir in biblischem Alter zu ironisch distanzierter Freude verhalf und der mir seitdem wie eine zusätzliche Berufsbezeichnung anhängt.

Ja, selbst wenn mich professionelle Deformation verführt haben sollte, im Rückblick noch einmal zu erleben, was allenfalls auf Papier glaubhaft und von Bestand ist, wenn es also in platter Wirklichkeit nicht zu dieser hörenswerten Begegnung gekommen sein sollte, ist sie mir dennoch bildlich geworden; greifbar nah dauert sie, bleibt als Trompetengold frei jeder Deutung und ist allem verneinenden Zweifel enthoben.

In Pankoks Menagerie geschah wenig, außer daß Franz Wittes und meine Flugversuche auf Leinwand oder Packpapier kühn mißglückten. Kein weiteres Wunder machte uns fromm, es sei denn, man erlebte Trude Essers Fischsuppe, die sie aus ungezählten Heringen für hungrige Freunde kochte, als wundersame Fischvermehrung.

Und sonderbar verändert, als sei ihr ein wirkliches Wunder geschehen, kam meine Schwester aus Rom und klösterlicher Obhut zurück. Zum Schrecken der Eltern wollte sie Nonne werden.

Der Vater jammerte, die Mutter kränkelte. Ich trank über den Durst. Franz Witte begann wirr zu reden. In Wut geraten, schlug sich Geldmacher den Kopf an Wänden wund, die real hart waren. In Korea und sonstwo war Krieg. Wir wurden irre an uns und lebten auf Pump, während das neureiche Pack seinen Besitz prahlend zur Schau stellte.

Doch immerhin fiel im »Czikos« genügend Trinkgeld ab, um für den Sommer zweiundfünfzig meine zweite große Reise zu finanzieren. Ich sparte den Winter über, wollte weg, raus aus Düsseldorf, einer Stadt, die sich als »Klein-Paris« ausgab und deren Künstlervölkchen sich auf Malkastenfesten bohemehaft kostümierte.

Um diese Zeit hatte ich nacheinander und einige Wochen lang zugleich zwei leicht führbare Tänzerinnen als Nachlaß durchtanzter Karnevalsfeste zur Seite. So kam die eine, die andere auf Atelierbesuch in die Stockumer Kirchstraße, wo ich sie mit Pfannengerichten vom Kanonenofen bediente: Hasenpfeffer gab es, saure Schweinenieren, gebratene Pferdeleber und was sonst noch meine Tänzerinnen erschreckte.

Langgliedrig die eine, rundum wohlproportioniert die andere; aber mein Herz oder besser dessen Kammern schienen noch immer unbewohnbar zu sein, so zweimal treu ich beiden Mädchen bei Lust und Gelegenheit zugetan war. Sie hatten ihre Schneiderinnenlehre hinter sich und wollten nun – noch undeutlich begabt – der Kunst dienen.

Immerhin genügten wir uns. Und weil Besitz nicht zu vergeben war, verlief unser Wechselverkehr zwar nicht spannungsfrei, doch ohne tragische Aktschlüsse. Wir mochten uns bis auf weiteres.

Beide hatten bei einem französischen Pantomimen in der »Brücke«, einem von der britischen Besatzungsmacht geförderten Kulturinstitut, Kurse belegt. So kam es, daß die eine, die Brigitte hieß, später, als ich schon auf und davon war, ihrem Lehrer ins sozialistische Lager folgte und in Ostberlin als Choreografin Karriere gemacht hat; doch schon zu meiner Zeit begann sie, ihren Vornamen französisch zu betonen, was ihr als rheinischer Frohnatur leichtfiel.

Die andere jedoch, die, wenngleich aus Pommern stammend, als fragiles Geschöpf bezauberte und mit giftgrünen und violetten Strümpfen langbeinig die Königsallee zum Mode kreierenden Laufsteg machte, blieb in Düsseldorf noch einige Zeitlang der Pantomime treu. Jahre später machte sie in einem mittlerweile häufig berufenen Roman als Muse Ulla Figur, hieß aber jenseits der Literatur Jutta und wurde ihrer Erscheinung wegen von mir und anderen Engelchen genannt; so zärtlich heißt sie mir heute noch, sobald wir zwei Alte uns aus der Ferne grüßen.

Meine Frankreichreise plante ich ohne Brigitte und Jutta, die mittlerweile nur noch in verzögerten Pantomimebewegungen zu erleben waren. Vor Spiegeln übten sie seltsame Gangarten, verrenkten ihre Hälse.

Abermals reiste ich per Autostopp und gab auf dem Weg nach Paris, dann zwischen dem Mittelmeer und der Atlantikküste zumeist den Beisassen übermüdeter Lastwagenfahrer ab. Oft mußte ich singen, damit sie nicht einschliefen.

Gegen Morgengrauen fiel es leicht, auf dem Pariser Großmarkt, seitlich der heute nicht mehr existierenden Hallen, eine Fahrgelegenheit, sei es in Richtung Marseille, sei es nach Cherbourg oder Biarritz zu finden. Wohin ich auch trampte – bis zu den Stränden des einen, des anderen Meeres –, zurück ging es immer nach Paris, wo ich in wechselnden Quartieren hauste, anfangs in der verwanzten Jugendherberge nahe der Porte-de-la-Chapelle, dann mit Blick auf Saint-Sulpice bei einem Kleist-Übersetzer namens Katz.

Der war am Wortgetümmel blutrünstiger Dramen auf unterhaltsame Weise verrückt geworden, zitierte ständig aus seinen Fragmenten männermordende Amazonen herbei und begrüßte jedermann mit dem Ruf »Mein Schwan singt im Tod noch Penthesilea«. Im Café Odéon hielt er Hof, saß dort mit eingeklemmtem Monokel, was mir peinlich war. Angeblich stammte er aus Mainz oder Frankfurt. So redselig er sich verplauderte, so sehr geizte er mit Wörtern, sobald nach seiner Herkunft oder gar nach seinem Überleben während des Krieges gefragt wurde.

Notfalls fand ich Schlafplätze bei gleichaltrigen Franzosen, die ihren Militärdienst in Algerien oder Indochina hinter sich hatten und vom Krieg auf mir kenntliche Weise gezeichnet waren; in welchem Sprachmix auch immer, wir verstanden einander. Wer einzelne Tote und Tote zuhauf gesehen hat, dem gilt jeder weitere Tag als Gewinn.

Eine Zeitlang fand ich Quartier in einer Dachkammer mit Blick auf Dächer und Kamine, die mietfrei zu beziehen war, weil ich als Gegenleistung den Küchenabwasch für ein wortwörtlich und handgreiflich zerstrittenes Ehepaar von altem Adel – Saint-Georges – besorgte.

Jeweils am Vormittag steigerte sich ihr Duell vom Salon über den langen Korridor bis in die Küche. Oft stand ich sprachlos und vergeblich mit Gesten beschwichtigend zwischen dem Paar, das sich, ohne den Zuschauer bemerken zu wollen, mit den soeben von mir abgewaschenen oder noch schmutzigen Tellern bewarf.

Ihrer Küchenhilfe gegenüber gaben sie sich stets höflich bis freundlich, sparten aber dennoch ihre Wut für die Zeit meines Abwaschdienstes auf. Offenbar verlangte ihr Duell – sie trafen einander selten – nach einem Zeugen.

Manchmal bewarfen sie sich sogar mit Messern und Gabeln. Einmal mußte ich auf Monsieurs linkem Handrücken eine Schnittwunde verbinden. Bei mangelnder Sprachkenntnis war nur zu vermuten, was beide Werfer erhitzte, schließlich in Weißglut brachte: womöglich ein Erbstreit, der zu grauer Vorzeit, etwa während der Jahre der Hugenottenverfolgungen, seinen Anfang genommen hatte oder noch früher, zur Zeit der nicht enden wollenden Rosenkriege.

Übrigens siezten Monsieur und Madame einander. So förmlich verlief ihr Streit. Ich hätte einen Kommentar dazu singen können, als Mitspieler in einem Dreipersonenstück. Mein Freund Katz hätte Regie geführt.

Übrigens spielte sich unser Küchentheater in vornehmer Wohnlage ab: Boulevard Péreire hieß diese zeitweilige Adresse.

Wer kehrte die Scherben auf? Wahrscheinlich ich mit unbeteiligter Miene. Der tägliche Verschleiß von Geschirr wird mir wenig bedeutet haben, denn der Zwist des Ehepaares Saint-Georges wurde als Ritual in einer Zeit aufgeführt, die allgemein streitbar verlief. These stand gegen

These. Nicht, daß ich damals schon Camus gelesen hätte, aber die Wortgefechte zwischen ihm und Sartre waren in aller Munde, wenn auch mehr redensartlich als im Zitat sattelfest. Es ging um das Absurde an sich und die Legende von Sisyphos, dem glücklichen Steinewälzer.

Wahrscheinlich ist es Katz gewesen, der mich infiziert hat, indem er mühelos von Kleist auf Camus, von Kierkegaard auf Heidegger und von beiden auf Sartre kam. Katz liebte das Desperate.

In dem über Jahre und Grenzen hinweg anhaltenden Streit zwischen den damaligen Göttern der existentialistischen Heilslehre habe ich erst zögernd, dann vehement Partei für Camus ergriffen, mehr noch, mir wurde, weil ich jeglicher Ideologie mißtraute und keinem Glauben anhing, das Steinewälzen zur Alltagsdisziplin. Ein Kerl wie dieser gefiel mir. Der von den Göttern verdammte Sträfling, dem das Absurde menschlicher Existenz so gewiß ist wie Sonnenauf- und -untergang und der deshalb weiß, daß sein bergauf gerollter Stein oben nicht liegenbleibt, wuchs sich für mich zum anbetungswürdigen Heiligen aus. Ein Held jenseits von Hoffnung und Verzweiflung. Jemand, den der ruhelose Stein glücklich macht. Jemand, der nie aufgibt.

In Paris begann ich, wenn auch nur nebenläufig und wie unter der Hand, parteiische Entscheidungen zu erproben, also im Verlauf von Bistrogesprächen, mit und ohne Katz, eigene Standpunkte zu markieren. Langsam wurden mir politische Machtverhältnisse meßbar. Ich mischte mich ein, stritt notfalls mit mir und lebte von Billiggerichten: Pommes frites und Boudin, der französischen Machart von Blutwurst.

Von der papierenen Ausbeute meiner Frankreichreise hat sich, neben dem Skizzenbuch, ein Stoß Zeichnungen in mittlerem Format erhalten: Blätter, auf denen mit Möwenfedern und Bambusrohr ein konturierender, kaum abbrechender Strich die Köpfe von Frauen und Männern festhält, die mir unterwegs, in Cafés, auf Parkbänken, in der Metro und in wechselnden Schlafquartieren eine Skizze lang nah waren. Zudem liegen zwei Dutzend Aquarelle auf Packpapier vor. Motiv sind Köpfe mit und ohne Hut, Halbfiguren, aber auch Vorortstraßen. Wiederholt habe ich den brückenreichen Canal Saint-Martin und Bistroszenen aquarelliert, die, von Blatt zu Blatt wechselnd, Einflüsse von Picasso und Dufy bis Soutine erkennen lassen. Expressiv gesteigert, heben sie sich von den getuschten Impressionen der Italienreise des Vorjahres ab. Schnell fertige Kunststücke und Versuche, sich selbst oder jemanden zu finden, der ich zu sein wünschte. Aber wer wollte ich sein?

Was unterwegs geschrieben wurde, tastete sich gleichfalls suchend voran. Eine Gedichtfolge, die den Steuermann des Odysseus umkreist, ist vergessenswert. Danach aber ein Endlosgedicht, in dessen Verlauf ein gegenwärtiger Säulenheiliger zum Helden des Absurden erhoben wird: als junger Maurer, der auf Lohn und Brot verzichtet, bricht er mit allen familiären und gesellschaftlichen Bindungen, wird zum Aussteiger und mauert auf dem Marktplatz seiner Stadt eine Säule, von der herab er das alltägliche Getriebe und also die Welt überblickt, um sie von erhöhtem Standpunkt aus mit metapherngeladenen Lästerungen zu überschütten. Immerhin erlaubt er seiner Mutter, ihn an langer Stange zu füttern.

Dieses von den deutschen Frühexpressionisten, zudem von Apollinaire und García Lorca gespeiste und entspre-

chend überfütterte Versepos, das zwar kraftmeierisch auf-
trumpfte, aber nie fertig wurde, ist nur zu erwähnen, weil
sich der statische Säulenheilige während der folgenden
Jahre und im Verlauf eines langwierigen Gärungsprozes-
ses zu einer mobilen Kopfgeburt wandelte, die aus ent-
gegengesetzter Perspektive – dem Blick aus Tischkanten-
höhe – die Welt verlästerte, allerdings in Prosa.

Gegen Ende der Frankreichreise schlug ich einen Umweg
ein. Eine Adresse reichte als Lockmittel, in die Schweiz
einzureisen. So kam ich in den Kanton Aargau und in das
putzsaubere Städtchen Lenzburg.

Mein Besuch galt der Schauspielerin Rosmarie Loss, die
mir in einem Düsseldorfer Kino – es lief »Kinder des
Olymp« – begegnet war. Sie wird mich im Verlauf unserer
hastigen Umarmungen und andauernden Redeschlachten
als notorischen Hungerleider gesehen haben, denn nach
ihrer Abreise wurden mir Pakete voller Schweizer Produkte zugestellt: Flötchen Geldmacher und ich erfreuten uns
an Ovomaltine, Blockschokolade, Reibkäse und Bündner
Fleisch. Ich dankte mit meinem Zahlungsmittel: kurze
und lange Gedichte.

In Lenzburg wohnte sie mit der Familie ihrer Schwester
bei den Eltern. Das Einfamilienhaus unterschied sich
kaum von den anderen Häusern der Siedlung. Der Vater
war Briefträger, Mitglied der Büchergilde Gutenberg und
Sozialdemokrat. Ihre Freundin hingegen, die eines harmlosen, nur auf Kaffee und Kuchen gestimmten Nachmittags auf Abschiedsbesuch kam, stammte aus besitzbürger-
lichem Haus, zählte neunzehn Jahre, bewegte sich betont
ruckhaft wie eine angehende Tänzerin, hielt dabei den
Kopf auf langem Hals hoch und verkündete, ohne von

mir befragt zu werden, daß sie nicht, wie von den Eltern gewünscht, Lehrerin werden wolle, sondern schnurstracks nach Berlin gehen werde, um dort bei Mary Wigman, der berühmten Pädagogin, den barfüßigen Ausdruckstanz zu lernen.

Welch mutiger und in klangvollstem Schriftdeutsch verkündeter Entschluß! Worauf sich in mir spontan etwas rundete, was bis dahin nur vager Wunsch gewesen war: ich versicherte der rundum sitzenden Familie Loss und mehr noch der zukünftigen Tanzelevin, gleichfalls und demnächst schon nach Berlin ziehen zu wollen, das westdeutsche Klima bekomme mir nicht.

So begann ein Geplauder, das Folgen hatte. Sie oder ich mutmaßten, daß man sich vielleicht in Berlin begegnen werde, Berlin aber eine große Stadt sei, in der man sich leicht verliere, wenn aber der Zufall es wolle…

Da ich unterwegs in Frankreich – und während längerer Warterei auf Fahrgelegenheiten – immer wieder Hühner gezeichnet hatte, verglich ich die ruckhaften Bewegungen der angehenden Tänzerin mit der Gangart des von mir beobachteten Geflügels; ein Vergleich, den ich sofort, aber vergeblich als Kompliment auszugeben versuchte.

Dann war bei Kaffee und Kuchen abermals von Berlin die Rede. Vor mir erkannte Rosmarie Loss, daß bei meinem angekündigten Ortswechsel, dieser Eingebung wie von oben, das Herz mitgespielt hatte.

Später, als Anna bereits gegangen war – sie müsse noch anderswo Abschied nehmen –, wurde aus sozialdemokratischer Sicht gestichelt: Das reiselustige Fräulein gehöre einer gutbürgerlich gesitteten Familie an, in der mittels Eisenhandel auf freisinnige Weise Besitz gewahrt und vermehrt werde. Gewiß eine gute Partie. Lohnend besonders für aus Deutschland hergereiste Habenichtse…

Mag sein, daß ironisch überspielte Eifersucht das Wortgeplänkel ahnungsvoll einfärbte – Rosmarie und ich hätten sich als streitbares Paar so lustvoll wie rasch erschöpft –, während ich gelassen, weil meiner eingeübten Bindungslosigkeit sicher, Zigaretten rauchte, die Parisienne hießen und mir aus gelber Verpackung angeboten wurden.

Jedenfalls war die Familienrunde um den Kaffeetisch noch ganz und gar teils schriftdeutsch, teils schweizerdeutsch in Wechselreden verstrickt, als ein Knabe, etwa dreijährig, der Sohn der Schwester meiner hellsichtigen Kinofreundin, behängt mit einer Kindertrommel das verrauchte Wohnzimmer betrat und mit hölzernen Stöcken auf das runde Blech einschlug.

Er schlug zwei rechts, eins links. Dabei mißachtete er die versammelten Erwachsenen, durchquerte den Raum, umrundete wiederholt die Tischgesellschaft, trommelte dabei unentwegt. Er war weder durch angebotene Schokolade noch von albernen Zurufen zu beirren, sah aus, als durchschaue er alles und jeden, machte plötzlich kehrt und verließ auf gleichem Weg das Zimmer.

Ein Auftritt mit Nachhall, ein Bild, das blieb. Doch sollte es noch lange dauern, bis endlich der Riegel offenstand, die Treibgut mitführende Bilderschwemme freigesetzt wurde und Wörter zuließ, die mir seit meiner Kindheit den Sparstrumpf füllten.

Anna Schwarz jedoch hatte, so kurz ihr Auftritt war, mehr als nur ihren Namen hinterlassen.

So erfuhr mein bis dahin noch ungenauer Wunsch, das wirtschaftswunderliche Düsseldorf, dessen bierseligen Altstadtbetrieb und den Genierummel der Kunstakademie zu verlassen, unerwarteten Auftrieb. Ich wollte mir in Berlin einen neuen, einen fordernden, einen, wie ich später, mich bewerbend, schrieb, »unbedingten Lehrer« suchen und in rauherem Klima meine streunenden Talente disziplinieren.

Im Frühsommer, noch vor der Frankreichreise, hatte mich eine Ausstellung des Bildhauers Karl Hartung, besonders dessen monumental wirkenden Kleinskulpturen angezogen. Bei ihm, dem Lehrer an Berlins Hochschule für Bildende Künste, bewarb ich mich mit Zeichnungen, den Fotos einiger Gipsabgüsse, der Mappe voller Gedichte und mit einem knappgehaltenen Lebenslauf in Form eines Briefes. Im Spätherbst kam die Zusage.

Viel Abschied nahm ich nicht. Die Mutter jammerte: »So weit weg.« Der Vater sagte Berlin ein »gefährliches Pflaster« nach, nicht nur der politischen Lage wegen. Die Schwester war schon auf dem Sprung ins klösterliche Mutterhaus in Aachen und wünschte mir »Gottes Segen«.

Im Stockumer Atelier vertrockneten der immer noch unfertige Franziskuskopf und gleichfalls die neuetruskischen Figurinen. Ich hing durch. Leicht fiel es mir, Düsseldorf zu verlassen.

Nach durchfeierter Silvesternacht begleiteten mich Flötchen Geldmacher, Scholl mit Gitarre und der Sohn des zimbalspielenden Zigeuners mit seinem Kontrabaß frühmorgens zum Bahnhof. Auch Franz Witte war dabei. Jeder rauchte, als sei es der letzte, einen Stumpen. Noch einmal unsere Spielart von Jazz. Das Waschbrett und die Fingerhüte blieben auf dem Bahnsteig zurück. Noch mehr blieb zurück.

Im Interzonenzug reiste ich am ersten Januar dreiundfünfzig mitten im Wintersemester ab: mit wenig Gepäck, doch reich an Wörtern und inwendigen Figuren, die noch immer nicht wußten, wohin.

Berliner Luft

Ach, meine Freunde! Als der Zug anfuhr, machte Franz Witte immer noch Faxen. Auf dem Bahnsteig hampelte er, eine windige Figur, nicht faßbar, weil stets in Posen von wechselnder Gestalt. Mal langbeinig stolzierend, ein Kranich, mal flatterig, als wollte er flügge werden, um auf und davon zu sein. Und blieb dann doch, blieb zurück, war wiederum ausgetauscht gegen sich, ein Baldanders, wie er im Buch steht, nun aber in Bildern Gestalt annahm, die ihn in wechselnder Farbe, zuletzt bis zur Überlänge gedehnt in Szene setzten: ein anderer El Greco.

Kürzlich noch waren wir in einem der kleineren Ateliers, in denen Otto Pankoks besondere Schüler für sich sein durften, gemeinsam verschiedene Wege gegangen: er als Tänzer über die Farbstufen des Regenbogens hinweg; meine Spuren liefen und kreuzten sich schwarz auf weiß.

Manchmal sah ich ihm zu, wenn er mit mehreren Pinseln zugleich die Legenden der Heiligen erzählte und dabei das Blut der Märtyrer wie aus Springbrunnen hüpfen ließ.

Auf seinen Leinwänden sprach er unvermischt klar – rot neben blau, gelb neben grün –, sonst aber verwirrte sich seine Rede und rührte jene Poesie auf, die von luftiger Schönheit ist, doch niedergeschrieben sogleich verduftet.

Er konnte mit Wörtern Wolken türmen und Wolkentürme durch allmählichen Silbenschwund zum Einsturz brin-

gen. Er, selber zerbrechlich, rief sich als klirrender Engel
aus, vor dessen Willen nichts Festgefügtes bestehen konnte. Mit Lust und einem Küchenmesser zerstörte er seine
Bilder.

Bald nach meiner Abfahrt am Neujahrsmorgen – oder
geschah es später, nach Jahresfrist? – soll, wie schon seit
Zeiten gezielt, der Ziegelstein seinen Kopf getroffen haben.

Man sprach von einer Schlägerei in der Düsseldorfer Altstadt nahe der Lambertuskirche. Dann wieder hieß es, ein
Spaßvogel namens Franz Witte habe längs der Königsallee
auf den schneebedeckten Dächern dicht bei dicht parken-
der Autos über Opel, Borgward, Mercedes, über gebuckelte Volkswagen hinweg seinen Tanz zelebriert. Weil aber ein
leicht abhebender und sacht aufsetzender Tänzer gesprungen sei, habe kein Blech Schaden genommen.

Das wurde später bestätigt. Dennoch sei, als er von
Dach zu Dach sprang und im Sprung noch Faxen machte
– das konnte er –, sein Hinterkopf vom Ziegel – oder war
es ein Pflasterstein? – getroffen worden. So beendete die
geballte Wut geeinter Autobesitzer seine Sprünge nach
Nirgendwohin.

Später, als die Wunde äußerlich verheilt war, wurde er
nach Grafenberg gebracht: zwangsweise eingeliefert, weil
wiederholt auffällig geworden. Im Jahr nach meiner Abfahrt besuchte ich ihn in der Heil- und Pflegeanstalt.
Brachte Süßes mit. Noch windiger schien seine Gestalt zu
sein. Leise sprach er wunderlich und deutete mit läng-
lichem Finger auf Laubbäume hinter dem Fenster des
Flurs.

Und durch dieses Fenster soll Franz, der Götter verzär-
telter Liebling, eines Tages gesprungen sein. Mit Anlauf,
den Flur lang, letztlich die Scheibe mißachtend. Wollte

noch einmal fliegen, zum Vogel oder zu Luft werden, Wind in den Bäumen.

Nach ihm, meinem toten Freund, heißt einer der Söhne, und nach jenem Onkel, der in der Polnischen Post wider Willen zum Helden wurde. Dieser und jener Franz. Als ich im Morgengrauen abfuhr, blieb Fränzchen, wie wir ihn riefen, auf dem Bahnsteig zurück.

Neben Franz Witte, den heillose Unruhe zappelig machte, stand unbewegt Horst Geldmacher, dessen Name in die Irre führt: wenn ihm auch alles Mögliche gelang – er konnte beidhändig zeichnen und vielfingrig seine Flöten zu nie gehörten Klängen verführen –, Geld zu machen war er unbegabt.

Und doch habe ich mit seinem vielversprechenden Namen meine arme Mutter erschreckt, als mir auf ihr bängliches Fragen, wovon das Söhnchen als Künstler zu leben gedenke, womit ich, zum Beispiel, die Monat nach Monat fällige Marke für die Straßenbahn kaufen wolle – »Und von was kaufste dir eigentlich deinen Tabak und was sonstnoch?« –, nur der laxe Hinweis auf Geldmachers und meine Geschicklichkeit im Umgang mit Farben und Papier als Antwort einfiel: uns gelinge es im Handumdrehen, derlei Kleinkram herzustellen, auf daß es »wie echt« wirke.

Kein Wunder, daß meine arme Mutter vom Namen des Freundes das Allerschlimmste, den Kellerbetrieb einer Falschmünzerwerkstatt ableitete, in der sie nicht nur diesen Geldmacher, sondern auch ihren Sohn, das Sorgenkind, als dessen Handlanger tätig sah. Sie vermutete, daß bei solch strafwürdiger Geldmacherei – gleich ob Schein oder Münze – meine Finger im Spiel seien.

Später oder, deutlicher gesagt, Jahre nach ihrem Tod erzählte mir die Schwester, unsere Mutter habe sich, wann immer in Oberaußem die Klingel der Tür zur Elternwohnung zu hören gewesen sei, erschreckt und den Dorfpolizisten, schlimmer noch, Kripobeamte erwartet.

Dabei ist Flötchen Geldmacher nur sich und seinem Kopf gefährlich gewesen, mit dem er, um unverlangt dessen Härte zu beweisen, gegen verputzte Wände oder nacktes Mauerwerk schlug. Das geschah in unregelmäßigen Abständen. Sonst aber gab er sich als sanfter, betont höflicher Mensch, der zeremoniell mehrmals grüßte und seine Schuhsohlen nicht nur beim Betreten fremder Wohnungen sorgfältig auf der Matte abrieb, sondern gleich gründlich, sobald er Wohnungen verließ.

Seine verlangsamten Auftritte und Abgänge nach seltsamem Regelwerk: wenn er kam, wenn er ging, stets klopfte er an. Im Umgang mit den Flöten jedoch war er so unduldsam wie mit seinem Kopf. Wiederholt sah ich, wie er sie, eine Flöte nach der anderen, zerbrach und in Stücken von der Rheinbrücke warf, um ihnen nachzuweinen.

Er spielte nicht nach Noten vom Blatt, aber seine Musik brachte Kinder-, Weihnachts- und Küchenlieder so klangvoll mit den Rhythmen der Gesänge schwarzer Baumwollpflücker zum Hüpfen, daß man glauben mochte, es liege ihm eine noch tintenfrische Partitur vor. Außerdem konnte er als geschickter Dekorateur und mit Leidenschaft für jedes Detail die ordinärste Altstadtkneipe in einen filmtauglichen Wildwestsaloon oder in die separaten Schiffskabinen eines luxuriös ausgestatteten Raddampfers auf dem Mississippi verwandeln; Düsseldorf bot, außer betuchter Kundschaft, das Pflaster für illusionäre Gastronomie.

Er war John Brown und John Browns mother zugleich, war Old Moses und Buffalo Bill. Als Jonas saß er im Bauch des Wals und weinte mit Shenandoah, der Häuptlingstochter, auf daß ein Fluß zu Quellwasser kam. Lange bevor Pop Art zur Mode wurde, war er ihr klammheimlicher Erfinder. Mit schwarzer Kontur begrenzte er flächig gesättigte Farben.

Im Jahr als »Die Blechtrommel« erschien und mich sogleich, wie einst von einer Putzfrau aus dem Kaffeesatz vorausgesagt, anrüchiger Ruhm zu bekleckern begann, gelang es mir, bei Dieter Wellershoff, damals Lektor beim Kiepenheuer Verlag, Horst Geldmachers Jazzbilder- und Notenbuch »O Susanna« ins Programm zu schieben. Dieses längst vergriffene Kunststück im Querformat, das Blues, Spirituals und Gospelsongs vielfarbig in Szene setzt, ist nur noch in Antiquariaten oder übers Internet zu finden.

Flötchen hielt länger aus als Franz Witte. Anfang der sechziger Jahre, als ich mich im Manuskript der »Hundejahre« zu verlieren begann, kam er nach Berlin und zu uns in die Karlsbader Straße, bereits aufgeschwemmt von zuviel Bier.

Dort, in der Halbruine, die ohnehin von des Krieges Schrecknissen bis in den brüchigen Dachstuhl bewohnt zu sein schien, erschreckte er Anna, die Söhne und die kleine, im Jahr des Mauerbaus geborene Laura, ein ernstes und nur versuchsweise lächelndes Kind.

Er, selbst verschreckt und angstgetrieben, verschreckte und ängstigte andere.

Verfolgt sah er sich, verließ Räume im Rückwärtsgang, mied Bürgersteige, versuchte beim Gehen auf der Straße seine Spuren zu verwischen, tilgte Fingerabdrücke, wollte in der Galeriekammer meines Ateliers vor bedrohlichen Dunkelmännern versteckt werden und bat mich um den Kauf einer speziellen, darum nicht billigen Kamera, mit der, so sagte er mit Flüsterworten, durchs Hosenbein das Pflaster fotografiert werden könne.

Er weinte und lachte zugleich. Schlimmer denn je schlug er mit der Stirn gegen die Wand, war ohne Flöten verloren und verschwand eines Tages, kam nie wieder.

Kurz zuvor noch hatte er eine helle Phase, in der wir gemeinsam zu Ehren von Willy Brandt – damals Regierender Bürgermeister von Westberlin – eine Schallplatte bespielten: er mit wechselnden Flöten, von der Diskant- bis zur Altflöte, ich mit einem Dutzend Gedichte aus meinem dritten Buch »Gleisdreieck«, in dem mein Credo »Askese« zu finden war.

Leider ging das Tonband verloren, auf dem er gegen Ende der fünfziger Jahre zu einem Ballettlibretto, das ich für Anna geschrieben hatte, »Die Gans und fünf Köche«, mit übersüßem Schmelz und schrillen Preßtönen die Musik lieferte. In Aix-les-Bains wurde es uraufgeführt, leider ohne Anna.

Alles verklungen. Nur ein paar Schallplatten gibt es, Sammlerstücke, mit denen ich geize. Und zwei Freunde, die ich hinter mir ließ, sitzen in meiner Erinnerung fest: ein überfülltes Gefängnis, aus dem niemand entlassen wird.

Hatten wir uns verabredet? Oder führte wieder einmal der Zufall Regie? Mir gegenüber saß jemand, dem nur mit Vorsicht näherzukommen war. Im spärlich besetzten Interzonenzug nach Berlin hätten er oder ich auch in einem anderen Abteil Platz gefunden.

Ludwig Gabriel Schrieber, Lud genannt, war zwei Jahrzehnte älter als ich. Als Maler und Bildhauer gehörte er einer Generation von Künstlern an, die dreiunddreißig zu unfertig waren, um sogleich verboten zu werden. Und als er seine Bilder nicht mehr in der Galerie Stuckert oder bei »Mutter Ey« ausstellen durfte, begann der Krieg und wurde er auf Länge des Krieges Soldat.

Kürzlich hatte man ihn zum Professor in der Grunewaldstraße gemacht, wo in einem unbeschädigten Gebäude zukünftige Kunstpädagogen ausgebildet wurden. Ich kannte ihn als heftig trinkenden Gast vom »Czikos« her. Meistens saß er allein und benetzte zwischen Schluck und Schluck seine Stirn mit Trester, als müsse er sich wieder und wieder taufen.

Irgendwann, bestimmt während einer Musikpause, legte ich mein Waschbrett, die Fingerhüte zur Seite und wagte es, ihn anzusprechen. Als er hörte, daß ich nach Berlin in Hartungs Schüleratelier wollte, riet er mir überraschend hilfsbereit, mich außer mit der obligaten Mappe handschriftlich mit einem Brief zu bewerben: das mache sich gut und vermittle persönlichen Eindruck.

Jetzt saß ich ihm gegenüber. Er rauchte Rothhändle, ich drehte aus meinem Vorrat Schwarzer Krauser magersüchtige Zigaretten. Wir sahen aneinander vorbei.

In Düsseldorf, wo er als leicht reizbarer Einzelgänger bekannt und als jemand, der plötzlich zuschlug, gefürchtet war, hatte er seine Geliebte besucht, die nur noch auf dem Papier als verheiratet galt. Auch Lud lebte von seiner Frau getrennt.

Als der Zug anfuhr, wird die Geliebte auf dem Bahnsteig zurückgeblieben sein, wie meine Freunde, die mich mit Banjo, Flöte und Kontrabaß verabschiedet hatten, zurückgeblieben waren.

Lud seufzte ab und zu, schwieg. Ich hätte bestimmt irgendwas reden wollen, traute mich aber nicht. Er pendelte zwischen Berlin und Düsseldorf, dem Atelier und der Geliebten.

Deren Schmalgesicht war mir von flüchtigen Begegnungen her und im Profil von seinen Kleinskulpturen aus Holz bekannt. Bestimmt hatte ihn Itta, so nannte er seine Geliebte, zum Bahnhof, wenn nicht bis auf den Bahnsteig begleitet.

Erst im Ruhrgebiet kam der Januarmorgen zu fahlem Licht. Lud war mit Malern, die Goller, Macketanz, Grote hießen, seit der Vorkriegszeit befreundet. Die Jahre der Naziherrschaft und der Krieg hatten ihre Entwicklung gehemmt. Spät versuchten sie ihren Vorbildern zu entkommen. In seinen Bildern mußten sich zarte Farbabstufungen gegen strenge Komposition behaupten.

Ich hüte zwei Schrieber-Aquarelle, die während seiner englischen Gefangenschaft entstanden sind: Parklandschaften in hellen, sparsam gesetzten Tönen. Später, als wir befreundet waren, sprach er nach drei vier Glas Doppelkorn von verlorenen Jahren, geriet dabei in Zorn und schlug ersatzweise harmlose Kneipengäste mit Handkantenschlag nieder.

Während der Fahrt haben wir anfangs nicht viele Worte gemacht. Schliefen wir? Kaum. Gab es im Interzonenzug einen Mitropa-Speisewagen? Nein.

Einmal – schon im verschneiten Niedersachsen – versuchte er, in Andeutungen etwas zu erklären, das mit körperlichen Veränderungen zu tun haben mochte. Ich vermutete, er wollte durch aufgetragenen Gips eine seiner Skulpturen umfänglicher werden lassen. Schließlich war zu erahnen, daß seine Geliebte schwanger war. Und plötzlich summte, dann sang Lud etwas Katholisches, nach dessen ungefährem Wortlaut die Ankunft eines Emanuel zu feiern war; doch wurde sein und Ittas Sohn später auf den Vornamen Simon getauft.

Auch Luds Ehefrau war bei strengem Profil schmalgesichtig mit nah beieinander gewölbten Augen. Während einer Ausstellungseröffnung hatte ich sie, verlassen und stumm, inmitten Geschwätz und Gedränge gesehen.

In Marienborn verlief die Kontrolle durch DDR-Bahnpolizei ohne Zwischenfall, so finster und zögernd Lud seinen Ausweis aus der Tasche zog.

Wir reisten beide mit wenig Gepäck. Im getrödelten Hebammenkoffer staute sich zwischen Hemden und Sokken mein Handwerkszeug, darunter die Steinmetzeisen, eine Rolle Zeichnungen, die Mappe voller Gedichte und verpackt ein Stück Lammbraten zwischen Kümmelbrot, Wegzehrung aus dem »Czikos«. Ich saß im Anzug aus Caritaszeiten.

Wenn ich nur wüßte, was mir außer der Lust auf Ortswechsel und dem Drang, der Düsseldorfer Stickluft zu entkommen, durch den Kopf gegangen ist. Welche Hilfsmittel ich auch bemühe, nicht eines Gedankens Echo wird laut.

Nur äußerlich, was den Hebammenkoffer auf der Gepäckablage und den jungen Mann im Fischgrätenmuster seines Anzugs betrifft, bin ich anwesend. Dabei ist sicher, daß mir während der Reise von West nach Ost der Wörter Andrang schier die Hirnschale gesprengt haben wird: so viel vergrübelter Sperrmüll, so viel verschwiegener Lärm, scheuchenhafte Gestalten sah ich neben dem Interzonenzug herlaufen – Kopfgeburten, die nicht von mir lassen wollten.

Körperlich abtastbar und deshalb gewiß ist mein Gegenüber, Ludwig Gabriel Schrieber, den ich erst später, als wir versuchsweise, dann unverbrüchlich Freunde wurden, Lud genannt habe.

Und so abgekürzt, aber auch zu Ludkowski, Ludström, zum Prälaten Ludewik und Saufkumpan Ludrichkait, dann zum Henker Ladewik oder Holzschnitzer Ludwig Skriever erweitert und von Jahrhundert zu Jahrhundert verwandelt, ist er der erzählten Geschichte eingewoben und zugleich Teilhaber meines Romans »Der Butt«, an dem ich mich Mitte der siebziger Jahre abgearbeitet habe. Von dessen Kurzkapiteln steht eines unter der Überschrift »Lud«, weil mir der Freund, während ich schrieb und schrieb, wegstarb.

Seitdem fehlt Lud. Seitdem lebt Lud in meinem Gedächtnis, weshalb ich nicht von ihm lassen kann. Und wie von mir beschrieben, erlebte ich ihn während der frühen Berliner Jahre, als wir uns oft sahen und manchmal zu nah kamen: »Wie gegen starken Wind angehend. Vorbeugend grimmig, wenn er geschlossene Räume, das Atelier voller Schüler betrat. Stirn und Backenknochen gebukkelt, doch alles fein ziseliert. Das lichte Haar weich. Die Augen gerötet, weil ja Gegenwind herrschte zu jeder Zeit. Zart um Mund und Nasenflügel. Wie seine Bleistiftzeichnungen keusch…«

Und etwa so, in Umrissen und mit wenig Binnenzeichnung skizziert – wenn auch um zwanzig Jahre jünger als zur Zeit meines Nachrufs –, saß er mir im Interzonenzug nach Berlin gegenüber. Rauchschwaden im, abgesehen von uns, leeren Abteil.

War es unterkühlt, überheizt?

Wütete er jetzt schon gegen gegenstandslose Maler gleich einem Bilderstürmer oder erst während späterer Thekengespräche?

Teilten wir jetzt schon den Lammbraten und das Kümmelbrot?

Draußen überholten wir Landschaft, die spärlich verschneit flach lag: weil menschenleer, von Ausgedachten bevölkert. Seit Magdeburg, dessen Trümmerreste seitab nur zu ahnen waren, redete Lud: über den Sohn, den er, darin sicher, gezeugt habe und der, laut besungen, Emanuel heißen solle; über die Kunst der Hethiter und die große Form, die uns verlorengegangen sei; über Mykene und die Heiterkeit minoischer Kleinkunst. Auch sprach er in Halbsätzen über etruskische Bronzen, um dann auf Südfrankreichs romanische Skulpturen und seine Soldatenzeit dort, die spätere in Norwegen und an der Eismeerfront – wo »der Iwan in Schneehemden kaum zu erkennen war« – und schließlich, nach bedeutsamem Hinweis in Richtung Naumburger Dom und dessen frühgotische Stifterfiguren, wieder auf Griechenland zu kommen, doch ohne Erwähnung seines Militärdienstes auf dieser oder jener Insel, vielmehr feierte er archaische Strenge, die zur Ruhe gekommene Form und deren uns heute noch irritierende innere Heiterkeit. Verspätet seien wir, nur Nachgänger, Ptolemäer…

Und zwischen den europaweiten Etappen seiner, so schien es, einzig auf Kunst versessenen Soldatenzeit zitierte er, ohne daß randvolle Gläser zu greifen waren, aus seinem Lieblingsbuch, dem »Ulenspiegel«, den Trinkspruch des alten Baas: »tis tydt van te beven de klinkaert…«

Er, der geeichte Trinker, konnte sich auch ohne Schnaps in Rausch reden.

Dann kam Potsdam, ernüchterte uns. Der Bahnsteig voller Vopos. Sächsische, von Lautsprechern ins Kommandodeutsch übersetzte Ansagen. Auf grenzpolizeiliches Verlangen zeigten wir noch einmal unsere Ausweise und

fuhren bald danach durch Westberliner Gebiet: Kiefern-
wälder, Schrebergärten, erste Ruinen.

Lud schwieg wiederholt, seufzte wie aus Gewohnheit,
knirschte plötzlich und ohne ersichtlichen Grund mit den
Zähnen, wurde so dem späteren Romanautor zur »der
Knirscher« genannten Figur tauglich und bot mir, als der
Zug in den Bahnhof Zoologischer Garten einlief, wie beiläufig an, in seinem Atelier in der Grunewaldstraße zu
übernachten.

Woher wußte er, daß ich ohne Quartier war? Fürchtete
er sich davor, alleingelassen, zwischen seinen unfertigen
Skulpturen allein mit sich zu sein?

Dort tranken wir, doch ohne Ulenspiegel-Zitat, aus
Wassergläsern hochprozentigen Doppelkorn und aßen,
was er vorsorglich mitgebracht hatte: geräucherte Ma-
krele zu Eiern, die er auf dem Elektrokocher der Atelier-
küche in kleiner Pfanne salzte, pfefferte, verrührte.

Als ich mich in der Abseite seines Ateliers auf eine der
beiden Pritschen legte, schlief ich bald ein, sah aber noch,
wie er zwischen verhüllten Tonfiguren mit Sandpapier die
Oberfläche einer gipsernen Büste schmirgelte, die im Profil seiner fernen Geliebten glich.

Tags drauf fand ich in der Schlüterstraße ein Zimmer, das
bei einer weißhaarig ondulierten Witwe in Untermiete für
zwanzig Mark monatlich zu beziehen war. »Selbstverständlich ohne Damenbesuch«, sagte sie.

In dem mit unnützen Möbeln vollgestellten Zimmer
stand dem Mieter ein Kastenbett aus Großvaters Zeiten zu.
Die Hängeuhr ging nicht und sollte wohl für den Stillstand
der Zeit bürgen. Mir wurde gesagt: »Nur mein Mann durfte sie aufziehen, sonst niemand, selbst ich nicht.«

Den Kachelofen, versprach die Witwe, werde sie jeweils am Wochenende beheizen, gegen Aufgeld natürlich.

Kürzlich war mein Knappschafts-Stipendium von fünfzig auf sechzig Mark pro Monat erhöht worden. Außerdem hatte mir die Wirtin des »Czikos« – Otto Schuster war bei einem Unfall auf ungeklärte Weise ums Leben gekommen – für das Porträtrelief ihres Mannes einen ordentlichen Preis hingeblättert. Ich zahlte die Miete plus Aufgeld im voraus.

Der schnörkelige Putz an der Außenfassade des Mietshauses, dem ich nun eine feste Adresse verdankte, hatte sich, nur mäßig von Splittern verletzt, erhalten. Als die seitliche Bebauung gegen Kriegsende weggebombt wurde, war das Vorder- und Hinterhaus wie ein letzter Backenzahn stehengeblieben. Später, ab dem beginnenden Frühjahr, sah ich vom Fenster aus, daß sich im engen Hof ein Kastanienbaum gehalten hatte, dessen fette Knospen glänzten.

Gegenüber dem Mietshaus stand eine restliche Fassade auf einem Ruinengrundstück, doch gab es links und rechts der Straße keine Trümmerhalden mehr, nur freie, abgeräumte Flächen, auf denen der Wind kreiselte, jetzt noch Pulverschnee, später Staub aufwirbelte und stadtweit so gleichmäßig verteilte, daß mir, wohin ich auch unterwegs war – zur nahen Hochschule am Steinplatz oder zum Einwohnermeldeamt –, Ziegelsplitt zwischen den Zähnen knirschte.

Auf ganz Berlin, auf der östlichen, den drei westlichen Besatzungszonen lagerte Steinstaub ab. Doch als Schnee fiel, der liegenblieb, schien die Luft als echte Berliner Luft, wie sie im Lied besungen wurde, staubfrei zu sein; aus dem Radio meiner Wirtin, das in der Küche stand, plärrte der unvergängliche Schlager: »Das ist die Berliner Luft, Luft, Luft…«

Erst ein Jahrzehnt später schrieb ich das lange Gedicht »Die große Trümmerfrau spricht«, das mit letzter Strophe Amen sagt: »…Hingestreut liegt Berlin. / Staub fliegt auf, / dann wieder Flaute. / Die große Trümmerfrau wird heiliggesprochen.«

Alles breitete sich hier weitläufiger, sah ärmlich lückenhaft und näher dem Kriegsende aus. Viel Platz zwischen großflächigen Brandmauern. Kaum Neubauten, aber viele Bretterbuden und Budenläden. Vergeblich bemühte sich der Kurfürstendamm, eine elegante Flaniermeile zu sein. Nur in der Hardenbergstraße zwischen dem Bahnhof Zoologischer Garten und der U-Bahn-Station Am Knie, dem späteren Ernst-Reuter-Platz, sah ich nahe dem Steinplatz ein Baugerüst, hinter dem bald die Berliner Bank in vielstöckiger Scheußlichkeit aufragen sollte.

Bei Aschinger gab's für Pfennige Erbsensuppe und – so viel man wollte – Schrippen, wie Semmeln hier hießen. Alles war billiger, sogar das Schreibpapier der Firma Max Krause: »Schreibste mir, schreibste ihr, schreibste auf MK-Papier!« fuhr als Reklame und mir auf Dauer eingeschriebenes Zitat mit doppelstöckigen Bussen von Stadtteil zu Stadtteil.

Ich war angekommen. Kaum da, fiel alles ab, was von Düsseldorf her anhing. Oder war es schon immer so, daß es mir leichtfiel, Ballast abzuwerfen, nicht hinter mich zu schauen, sogleich anzukommen und dazusein?

Jedenfalls nahm mich das Gebäude der Hochschule für Bildende Künste, kurz HfBK genannt, so selbstverständlich auf, als sei es extra für mich in Kriegszeiten heil geblieben. Und auch Karl Hartung, mein neuer Lehrer, brauchte nicht viele Worte. Er stellte mich seinen Schülern vor, gleichfalls dem Aktmodell, das gerade Pause machte und etwas Strumpfähnliches strickte.

Ein Garderobehaken für meine Drillichhose und ein leerer Modellierbock wurden mir zugewiesen. Lothar Messner, der aus dem Saarland stammte und wie ich Selbstdreher war, bot mir von seinem Tabak an. Ein Männerverein nahm mich auf, dem Hartungs einzige Schülerin, Vroni, die von stämmiger Gestalt war, zugezählt werden konnte.

Hinter dem Hauptgebäude der Hochschule und dem von Bäumen bestandenen Innenhof lagen die Ateliers der Bildhauerprofessoren Scheibe, Sintenis, Uhlmann, Gonda, Dierkes, Heiliger und Hartung, gleichfalls die Atelierräume ihrer Schüler. Aus unserem Atelierfenster blickte man über Ödland nach links hin auf Gebäude der Technischen Universität und nach rechts auf eine Ecke der Musikhochschule. Entfernter stummelten restliche Ruinen, halb von Buschzeug verdeckt.

Die nach Modell aus Ton entstehenden Skulpturen der Hartung-Schüler sahen, wenngleich vom Formwillen des Meisters geprägt, eigenständig aus. Die einzige Schülerin gab ihrem liegenden Akt die schwellenden Ausmaße ihres Körpers. Sie schien die begabteste zu sein.

Eher nüchtern ging es in unserem Atelier zu. Keine bohemehaften Allüren, niemand versuchte, sich als Genie aufzuspielen. Der jüngste Schüler, Gerson Fehrenbach, entstammte einer Holzschnitzerfamilie aus dem Schwarzwald. Zwei oder drei kamen aus Ostberlin und wurden in der benachbarten Technischen Universität mit allerbilligstem Mensaessen für Ostler abgefüttert. Fehrenbach zeigte mir, wo ich in der Nähe, bei Butter-Hoffmann, billig Brot, Eier, Margarine und Schmierkäse kaufen konnte.

Gleich in der ersten Woche briet ich auf einem Elektrokocher für alle – mein Einstand – grüne Heringe, die ich zuvor in Mehl gewälzt hatte und die für fünfunddreißig Pfennig das Pfund zu haben waren. Frisch vom Wochenmarkt gekauft, sollten sie mich fortan satt machen.

Kaum angekommen, begann ich, neben einem stehenden Akt nach Modell, als freie Arbeit ein Huhn in kompakter Form anzulegen, das später mit rotbrennendem Töpferton dünnwandig in die Gipsform gedrückt und als meine erste Terrakotta gebrannt wurde. Die Hühnerzeichnungen der Frankreichreise vom Vorjahr wirkten nach; wie mich Hühner und Hähne noch lange, bis hin zu dem Gedicht »Die Vorzüge der Windhühner«, zu Zeichnungen und Lyrik anstiften sollten.

Nach einem seiner Korrekturgänge erzählte Hartung, sonst eher um Distanz zu seinen Schülern bemüht, von einem Besuch im Pariser Atelier des rumänischen Bildhauers Brancusi. »Als Besatzer während der Soldatenzeit«, ergänzte er korrekt. Brancusis Formsprache habe ihn beeindruckt, die »Verdichtung der Grundform«. Dann wiederholte er mit Hinweis auf mein entstehendes Huhn einen seiner Standardsätze: »Natur und doch bewußt!«

Wie das Nordlicht durchs große Atelierfenster, so nüchtern setzte er Worte. Desgleichen sein dunkler Kinnbart: gestutzt und in Form gebracht. Jemand, der sich dauernd disziplinierte. Er verstand es, den nunmehr modisch geläufigen Begriff »abstrakt« auf jeden Gegenstand oder Körper zu beziehen, von dem zu abstrahieren war. Daß ich dabei gegenständlich blieb, entsprach seinem Ver-

ständnis von Abstraktion. Doch am Geruch der Brat-
heringe, der durch eine Zwischentür bis in sein benach-
bartes Meisteratelier drang, nahm er Anstoß, begriff dann
aber unsere Notlage und spendierte ab und an Buletten
mit Kartoffelsalat von Butter-Hoffmann. Er war mit
Schrieber befreundet und tolerierte später dessen zunehmenden Einfluß auf seinen Schüler.

Irgendwann, noch im Januar, mußte ich mich, weil mitten
im Semester aufgenommen, einer mündlichen Nachprü-
fung stellen. Der Direktor der Hochschule, Karl Hofer,
der vorerst kein Wort sprach, und drei oder vier Kunst-
professoren führten ein abtastendes Gespräch, in dessen
Verlauf meine der Bewerbungsmappe beigelegten Gedichte das besondere Interesse des Professors Gonda fanden. Er lobte einiges aus dem Säulenheiligen-Zyklus und
zitierte mehrere Genitiv-Metaphern, die er als »kühn,
wenn auch äußerst gewagt« bewertete, was mir peinlich
war, denn diese Manier lyrischer Bildproduktion glaubte
ich hinter mir zu haben.

Aus ironischen Bemerkungen der anderen Professoren
war herauszuhören, daß Gonda vor Jahren einen Roman
geschrieben und sogar veröffentlicht hatte. Zudem galt er
als Rilke-Bewunderer. Worauf ich den noch von Pater Stanislaus bereicherten Zugewinn meines Lesehungers, »Die
Aufzeichnungen des Malte Laurids Brigge«, ins Geplauder einbrachte.

Folglich kamen wir auf Rilke als Sekretär und Biograf
des Bildhauers Auguste Rodin. Gonda und ich bewarfen
uns mit Angelesenem. Weiß nicht, was ich oder er zitierte,
wahrscheinlich etwas aus dem Pariser Karussellgedicht:
»Und dann und wann ein weißer Elefant ...«

Die Professorenrunde, zu der auch Hartung gehörte, blieb dazu stumm, bis Hofer aus seinem Schweigen heraus bündig erklärte, das reiche jetzt, der Neuzugang sei aufgenommen, über Rilke könne man endlos reden.

Noch heute verwundert mich diese Prüfung, die keine war, und die kritikfreie Wertschätzung von Gedichten, die alle an fortgeschrittener Metaphernsucht krankten; vielleicht kam dem Neuzugang, den man als künftigen, mithin vielversprechenden Dichter ansah, ein Bonus zu.

Noch erstaunlicher war die Geduld, mit der Karl Hofer, der wie vereinsamt inmitten der Runde saß, meinen anfangs schüchternen, dann selbstbewußten Auftritt ertragen hat. Ich hätte mich strenger verhört.

Geblieben ist Hofers Gesicht, das vom Verlust gezeichnet war. Anwesend und zugleich entrückt saß er der Runde vor, als wollten seine in Bombennächten verbrannten Bilder nicht von ihm lassen, als müsse er selbst in Gedanken noch Bild nach Bild abermals malen.

Ich habe ihn nur noch selten und wenn, dann mit langsamen Schritten in der Halle der Hochschule gesehen. Bald sollte ihm der Streit mit einem Kunstpapst zusetzen, den er nicht überlebte und der bis heutzutage nicht ausgetragen ist.

Gleich am ersten Tag fiel mir links hinten in der Eingangshalle der Hochschule die Telefonzelle auf. Ich war erleichtert, wenn ich sie besetzt sah. Entlastet fühlte ich mich, wenn drei, vier Wartende in Reihe davor standen. Ängstlich ihren Anblick zu meiden, wurde mir zur Übung. Denn sobald sie leer war und geradewegs zur Benutzung einlud, geriet ich jedesmal in Versuchung: Jetzt, jetzt, jetzt...

Wiederholt betrat ich sie, wählte, nachdem ich mir Mut eingeredet hatte, die auswendig geläufige Nummer, hängte aber den Hörer gleich nach dem ersten Rufzeichen wieder ein. Ein- oder zweimal meldete sich das Sekretariat und blieb ohne Antwort. Meine Groschen waren verschwendet.

Aber die Telefonzelle ließ sich nicht auf Dauer umgehen. Sie wartete, bewies Geduld, schien auf mich, den Zauderer, zu warten: die lauernde Falle. Bald stand sie mir schon dann vor Augen, wenn ich noch auf dem Weg zum Steinplatz war oder vom Atelier kommend den Innenhof der Hochschule betrat.

Sie kam mir entgegen, lief mir nach. Dem Untermieter in der Schlüterstraße stand sie im Schlaf noch offen und einladend leer. Sie machte mich zum Zellenbewohner, verlockt von der Drehscheibe, den Zahlen. Im Traum scheiterte ich am Dauerton des Besetztzeichens. Und nur im Traum kam Antwort und fädelte sich beglückend ein Gespräch von längerer Dauer ein.

Mich feige zu heißen, hätte mein Verhalten halbwegs richtig benannt. Die Nummer Zahl nach Zahl wie das Teilstück einer Rosenkranzlitanei wiederholt herzusagen und es dabei zu belassen, half aber nur kurzfristig.

Einmal, als ich mich zu den Wartenden vor der Telefonzelle stellte, sollte mir ein angestrengter Flirt mit einer Schülerin aus der Sintenis-Klasse, die Christine hieß und etwas Fohlenhaftes an sich hatte, behilflich werden: ihre Pferdeschwanzfrisur. Man hätte sie streicheln mögen, mehr nicht. Als sie dann aber vor mir die Zelle betrat, machte sich jemand davon, der mir glich und dessen Furcht vor bindenden Wörtern eingefleischt war.

So ängstlich wurde meine Liebe im Rohzustand gehütet, so ungelebt und unter zärtlichen Wörtern begraben sollte sie mir genug sein, so sehr genoß ich mein Zögern und war alles Weiterführende zu befürchten, deshalb zu meiden, denn wann immer ich das Gehäuse zu betreten Anlauf nahm, wußte ich, wenn du zwei Groschen opferst, Zahl nach Zahl wählst, ergeben Rufzeichen nach Rufzeichen hinnimmst, dann hörst, wie sich das Sekretariat des Mary-Wigman-Studios meldet, und du, höflich oder ruppig nach deinem Wunsch befragt, den Vor- und Zunamen einer Person nennst, mit der zu sprechen dir dringlicher Wunsch ist, nun wartest, bis sie angetänzelt kommt und in schönstem Schriftdeutsch »Ja, bitte« sagt, ist es um dich geschehen, gibt es kein Zurück mehr, bist du gebunden, weil zwangsläufig an die Leine genommen. Du kannst dich nicht mehr verdrücken, vielmehr fängt etwas an, dir greifbar nah zu kommen und zur leibhaften Person zu werden, deren Name bisher nur ins Blaue geschrieben stand.

Und als ich mir dann doch übers Telefon einige kurze Sätze von einer Tanzelevin namens Anna Schwarz einhandelte, kam dabei unsere erste Verabredung zustande. So schnell ging das. Ein Anruf genügte.

Bei aller Mühe mit den Geburtstagen unserer späterer Kinder und Kindeskinder weiß ich dennoch das Datum: wir trafen uns am 18. Januar 1953. Mag ja sein, daß mir, dem denkwürdige Geschichtsereignisse, etwa Schlachten und Friedensschlüsse, schon immer wie gegenwärtig gewesen sind, der Gründungstag des Zweiten Reiches nach Bismarcks Willen bis heute behilflich wird, sobald ich mich an den eiskalten Tag – war es ein Sonnabend oder Sonntag? – und dann schon weniger deutlich an dessen Ablauf erinnere.

Wir hatten als Zeit dreizehn Uhr und als Treffpunkt den U-Bahn-Ausgang der Station Zoologischer Garten ausgemacht. Da ich seit meiner Verwundung zwischen Senftenberg und Spremberg und dem Verlust der Armbanduhr Marke Kienzle nichts mehr an mir trug, das mehr oder weniger genau die Zeit wußte, stand ich zu früh unter der Bahnhofsuhr, lief unschlüssig auf und ab, kam in Versuchung, widerstand eine Zeitlang und trank dann doch an der Theke einer der gegenüber gereihten Buden zwei Schnäpse, weshalb mein Atem roch, als Anna pünktlich kam und jünger als zwanzig aussah.

Etwas eckig Knäbisches steckte in ihren Bewegungen. Die Kälte machte ihr eine rote Nase. Was war mit dem jungen Ding ab mittags und den Nachmittag lang anzufangen? Sie ins Zimmer des Untermieters, dem die Witwe Damenbesuch untersagt hatte, abzuschleppen, kam mir nicht oder allenfalls als streng zu meidende Praxis in den Sinn. Gleich in der Nähe, Kantstraße, ins Kino zu gehen, bot sich an, doch da lief unpassend ein Western. Also tat ich, was ich noch nie getan hatte, lud Fräulein Schwarz manierlich zu Kaffee und Kuchen bei Schilling in der Tauentzienstraße ein, oder war es bei Kranzler auf dem Kudamm?

In Wörtern unauffindbar ist, wie und wo überall wir den langen Nachmittag überwunden haben. Nehme an, mit Geplauder: Wie läuft das so mit dem Barfußtanz? Haben Sie als Kind schon Ballettunterricht gehabt? Und wie ist Ihre neue Lehrerin, die berühmte Mary Wigman? Streng und fordernd, wie gewünscht?

Oder sprachen wir gar über die ungekrönten Könige der Poesie, über Brecht drüben im Ostteil der Stadt und Benn hier im Westen? Wurden wir dabei politisch?

Oder gab ich mich noch vorm ersten Stück Kuchen freiweg, dabei auf Wirkung bedacht, als Dichter aus?

Gleich einem Goldsucher kann ich das Sieb schütteln
und schütteln: kein glänzend Wörtchen, kein geistreicher
Krümel und nicht der Widerhall einer gewagten Metapher
will dauerhaft sein. Auch wieviel Stück Kuchen oder gar
Torte wir hier oder da verputzt haben, steht keiner Zwiebelhaut aufgelistet. So oder so kamen wir über die Zeit.

Die eigentliche Begegnung mit Anna begann erst am
Abend, als wir dem Sog in den damals berühmten Tanzschuppen »Eierschale« folgten. Wenn hier gesagt wird, wir
tanzten, sagt das wenig. Wir fanden uns im Tanz, kommt
der Sache näher. Eigentlich müßte ich im Rückblick auf
die sechzehn Jahre unserer Ehe bekennen: Richtig nahe,
bis daß wir eins waren und wie geschaffen, ein Paar zu
sein, ist mir Anna nur beim Tanzen gewesen, so sehr wir
uns sonst liebevoll um Annäherung bemüht haben. Zu oft
sahen wir aneinander vorbei, streunten anderswo, suchten, was es nicht oder nur als Phantom gab. Und dann, als
wir Eltern wurden – an Pflichten gebunden – und doch
einander verlorengingen, standen uns nur noch die Kinder nah, Bruno zuletzt, der nicht wußte, wo bleiben.

Die Band in der »Eierschale« schwankte zwischen Dixie-
land, Rag und Swing. Wir tanzten alles selbstvergessen.
Leicht fiel das, als hätten wir ein Vorleben lang miteinander geübt. Ein Paar wie aus göttlicher Laune gelungen.
Inmitten Tanzender nahmen wir Raum ein. Kaum daß wir
merkten, daß man uns zusah. Wir hätten eine kleine Ewigkeit lang so tanzen mögen, offen und eng, mit kurzen
Blicken und leichtem Fingerdruck, vereinzelt, um sich zu
finden, gepaart in Drehung, auf Füßen, die das, nur das
wollten: verspielt bis todernst sich trennen und wieder

eins sein, abheben, schwerelos sein, schneller als Gedanken, schleppend langsamer als vergehende Zeit.

Nach letztem Blues, irgendwann gegen Mitternacht, brachte ich Anna zur Straßenbahn. Sie wohnte zur Untermiete in Schmargendorf. Und zwischen den Tänzen soll ich »Werde dich heiraten« gesagt haben, worauf sie auf einen Freund hingewiesen haben will, dem sie verbunden sei, was wiederum mich angestoßen haben wird, zu sagen: »Das macht nichts. Das warten wir ab.«

Es sind die leichten Anfänge, die alles aufwiegen, was schwergewichtig danach kommt.

Ach, Anna, wieviel Zeit liegt hinter uns. Wieviel nicht aufzufüllende Lücken, wieviel Vergessenswertes. Was uns ungerufen dazwischenkam und dann als heißersehnt zu gelten hatte. Womit wir einander beglückten. Was uns als schön galt. Was trügerisch war. Weshalb wir uns fremd wurden, einander verletzten. Warum ich dich noch lange, und nicht nur aus Vorliebe für Verkleinerungen, als »Ännchen« angerufen habe, wieder und wieder.

Wir seien ein Bilderbuchpaar, sagte man uns nach. Unzertrennlich und füreinander bestimmt schienen wir zu sein und waren es auch: gleichen Ranges. Du willentlich stolz, ich eingeübt selbstbewußt. Auf schnell wechselnden Bildern, geeignet, das junge Paar zu feiern, sehe ich uns geeint zu zweit. In Theatern Ost und West, wo wir den »Kaukasischen Kreidekreis« und »Warten auf Godot« erlebten, oder im Kino am Steinplatz, wo wir die französischen Klassiker »Hôtel du Nord«, »Das Mädchen mit dem Goldhelm«, »Bestie Mensch« sahen. Ich stieg dir auf die Bude, du sagtest, noch nicht. Mit Lud Schrieber hielten wir es bei Leydicke Glas nach Glas an langer Theke aus, bis du mich, weil volltrunken, abschleppen mußtest. Du kamst zu Besuch ins Schüleratelier, wo Hartung dich »Muse Helvetia« nannte, ich sah deinem Barfußtanz in Mary Wigmans Zuchtanstalt zu. Du konntest nicht kochen, ich bewies dir, wie billig und gut Hammeldünnung mit Linsen von besonderem Geschmack sind und wie leicht vom gebratenen Hering das Fleisch von der Hauptgräte zu lösen ist. Und als ich die letzte Straßenbahn verpaßte, über Nacht bleiben wollte, hofften wir, deine Wirtin, eine dickliche Schreckschraube, werde nichts merken.

Unsere gemeinsamen Freunde: Ulli und Herta Härter, mit denen wir Gott und die Welt verlästerten. Rolf Szymanski, den wir Titus nannten und mit dem ich volltrunken vors Portal der Berliner Bank pinkelte, weil wir glaubten, der Neubau sei eine Pißbude, worauf wir fünf teure Mark Ordnungsstrafe zahlen mußten. Später dann Hans und Maria Rama, die erste Tanzfotos von dir machten: du, hell ausgeleuchtet im Tutu und auf Spitzenschuhen; so früh schon wolltest du weg vom Ausdruckstanz und hin zum klassischen Ballett, selbst wenn dein Spann zu niedrig und dir deine Beine nicht lang genug waren.

Häufiger als ich das ansehen mochte sahen wir Ballettaufführungen im Hebbel-Theater: diese abzählbaren Pirouetten und zu bestaunenden Grand jetés. Ulli und ich pfiffen, sobald der Vorhang fiel.

Auch auf Papier wollten wir uns verzwirnt sehen: ich entwarf das Libretto für eine Tanzszene, in deren Verlauf ein junger Mann mit Ballonmütze hin und her auf der Flucht ist, angstgetrieben zittert, auf Sprungesweite von zwei Polizisten verfolgt wird und schließlich unter den Röcken einer bäuerlich kostümierten Ballerina, die du hättest sein können, Zuflucht sucht und Einlaß findet, bis die Gefahr vorbei ist, worauf es zum abschließenden Pas de deux kommt: vulgär komisch und fern aller klassischen Zucht.

Dieser Entwurf, der nie auf die Bühne fand, wandelte sich später zu erzählender Prosa und brachte mit Sprüngen in Zeitlupe und während pantomimischer Abläufe stummfilmhaft ruckende Bewegung ins erste »Blechtrommel«-Kapitel.

Wir liebten uns und die Kunst. Und als wir Mitte Juni am Rand des sonst öden Potsdamer Platzes standen und von dort aus sahen, wie Arbeiter mit Steinen sowjetische Panzer bewarfen, verließen wir nicht den amerikanischen Sektor, blieben an dessen östlichem Rand, erlebten aber die Macht und die Ohnmacht so nah, daß sich die Wurfgesten und der Abprall der Steine einprägten; weshalb ich zwölf Jahre später mein deutsches Trauerspiel »Die Plebejer proben den Aufstand« schrieb, in dem die aufständischen Arbeiter ohne Plan sind und ziellos im Kreis laufen, während die Intellektuellen, denen immer ein Plan zu richtig gesetzten Wörtern verhilft, an ihrem Hochmut scheitern.

Wir sahen damals nur zu. Mehr wagten wir nicht. Weil du behütet aus dem gesicherten Gehege der Schweiz kamst, war dein Erschrecken dir neu; meines rief verjährte Furcht wach. Den Panzertyp kannte ich: T-34.

Als wir genug gesehen hatten, meinten wir, gehen zu müssen. Gewalt schreckte uns ab. Etwas tun, mit Steinen Panzer bewerfen, gelang allenfalls in Gedanken. Wir hatten ja uns und die Kunst. Das reichte beinahe.

So kauften wir ein Zelt für zwei Personen klein. Von orangeroter Farbe war es. Und mit diesem Zelt, im Rucksack gerollt, wollten wir den Sommer über in Richtung Süden reisen. Ach, Anna…

Während lautlos der Krebs

Diesmal über den Gotthard-Paß. Doch bevor wir einander beim ersten gemeinsamen Autostopp erprobten, besuchten Anna und ich meine Eltern und danach die Schwester, die in Aachen als Novizin in einem franziskanischen Kloster zu finden war. Anhaltend schmerzt diese Reise vor der Reise.

Die Haut grau, die Augen verschattet, krank sah die Mutter aus, der Vater bekümmert. Beide litten, weil ihnen die Tochter wie für immer verloren war. Doch blieb ihr Kummer nach innen gekehrt. Wenn auch ein wenig überrascht, bemühten sie sich, uns freundlich zu empfangen. Das hatte ich noch nie getan, eine meiner, wie die Mutter sagte, »Eroberungen« den Eltern vorzuführen. Die engen Wohnküchenverhältnisse waren für Anna etwas, das sie nicht kannte. Einen Teil der Möbel hatte die Schwester vom ersparten Lohn gekauft.

Ich versuche, mir unseren Antrittsbesuch zurückzurufen, bin dabei unsicher, weil mir kaum noch der Stand des Küchenschranks, die Farbe der Gardinen, der Fußboden vorstellbar sind: waren es Dielenbretter aus Kiefernholz oder bezog ihn ein Kunststoffbelag von unbestimmbarer Farbe? Schloß den Rand der Tischdecke eine gehäkelte Borte ab? Warum aßen wir in der Küche und nicht in der guten Stube? Oder war es umgekehrt?

Ich stelle mir Anna vor, wie sie neben dem Herd steht, der mit Briketts aus der Braunkohlengrube Fortuna Nord beheizt wird, will sie am Küchentisch sehen, den nicht wie üblich ein Wachstuch deckt. Wahrscheinlich hat der Vater für den angekündigten Besuch eines seiner Leibgerichte gekocht: Königsberger Klopse in süßsaurer Kaperntunke zu Salzkartoffeln.

Jetzt reicht er Anna von der Tunke »ein Löffelchen voll« zum Abschmecken. Die Mutter huscht hin und her, weiß nicht was sagen. Jetzt sitzt Anna sittsam am Tisch und antwortet, wie sie es in der Schule gelernt hat, in schönstem Schriftdeutsch auf Fragen, die das kriegsferne Wunderland Schweiz zu deuten versuchen. Nun schaut sie aus dem Fenster in Richtung Braunkohle und sieht qualmende Schlote.

Irgendwann, spätestens kurz vorm Abschied, nahm die Mutter den Sohn im Schlafzimmer beiseite: »Aber das Fräulein Anna kannste nicht wie sonst, na, wie irgendeine behandeln. Die kommt aus gutem Hause, sieht man doch gleich…«

Über die Schwester sprachen wir kaum oder nur vorsichtig, weil sich des Kummers trübe Brühe ein wenig gesetzt hatte und nicht aufgerührt werden sollte. Ich werde wohl leichtfertig so etwas wie »Wenn sie dort glücklich ist…« gesagt haben.

Wie zum letzten Mal schaue ich mich um, sehe die von mir gemalten Astern, sehe die neu angeschafften Möbel, Stück für Stück. Ich sehe die Kommode im Elternschlafzimmer, auf der ein gerahmtes Foto der Schwester steht: Lachend ist sie abgebildet, zeigt ihre Grübchen und trägt ein geblümtes Kleid.

Jetzt höre ich den Vater: »Mit dem Postulat, wie die das nennen, ist es ja nun vorbei. Novizin ist sie jetzt, unsere kleine Marjell. Heißt Schwester Raffaela…«

Auch als Nonne gibt es ein Foto von ihr. Weißschwarz umrahmt wirkt das Gesicht kindlich. Stolz schaut sie drein, aber auch besorgt, ob ihr wohl das neue Kostüm kleidsam sei. Ihr Körper ist weg, als habe es ihn nicht mehr zu geben. Links und rechts von der verkleideten Tochter stehen die Eltern, beide mit Hut. Verlegen wirken sie, fehl am Platze.

Ab Ende der fünfziger Jahre bis in die sechziger hinein besiedelten Nonnen meine Prosa- und Lyriktexte: »Zauberei mit den Bräuten Christi« heißt ein Zyklus von Gedichten, die zugleich mit Bildern zu Papier kamen. »Sie sind nur für den Wind gemacht. / Sie segeln immer, ohne auch zu loten...«

Getuscht entstanden Nonnenzeichnungen als großflächiges Wechselspiel in Schwarzweiß. Mit sattem Pinsel auf großformatigen Bögen: Kniende, fliegende, hüpfende und Richtung Horizont gegen den Wind kreuzende, als Äbtissinnen dominierende und zu eucharistischen Kongressen versammelte, einzelne und paarweis bis auf die Flügelhaube entkleidete Nonnen verdanke ich dem Unglück meiner Schwester, die glaubensfromm der organisierten Heuchelei auf den Leim ging und als Novizin Raffaela den Gelübden entgegenbangte, als Anna und ich sie im klösterlichen Mutterhaus Aachen besuchten.

Von schwerem Tuch verhängt, stand sie uns im Innenhof gegenüber und weinte. Ringsum im Geviert altes Backsteingemäuer, an dem Efeu bis zu den Regenrinnen hoch Gefallen fand. Im Hof um Blumenrabatten gradflächig beschnittene Buchsbaumhecken, die gezirkelte Wege säumten. Alles in seiner Ordnung. Kein Unkraut. Die Wege geharkt. Selbst die Rosen rochen nach Kernseife.

Wir warteten ihr Weinen ab. Stockend, als müsse jedes Wort gewagt werden, sprach sich Kummer aus: Ganz anders habe sie sich das Klosterleben vorgestellt... Wie vor zwei Jahren in Italien, mit sozialer Arbeit... Richtig fröhlich franziskanisch sei es dort zugegangen... Hier aber müsse sie immer nur beten, gehorchen, sich sogar geißeln... Strafen gebe es für kleinste Vergehen, alles sei Sünde... Sie pfeife nun mal gern und nehme drei Treppenstufen im Sprung... Ja, auch das sei verboten... Und alles müsse aufgegessen werden, dicke Schmalzstullen... Nein, Hilfe für Arme und Kranke keine Spur, immer nur Buße, Einkehr und so was... Sie wolle hier raus und weg, so schnell wie möglich... Ja, heut noch...

Und dann, nach kurzem Zögern und bei immer noch kullernden Tränen: »Aber die Novizenmeisterin, die ist streng, sag ich euch, immer nur streng...«

Also erbat, besser, forderte ich ein Gespräch mit der gefürchteten Strafvollzugsbeamtin. Ohne Zögern kam sie über den Innenhof des Klosters auf uns zu und wollte von Anna und mir Schwester Alfons Maria genannt werden, so daß sie sich uns als bisexuelle Instanz und zugleich als jener der Erzengel einprägte, dem von ganz oben hauptberuflich eine Besserungsanstalt unterstellt worden war.

Die geforderte Entlassung meiner Schwester aus der Klosterhaft prallte an ihr ab, als wäre nichts gesagt worden. Sie sprach von Versuchungen und Anfechtungen, die man kenne und denen zu widerstehen ein gläubiges Herz lernen müsse. »Nicht wahr, Schwester Raffaela?«

Das geschlossene Klostergeviert wartete auf ein Wort. Laut nur das Schilpen der Sperlinge. Die Novizin schwieg. Der Erzengel mit Brille sprach stellvertretend mit wohlakzentuierten Worten: »Wir werden ein neuntägiges Gebet einlegen und so gestärkt unseren Frieden finden...«

Anna und ich erschraken, als meiner Schwester zu dem Befehl aus eher schmalem Mündchen nur ergebenes Kopfnicken einfiel. Alfons Marias Brillengläser signalisierten Triumph.

Und wir reisten ab. Als die Neuntagefrist verstrichen war, belehrte uns in kindlich gebliebener Handschrift ein Brief, daß Gebete und demütige Einkehr stark genug gewesen seien, der Versuchung allgemein und dank der Gnade Gottes insbesondere den Verlockungen Satans mit Glaubenskraft zu trotzen und weiterhin der Welt zu entsagen. Mir, dem Bruder, kam, wenn auch unausgesprochen, die Rolle des Teufels zu.

Als Antwort blieb nichts übrig als ein Brief, von dem, wie zu vermuten war, zuerst die Novizenmeisterin Kenntnis nehmen würde. Drohend deutlich wurde ich, indem meinerseits eine Frist, kürzer als neun Tage, gesetzt wurde. Für den Fall der verweigerten Entlassung aus dem klösterlichen Gefängnis kündigte ich abermaligen Besuch an. Meine Schwester jedoch behauptete später, es sei kein Brief, vielmehr ein Telegramm gewesen, dessen bedrohlicher Inhalt Wirkung gezeigt habe.

Ob brieflich oder telegrafiert, der Drohung gelang es, das backsteinrot gemauerte Zwangssystem einen Türspalt weit zu öffnen. Kaum entlassen, suchte die Schwester, deren Sinn für irdische Bedürfnisse während ihrer klösterlichen Haft offenbar nicht verkümmert war, einen Friseur auf, dem es gegen wenig Geld – mehr als ein Almosen war ihr nicht auf den Weg gegeben worden –, doch mit viel Geschick gelang, dem nach Nonnenmaß verkürzten Haar die Andeutung einer Frisur beizubringen. »So, Mädchen«, soll er gesagt haben, »kannste dich wieder unter Menschen wagen.«

Der kranken Mutter, dem bedrückten Vater kam ein wenig Freude in die Zweizimmerwohnung. Die hielt allerdings nicht an: nach ihrer Heimkehr war von der einst quicklebendigen Tochter kein Lachen mehr zu hören.

Als meine Schwester und ich im Frühling dieses gegenwärtig enteilenden Jahres, um Pfingsten herum, mit einem Teil der Großfamilie die Stadt Gdańsk mit Blick auf Danzig und unsere Kindheit besuchten – ich hatte die älteren der Enkelkinder, Lauras Tochter Luisa und deren Zwillingsbrüder Lucas und Leon, Brunos Tochter Ronja und Raouls älteste Tochter Rosanna, zudem Frieder, den Freund der Zwillinge, zu großväterlichen Führungen durch die Stadt und den Vorort Wrzeszcz, dem einstigen Langfuhr, sowie zu Begegnungen mit unseren kaschubischen Verwandten eingeladen –, plauderten wir, während die Kinder den Wellensaum der schlapp anschlagenden Ostsee nach klitzekleinem Bernstein absuchten, über dies und das, schließlich über ihr klösterliches Intermezzo vor mehr als fünfzig Jahren.

Mir kam es vor, als sitze ihr Schwester Alfons Maria, die harsche Novizenmeisterin, noch immer im Nacken. Und noch erstaunlicher war, daß sie sich ihren katholischen Glauben erhalten hatte, freilich mit dem erprobten Linksdrall der einstigen Hebamme und gewerkschaftlichen Funktionärin. Entsprechend skeptisch sah sie den frisch gewählten Papst Benedikt: »Und wenn er zehnmal ein Deutscher ist, richtig freuen kann ich mich nicht.« Und nach nur kurzer Pause: »Ja, wenn sie diesmal einen brasilianischen Kardinal oder einen aus Afrika gewählt hätten…«

Während wir zwei Alten – sie in ihrer kompakten Leibesfülle, ich mit rundem Rücken und tapsigem Schritt – durch den Seesand zwischen Glettkau und Zoppot stampften und die Kinder, Leon emsig voran, Lucas verträumt hinterdrein, Rosanna wie immer fleißig auf Storchenbeinen, Luisa erst zögerlich und Ronja mit schlafwandlerisch sicherem Blick krümelgroß fündig im Seetang wurden, beurteilten wir beide das öffentliche Sterben des letzten, des polnischen Papstes als schamlose Zurschaustellung.

Ich sagte »widerlich«, sie »ungehörig«.

Mir fielen noch schlimmere Adjektive ein; sie verschluckte einige, die womöglich meine übertrumpft hätten.

Und dann erzählte ich, nachdem wir wieder einmal Episoden unserer Kindheit aus gegensätzlicher Erinnerung frischzuhalten versucht hatten, wie ich als Siebzehnjähriger in einem Massenlager für Kriegsgefangene mit einem gleichaltrigen Kumpel bei Regen unter einer Zeltplane Zuflucht gesucht und wir, weil hungrig, ersatzweise Kümmel gekaut hatten.

Meine Schwester glaubt meinen Erzählungen grundsätzlich nicht. Mißtrauisch hielt sie den Kopf schräg, als ich sagte, dieser Kumpel habe Joseph geheißen, ziemlich bayerisch eingefärbt gesprochen und sei stockkatholisch gewesen.

»Na und«, sagte sie, »von der Sorte gibt's viele.«

Ich beteuerte, daß aber niemand so tiefsinnig fanatisch, dabei zartfühlig liebevoll der Alleinseligmachenden das Wort habe reden können wie mein Kumpel Joseph. »Der kam, wenn ich mich recht erinnere, aus der Gegend um Altötting.«

Ihr Mißtrauen nahm zu: »Stimmt das? Hört sich übertrieben an, ganz wie eine von deinen Geschichten!«

Ich sagte: »Also, wenn dich mein Lagerleben unter Bayerns Himmel nicht interessiert...«

Sie drauf: »Na, erzähl schon...«

Ich räumte, um mich glaubwürdiger zu machen, eine gewisse Unsicherheit ein: »Wir Jungs waren nur zwei unter Tausenden«, wollte dann aber doch nicht ausschließen, daß es sich bei jenem Kumpel Joseph, den wie mich Läuse geplagt hätten und mit dem ich bei anhaltendem Hunger aus einem Tütchen Kümmel gekaut hatte, dessen Glaube aber so fest verbunkert wie einst der Atlantikwall gewesen wäre, um einen gewissen Ratzinger gehandelt haben könnte, der heute als Papst unfehlbar sein wolle, wenn auch auf die mir bekannte schüchterne Weise, die, weil leise behauptet, besonders wirkungsvoll sei.

Da lachte meine Schwester, wie nur Hebammen außer Dienst lachen können: »Das ist wieder mal eine von deinen typischen Lügengeschichten, mit denen du schon als Kind unsere Mama eingelullt hast.«

»Naja«, räumte ich ein, »ob das spillerige Kerlchen, mit dem ich Anfang Juni fünfundvierzig im Lager Bad Aibling bei klarer Sicht mit Blick auf die bayerischen Alpen und bei Regen unter einer Zeltplane gehockt habe, wirklich Ratzinger hieß, kann ich nicht beschwören, aber daß er Priester werden, nichts von Mädchen wissen, doch gleich nach der Entlassung aus der Kriegsgefangenschaft den verfluchten dogmatischen Kram studieren wollte, das stimmt. Und daß dieser Ratzinger, der vorher Präfekt der Kongregation für die Glaubenslehre war, jetzt als Pontifex das Sagen hat, tatsächlich im Großlager Bad Aibling einer von Zehntausenden gewesen ist, stimmt auch.« Das soll jedenfalls, behauptete ich, um mich überdies glaubwürdig zu machen, in der Bild-Zeitung gestanden haben.

Und dann erzählte ich meiner Schwester, während die Kinder noch immer ohne Ahnung von meiner frühen Begegnung mit der katholischen Fundamentaltheologie im Seetang stocherten und uns Luisa, Rosanna und Frieder stolz ihre winzige Beute zeigten, von jenem Zigarrenkästchen voller übriger Westwallnadeln und den drei beinernen Würfeln, die ich samt ledernem Knobelbecher kurz nach oder vor Kriegsende in Marienbad bei günstiger Gelegenheit abgestaubt hatte: »Und da wir, dieser Joseph und ich, sonst nichts zu tun hatten, haben wir um die Wette, das heißt, um unsere Zukunft gewürfelt. Ich wollte damals schon Künstler und berühmt, er Bischof und noch mehr, weiß der Teufel was werden. Dabei taten wir so, als sei uns auch Rollentausch möglich.«

Mag sein, daß ich gegenüber meiner mich mit konstantem Mißtrauen liebenden Schwester ein wenig übertrieben habe, als ich beteuerte, Joseph und ich hätten angesichts des maulfaulen Sternenhimmels über uns, hinter dem er die genaue Adresse himmlischer Wohnstatt wußte, ich aber nur das Nichts gähnen sah, mit Wörtern prunkende Gedichte geschrieben, die uns aber nicht genügten, weshalb wir schließlich den Würfeln die letzte Entscheidung überlassen wollten, wer was wird. Auch weil ich, um meinen Kumpel zu reizen, schlankweg behauptet hatte, sogar ein Ungläubiger könne durchaus, was die Kirchengeschichte beweise, Papst werden.

»Tja«, sagte ich, um meinen Bericht aus frühen Jahren abzuschließen, »Joseph warf drei Augen mehr. Kann man Pech oder Glück nennen. So wurde ich leider nur Schriftsteller, er aber... Wenn jedoch mir zwei Sechser und ein Fünfer geglückt wären, dann wäre heute ich und nicht er...«

Meiner Schwester gelang nur ein kurzer Ausruf: »Ehrlich, du lügst wie gedruckt!« Dann verstummte sie, kaute aber an einem ihrer unumstößlichen Einwände. Ich ahnte, sie würde noch was auf der Pfanne haben.

Erst kurz vor Zoppot, als wir auf den Promenadenweg wechselten und die Kinder sich ihre Ausbeute an reiskorngroßem Bernstein zeigten, gab sie bei schrägem Blick über den Brillenrand zu bedenken, daß aus unserem Familienausflug, der schönen Pfingstreise mit den lieben Enkelkindern, nichts hätte werden können, wenn womöglich ihr Bruder und nicht dieser Joseph Papst geworden wäre. »Oder willst du etwa behaupten, selbst als Papst hättest du einen Haufen Kinder einfach so in die Welt gesetzt?«

Dann kramten wir wieder in den Schubladen unserer jungen Jahre und erinnerten uns, wie gewohnt, gegensätzlich; nur als ich die Novizenmeisterin Schwester Alfons Maria ein »frömmelndes Miststück« nannte, lachten wir gleichgestimmt.

Was war davor, was danach? Die Zwiebel nimmt es nicht allzu genau mit der Reihenfolge. Manchmal sind ihr Hausnummern, dann wieder als Ohrwurm dümmliche Schlagertexte und Filmtitel, etwa »Die Sünderin«, auch namentlich legendäre Fußballspieler, doch selten auf den Tag genau Daten eingeschrieben. Deshalb muß ich, sobald es um Zeit geht, einräumen, daß vieles, was pünktlich begann oder endete, bei mir erst verspätet geklingelt hat.

Je älter ich werde, um so zerbrechlicher ist mir der Krückstock Chronologie. Selbst wenn ich, weil hilfreich, vergilbte Kunstkataloge aufschlage oder mich übers Internet mit einigen Exemplaren der Zeitschrift »Der Monat«

aus der Mitte der fünfziger Jahre schlaumachen wollte, bliebe, was nunmehr als mich prägendes Ereignis behauptet wird, im Ungefähren stecken.

Nur soviel ist sicher: bevor Anna und ich mit unserem orangeroten Zelt in Richtung Süden auf Reise gingen, brach in Berlin ein Kunststreit aus, der bis ins nächste Jahr, nein länger, bis über Karl Hofers Tod hinaus dauerte und selbst heute noch die Avantgardisten von einst irritieren müßte, so grundsätzlich wurde mit Anspruch auf »die Moderne« gestritten; dabei ergriff ich vom Rand her Partei.

Zornig, weil verletzt, verteidigte Hofer die gegenständliche, vom Bild des Menschen bestimmte Malerei gegen den absolut behaupteten Vorrang gegenstandsloser Bilder, deren Manier als »informelle Malerei« plakatiert und in Kunstkatalogen als modernste Moderne gepriesen wurde.

Sein Gegner im Streit hieß Will Grohmann, ein Kunstkritiker, der nur gelten ließ, was nach Hofers Urteil das »Abgleiten in die Nebelferne des Nichts« zur Folge hatte. In Artikeln schrieb er gegen die herrschende Intoleranz und verstieg sich dabei zur Warnung vor Annäherungen an den »Nazistaat der Gauleiter«.

Nicht von Amts wegen, als Direktor unserer Hochschule, sondern als vereinzelter Kämpfer schlug der alte Mann um sich: Er sah die Kunst durch »Flächendekorateure« wie Kandinsky gefährdet und verteidigte Paul Klee, den er einen »malenden Poeten« nannte, gegen des Russen »todbunten Kitsch«.

Daraufhin wurde er mehrstimmig als »verkalkt und zurückgeblieben«, als »blindwütiger Gegner der Moderne« und zusammenfassend als »Reaktionär« verschrien. Wörter, Begriffe, die allerneuesten Ismen überboten einander. Bis in den Künstlerbund verlagerte sich der Streit. Mitglieder traten aus.

Als Hofer schließlich auch noch Amerika als Ursprungsland des allerneuesten Dogmas beschuldigte – dort sei das Neue an sich und um der Neuheit willen wertvoll und gut fürs Geschäft –, wurde er als verkappter Kommunist beschimpft, und zugleich kam ein Verdacht auf, der zwar – wie damals üblich – bald totgeschwiegen werden konnte, doch Jahrzehnte später erneuert wurde. Archivforscher behaupteten, es habe der amerikanische Geheimdienst CIA aus politischem Kalkül die gegenstandslose und informell genannte Malerei ihrer dekorativen Harmlosigkeit wegen gefördert, auch weil so der Begriff »Moderne« fester Besitz des Westens zu bleiben versprach.

Wenn ich mir von heute aus diesen Streit zurückrufe und ihn gewichte, wird deutlich, wie sehr der Zwist zwischen Hofer und Grohmann, dem strengen Menschenbildner und dem Kunstpapst jener Jahre, meiner bildkünstlerischen Arbeit Richtung gegeben hat; wie beim Streit zwischen Camus und Sartre, der meine spätere politische Haltung bestimmte, indem ich zu Camus' Parteigänger wurde, entschied ich mich für Hofer.

Sein Ausruf »O heiliger Klee, wenn du wüßtest, was in deinem Namen alles geschieht!« geriet zum Zitat. Und wenn er uns Kunstschülern der frühen fünfziger Jahre zu verstehen gab, »das Zentralproblem der bildenden Kunst ist und bleibt der Mensch und das menschliche, das ewige Drama«, hallt sein Appell, so pathetisch er orgelt, bis in meine alten Tage.

Wohl deshalb erinnere ich mich annähernd genau, wie folgenreich dieser Streit, der die Lehrer und Schüler der Hochschule bis nach Hofers Tod und bis zur Wahl des

Nachfolgers jeweils in Parteien spaltete, für mich wurde, und das nicht nur, weil ich mich beim Studentenstreik gegen die Wahl einer künstlerischen Null als Hofers Nachfolger beteiligte.

Als Karl Hartung meinte, es sei an der Zeit, einige meiner Kreidezeichnungen, zu denen Blätter wie »Heuschrecken über der Stadt« und »K, der Käfer« gehörten – Bilder, denen Gedichte zugrundelagen –, beim Künstlerbund einzureichen, damit sie in der bevorstehenden Jahresausstellung zu sehen seien, mußte er nach wenigen Wochen unter Bedauern berichten, die Jury habe zwar die Qualität der Zeichnungen erkannt, aber dennoch als »zu gegenständlich« ausjuriert.

Ab dann hielt ich mich von allen dogmatischen Einengungen fern, verlästerte alle Päpste, so später auch jenen, der medienwirksam erhöht den literarischen Himmel einzig nach seiner Elle vermessen wollte, und befreundete mich mit dem Risiko, als Außenseiter dem jeweiligen Zeitgeist widerstehen zu müssen. Das hatte Folgen: nur in Einzelausstellungen, und immer abseits der wechselnden Moden, konnte sich mein künstlerisches Werk behaupten; so blieb es randständig bis heute.

Schon ab dem ersten Berliner Jahr ging ich eigene Wege. Nicht die Arbeit vorm Modell – der übliche Mädchenakt auf Spiel- und Standbein, bei dem zu lernen war, was weiterhin gelernt werden mußte –, sondern das massive Huhn, dann ein zum Stock gestreckter Vogelleib und der Plattfisch, angelegt in durchbrochener Form, gaben die Richtung an. Dem Fisch lagen erste Zeichnungen zum Thema »Der Butt« zugrunde, und in Gedichten wie »Drehorgel kurz vor Ostern« und »Hochwasser«, ein Text, der mein erstes Theaterstück anstieß, fand ich den bisher nur spielerisch gesuchten Ton; dem wurde mit beigemengtem Ziegelsplitt die Berliner Luft günstig.

Überdies trieb mich die Liebe an: ich schrieb und zeichnete für Anna, die ganz im Tanz aufging. Als Mary Wigman, ihre Lehrerin, beauftragt wurde, im folgenden Jahr den Venusberg für die Bayreuther Festspiele zu choreographieren, sollte Tannhäuser, pilgernd zwischen einem entfesselten Haufen barfüßiger und auch sonst annähernd nackter Mädchen, übersteigerte Lust erleben.

Als es dann soweit war, besuchten Ulli Härter und ich dessen Frau Herta und Anna kurz vor der Generalprobe. Zwar litten beide Tanzelevinnen unter dem eingeübten Gestampfe, waren aber gierig nach Bühne und Auftritt.

Einmal sahen Ulli und ich in einem Park merkwürdig verkleidete Gestalten, die jeweils für sich standen. Mit Sammetbarett auf dem Kopf und in schwarze Umhänge gehüllt, dirigierten sie als verspätete Wagner-Jünger unsichtbare Orchester und schienen dabei Publikum zahlreich im Rücken zu haben. Einigen war die auf mitgebrachten Notenpulten gebreitete Partitur behilflich, andere hatten alles im Kopf.

Sonst ist mir von Bayreuth und dem widerlichen Getue des neureichen Pöbels im Umfeld der monströsen Kultscheune nur den Lachnerv reizender Ekel geblieben. Mit geblähter Frackbrust und Klunkern behängt, stellte sich der Geldadel zur Schau. Und die Erinnerung an einen anfangs harmlosen Ausflug in waldiges Umland hat sich einer taufrisch gepellten Zwiebelhaut eingeschrieben.

Nach längerer Wanderung durch märchendunklen Mischwald öffnete sich plötzlich eine Wiese, auf der, durch Lärm und Blasmusik angekündigt, ein Schützenfest an langen Biertischen gefeiert wurde. Viel Volk hatte sich versammelt. Man trug Tracht und Gamsbarthüte. Buden luden zum Werfen nach getürmten Blechdosen und zum Schießen auf Scheiben ein, aber auch zum Gewinn von Kunstblumen und anderen Preisen.

Zielen auf Menschen hatte ich von frühan gelernt, war aber dennoch nie zum Schuß gekommen. Nun boten sich harmlose Ziele an, zudem Luftgewehre, geladen mit Munition von kleinstem Kaliber. Anfangs zögerte ich, nach dem Kolben zu fassen, den Lauf zu berühren. Doch dann trat ich an den Stand und wollte für Anna eine Rose schießen.

Sorgsam und zielgerecht wurden Kimme und Korn zur Deckung gebracht, der Abzug dem Druckpunkt genähert. Aber mein Schuß traf schicksalhaft gelenkt ein Tonröhrchen, in dem als Preis für den Schützen der Storch Adebar steckte. Dessen Schnabel trug ein Körbchen, in dem Zwillinge gebettet lagen. Das geschah, bevor mit der Pille das Zeitalter der Verhütung begann.

Wer erschrak mehr? Selbst die Rose, die ich gleich danach schoß, konnte Anna nicht trösten. Der prophetische Hinweis auf unsere drei Jahre später geborenen Söhne Franz und Raoul war weder mit Bier wegzuschwemmen, das es in Maßkrügen gab, noch mit Anspielungen auf Walt und Vult, jenes die »Flegeljahre« belebende Brüderpaar, zu beschwichtigen. Auch gelang es mir nicht, mit Hinweis auf Jean Pauls Geburtsort, das nahegelegene Städtchen Wunsiedel, die Folgen meines fatalen Schusses zu ironisieren. Nie wieder durfte ich auf Rosen für Anna zielen.

Im Jahr zuvor jedoch war Bayreuth nur ein vage drohendes Versprechen gewesen. Bald nach dem Arbeiteraufstand im östlichen Teil der Stadt und kurz bevor Berlins Bürgermeister Ernst Reuter starb, begannen die Semesterferien. Anna fuhr in die Schweiz, ich trampte wenig später mit unserem Zelt im Gepäck gleichfalls gen Süden.

In Lenzburg hatte Anna – weiß nicht mit welchen Sprüchen – ihre Eltern auf meinen Besuch vorbereitet; sie sahen mich aus gastfreundlich überbrückter Distanz. Dennoch war der Habenichts, der aus Deutschland mit Rucksack und in Cordhosen anreiste, fremder als fremd. Um meinen äußeren Eindruck zu mildern, hatte ich mir zuvor den mehr aus Laune denn aus Gründen existentieller Selbststilisierung wuchernden Bart abrasiert. Nun kam ich mir nackt vor, sobald man mich begutachtete. Annas Schwestern, die eine etwas älter, die andere weit jünger, erleichterten die ersten Schritte in ungewohnter Umgebung.

Als die Familie mit mir wie zu einem Antrittsbesuch im großbürgerlichen Haus der verwitweten Großmutter väterlicherseits, die als calvinistische Südfranzösin in die zwinglianische Familie eingeheiratet hatte, auf der Terrasse zum Garten saß, wurde, als sei ich Luft, über mich hinweg französisch geplaudert. Kaum ein Wort erreichte den Zugereisten, der sich als Fehlbesetzung in einem sittsamen Familienstück sah, dabei dünnen Tee trank, zu viele Kekse knabberte und verlegen in Richtung einer entrückten Pflümliflasche oder in den Garten schaute, hinter dessen Rhododendronbüschen die nicht allzu weit entlegene Pforte zur Straße in Richtung Wildegg, Brugg zu öffnen war.

Von dorther war ich per Autostopp gekommen. Die Pforte verlockte zur Flucht. Warum nicht gleich und sofort? Über die Terrassenbrüstung wäre mit einer Flanke der Sprung in den Garten zu schaffen gewesen; beweglich genug für rasche Abgänge war ich ohnehin.

Jadoch! Aus dem Stand, ohne Anlauf. Und dann nichts wie weg. Nach abzählbar wenigen Schritten über den Rasen durch die Pforte auf die Straße, dort das nächste oder übernächste Auto gestoppt oder als Mitfahrer eines Lastwagens der nahegelegenen Konfitüren-Fabrik Hero, und schon wäre ich der peinlichen Zurschaustellung entkommen, ungebunden, frei gewesen.

Was hatte ich hier zu suchen? Welcher Gnadenbeweis hätte mich, den hartgesottenen Zweifler, erlösen können? Zwischen Zwinglianern und Calvinisten kam sich der heidnische Katholik verirrt, wie ein versprengter Papist aus Zeiten der Hugenottenkriege vor. Zudem stand kein Gläschen Pflümli in Griffweite. Weg, nur weg!

Schon hatte ich verstohlen die innere Brusttasche meiner Jacke abgetastet – in ihr steckte der Reisepaß –, schon saß ich – vom Kopf her – auf dem Sprung, nur die Beine zögerten noch, schon holte ich tief Atem und sah dabei nicht ohne Anstrengung an Anna vorbei, die womöglich mit mir litt und Schlimmes ahnte, da wendete die Großmutter mir ihr von silbriger Lockenfrisur gefaßtes Gesicht zu, fixierte mich ohne Brille amüsiert und aus blanker Neugierde, lächelte vielfältig und sprach zu mir auf Hochdeutsch mit sparsam gesetztem Akzent, wobei ihr Lockenhaar zitterte: »Wie ich von Boris, meinem Sohn, höre, studieren Sie die Schönen Künste in der einstigen Reichshauptstadt. Während meiner Jugend war mir ein Ballonfahrer bekannt, der gleichfalls aus Berlin kam...«

Sofort war meine eben noch geplante, ja, in Gedanken geglückte Flucht abgeblasen. Es gab kein Zurück mehr, denn durch das großmütterliche Wort sah ich mich nunmehr aufgenommen in eine allseits gefestigte Familie, die auf Besitz gründete, nach Landesart bescheiden von Zinsen lebte und sich, was mein Herkommen betraf, aus Tradition dergestalt tolerant gab, als sei das Edikt von Nantes nie aus böser Laune des Sonnenkönigs aufgehoben worden.

Und ich fügte mich, war mir allerdings der noch unerprobten Möglichkeit des Sprunges und der Flucht in vertrautes Gelände sicher; zudem hatte der Nachfahr des Berliner Ballonfahrers als ihm gemäße Behausung vordringlich, das heißt alle sonstigen Eventualitäten verdrängend, das orangerote Zelt im Sinn, mit dem Anna und ich nach Italien wollten.

Der Abreisetag stand fest. Die Rucksäcke waren gepackt. Altmodische Reiseführer gehörten zum Gepäck. Sogar Burckhardts »Die Kultur der Renaissance in Italien« sollte unseren Sinn für das Schöne fördern. Doch bevor wir uns auf die Reise machten, mußte Anna die Bedenken ihrer Mutter, was das Übernachten im Zelt betraf, mit einer in ihrer Unschuld nicht zu überbietenden Erklärung, nämlich mit dem Hinweis auf die uns trennenden zwei Zeltmasten, beschwichtigen. Was für Greti Schwarz, die Mutter, spricht: der Tochter wurde geglaubt.

Bis zum Capo Circeo und weiter südlich bis Neapel sind wir gekommen. Und wo immer wir unser Zelt aufschlugen – am Strand, unter Pinien, zwischen verlassenem Gemäuer –, kamen wir einander näher, als es die zwischen zwei tragenden Masten gedachte Trennlinie zuließ. Da aber unsere Liebe bis auf den heutigen Tag nur Anna und mir gehört und deshalb keinen beschreibenden oder sonstwie deutlichen Aufwand an Wörtern erlaubt, sind, was das Zelt betrifft, nur mehrere blutrote Flecken auf der Plane zu erinnern, die von keinem Regen auszuwaschen waren, weil wir, ohne die Folgen zu bedenken, unter einem Maulbeerbaum voller überreifer Früchte gezeltet hatten.

Einmal, als wir am Strand kochten – Fisch war billig zu haben –, erschreckte uns eine Gruppe Jungfaschisten mit einem Gruß, der immer noch Mussolini, ihrem Duce, galt. Die Buben in schwarzen Uniformhemden sammelten für uns angeschwemmtes Feuerholz. Sie waren so unbelehrbar, wie ich es einst im braunen Jungvolkhemd gewesen bin; gleich dem Giersch wächst das Unkraut nach, blüht immer aufs neue, verbreitet sich, und nicht nur Italien bietet das Klima für Nachwuchs.

So weiträumig wir unterwegs blieben, viel haben wir nicht gesehen, weil Anna und ich einander noch immer wie frisch entdeckt und als erstaunlich erlebten. Wir waren uns Sensation genug, und nur wenig schien geeignet zu sein, uns von uns abzulenken. Selbst beim Zeichnen und Aquarellieren saßen wir eng beieinander.

Auf dem Hin- oder Rückweg: außer den üblichen Kleinsterlebnissen beim Autostopp – Anna fürchtete sich vor einem Neapolitaner und dessen Beifahrer, sie steckte mir heimlich ihr Schweizer Taschenmesser zu – und der Begegnung mit einem bärtigen Kapuzinermönch, der uns in der von ihm betreuten Katakombe stolz und mit lang nachhallendem Gelächter seine Sammlung von gestapelten Totenschädeln zeigte, ist mir nur der Besuch bei dem von uns verehrten Maler Giorgio Morandi in Erinnerung geblieben.

Dessen Haus in Bologna zu erfragen und unangemeldet heimzusuchen, waren wir jung und frech genug. Die Schwestern des Meisters empfingen uns.

Da Anna recht geläufig Italienisch sprach und den Namen eines Schweizer Kunstsammlers namens Floersheim zu nennen wußte, der mit einer ihrer Tanten bekannt war und als Morandi-Sammler galt, wir zudem auf Anfrage versichern konnten, keine »americani« zu sein, gaben uns die beiden verhuschten Damen den Weg ins Atelier des Meisters frei. Der jedoch hatte nur leere, auf Keilrahmen gespannte Leinwände vorzuweisen, versicherte uns aber, gleich einem Kobold kichernd, daß alle noch ungemalten Bilder – es waren ein Dutzend und mehr – bereits verkauft seien, selbstverständlich an »americani«.

In seiner als Atelier genutzten Veranda sahen wir auf Tischen und in Regalen nur zu Gruppen formierte Vasen, Krüge und Flaschen, die auf flachen Podesten vor gespannten Tüchern in wie zufälliger Ordnung standen. Im Verlauf der Zeit waren sie, die einst als Modelle für typische Morandi-Stilleben getaugt hatten, verstaubt, so daß die versammelten Krüge, Flaschen und Vasen nunmehr, weil gleichmäßig graubräunlich von einer Staubschicht eingefärbt, den kargen Reiz der Bilder des Meisters ahnen ließen.

Der trug eine rundglasige Brille und lächelte, als wir den Vorschein und Nachlaß seiner von uns so bewunderten Kunst bestaunten. Spinnweben, bewohnte sogar, hatten sich zwischen Vasen und Flaschen erhalten. In heutiger Zeit hätten sie, verstaubt und arrangiert, wie sie waren, als Concept-Art einem genügsamen Kunstverständnis gefallen und gewiß Käufer finden können.

Mit grünem Likör aus winzigen Gläsern, der süßer als süß war, verabschiedeten uns die ganz in schwarz gekleideten Schwestern des Meisters. Ich hätte nach Probedrucken seiner Radierungen fragen sollen. Vielleicht wäre der alte Herr aus Laune freigebig gewesen, so daß Anna oder ich jetzt noch ein signiertes Blatt besäßen. Wir verließen Bologna, die studierte, die rote, die fette Stadt.

In Neapel sahen wir nahe dem Hafen eine Gruppe weinender deutscher Pfadfinder, denen man die Rucksäcke gestohlen hatte und die nach Hause, nur noch nach Hause wollten. Bunte Wäsche, straßenbreit zum Trocknen gehängt. Horden lärmender Kinder. Wir verliefen uns in engen Straßen und sahen Prozessionen, deren heidnisch katholischen Pomp wir aus neorealistischen Filmen kannten. Fisch und faules Obst rochen.

Doch sonst erlebten wir offenbar nichts, das hätte hängenbleiben können; nur daß postlagernd ein Brief der Mutter auf mich wartete.

Sie, der ich in jungen Jahren märchenhaft bebilderte Reisen in den Süden, ins Land, wo die Zitronen blühen, bis nach Neapel versprochen hatte, sie, die ihr vielversprechendes Söhnchen mit dem Namen eines Theaterhelden zu kostümieren liebte, dessen Lebenszwiebel am Ende, nachdem Haut auf Haut geschält war, keinen sinnstiftenden Kern barg, sie, die nach all meinen prahlerischen Verheißungen wie Peer Gynts Mutter leer ausging, sie, die zeitlebens nach Schönheit hungerte und wußte, was ihr als schön gelten konnte, freute sich, daß ihr »lieber Junge« schon wieder – so schrieb sie – »das Glück hat, all das Schöne zu sehen«, zudem an der Seite eines »so liebenswert jungen Fräuleins aus gutem Hause«.

Nur ganz zum Schluß des Briefes, der mich ermahnte, »ja rücksichtsvoll im Umgang mit Fräulein Anna« zu sein, versteckte sich ein Hinweis auf ihre Krankheit – »Es will

und will nicht besser werden« –, der kaum zu überlesen
war, doch nicht ernst genug genommen wurde, denn
alles, was danach geschah, entschied sich jenseits der Leiden meiner Mutter.

Kaum in Lenzburg zurück, bat mich Annas Vater um ein
Gespräch unter Männern. Er habe während unserer Abwesenheit von der Berliner Wirtin seiner Tochter einen
Brief voller dubioser Anschuldigungen erhalten. Zwar
gebe er nichts auf üble Nachrede, aber eindeutig sei ja
wohl, daß ich wiederholt im Zimmer der Tochter über
Nacht geblieben sei, so daß nach Ansicht seiner Frau, der
er sich anschließen wolle, das offensichtlich aus Zuneigung
mit der Tochter herbeigeführte Verhältnis nunmehr der
Legalisierung bedürfe. Weitere Worte ersparte er uns.

Wir standen seitlich eines reichhaltig mit Büchern gefüllten Regals, deren Buchrückeninschriften ich zu entziffern
versuchte. Annas Vater war das Gespräch peinlich. Mir
nicht, zumal ich schlankweg Ja und Amen sagte. Dann
wurde nur noch über den Hochzeitstermin gesprochen.

Der Vater dreier Töchter, Boris Schwarz, hätte uns
gerne, wenn nicht sofort, dann möglichst bald, noch vor
Jahresende verehelicht gesehen. Ich aber wollte nicht in
Cordhosen heiraten und auf keinen Fall in meinem abge-
tragenen Anzug aus Düsseldorfer Caritas-Zeiten, sondern
mir während des Wintersemesters genug Geld verdienen,
um neu ausstaffiert, also in einem von der Stange gekauf-
ten Anzug das Lenzburger Standesamt betreten zu können. Auch Anna war fürs Frühjahr des folgenden Jahres.
Bis dahin wollte sie ihren Solotanz nach einem Klavier-
stück von Bartók für eine Zwischenprüfung eingeübt
haben.

So leichtfertig, als ginge es um eine Schluckimpfung gegen diese oder jene Kinderkrankheit, ließen wir uns auf die Ehe ein. Tut ja nicht weh. Also bringen wir's hinter uns, schnell.

Ein Tag im April wurde festgesetzt. Ich war gegen den zwanzigsten, doch mein zukünftiger Schwiegervater befand, für ihn als Schweizer sei dieser Tag, so belastet man ihn in Deutschland empfinden möge, ohne politische Nebenbedeutung, zudem hätte ich, wie er von den Töchtern gehört habe, den zwanzigsten April fünfundvierzig als junger Soldat überlebt, zwar leicht verwundet, aber doch mit Glück.

Der in Prinzipien fest verankerte Eisenhändler und Reserveoffizier der allzeit bereiten Schweizer Armee war zugleich von unterschwellig weichem Gemüt. Offensichtlich litt er unter dem von ihm ausgeübten Zwang. Doch sobald ich mich, um mein unbekümmertes Ja noch einmal zu überprüfen, ihm gegenübersehe, ist mir, dem vorschnell zum Bräutigam bestimmten Einzelgänger, kein genötigtes Verhalten abzulesen. Unbekümmert bin ich bereit, das festgezurrte Versprechen einzulösen. Schon entdecke ich mich mit vorauseilendem Blick tiptop eingekleidet und mit Blume im Knopfloch.

Was danach kam, lief überhastet ab, ist zeitlich kaum mehr in Reihe zu bringen, zumal weit weg meiner Mutter die restliche Zeit ganz anders, unter Schmerzen, verging.

Unsicher bin ich, ob mir der so reichhaltige Bücherschrank der Schwiegereltern bereits während der letzten Wochen in Lenzburg oder erst im Jahr drauf wichtiger wurde als die seitlich der Bücherwand beschlossene Eheabsprache. Jedenfalls las ich mich fest. In Klabunds »Kleiner Literaturgeschichte«, dann in der zweibändigen, kostbar in weiches Leder gebundenen Ausgabe des »Ulysses« von James Joyce, erschienen im Rhein-Verlag, Zürich, übersetzt von Georg Goyert.

Noch heute hüte ich sie. Annas Mutter, die bis ins hohe Alter – sie wurde hundertvier Jahre alt – viel las, schätzte Joyce als zu schwierig und, für ihren Geschmack, als »zu grusig« ein. Sie schenkte mir beide Bände, ohne zu ahnen, was dieses Sprachwunder, begleitet von weiterem Lesefutter, anstieß, denn wenig später lieh mir Annas Onkel Paul, ein Sonderling, der mit seiner betulichen Schwester eine vielzimmrige Villa bewohnte und sich im Garten einen angeketteten Affen hielt, Alfred Döblins »Berlin Alexanderplatz«, mithin den Roman eines Autors, bei dem ich später Buch nach Buch in die Lehre ging und dem zu Ehren ich einen Preis stiftete.

Hinzu kam in von Frans Masereel illustrierter Ausgabe Charles de Costers »Ulenspiegel«. Ein pralles Gemenge erzählter Zeitläufe, das meiner noch immer gehemmten Schreibwut zum Treibsatz werden sollte.

Und was noch alles früher oder später in Lenzburg gelesen wurde, als müßte noch vor der Hochzeit ein Vorrat angelegt werden, der mir auf langem Weg zu kauen geben sollte: »Manhattan Transfer« von Dos Passos, »Verführtes Denken« von Czesław Miłosz, Churchills Erinnerungen, die mir den Krieg aus Siegers Sicht zurückriefen, und zum wiederholten Mal Gottfried Kellers »Grüner Heinrich«. Diesen Roman hatte ich als Junge im Bücherschrank meiner Mutter gefunden, deren vom Krebs befallener Unterleib nun Bestrahlungen ausgesetzt war.

Oder las ich, während die Mutter litt, das eine und andere Buch erst in Berlin? War es nicht Ludwig Gabriel

Schrieber gewesen, der mir die Abenteuer des Ulenspiegel und seines Kumpans Lamme Goedzak als seine Leib- und Magenlektüre aufgenötigt hatte? Denn Lud, der beim Trinken von Glas zu Glas katholischer wurde und dabei die Inquisition, als gäbe es sie immer noch, gleich Teufelswerk verfluchte, rief, sobald er voll war, an Leydickes langer Theke: »tis tydt van te beven de klinkaert«, was soviel wie »Es ist Zeit, mit den Gläsern zu klirren« bedeutet. Und danach warf er wie aufs Stichwort sein zuletzt geleertes Glas zu Scherben.

Doch wer auch immer mich auf die nie endende Erzählspur gebracht hat – anfangs ist es Studienrat Littschwager gewesen, der seinen Schüler mit Grimmelshausens »Simplicissimus« impfte –, der Bücherschrank meiner Schwiegereltern war Annas Mitgift; sie zu heiraten, machte mich überdies reich.

Und noch etwas brachte der Bäumliacker, wie das Haus mit Garten in Lenzburg hieß, als Mehrwert ein: Annas zwei Schwestern. Die ältere, Helen Maria, hätte mich schwankend machen können und tat es auch insgeheim, die jüngere, Katharina, war ein draller Backfisch und ging noch zur Schule.

Und wie mich der mir dort offene Bücherschrank angestiftet hat, lebenslang Geschichten mit unterschiedlichem Wahrheitsgehalt zu erzählen und den Faden, sobald er riß, neuerlich zu knüpfen, so ist mir über Jahrzehnte hinweg die Fixierung auf drei Schwestern, ich will nicht sagen treu, doch unausweichlich geblieben: Veronika Schröter, die Mutter meiner Tochter Helene, ist gleichfalls die mittlere von drei sächsischen Schwestern; Ingrid Krüger, der ich die Tochter Nele verdanke, wuchs als Jüngste in einem thüringischen Dreimädelhaus auf; Ute jedoch, die mir trotz aller angerührten Wirrnis blieb und ihre Söhne Malte und Hans in die Großfamilie einbrachte, ist als Älteste von drei Arzttöchtern ein vorpommersches Inselkind.

Nein, kein weiteres Trio ist aufzuzählen, es sei denn, ich riefe des Reviersteigers drei Töchter herbei, deren älteste dem Koppeljungen zugetan war, doch könnte ich mir zu soviel Dreigestirn eine passende Schicksalsmelodie pfeifen; aber der Teufel – oder war es der einst kümmelkauende Kumpel Joseph und nunmehr neueste Papst? – sagte »Alles nur Zufall!«, als ich, lange ist's her, um meine Zukunft mit Frauen zu erfragen, beim Würfeln vier- oder fünfmal nacheinander drei Dreier warf.

Den Grazien gleich winkten die Schwestern, als ich von Lenzburg weg über Brugg mit dem orangeroten Zelt samt Maulbeerflecken im Gepäck in Richtung Berlin trampte. Hätte ich nicht einen Umweg machen, die Eltern in Oberaußem besuchen müssen?

Noch litt die Mutter zu Hause, fuhr aber mit dem Bus nach Köln, um dort bestrahlt, immer wieder bestrahlt zu werden.

In Berlin nahm ich den Herbst und Winter über, vermittelt durch ein Begräbnisinstitut, mit angerührtem Gips diverse Totenmasken ab. Damit war einiges Geld zu verdienen, das ausreiche, um im Kaufhaus des Westens das mir passende schwarze Jackett zu finden, zudem die feingestreifte Stresemannhose und eine silbergraue Krawatte zu schwarzen Halbschuhen, die ich später nie wieder trug. Mit sonst nichts in der Tasche wollte ich als Hochzeiter gute Figur abgeben.

Was vor und nach der Hochzeit geschah, während gleichzeitig anderes Geschehen begann, seine Zeit hatte, anfing oder zu Ende ging, nur kurz von eiligem Wohnungswechsel und von Nachrichten über das Leid meiner Mutter unterbrochen wurde – nun lag sie in einem Hospital in Köln-Nippes –, was mich später schier zerriß, lähmte, befreite und fortan zu Papier kam oder in Ton Gestalt gewann, mir kleines Geld und ersten Erfolg einbrachte – der Verkauf einer handgroßen Bronze in Form einer Krabbe –, all das hat zwar seinen Ablauf und gibt sich als gestautes, einander verdeckendes Geschehen aus, will aber immer zugleich da sein und sich Vorrang erstreiten.

Etwa um die Zeit, als Anna und ich nahe dem Roseneck im Schaufenster eines Radiohändlers zum ersten Mal etwas flimmernd Schwarzweißes im Fernsehen sahen, und während noch der Kunststreit zwischen Karl Hofer und Will Grohmann die Hochschule für Bildende Künste bis in die Gipserei erschütterte, wurde meine Mutter stationär behandelt und zogen wir nach Schmargendorf, wo sich unsere Wirtin, eine Deutschrussin, einmal wöchentlich von ihrer Putzfrau, die aus dem Ostteil der Stadt kam, um sich Westgeld zu verdienen, die Zukunft aus dem Kaffeesatz lesen ließ. Mir hat sie zwar keinen Todesfall in der Familie, aber reichlich Ruhm und Ehre vorausgesagt: »Der Glücksbote begleitet Ihnen ...«

Wir bewohnten ein großes Zimmer und durften die Küche mitbenutzen. Doch zugleich oder während ich Vierzeiler schrieb oder Getier zeichnete, Anna barfuß nach Bartóks Musik tanzte oder wir im Kino saßen und französische Filme der dreißiger Jahre sahen, starb fernab und langsam meine Mutter.

Wir waren dabei, als mal in Ost-, mal in Westberlin vor parteiisch gespaltenem Publikum Gespräche stattfanden, denen der Kalte Krieg ausreichend Zündstoff gab, während zeitgleich der Winter weder besonders streng noch milde war. Auch sahen wir, solange die Streitgespräche zwischen Ost und West immer dieselbe Kerbe vertieften, Bert Brecht lächelnd und wie ohne Meinung zum Koreakrieg oder Atomtod auf dem Podium sitzen. Aber indes der arme B.B. noch stumm an seiner Zigarre kaute und die intellektuellen Vertreter der Weltmächte – Melvin Lasky West, Wolfgang Harich Ost – jeweils der anderen Macht Verbrechen auflisteten und sich wechselseitig mit zuerst geführten Atomschlägen bedrohten, zerfraß der Krebs meine Mutter.

Wir kauften einen gebrauchten Kühlschrank, unsere erste Anschaffung als Paar – ihr Inneres verbrannte unter Bestrahlungen.

Wir tanzten bei jeder Gelegenheit und meinten, jung sein sei alles – ihr Unterleib wurde zur Wunde, die nicht zu schließen war.

Ich möchte eigentlich berichten, was sonst noch vor unserer Hochzeit nacheinander oder gleichzeitig geschah; ihr verlangsamtes Sterben jedoch, von dem ich nichts weiß, verlief abseits unserer Zeit und ohne begleitendes Ereignis.

Was zwischen Ost und West diskutiert wurde – vergleichsweise ging es immer wieder um die Opfer des Stalinismus und die geschätzte Zahl der Atomtoten von Hiroshima und Nagasaki – über Auschwitz kein Wort –, mochte, wie vor annähernd einem Jahr Stalins Tod, die Welt bewegen; das Sterben meiner Mutter vollzog sich in Stille.

Mein Lehrer Hartung, der einmal wöchentlich einer Herrenbierrunde beisaß, die sich am Bayerischen Platz um den Dichter Gottfried Benn versammelte, legte einige meiner Gedichte dem aus Prinzip unzugänglichen Meister zur Beurteilung vor; meine Mutter, die in ganz anderer Gesellschaft lag, hatte keinen Anteil an der bedeutsamen Übergabe von gereimten und ungereimten Versen.

Und als mir dann die Schwester schrieb – oder war es der Vater? –, ich solle kommen, sofort, es gehe zu Ende, fuhr ich, bald nachdem ich von Hartung gehört hatte, Benn habe meine Gedichte »vielversprechend« genannt, dann aber gesagt, »Ihr Schüler wird später mal Prosa schreiben«, mit dem Interzonenzug ohne Anna nach Köln, wo meine sterbende Mutter im Sankt Vinzent-Hospital lag.

Sie erkannte mich nach und nach. Immer wieder wollte sie vom Sohn geküßt werden. Und ich küßte ihre vom Schmerz verzogenen Lippen, die Stirn, die unruhigen Hände.

Man hatte ihr Bett aus dem Mehrbettzimmer in einen Abstellraum gerollt, der als Sterbezimmer benutzt wurde: ein fensterloses Loch, in dem nicht einmal das obligate Kreuz an der Wand hing. Hoch oben unter der Decke brannte, ich schätze, eine Vierzig-Watt-Glühbirne.

Sprechen konnte die Mutter nicht mehr, bewegte aber die trockenen Lippen. Ich redete auf sie ein, weißnichtmehrwas. Der Vater, die Schwester waren dabei. Wir wechselten uns ab, befeuchteten ihren Mund. Sobald ich allein mit ihr war, redete ich leise und ihrem Ohr nahe. Womöglich die üblichen Versprechungen, das alte Lied: »Wenn du wieder gesund bist, werden wir beide… Ab in den sonnigen Süden… Ja doch, wo die Zitronen blühen… Wo es schön, überall schön ist… Bis nach Rom und weiter nach Neapel… Kannst du mir glauben, Mama…«

Ab und zu kamen Krankenschwestern und Nonnen, behütet von Flügelhauben. Sie holten Verbandszeug, Bettflaschen, einen Rollstuhl und hatten es eilig.

Später habe ich, der Hauben wegen, Vinzentinerinnen frontal und im Profil mit Blei, Kohle, der Feder gezeichnet.

Eine der Nonnen, die kamen und gingen, versprach im Vorbeirauschen und unverlangt: »Bald wird der liebe Gott die arme Seele erlösen…«

Hatte ich Blumen dabei, Astern, die sie besonders liebte? Davon will die Zwiebel nichts wissen.

Während ich – weißnichtwielang – neben ihr sitzend schlief, ist sie gestorben, sagte der Vater, der immer nur »Lenchen« stammelte, »mein Lenchen…«

Sie, aus der ich kroch und zugleich schrie, an einem Sonntag, was sie mir immer versichert hat, »ein Sonntagskind biste…«, sie, der ich mit vierzehn noch auf dem Schoß saß, das Muttersöhnchen, das sich von früh an seinen Komplex frisch hielt, sie, der ich Reichtum und Ruhm, den Süden wie das Gelobte Land versprochen, beschworen, ins Blaue gemalt hatte, sie, die mich lehrte, die Schulden ihrer Pumpkundschaft in kleinen Raten abzukassieren – »Am Freitag mußte anklopfen, dann ist vom Wochenlohn noch was da« –, sie, mein beschwichtigt gutes, mein unterbödig schlechtes Gewissen, sie, der ich im Dutzend Sorgen und Ängste bereitet habe, die sich dem Nagetier gleich vermehrten, sie, der ich auf Muttertag das elektrische Bügeleisen – oder war es eine Kristallschale? – vom Geld des Schuldeneintreibers schenkte, sie, die nicht zum Hauptbahnhof mitwollte, als ich, der dumme Junge, freiwillig Soldat wurde – »In den Tod schicken sie dich…« –, sie, die kein Wort sagte, als ich im Zug von Köln nach Hamburg wissen wollte, was ihr geschehen war, als die Russen mit aller Gewalt kamen – »Was schlimm war, das soll man vergessen alles…« –, sie, der ich das Skatspielen abguckte und die mit angefeuchtetem Daumen Papiergeld und Lebensmittelmarken zählte, sie, die mit allen Fingern langsam dahintropfende Klavierstücke spielte und die für mich Bücher, die sie nicht las, Rücken neben Rücken gestellt hatte, sie, von deren drei Brüdern nur blieb, was kaum einen mittleren Koffer füllte, und die ihre Brüder in mir fortleben sah – »Das haste alles von Arthur und Paul mitbekommen und bißchen von Alfons auch…« –, sie, die mir Zucker ins Eigelb rührte, sie, die lachte, wenn ich in Seife biß, sie, die Orientzigaretten rauchte, wobei ihr manchmal Rauchkringel gelangen, sie, die an mich, ihr Sonntagskind, glaubte – weshalb sie den Jahresbericht der Kunstakademie an immer derselben Stelle aufschlug –, sie, die mir, ihrem Söhnchen, alles gab und wenig bekam, sie, die mein Freuden- und Jammertal ist und die mir, sobald ich schrieb wie früher und schreibe wie jetzt, nach ihrem Tod noch über die Schulter schaut und »Streich das weg« sagt, »das ist häßlich« –, aber ich hörte nur selten auf sie, und wenn, dann zu spät –, sie, die mich unter Schmerzen geboren und unter Schmerzen sterbend freigesetzt hat, auf daß ich schrieb und schrieb, sie, die ich nun auf noch weißem Papier wachküssen möchte, damit sie mit mir, nur mit mir auf Reisen geht und Schönes, nur noch Schönes sieht und endlich sagen kann: »Daß ich das noch sehen durfte, so schön, so schön…«, sie, meine Mutter, starb am 24. Januar 1954. Ich aber weinte erst später, viel später.

Was mir zur Hochzeit geschenkt wurde

Bei der Beerdigung auf dem Dorffriedhof Oberaußem stand ich neben der Schwester, die neben dem Vater stand. Nachdem sie das Kloster verlassen hatte, war für sie nur niedere Arbeit in der Registratur eines Kölner Krankenhauses zu finden gewesen. Sie litt und wußte nicht, was tun. Jemand hätte ihren Kummer mindern müssen, doch wer, seitdem Gott für sie außer Rufweite war?

Die Mutter verschwand mit dem Sarg, auf den nachhallend Erde polterte. Der Bruder war nur auf sich, sein waghalsig gesichertes Glück bedacht und immer, wie unbekümmert, weit weg. Der Vater, der, gleich der Schwester, trostlos zurückblieb, kam mir verkleinert, wenn nicht geschrumpft vor.

Er sah aus, als werde er soviel Verlassenheit nicht lange ertragen können; und bald nach dem Tod seiner Frau lebte er auch mit einer Witwe, die, wie später er, Rente bezog, in sogenannter Onkelehe. Auf seine Weise zufrieden, verging ihm die Zeit. Ab und an gönnten sich beide was, machten mit bei Busfahrten für Rentner hier- und dorthin, zur Weinprobe rheinaufwärts nach Bacharach und nach Spa in Belgien, um dort im Casino bei kleinem Gewinn wie Verlust ihre Spargroschen zu riskieren.

Nach Jahren, als ich mir, wie er sagte, »einen Namen gemacht« hatte, behauptete der Vater, stolz auf seinen Sohn zu sein, an den er, wie mir mit blauen Augen und ohne Blinzeln versichert wurde, »schon immer geglaubt«

habe. Und ich sagte: »Ja, Papa, was wäre ich ohne dich.«
Worauf wir einander nur noch friedfertig begegneten,
sobald er uns und die Kinder mit neuer Frau, seinem
»Klärchen«, besuchte. Während sie, Frau Gutberlett, auf
dem Sofa in der Niedstraße in Illustrierten blätterte, spielten Anna, die sich Mühe gab, und ich mit ihm Skat.

Doch auf dem Friedhof Oberaußem hatten wir füreinander kaum Worte. Vielleicht machte der Blick über Gräber hinweg sprachlos, sagten doch die rauchenden Schlote des Kraftwerks Fortuna Nord nur immer das eine: das
Leben geht weiter, das Leben geht weiter…

Außerdem sah sich die Trauergesellschaft umstellt von
Grabsteinen aus Diabas, Schlesischem Marmor, Kalkstein
und Belgisch Granit, die zwischen Buchsbaumhecken
standen und alle aus der Werkstatt Göbel hätten stammen
können, wenngleich der Altgeselle Korneff mit mir zwar
in einigen Nachbardörfern, doch nie in Oberaußem ein-
bis dreistellige Wände versetzt und auf Sockeln verdübelt
hatte, die wir mit dem Kleintransporter der Firma zu liefern geübt waren.

Mit uns standen Nachbarn und Kollegen des Vaters um
das Grab. Bin unsicher, ob es regnete, ob Schnee oder nur
restlicher Schnee lag. Weiß nicht, wer gekommen, wer
nicht gekommen war. Kein Wort ist von der Beerdigung
mit Priester und nur einem Meßbuben geblieben. Leer
war ich oder kam mir leer vor. Versuchte zu Tränen zu
kommen, vergeblich. Aber was sagt das schon.

Und als mich die weinende Schwester – bereits jenseits
des Friedhofs – fragte, »Was wird nur aus mir? Was soll
ich bloß machen?«, wußte der Bruder keine Antwort, so
sehr war ich mit mir, nur mit mir befaßt.

Der Vater starb achtzigjährig im Sommer neunundsiebzig. Als ich kam, stand der Sarg noch offen: er sah gut aus, gepflegt wie immer und aller Welt freundlich gesonnen. Dort, in Opladen, wo die Witwe Gutberlett, die vor ihm starb, liegt, liegt auch er. Wann immer wir uns sahen, meinte er mich ermuntern zu müssen: »Mach weiter so, mein Junge!«

In seiner Brieftasche steckten positive Kritiken meiner Bücher, die er alle nicht gelesen hatte. Mein Sohn Raoul, der in Köln beim Westdeutschen Rundfunk als Anlagenelektroniker in die Lehre ging – und damals langgelockt seinem langgelockten Idol Frank Zappa zu gleichen versuchte –, besuchte ihn manchmal mit Freunden zum Skatspiel, seiner kleinen Leidenschaft.

Mitte der sechziger Jahre, als rechtsaußen die NPD mit Parolen von vorgestern aufkam, fragte ich ihn, was er diesmal bei der Bundestagswahl gewählt habe. Er sagte: »Die Sozis natürlich, wie immer« und war sich nach kurzer Pause sicher, »sonst würdest du mir die Unterstützung streichen«. So gut verstanden wir uns mittlerweile.

Und wenige Jahre vor seinem Tod, als er schon ein Pflegefall war, holten Ute und ich ihn ab. Er genoß die lange Autofahrt, wollte kein »Nickerchen« machen, immer nur fettes Weideland, Kühe, überall Kühe sehen.

In der Wewelsflether Küchendiele saß er stundenlang und dämmerte vor sich hin. Und mittags, bevor Bruno, Malte und Hans hungrig aus der Schule kamen und verschieden laut lärmten, saß er nahe dem Herd, drauf die kochenden Kartoffeln. »Das hab ich immer gern gehört, wenn sie bullern im Topf«, sagte er, »früher, als ich noch kochte für Lenchen und auch für Klärchen noch…«

Viel reden mochte er nicht mehr, war zufrieden, wenn ihm Ute einen Gutenachtkuß – »Aber richtig voll auf den Mund« – gab.

Und meine Schwester? Ihre Frage, die sie mir auf dem Oberaußemer Friedhof oder bald nach der Beerdigung unserer Mutter gestellt hatte, bekam ich noch oft zu hören: »Was soll aus mir werden, was mache ich bloß?«

Gegen Ende April, gleich nach der Hochzeit, zu der sie nach Lenzburg gekommen war, fuhr sie mit Anna und mir ins Tessiner Ferienhaus der Schwiegereltern, wo sie ihren Kummer mit Unmengen Schweizer Schokolade, gleich ob Vollmilch oder Zartbitter, zu beschwichtigen versuchte, sonst aber nicht wußte, was tun, außer weinen bei schönstem Wetter.

Mit ihrer stehenden Klage war etwas Soziales gemeint, etwas, das anderen Menschen helfen sollte, und zwar nicht irgendwie, sondern praktisch sofort.

Und als sie uns im Herbst vierundfünfzig, bald nach unserer Reise durch Francos mürrisch verschlossenes Spanien, die mir als erste Prosa die Erzählung »Meine grüne Wiese« eintrug, in Berlin besuchte – wir bewohnten damals schon die Kellerwohnung am Dianasee –, kam sie uns immer noch mit gleichbleibend dringlicher Frage, bis ich nach einem Kinobesuch, als wir zu dritt über die Budapester Straße wollten, aber bei Rot warten mußten, auf ihr inständiges »Was?« einen Rat gab, der weniger brüderlich, eher wie ein Befehl laut wurde.

Dank plötzlicher Eingebung von irgendwoher rief ich mehr unwirsch als einfühlsam: »Verdammt, was soll das Gejammer! Werd' Hebamme, Kinder gibt's immer!«

Und sie wurde Hebamme, nachdem sie in Hannovers Landesfrauenklinik ihre Ausbildung abgeschlossen hatte.

In Rheydt, Bonns Universitätsklinik und im sauerländischen Lüdenscheid hat sie die Geburt von grob geschätzt viertausend Säuglingen befördert. Mit praktischen Griffen und zweckdienlichen Wörtern war sie über die Jahre hinweg tätig, schließlich als Ober- und Lehrhebamme, die sich zugleich als Betriebsratsvorsitzende mehrerer Krankenhäuser für verbesserte Arbeitsbedingungen und Tariflöhne einsetzte.

Noch heute ist sie als Delegierte im Seniorenrat ihrer Gewerkschaft auf Reisen. Als resolute und bei festlichen Anlässen trinkfeste Person, die von unseren Kindern und Enkelkindern geliebt, auch ein wenig gefürchtet wird, zudem als katholische Sozialdemokratin, die mit einer Nonne, Schwester Scholastika – auch Scholli genannt –, befreundet ist, vertritt sie feste Positionen. Bis ins hohe Alter findet sie überall Anlaß, ihren rauhbeinigen Humor an den Mann zu bringen, aber auch zornig zu werden und so den Fürsprechern des auf Erden sanktionierten Unrechts ihre Meinung zu sagen. »Also ehrlich, richtig empörend finde ich das!« ist einer ihrer nie variierten Sätze.

Mit meiner jüngsten Tochter Nele, die mittlerweile gleichfalls Hebamme ist, sorgt sie sich um sinkende Geburtenraten. Beide trösten einander: »Na, zum Glück gibt's ja genügend Ausländer, die für Nachwuchs sorgen...«

So kann ein Wort, ausgesprochen am Straßenrand während einer Wartepause bei Rot, zum Wegweiser in lebenslang befolgte Richtung werden; was mich an jenen Professor Enseling erinnert, der mir im eiskalten Winter siebenundvierzig, als die Kunstakademie Düsseldorf wegen Kohlenmangels geschlossen hatte, den einzig richtigen Fingerzeig gab.

Von der Hochzeit mit Anna – sie im weinroten Kostüm, ich im Stresemann – liegt ein Foto vor. Wir lächeln uns zu, als sei uns ein besonders lustiger Streich gelungen.

Einundzwanzig zählt sie, ich komme auf sechsundzwanzig. Bei Gelegenheit legen wir Wert darauf, noch nicht ganz erwachsen sein zu müssen. Unsere Ringe tragen wir links, Gold macht sie wertvoll. Doch da ich Anna wie festen Besitz schon zu haben meinte, war der für mich kostbarste Ertrag der übereilten Verehelichung jene Olivetti-Reiseschreibmaschine vom Typ »lettera«, die mich als Hochzeitsgeschenk, wenn nicht sogleich, dann nach und nach zum Schriftsteller machte.

Ihr bin ich nahezu treu geblieben. Von ihr konnte und wollte ich nicht lassen. Mit meiner »lettera« ging ich pfleglich um. Bis heutzutage bin ich ihr hörig. Stets wußte sie mehr von mir, als ich von mir wissen wollte. Auf einem meiner Stehpulte hat sie ihren Platz und wartet mit allen Tasten auf mich.

Zugegeben: später probierte ich andere Modelle – man nennt das Seitensprünge –, doch immer wieder wurde die Olivetti mir und ich ihr anhänglich, auch, als es sie nicht mehr im Handel gab. Nur noch auf Flohmärkten war sie zu finden. Und mal um mal wurde mir durch freundliche Zuwendung ein, wie gesagt wurde, ausgedientes Exemplar geschenkt, von dem es dann absegnend hieß, es habe seine Zeit längst hinter sich. Was nicht stimmte.

Meine ewigwährende »lettera«. Leicht zu reparieren ist sie und deshalb von dauerhafter Natur. Diskret elegant sieht sie aus. Ihr blaugrau verkleidendes Blech, das nie rostet. Ihr leichter, meinem Zweifingersystem gefügiger Anschlag schmeichelt dem Ohr. Manchmal hakt der eine, der andere Buchstabe und lehrt mich Geduld, wie sie Geduld beweist, wenn ich mich immer wieder vertippe.

Stimmt, sie hat ihre Macken. Oft klemmt das Farbband. Doch bin ich mir sicher: sie altert, aber veraltet nicht. Ihr Klappern meldet bei offenem Fenster weithin, daß wir leben, wir beide immer noch leben: hört! Nicht enden will unser Zwiegespräch. Ihr zu beichten, bin ich katholisch genug.

Zur Zeit sind es drei vom Typ »lettera«, die ihre Standorte auf Stehpulten in Portugal, Dänemark und in der Behlendorfer Werkstatt haben. Dreieinig sorgen sie dafür, daß mein Erzählfluß nicht ins Stocken gerät. Sehe ich die eine, die andere, die dritte, fällt mir sogleich etwas ein; und schon plappern sie schwesterlich: mal munter, mal zwischen Pausen.

Alle drei sind mir mechanische Musen. Andere habe ich nicht. In dem Gedichtband »Fundsachen für Nichtleser«, der Ende des letzten Jahrhunderts erschien und in Aquadichten mehr als meine Siebensachen aufzählt, habe ich ihnen einen Vierzeiler gewidmet. Nie ist die portugiesische auf die dänische oder die Behlendorfer Olivetti auf die beiden ausländischen eifersüchtig. Und wie sie mich dreistimmig lieben, bleibe ich ihnen, nur ihnen zugetan.

Soviel Neues und Allerneuestes auf den Markt kam, nichts hat mich abspenstig machen können. Keine elektrische Maschine und kein Computer war verführerisch genug, um auch nur eine meiner Olivettis verdrängen zu können; wie es andererseits niemandem gelang, mich als »altes Eisen« auf dem Schrottplatz zu entsorgen.

Als gegen Mitte der siebziger Jahre in meinem sonstigen Leben der Haussegen hier und dort schiefhing und mir keine vier Wände mehr sicher waren – weshalb das Manuskript vom »Butt« nicht wußte, wie ihm geschah –, flüchtete ich von Berlin aus mit einer meiner Olivettis im

Reisekoffer leichtfüßig nach London, wo ich bei Eva Figes, einer liebenswerten Kollegin, Quartier fand; also klapperte sie anderenorts, bis ich, dank Ute, wiederum seßhaft wurde.

Es stimmt schon, sanft ging ich mit ihr um. Nie habe ich sie, wenn ich Personen meinte, ersatzweise verflucht. Kein böses Wort, sobald ich zu faul war, das Farbband zu wechseln, weshalb ihr Anschlag verblaßte. Nie habe ich sie verliehen.

Und auch sie ließ mich nicht im Stich, soviel ihr zugemutet wurde: Klimawechsel nach Fernflügen. In Calcutta, wo wir auf längere Zeit Quartier nahmen, mußte sie feuchte Hitze ertragen, sogar Insekten, die ihr Inneres heimsuchten, um sich dort zu vermehren. Doch weit schlimmer waren die Jahre zuvor.

Sobald ich zu Beginn der Achtziger, als mir das Menschengeschlecht auf immer vergänglich zu sein schien, eine Schreibpause einlegte, die vier Jahre währte, in denen ich nur noch mit allen Fingern Töpferton zu Skulpturen formte, kamen sich alle drei »lettera« verlassen vor. Sie staubten ein, bis mir in Pinselschrift zuerst auf weißbrennenden Tonblättern, dann handschriftlich in einen dickleibigen Blindband gekritzelt, endzeitliche und auf Abschied gestimmte Geschichten einfielen, die in engen Zeilen unter dem Titel »Die Rättin« zu Papier kommen, also mal hier, mal da und in letzter Fassung dort getippt werden wollten.

Tag für Tag. Bogen auf Bogen eingespannt... Und das seit fünf Jahrzehnten. Nach der handschriftlichen Fassung zwei bis drei Maschinenfassungen. Die Olivetti hielt alles aus: Novellen und Romane, zwischendurch und bei Gelegenheit, wie zur Erholung, Gedichte, dann wieder Espede-trockene Wahlkampfreden und – ab neunundachtzig – Reden zur Schnäppchen-Politik der deutschen Einheit.

Ich ließ, ohne sie treffen zu wollen, meinen Zorn an ihr aus. Und als ich mit der Einschätzung des Treuhand-Schwindels ziemlich allein dastand, hielt ich mich, nachdem die »Unkenrufe« verhallt waren, an meiner »lettera« fest, auf daß der Roman »Ein weites Feld« wuchs und wuchs, bis er weiträumig genug war, um den sortierten Abfall deutscher Geschichte aus zwei Jahrhunderten und zudem meines Helden Theodor Wuttke – Fonty genannt – in plaudrigen Wortwitz zu fassen. Doch da um diese Zeit Farbbänder für meine Olivetti-Reiseschreibmaschinen nicht mehr im Handel waren, hätte mich ohne freundliche Zuwendung bestimmt eine, wenn nicht existentielle, so doch materielle Schreibkrise erwischt.

Als dann aber Ute und ich auf Besuch in Madrid waren – mir wurde vom Ältesten der dort organisierten Gitanos, die abseits der Stadt nahe dem Müll hausten, als Ehrengabe der »hidalgo« in Gestalt eines Krückstocks aus Rohr verliehen, den ich, weil immer schlechter zu Fuß, bestimmt bald nutzen werde, schenkten mir junge Leute, die in der Zeitung einen Artikel gelesen hatten, in dem meine altmodischen Schreibgewohnheiten ironisiert wurden, ein Päckchen voller fabrikneuer Farbbänder, auf daß ich versorgt sei zukünftig…

Doch meine erste Olivetti, jenes Hochzeitsgeschenk, das ich Margot, der Schwester meines Schwiegervaters, und Urs, ihrem Mann, verdanke, und die gegenwärtig mein jüngster Sohn Bruno hütet, als sei sie ein Stück von mir, war von besonderem Anschlag: auf ihr tippte ich jene Gedichte, die bald in meinem ersten Buch, »Die Vorzüge der Windhühner«, gedruckt stehen sollten.

Sie entstanden wie mühelos, denn auf keiner Zwiebelhaut lassen sich Schweißflecken oder andere Arbeitsspuren nachweisen. Sicher ist, daß die Keimzelle dieser Gedichte ein feuchtes Kellerloch mit Fenster zum Garten war, das Anna und ich in einer Villa bezogen hatten, deren oberer Stock samt Türmchen und Erker seit Kriegsjahren ausgebrannt, nur noch von wechselhaftem Wetter und von Tauben bewohnt war.

Zwischen der Königsallee und dem verschilften Dianasee hatten wir die Halbruine entdeckt. Leicht fiel es, gegen wenig Geld das Kellerloch, das vormals Teil der Hausmeisterwohnung gewesen war, zu mieten. Über uns wohnte nur noch ein Professor mit Frau, die wir, die uns grüßten.

Dort lebten wir nun auf engem Raum, doch mit viel Auslauf in den verwilderten Garten, glücklich oder wie in einem Märchen aufgehoben, das glücklichen Ausgang versprach. Anna fühlte sich dort mehr als ich zu Hause, weil ihr nach behüteter Kindheit im schweizerisch gesicherten Gehege unser Ruinenidyll den Anschein von Freiheit bot. Bestimmt war sie mit ihren Gedanken weit weniger aushäusig als ich. Zur Sommerzeit stand das Fenster, über dessen Bord ein Schritt in den Garten führte, allabendlich in Richtung Sonnenuntergang offen.

Auf dem zweiflammigen Gasherd kochte ich Linsengerichte, reihte in gußeiserner Pfanne grüne Heringe und was sonst noch billig war: Grützwurst, Hammelnieren, Schweinekamm. Ein mit Backpflaumen gefülltes Rinderherz schmorte ich sonntags, wenn wir Gäste erwarteten. Und als Herbstgericht kamen zu Hammelrippchen »Bohnen und Birnen« auf den Tisch. So hieß eines der Gedichte, die ich in Reinschrift mit der Olivetti tippte. Ein anderes hieß »Mückenplage« und verdankte sich dem als Brutstätte nahen Dianasee.

Freunde besuchten uns. Hans und Maria Rama, die meinten, unsere Liebe müsse auf Schwarzweißfotos dauerhaft aufgehoben werden. Und wiederum befreundete ich mich mit einem Flötenspieler, diesmal mit einem kraushaarigen, der meisterlich und umschwärmt von jungen Mädchen mit Mozartzöpfen die silbrige Querflöte blies: Aurèle Nicolet, Annas andere, still auf einem Abstellgleis andauernde, doch nie gelebte Liebe.

Die Härters kamen, mit denen sich gut lästern ließ; Fridtjof Schliephacke, ein Architekturstudent, der später Sitzmöbel und eine nach ihm benannte Stehlampe für das Studentendorf Eichkamp entwarf; der tagsüber nüchterne Bildhauer Schrieber und dessen Schüler Karl Oppermann, der bald bei der Großfirma »Meierei Bolle« als Werbefachmann Nebenverdienst suchte und mir später zu einem Auftrag verhalf: ein Firmenjubiläum – fünfundsiebzig Jahre nach der Gründung – und die Eröffnung von Bolles erstem Selbstbedienungsladen sollten mit einer werbenden Festschrift gefeiert werden.

Also schrieb ich mit meiner Olivetti, dem Hochzeitsgeschenk, unter der Überschrift »Heiden bekehren oder Milch verkaufen?« sechs sieben Seiten, die dann in hoher Auflage – es sollen dreihundertfünfzigtausend Exemplare gewesen sein – gedruckt und als Postwurfsendung an Westberliner Haushalte verteilt wurden: mein erstes großes Publikum.

Und doch nur ein Nebenprodukt, von dem ich kein Belegexemplar besitze, aus dem zu zitieren wäre, das aber Carl Bolle, den ersten und legendären Verkäufer von Frischmilch in einer Großstadt – »Bolle auf dem Milchwagen!« –, mit lustigen Einfällen feierte, mir gut dreihundert Mark einbrachte und dreißig Jahre später von der immer noch profitablen Firma gegen ein weit höheres Honorar nachgedruckt worden ist: mein Milchmärchen, das massenhaft verbreitet wurde und so Gottfried Benns vorauseilende Beurteilung meiner Gedichte bestätigte: »Er wird mal Prosa schreiben…«

Noch aber spuckte die Olivetti Gedicht nach Gedicht. Ich hatte meinen Ton, oder ein wie herrenlos streunender Ton hatte mich gefunden. Gesammelt lagen die Gedichte in einer Mappe, aus der eines Tages Anna und – auf Besuch – meine Schwester ein halbes Dutzend auswählten und an den Süddeutschen Rundfunk schickten, weil dieser Sender, wie in der Zeitung zu lesen stand, einen Lyrikwettbewerb ausgeschrieben hatte. Beide überredeten mich, den Versuch zu wagen. Zu ihrer Auswahl gehörte das nach meiner Wertung allzu metapherngeladene Gedicht »Lilien aus Schlaf«.

Und prompt wurden nicht etwa die allerschönste Raucherhymne »Credo« oder die lyrische Inventur »Geöffneter Schrank«, auch nicht »Bohnen und Birnen«, sondern bleichsüchtige Blumen, jene aus meinem an sich gesunden Schlaf gezüchteten Lilien, mit dem dritten Preis ausgezeichnet und mit, wie ich mich haushälterisch genau erinnere, dreihundertfünfzig Mark entlohnt. Auch zahlte man meinen ersten Flug zur Preisverleihung nach Stuttgart hin und zurück.

So begünstigt, kaufte ich mir bei Peek & Cloppenburg von der Stange weg einen Wintermantel. Das übrige Preisgeld reichte für einen asphaltgrauen Mohairrock, den Anna und ich bei Horn, dem elegantesten Laden auf dem Kurfürstendamm, so selbstverständlich kauften, als wüßten wir, daß es fortan nie wieder mangeln werde. Dieser Rock ist mir vom Stoff her fühlbar und in Schnitt und Länge vorstellbar geblieben: so schön bewegte sich Anna im Ertrag meiner Gedichte.

Und so könnte ein Märchen beginnen, das nicht ich geschrieben habe und das auch nicht zu denen gehört, die von den Grimmbrüdern gesammelt wurden. Allenfalls hätte Hans Christian Andersen solch ein Märchen erfinden können: Es war einmal ein Schrank, in dem die Erinnerung an Kleiderbügeln hing...

Noch immer steht er mir offen und sagt Strophe nach Strophe auf, was unten, was oben lagert, was fast neu, was abgetragen ist und vor sich hin flüstert.

Unser Schrank war ein schmaler, beim Trödler erhandelter Spind, in dem nun Annas Mohairrock hing. Geöffnet, erzählte er von »weißen Kugeln, die in den Taschen schlafen« und von Motten träumen, auch von »Astern und anderen feuergefährlichen Blumen«, vom »Herbst, der zum Kleid wird...«

Und so wurde das Märchen wirklich, von dem nicht sicher ist, wer es geschrieben hat: Es war einmal ein Bildhauer, dem nebenbei und bei Gelegenheit Gedichte einfielen, zu denen das Gedicht »Geöffneter Schrank« gehörte. Als er für ein anderes Gedicht einen minderen Preis bekam, kaufte er sogleich für seine Liebste und sich einen Rock und einen Mantel. Von nun an glaubte er, ein Dichter zu sein.

Und so ging das Märchen weiter: Der Dichter, der nebenbei Bildhauer war und Hühner, Vögel, Fische sowie weiteres Getier formte, folgte mit Gedichten in der Tasche einer telegrafierten Aufforderung, die ihm im Frühling fünfundfünfzig in die Kellerwohnung einer Ruinenvilla geschickt wurde. Im verwilderten Garten der Villa blühte der Flieder. Am Abend wehte der Wind Mücken vom nahen See vors offene Fenster.

Das Telegramm hatte ein Mann namens Hans Werner Richter unterzeichnet. Der forderte den jungen Dichter auf, sogleich an einen anderen, weit größeren See, den Wannsee und ins Haus Rupenhorn zu kommen, weil dort, auf seine Einladung hin, die Gruppe 47 tagte. Mit einem Befehl schloß der knapp gehaltene Text: »Gedichte mitbringen!«

Um das Märchen glaubwürdiger zu machen, sei gesagt: einer der Juroren des Lyrikwettbewerbs hatte mich begabt genannt und dem Mann namens Richter als Tagungsteilnehmer empfohlen, doch der hatte bis dahin gezögert, mich einzuladen.

Also gab der Dichter seiner jungen Frau, die Tänzerin war, einen Kuß, steckte, um dem Märchen Folge zu leisten, sieben oder neun Gedichte ein, nahm den Bus, fand das Haus Rupenhorn und betrat die behäbige Villa, die einst von irgendeiner Nazigröße bewohnt worden war, am frühen Nachmittag, als die Mitglieder der im Jahr siebenundvierzig gegründeten Gruppe gerade Kaffeepause machten und klug miteinander und aneinander vorbeiredeten; auch so etwas könnte in einem Märchen, etwa bei Andersen, vorkommen.

Von der Existenz dieser Gruppe und von dem, was sie zusammenhielt, wußte ich, der Bildhauer, der glaubte, ein Dichter zu sein, nur Ungenaues aus Zeitungen. Vom Jahr siebenundvierzig jedoch hatte ich feste Vorstellungen, die auf Erfahrung beruhten: damals, als der härteste aller Winter nicht aufhören wollte und es mehr unverglaste

Fenster als käufliche Fensterscheiben gab, begann ich als Steinmetzpraktikant meinen ersten Schlesischen Marmor mit Spitz-, Zahn- und Beizeisen als Kindergrabstein zu bearbeiten und schrieb nebenbei Gedichte, die nur Wortgeklingel waren und von denen keine Zeile geblieben ist.

In der Diele der Wannsee-Villa standen gedeckte Tische, an denen Herren und Damen saßen. Sie tranken Kaffee, aßen Streuselkuchen und redeten gleichzeitig klug. Da ich keinen der versammelten Dichter kannte, setzte ich mich, um das Märchen voranzutreiben, an einen der freien Tische und dachte womöglich über das Jahr siebenundvierzig nach, zu dessen Beginn die Kunstakademie Düsseldorf wegen Kohlenmangels geschlossen hatte; so streng war der Winter.

Eine Serviererin mit Schürze und Häubchen trat an den Tisch, an dem ich so verloren wie nachdenklich saß, und fragte den neuen Gast, ob auch er ein Dichter sei. Diese Frage traf ins Herz.

Als der Märchenprinz bedenkenlos ja gesagt hatte, glaubte die Serviererin ihm aufs Wort, machte einen Knicks und brachte zur Tasse Kaffee ein Stück Streuselkuchen, der von gleichem Geschmack war wie jener Streuselkuchen, den die Frau des Steinmetzmeisters Göbel zu backen verstand. Die hielt sich eine Ziege namens Genoveva, die ich im Frühjahr siebenundvierzig am Strick zum Füttern hatte führen müssen, wobei ich eine traurige Figur abgab.

Die Geschichte mit der Ziege kam mir erinnert wie ein Märchen vor, vergleichbar dem, das gerade begonnen hatte, wenngleich ich keine traurige Figur mehr abgab, eher ein selbstbewußter Typ war, der nichts zu verlieren, doch alles Wünschbare zu gewinnen hatte, vergleichbar jenem abgemusterten Soldaten, der in Andersens Märchen »Das Feuerzeug« sein Glück macht.

Was ich sah und erlebte, schien wundersam unwirklich zu sein oder war von übersteigerter Wirklichkeit. Immerhin kannte ich einige der Versammelten vom Namen her. Von Heinrich Böll hatte ich weißnichtmehrwas gelesen. Von Günter Eichs Gedichten gefielen mir einige. Von Wolfgang Koeppen und Arno Schmidt hatte ich mehr gelesen, doch die gehörten nicht zur Gruppe. Böll und Eich waren Zwischenkriegs- und Kriegsjahre älter als der Bildhauer, der sich als Dichter sah.

Dann stand, um dem Märchen abermals Auftrieb zu geben, ein rundlicher Mann mit starken Augenbrauen an meinem Tisch und blickte streng. Er wollte wissen, was ich inmitten der kaffeetrinkenden und dabei klugredenden Schriftsteller zu suchen habe, wer ich sei, woher ich käme. Später sagte er, der Neuankömmling sei ihm vom Aussehen her verdächtig gewesen. Weshalb er mich als finsteren Burschen habe ansehen müssen, dem Schlimmes, als Provokateur womöglich eine Störung der Schriftstellerversammlung zuzutrauen gewesen sei.

Erst als ich das einladende Telegramm glattstrich und vorwies, verlor er an Strenge. »So, Sie sind das. Stimmt, uns fehlt für den Nachmittag noch ein Lyriker.«

Dann sagte der Mann namens Richter, der in dem Märchen wie ein anderer König Drosselbart auftrat und mich gnädig als Lückenbüßer eingeladen hatte, dem aber nicht anzusehen war, daß er bald des jungen Dichters literarischer Ziehvater werden sollte: gleich nach der Kaffeepause werde derjenige, dann die Bachmann, darauf ein anderer lesen. »Und danach – wie heißen Sie noch? – sind Sie dran.«

Wer derjenige oder der andere war, wußte ich nicht. Nur von der Bachmann, die »die Bachmann« genannt wurde, hatte ich undeutlich Rühmendes gehört.

Dann kündigte er an: »Danach wird kritisiert. Das ist so üblich bei der Gruppe.«

Sicher ist, daß der Mann namens Richter sich im Davongehen noch einmal wendete und den jungen Dichter anwies: »Aber laut und deutlich lesen!«

Daran habe ich mich mein Leben lang gehalten, wann immer ich vor Publikum las. Mein Kumpel Joseph jedoch, der im Jahr siebenundvierzig Student der Philosophie und Dogmatik im Priesterseminar Freising war, hat mir, als wir im Lager Bad Aibling unter einer Zeltplane hockten, aus einem schwarz eingebundenen Büchlein sein frommes Zeug mit so leiser und fast verhauchter Stimme vorgelesen, daß ich, im Verlauf eines ganz anders gestrickten Märchens, glauben wollte, aus dem wird nie was.

Und alles lief ab, wie vom Märchenonkel Richter angekündigt. Als vor der Bachmann ein mir Unbekannter Prosa las und nach ihr ein anderer mir Unbekannter gleichfalls einen Prosatext zu bieten hatte, wurden alle Vorlesenden, kaum hatten sie ihre Manuskriptmappen geschlossen, von den Gruppenmitgliedern kritisiert: scharf, sezierend, zu- und danebentreffend.

Das war so üblich. Schon als sich die Gruppe zum ersten Mal traf, um sich später nach dem Jahr ihres ersten Treffens zu benennen, wurde vorgelesen und sogleich kritisiert. Dem jungen Dichter hatte, als er noch Steinmetzpraktikant war, Pater Stanislaus, der die Bibliothek im Caritas-Heim Rather Broich hütete, Gedichte von Georg Trakl vorgelesen, die sehr traurig, sehr schön und leicht nachzuahmen waren.

461

Einer der Kritiker, die in dem Märchen, das nicht enden wollte, auftraten, war zwar kein Kaiser, hieß aber so und Joachim mit Vornamen. Er mochte in meinem Alter sein, doch sprach er, wenngleich ostpreußisch eingefärbt, so druckreif, daß ich mich meines inwendigen Gestammels schämte und schwieg, obwohl ich ihm gern widersprochen hätte.

Und als dann die Bachmann, ein, wie mir schien, eher verhuschtes Mädchen, zu lesen begann, nein, vielmehr ihre rundum schönen Gedichte weinte – das jedenfalls ließ ihr zittriger Klageton vermuten –, sagte ich mir, wenn dieser druckreif redende Kaiser, wie zuvor über den mir unbekannten Vorleser, nun über die gänzlich verschüchterte Bachmann herfällt, meldest du dich zu Wort und wirst der weinenden oder dem Weinen nahen Dichterin behilflich werden, und sei es mit Stammelsätzen, kam doch in einem ihrer Gedichte, das »Erklär mir, Liebe« hieß, gleich einem Hilferuf die Zeile vor: »Ein Stein weiß einen andern zu erweichen!«

Aber jener Kaiser, der im Gründungsjahr der Gruppe grad mal wie der vormalige Steinmetzpraktikant zwanzig zählte, dann aber bald, während ich noch Muschelkalk spitzte, als Student in Frankfurt am Main bei Adorno das druckreife Sprechen und alles, sogar die Dialektik der Grimmschen Märchen, zu analysieren lernte, gab sich als zu erweichender Stein aus und war, was alle Gedichte der Bachmann betraf, des Lobes voll: »die Entwicklung zu großer Form« lasse sich erkennen.

Ähnliches hatte übrigens auch Pater Stanislaus gesagt, als mir der belesene Franziskanermönch feierlich das Bändchen Trakl-Gedichte ans Herz legte. Also schwieg der junge Dichter und machte den Mund erst auf, als er auf dem Stuhl neben dem Mann namens Richter saß und

»laut und deutlich«, wie ihm während der Kaffeepause geraten worden war, den Mitgliedern der Gruppe 47 seine Gedichte, sieben oder neun an der Zahl, vorlas, unter ihnen die Gedichte »Geöffneter Schrank«, »Polnische Fahne« und »Drei Vaterunser«.

Und so fand das Märchen seine Fortsetzung: es war einmal ein junger Bildhauer, der trat zum ersten Mal als Dichter auf. Das tat er unerschrocken, weil er seiner von Berliner Luft beatmeten Gedichte sicher war. Und da er, wie ihm geraten, jede Zeile laut und deutlich vortrug, konnten alle, die ihm zuhörten, jedes Wort verstehen.

Danach wurde, was er vorgelesen hatte, allseits gelobt. Jemand sprach von »raubtierhaftem Zugriff« und wagte eine Einschätzung, die von anderen Kritikern zwischen die Zähne genommen und – um weitere Vergleiche bemüht – variiert wurde. Es kann aber auch sein, daß jemand, vielleicht der Kaiser, der mit Vornamen Joachim hieß, vor übertriebenem Lob gewarnt hat. Da aber selbst der Mann mit den buschigen Augenbrauen, der Richter hieß und neben jenem Vorlesestuhl saß, der redensartlich »elektrischer Stuhl« genannt wurde, zufrieden zu sein schien, jedenfalls so etwas wie »einen erfrischend neuen Ton« gehört haben wollte, wünschte er den Namen des jungen Bildhauers, der als Dichter auftrat, noch einmal zu hören, weil er ihn abermals vergessen hatte, nun aber der Meinung war, man müsse ihn sich samt Vornamen merken; also bekam er, dem ich später, viel später meine Erzählung »Das Treffen in Telgte« widmete, zu hören, wie ich zu heißen sei.

Als der junge Bildhauer, der neuerdings als Dichter galt, vom Stuhl aufstand, wollte das Märchen noch immer nicht enden. Sogleich sah er sich von einem halben Dutzend Verlagslektoren umringt, die sich als »Hanser-, Piper-,

Suhrkamp-, S. Fischer-Verlag« vorstellten. Sie griffen sich die sieben oder neun Gedichte, die der Dichter zu Hause in einem feuchten Kellerloch mit seiner Olivetti-Reiseschreibmaschine säuberlich getippt und dank unterlegter Blaupause doppelt hatte.

Keines der Blätter wollten sie wieder hergeben und redeten im Plural auf ihn ein – »Sie hören von uns...« – »Schon bald werden Sie von uns hören...« – »Demnächst schon kommen wir auf Sie zu...« –, so daß er zu glauben versucht war, es werde nach nur kurzer Zeit für ihn, wenn nicht das Goldene Zeitalter, dann ein silbernes beginnen.

Danach wollte sich das Märchen nicht weiterhin runden, denn ich hörte kein Sterbenswörtchen von den Lektoren der vielversprechenden Verlage. Nur jemand von windschiefer Gestalt, der sich als Walter Höllerer und Herausgeber der Literaturzeitschrift »Akzente« vorgestellt hatte, druckte, wie versprochen, einige der Gedichte.

Schon hatte der jüngst noch gepriesene Dichter wiederum als Bildhauer die Hände voller Ton und Gips, da ging das Märchen doch noch weiter. Ein Lektor des Luchterhand-Verlags, der behauptete, bei dem Gedränge nach der Lesung des jungen und unbekannten Dichters von anderen Verlagslektoren ellenbogenstark abgedrängt worden zu sein, fragte höflich an, ob ich als Autor, falls nicht längst an Suhrkamp oder Hanser vergeben, noch frei sei. Er, Peter Frank, wolle gegebenenfalls eine Auswahl meiner Gedichte veröffentlichen.

O schöner Anfang, der zugleich des Dichters namenloses Sein und verborgene Unschuld beendete: »Ach, wie gut, daß niemand weiß, daß ich Rumpelstilzchen heiß...«

Denn Peter Frank, ein leiser, stets ein wenig seitlich geneigter Mensch österreichischer Zunge, kam in unser idyllisches Ruinenloch und wollte, als ich ihm Blätter mit lyrischen Bildmotiven zeigte, sogleich bereit sein, ein Dutzend Federzeichnungen – wie von mir vorgeschlagen – in den Gedichtband aufzunehmen und – wie von mir verlangt – extra zu honorieren. Sogar mit dem geforderten Autorenhonorar, zwölfeinhalb Prozent vom Ladenpreis eines jeden verkauften Exemplars, war er im Namen des Verlegers Eduard Reifferscheid einverstanden; dieser freiweg verlangte Prozentsatz sollte späterhin die Grundlage meiner materiellen Existenz festigen.

Der Verlag, der, so hörte ich, eigentlich juristische Fachliteratur und ein Loseblattwerk nicht ohne Erfolg verlege, wolle, auf ausdrücklichen Wunsch des Verlegers, zukünftig die deutschsprachige Nachkriegsliteratur fördern, weshalb man die von dem bekannten Autor Alfred Andersch herausgegebene Zeitschrift »Texte und Zeichen« verlegerisch betreue. Vorabgedruckt könnten dort einige der ausgewählten Gedichte demnächst erscheinen und – »gewiß doch« – wiederum extra honoriert werden. Ach, wie gut, daß meine arme Mutter mich so früh gelehrt hatte, sachlich mit Geld umzugehen.

Doch als ich dann, um das Märchen zum Abschluß zu bringen, den Vertrag unterschrieb, in dem mir für die zeichnerische Gestaltung des Buchumschlages abermals ein Honorar zugesichert wurde, übersah ich im Eifer noch immer märchenhafter Vorfreude auf das erste Buch des jungen Dichters die Optionsklausel, jenen kleingedruckten Paragraphen, nach dessen Wortlaut ich verpflichtet wurde, mein nächstes Buch zuallererst dem Luchterhand-Verlag anzubieten.

War aber überhaupt an ein nächstes Buch zu denken? Lag außer »Hochwasser«, dem Spiel in zwei Akten, dem Einakter »Noch zehn Minuten bis Buffalo« und Skizzen zu einem Theaterspiel in vier Akten, das »Onkel, Onkel« heißen sollte und als mein Tribut an das Absurde gelten mochte, irgend etwas vor, das in Richtung Buch schielte? Oder anders gefragt: habe ich meinen Erstauftritt als ein Ereignis gewertet, das sich in absehbarer Zeit wiederholen könnte?

Wohl kaum. Gedichte schrieb ich seit eh und je. Ich schrieb und verwarf sie. Nie hätte ich auf die Veröffentlichung all dessen gedrängt, was mir aus bloßem Schreibzwang unterlaufen war. So selbstsicher ich mich in jungen Jahren auf zukünftigen Spielflächen sah, so gewiß war mir die Unzulänglichkeit aller bisherigen Tintenprodukte.

Erst die in Berliner Luft entstandenen Gedichte waren ganz mein eigen, wollten gesprochen, gelesen, gedruckt werden. Und gleichfalls sind jene Federzeichnungen für jene englische Broschur, die unter dem Titel »Die Vorzüge der Windhühner« mein erstes Buch werden sollte, kein illustrierendes Beiwerk, sondern als grafische Fortsetzung und Vorwegnahme der Gedichte zu sehen.

Sie entstanden mit fein auszeichnender Feder aus einer Vielzahl von Skizzen, auf denen filigranes Geflügel vom Wind verweht ist, Spinnen in Gläser tauchen, Heuschrecken eine Stadt besetzen und zugleich Prophetenkost sind. Auch schielt eine Puppe und wird deshalb nicht von Pfeilen getroffen. Zwitschernde Scheren fliegen. Gehäuft liegen Ohren am Strand. Und Mücken werden nach menschlichem Ausmaß zu Bildmetaphern. In ganz eigener und dinglicher Weltsicht flossen Wort und Zeichen aus einer Tinte.

Sobald ich mir den Ort meiner Zauberei auf Papier, das Kellergeschoß der Weltkriegsruine am Berliner Dianasee, zurückrufe, will es mir vorkommen, als hätte ich, ohne zu suchen, etwas auf vorgegebener Doppelspur gefunden, das der mir eigenen Egozentrik und meinem inneren Gelächter gemäß war, weshalb dem Autor die Veröffentlichung seiner Gedichte und Zeichnungen auf unverschämte Weise ganz selbstverständlich zu sein schien; so lief denn auch der Erstdruck zwar laut Vertrag und doch wunschgemäß wie im Märchen ab, wenngleich nur 735 Exemplare im Verlauf von drei Jahren verkauft wurden.

Erst später wurde bis in einzelne Verse und Halbzeilen deutlich, mit wieviel Signalen die Gedichte mein zweites Buch ankündigten. Von der »Schule der Tenöre«, in der erstmals das Glaszersingen erprobt wird, bis zum Schlußgedicht der »Windhühner«, in dem unter dem Titel »Blechmusik« ein Kind in Frage gestellt ist – »...auf dem Kopf einen Helm aus gelesener Zeitung« –, werden Motive laut, die auf etwas deuten, das sich im Weißrot- und Rotweißspiel der »Polnischen Fahne« noch versteckt hält.

Man hätte das Ganze aber auch für Fingerübungen halten können, die sich vorerst selbst genügten. Auch als ich ein halbes Jahr später auf einer Tagung der Gruppe 47 erste Prosa, den Ertrag unserer Spanienreise vom Vorjahr unter dem Titel »Meine grüne Wiese« las, war nicht zu ahnen, daß die im Erzählverlauf »nackt und empfindlich« ins Monumentale gesteigerte Schnecke den Weg zu weiterer Prosa einschlug; mit schleimiger Kriechspur wollte sie späterhin politische Felder ausmessen und dem Fortschritt den Traum vom »großen Sprung« ausreden.

Doch vorerst blieb es bei Andeutungen, Tastversuchen und unbewußter Vorwegnahme, für die es keine Erklärung gibt. Allenfalls ist zu vermuten, daß eine übermächtige Stoffmasse gestaut lag, sich deshalb mit kurzen Signalen Luft machte und etwas noch Ungefüges zu erkennen gab, etwas, das nicht, immer noch nicht ans Licht wollte.

Ob schreibend oder zeichnend, mit aller mir mittlerweile geläufigen Artistik wich ich aus, umging ich tänzelnd offenkundige Abgründe, war um Ausflüchte nie verlegen und eignete mir Stoffe an, die den Stillstand feierten: Prosa, die, von Kafka gespeist, an Magersucht krankte; Theaterszenen, in denen die Sprache sich ins Versteckspiel verliebte, Wortspiele, die lustvoll weitere Wortspiele heckten.

So hätte ich mich produktiv verzettelt und auf Tagungen der Gruppe 47 mit immer neuen Kunststücken interessant gemacht, wenn die Geröllmasse deutscher und damit meiner Vergangenheit zu umgehen gewesen wäre. Aber sie lag im Weg. Sie brachte mich ins Stolpern. Nichts führte an ihr vorbei. Mir wie vorgeschrieben, blieb sie dennoch unübersichtlich, war hier jüngst erkaltetes Lavafeld, dort längst erstarrter Basalt, der auf noch älteren Ablagerungen seßhaft geworden war. Und wollte doch Schicht nach Schicht abgetragen, sortiert, benannt werden, verlangte nach Wörtern. Noch fehlte ein erster Satz.

Jetzt müssen Schubladen verschlossen, Bilder mit der Motivseite gegen Wände gestellt, Tonbandkassetten gelöscht und Fotos, auf denen ich Schnappschuß nach Schnappschuß älter und älter bin, in Fotoalben begraben werden. Die Rumpelkammer voller archivierter Manuskripte und angesammelter Preise ist zu versiegeln. All das, was beim

Wörtermachen rückständig wurde, zu Buche schlug, mit Staubschichten Ruhm angesetzt hat und Streit verjähren ließ, soll aus dem Blickfeld geräumt werden, damit mit Hilfe der nunmehr entlasteten Erinnerung jener junge Mann ins Bild kommt, der um das Jahr fünfundfünfzig herum mal eine Basken-, dann eine Schlägermütze trägt und versucht, aus möglichst wenigen Wörtern einen ersten Satz zu bilden.

Ohne eigentliche Absicht hat er sein vom erdigen Tongeruch und Gipsstaub bestimmtes Umfeld zwar nicht verlassen, aber doch nach außen hin erweitert, um fortan auf literarischem Feld umtriebig zu werden. Spagat nennt man diese Turnübung. Hat sie mich, weil zu anstrengend, schier zerrissen?

Bis dahin war ich nur zwischen Malern und Bildhauern bei Bier und Schnaps ein Tresensteher gewesen; nun sah man mich bis zum Morgengrauen mit Literaten bei Rotwein zusammenhocken.

Soeben noch hatte ich zugehört, wenn Lud Schrieber wieder einmal sein Tun und Sein, das Elend abgängiger Ptolemäer und zugleich archaische Größe beschwor; neuerdings aber hatte ich den Klang gleichjunger Schriftsteller im Ohr. Hans Magnus Enzensbergers Wortakrobatik war zu bestaunen. Von Martin Walsers Redefluß ließ ich mich sonstwohin tragen.

Zwar hatte mich mein Lehrer Karl Hartung mit wenigen Worten zum Meisterschüler gemacht, aber ein Gutteil meiner Zeit verging im Ruinenloch nahe dem Dianasee, wo die Olivetti mit klapprig stotterndem Geräusch DIN-A4-große Bögen fraß und nicht satt wurde.

Der Tänzer auf zwei Hochzeiten. Weitere Beispiele meiner Unruhe wären zu reihen, und doch ergäbe das Hin und Her kein scharf konturiertes Bild: ich bekomme mich nicht oder nur in Bruchstücken zu fassen. Auf einem Foto sitze ich neben einer stehenden Bronzeskulptur, die langgestreckt einem Vogel gleicht und in einem Prosagedicht literarisch papierenen Ursprungs ist: »Fünf Vögel. Ihre Kindheit hieß: Pfahl sein, Schatten werfen, jedem Hund angenehm sein, gezählt werden…«

Anna jedoch blieb einzig auf Sprünge und Drehungen versessen, auch als sie Mary Wigmans Weihetempel verließ, zu Tatjana Gsovsky wechselte, also mit konstant schmerzenden Füßen vom barfüßigen Ausdruckstanz Abschied nahm und sich der Tortur des klassischen Balletts unterwarf.

Als ich im folgenden Jahr – schon nicht mehr in Berlin – für Höllerers »Akzente« meinen ersten Essay schrieb, der unter dem Titel »Die Ballerina« zur hier plakatierten, dort hinterm Spiegel versteckten Liebeserklärung geriet, habe ich Pein und Lust beider Tanzarten in Vergleich gebracht und mich am Ende für Kleists Marionette, Kokoschkas lebensgroß dümmliche Puppe und für Schlemmers triadische Figurinen erwärmt.

Und dann begann Anna nach naßkaltem Winter zu kränkeln. Das idyllische Kellerloch, in dem zweisam zu hausen der Sommer nicht lang genug war, setzte ihren Nieren, der Blase zu. Schwamm an der Außenwand. Alles roch muffig. Das Fenster schloß undicht. Zudem qualmte der Ofen, dessen Rohr durch die Außenwand ins Freie führte.

Ich drängte auf Umzug. Doch Anna wollte bleiben. Und als wir zu Beginn sechsundfünfzig oder schon vor Ablauf des Jahres fünfundfünfzig den gemieteten Kleinsttransporter mit unseren Kistenmöbeln, dem Spind und der zweischläfrigen Matratze beladen hatten, konnte sie sich von der Fensteraussicht aufs Gartengestrüpp, die benachbarte Ruinenvilla und von den gratis gebotenen Sonnenuntergängen nicht trennen; so dauerhaft hatte sie sich eingenistet.

Während von Westen her schräg Sonnenlicht durchs Fenster sickerte, fegte sie mal um mal die Dielen, so daß gesagt werden konnte: bei unserem Umzug von der Königsallee in die Uhlandstraße verließen wir das gemietete Kellerloch besenrein.

Und dann, und dann? Dann geschah das, danach das. Aber davor, im November fünfundfünfzig, noch ehe wir ins Westberliner Zentrum umzogen und städtisch wurden, stand meine erste Ausstellung im Kalender, worauf wenig später in Zeitungen zu lesen war...

Aber so käme ich ins Aufzählen und müßte nun als Bilanz in Reihe bringen, was nicht in Reihe zu zwingen ist. Zudem haben andere über das und das und noch mehr mit Datum und Ortsangabe in genauer Reihenfolge geschrieben, über mein Davor, Dann und Danach. Etwa so: »Vom 19. Oktober bis zum 8. November zeigte die Galerie Lutz & Meyer in der Neckarstraße 36 in Stuttgart Zeichnungen und Plastiken des jungen und begabten...«

Jadoch. So ging es weiter. Ab dann ist alles aufgezählt und datiert, steht gedruckt und in Zeilen geordnet, wird mit Schulnoten bewertet. Meine Anfänge werden vielversprechend, mein Theater handlungsarm, die Gedichte skurril und verspielt, die Prosa schonungslos oder sonstwie, später dann mein politisches Dreinreden zu laut und zusammenfassend alle meine Tiere beim Namen genannt:

der frühen Hühner Vorzüge, der späten Krebse Gangart, des Hundes weitläufiger Stammbaum, der heile Butt und dessen Gräte, die Katz, die die Maus im Blick hat, die Rättin, von der mir träumte, die Unke, zu der ich wurde, und auch die Schnecke, wie sie uns eingeholt, überholt hat, uns lautlos enteilt...

Was bereits die Putzfrau unserer Schmargendorfer Wirtin, die aus dem Osten der Stadt kam, um Zukunft aus dem Kaffeesatz zu lesen, vorausgesagt hatte: ich begann mir einen Namen zu machen. Meine Lehrjahre schienen nach althergebrachter Handwerksregel vorbei zu sein, und nur den Wanderjahren war kein Ende abzusehen.

Im Spätsommer sechsundfünfzig verließen Anna und ich Berlin. Mein Hochzeitsgeschenk, die Olivetti-Reiseschreibmaschine, gehörte zum Gepäck. Mit wenig Geld im Sack, doch, was mich betraf, inwendig reich an Figuren, suchte ich nun in Paris einen ersten Satz, der zwingend kurz genug war, die Sperrmauer zu sprengen und den gestauten Andrang der Wörter in Fluß zu bringen. Und Anna hatte vor, weiterhin unter den Exerzitien des klassischen Balletts zu leiden. Bei Madame Nora an der Place Pigalle wollte sie lernen, saubere Pirouetten zu drehen und ohne Wackeln auf der Spitze zu stehen.

In Paris wohnten wir anfangs in der Rue Alibert nahe dem Canal Saint-Martin, wo einer unserer Lieblingsfilme, »Hôtel du Nord« mit der Arletty und Louis Jouvet, gedreht worden war. Unsere Berliner Kistenmöbel, den Spind und die Matratze hatten wir verkauft und suchten nun Wohnung mit wenig Gepäck.

Paris war, dem August gemäß, leer. Am Canal Saint-Martin fand ich zwischen Schleusen und jeweils anders geschwungenen Brücken etwa dort eine Bank, wo Gustave Flaubert gleich zu Beginn des Romans »Bouvard und Pécuchet« seine Helden auf eine Bank gesetzt hatte, sozusagen mit erstem Satz.

Dann wechselten wir in einen anderen Pariser Stadtbezirk und wohnten in der Rue de Châtillon, wo wir das Atelier eines Schweizer Bildhauers kurze Zeitlang hüteten. Schon von Berlin aus hatte sich Anna mit Hilfe einer befreundeten Tänzerin bei den Blue Bell Girls beworben, doch waren ihre Beine für den in Paris zu bestaunenden Revuetanz ein wenig zu kurz oder nicht lang genug geraten.

In Paris kam ich anfangs nicht zur Ruhe, weil wir Wohnung und ich Wörter für einen Tür und Tor öffnenden Satz suchten. Oder tippte ich jetzt bereits, unterbrochen von Wohnungs- und Wörtersuche, meine Hymne auf »Die Ballerina« in die Olivetti?

In allen Zeitungen und in Pariser Vororten herrschte gegenwärtiger Krieg; mir aber wollte der letzte nicht aufhören, der in Danzig begonnen hatte, als mit der Verteidigung der Polnischen Post meine Kindheit ihr Ende fand. Doch immer noch fehlte der erste Satz.

Schließlich kaufte uns Annas Vater in der Avenue d'Italie einen Hinterhofanbau, dessen obere zwei Zimmerchen von einem schmalen Korridor verbunden wurden, an den die winzige Küche und das Bad mit Sitzbadewanne grenzten. Unter uns wohnte ein Arbeiter mit Frau und Kind. Aus allen Fenstern sahen wir auf den Hof, den Krauterwerkstätten einengten.

Sofort richtete ich mir im Heizungsraum des Untergeschosses mit Stehpult und Drehscheibe eine Werkstatt ein und breitete in Berlin begonnene Manuskripte aus: den Fünfakter »Die bösen Köche« und etliche Prosaskizzen, die trotz des Ortswechsels noch immer nicht wußten, wohin. Chantal hieß das Mädchen, das in der Wohnung unter uns von der Frau des Arbeiters regelmäßig geprügelt wurde, weshalb ich ein Gedicht unter dem Titel »Pünktlich« schrieb.

Als ich kürzlich in Paris mit meiner Tochter Helene, die als Schauspielerin Figur macht, vor neunhundert aus aller Welt angereisten Germanisten unser Programm »Des Knaben Wunderhorn« zu Musik von Stephan Meier aufführte, fand sich Zeit für einen Kurzbesuch in der Avenue d'Italie 111. Hübsch sieht der Hinterhof nun ohne Krauterwerkstätten aus, bepflanzt von jemandem mit grünem Händchen. Im ehemaligen Heizungsraum steht noch immer mein Stehpult von einst, auf dessen Schreibfläche ich – weißnichtwieoft – glaubte, den ersten Satz gefunden zu haben.

In Paris hörten Anna und ich von weit her, daß in West- und Ostberlin kurz nacheinander Gottfried Benn und Bert Brecht gestorben waren und so ihre zahlreichen Epigonen zu Waisenkindern gemacht hatten. Ich schrieb ein Gedicht als Nachruf auf beide.

Und während in Paris der Algerienkrieg mit Plastikbomben sein Echo feierte und wir in Pariser Kinos sowjetische Panzer auf den Straßen von Budapest sahen, die uns an Panzer erinnerten, die wir vor wenigen Jahren auf Berlins Potsdamer Platz gesehen hatten, fand ich endlich vor der fließenden, weil feuchten Wand meiner Werkstatt, die zugleich Heizungsraum unserer zwei Zimmerchen war, den ersten Satz, »Zugegeben: ich bin Insasse einer Heil- und Pflegeanstalt…«

In Paris vergaßen wir Berlin.

In Paris befreundeten sich Paul Celan und ich.

In Paris schrieb ich, nachdem der erste Satz gefunden war, Kapitel nach Kapitel.

In Paris vertrockneten Skulpturen, krümelten vom Gerüst.

In Paris wurde uns immer wieder das Geld knapp.

Von Paris aus mußte ich deshalb nach Westdeutschland trampen, um in den Sendeanstalten Köln, Frankfurt, Stuttgart und Saarbrücken einige Gedichte an Nachtprogramme gegen Bares zu verkaufen, damit es während der nächsten drei Monate für marktfrische Sardinen, Hammelrippchen, Linsen, das tägliche Baguette und Papier für die Schreibmaschine reichte.

Wie aber gelang es mir, in Paris zum unablässigen Wörtermacher zu werden?

Im Jahr dreiundsiebzig schrieb ich »einen Versuch in eigener Sache« unter dem Titel »Rückblick auf die Blechtrommel – oder Der Autor als fragwürdiger Zeuge«. Darin wird unser Pariser Aufenthalt beschrieben und die Frage nach dem Antrieb für das langwierige Schreiben eines Romans gestellt und so beantwortet: »Das zuverlässigste Triebwerk war wohl mein kleinbürgerliches Herkommen, dieser miefgesättigte, durch abgebrochene Gymnasialbildung – ich blieb Obertertianer – gesteigerte Größenwahn, etwas Unübersehbares hinstellen zu wollen.«

Es gab noch anderen Antrieb, doch das stimmt: seitdem ich in Paris den ersten Satz vor fließender Wand gefunden hatte, gingen mir die Wörter nicht aus. Ganz leicht fiel das Schreiben von früh bis spät. Bogen nach Bogen. Wörter und Bilder drängelten, traten einander auf die Hacken, denn so viel wollte gerochen, geschmeckt, gesehen, benannt sein. Und während ich in den Cafés des dreizehnten Arrondissements und im Heizungsraum Kapitel nach

Kapitel kritzelte, dann in die Olivetti tippte und zeitgleich die Freundschaft mit Paul Celan anhielt, der von sich, dem Unsäglichen in seinen Gedichten und von seinem Leid nur feierlich in Engführungen und wie zwischen Kerzen gestellt sprechen konnte, machten uns die Zwillingssöhne Franz und Raoul zu Eltern, also zu etwas, das zu sein wir weder in Berlin noch in Paris gelernt hatten.

Die Zwillinge schrien einzeln oder zugleich, worauf sich der nunmehr Vater nach seinem dreißigsten Geburtstag einen Schnauzbart wachsen ließ, was im Verlauf der Jahre viele Selbstbilder zur Folge hatte, mit Blei gezeichnete, als Radierungen in Kupferplatten geätzte, von Solnhofener Steinen als Lithografien gedruckte: ich mit Schnauz und Schneckenhaus im Auge; ich dem Butt gegenüber; ich mit Sargnägeln und totem Vogel; ich, indem mir die Ratte träumt, ich mit Schlägermütze und Unke, ich schnauzbärtig hinterm Kaktus versteckt, und zuletzt ich mit halbierter Zwiebel und Messer.

In Paris waren Schnauzbärte üblich. In Paris kauften wir einen gebrauchten Kinderwagen, der den ungleichen Zwillingsbrüdern nebeneinander Platz bot. Unsere wenigen Pariser Freunde staunten, weil Anna und ich urplötzlich und wie in einem ungeprobten Theaterstück als Eltern auftraten. Und Paul Celan, dessen Kummer nur für Stunden zu beschwichtigen war, machte mir Mut, wenn die Arbeit am Manuskript wegen zweier Schreihälse und trotz fließender Wand zu stocken begann.

Bald nach der Zwillingsgeburt gewann Konrad Adenauer bei Bundestagswahlen die absolute Mehrheit, worauf sich Deutschland, von Paris aus gesehen, gänzlich einschwärzte und einem Wiederholungstäter gleich auf sich zurückfiel.

Während Schreibpausen zeichnete ich Nonnen, mit Vorzug Vinzentinerinnen, deren Flügelhauben mir seit dem Tod meiner armen Mutter im Kölner Sankt Vinzent-Hospital vor Augen waren und die ich nun in der Pariser Metro oder im Jardin du Luxembourg skizzierte. Und dort, nahe Rilkes Karussell, gelang es mir manchmal, Paul Celan aus jenen Kreisläufen zu locken, in denen er sich verfolgt sah, aus denen es, so meinte er, kein Entrinnen gab.

In Paris kauften wir, sobald Franz und Raoul zu laufen begannen, einen hölzernen Laufstall und fuhren im August mit unseren bald einjährigen Zwillingen in die Schweiz, wo ich angesichts der in Hitze flimmernden Tessiner Bergkulissen meine Olivetti mit Kapiteln fütterte, in denen Schnee auf Schnee fiel und die Ostsee weithin unter geschlossener Eisdecke lag.

Wieder zurück in Paris, tanzte Anna unter Aufsicht der gestrengen Madame Nora, während ich schrieb, doch mit einem Ohr bei den Zwillingen war. Ab und zu kam Freund Höllerer angereist, bekritzelte Postkarten mit violetter Tinte, die er in alle Welt schickte, und kaufte für Anna ein Kleid, das wir Höllererkleid nannten.

Von Paris aus fuhr ich im Frühjahr achtundfünfzig über Warschau nach Gdańsk und suchte dort Spuren meiner verlorenen Stadt. Ich saß in der heilgebliebenen Stadtbibliothek und sah mich als Vierzehnjährigen in der Stadtbibliothek sitzen. Ich fand und fand, so auch meine kaschubische Großtante Anna, der ich, weil inzwischen fremd und erwachsen, den Paß vorweisen mußte. Bei ihr roch es nach Dickmilch und getrockneten Pilzen. Bei ihr fiel mir mehr ein, als in einem Buch zu fassen war.

Also brachte ich von meiner Polenreise einen Vorrat an Fundsachen nach Paris mit: aufschäumendes Brausepulver, Karfreitagslärm und Teppichklopfstangen, den Fluchtweg des Geldbriefträgers, der den Kampf um die Polnische Post überlebt hatte, Schulwege hin und zurück, was die städtische Bibliothek an Zeitungsjahrgängen aufbewahrt hatte, die Kinoprogramme im Herbst neununddreißig. Zudem Geflüster in Beichtstühlen, Inschriften auf Grabsteinen, den Geruch der Ostsee und Bernsteinkrümel, die zwischen Brösen und Glettkau entlang dem Wellensaum zu finden waren.

So kam alles zu Wort und blieb frisch, weil in Paris wie unter einer Käseglocke aufgehoben. So erschöpfte ich mich und war dennoch nicht leergelöffelt, schrieb zwar noch eigenhändig, war aber mittlerweile Werkzeug nur und hörig meinen Figuren, besonders der einen, die – weißnichtwarum – Oskar hieß. Überhaupt weiß ich wenig darüber zu sagen, wie etwas entstand und entsteht; es sei denn, ich müßte lügen...

Und als ich im Oktober des gleichen Jahres von Paris über München in irgendein bayerisches oder schwäbisches Nest namens Großholzleute reiste, um dort vor der versammelten Gruppe 47 die Kapitel »Der weite Rock« und »Fortuna Nord« zu lesen, wurde dem Autor eines annähernd fertigen Romans der Preis der Gruppe zugesprochen. Viertausendfünfhundert Mark kamen zusammen, spontan von Verlegern gespendet: mein erstes großes Geld, das mir half, in Ruhe alles noch einmal in die Olivetti zu tippen, sozusagen ins reine.

Außerdem trug uns das Preisgeld einen formschönen Plattenspieler der Firma Braun ein, genannt »Schneewittchensarg«, den ich in München nach erster Rundfunklesung kaufte und nach Paris brachte, auf dem wir Strawinskys »Frühlingsopfer« und Bartóks »Blaubart« hörten, immer wieder. Nun waren wir nicht mehr arm und konnten uns Kalbsleber und Schallplatten kaufen.

In Paris tanzten Anna und ich offen und eng. In Paris waren wir glücklich und ahnten nicht, wie lange noch. In Paris kam de Gaulle an die Macht und lernte ich, die Knüppelgewalt der französischen Polizei zu fürchten. In Paris wurde ich zusehends politischer. In Paris setzten sich vor fließender Wand etliche Tuberkulome in meiner Lunge fest, die erst in Berlin auskuriert wurden. In Paris liefen mir die Zwillinge auf der Avenue d'Italie in verschiedene Richtung davon, so daß ich nicht wußte, wem zuerst hinterdrein. In Paris war Paul Celan nicht zu helfen. In Paris war bald kein Bleiben mehr.

Und als dann im Herbst neunundfünfzig der Roman »Die Blechtrommel« in erster Auflage erschien, fuhren Anna und ich von Paris aus zur Frankfurter Buchmesse, wo wir bis in den Morgen hinein tanzten.

Und als wir im Jahr drauf Paris hinter uns ließen und abermals, nun als Familie, in Berlin Wohnung in einer Halbruine nahmen, begann ich in der Karlsbader Straße, wo mir von fünf Zimmern eines zustand, sofort wieder zu zeichnen und zu schreiben, denn mit meiner Olivetti, dem Hochzeitsgeschenk, hatte ich schon von Paris aus neuen Anlauf genommen...

So lebte ich fortan von Seite zu Seite und zwischen Buch und Buch. Dabei blieb ich inwendig reich an Figuren. Doch davon zu erzählen, fehlt es an Zwiebeln und Lust.

Inhalt